Botho Strauß hat mit seinen Stücken das deutsche Theater der Gegenwart verändert. Seine Wahrnehmungsschärfe und sprachliche Genauigkeit machen auch die Lektüre zu einem Ereignis. »Was man dem Autor vor allem nachrühmen kann«, schreibt die ›Frankfurter Allgemeine Zeitung‹, »liegt auf der Hand: Es ist seine Sensibilität für Psychologisches einerseits und seine exakte Beobachtung von Alltäglichkeiten andererseits, sein makabrer Humor und sein Sinn für Details, deren Symbolkraft ebenso treffend wie unaufdringlich ist.« Der vorliegende Band versammelt Theaterstücke und Bearbeitungen zwischen 1972 und 1978.

Botho Strauß, am 2. Dezember 1944 in Naumburg/Saale geboren, war Redakteur, Theaterkritiker und später dramaturgischer Mitarbeiter an der Schaubühne am Halleschen Ufer. Lebt in Berlin.

Botho Strauß
Theaterstücke
I

Deutscher Taschenbuch Verlag

Ungekürzte Ausgabe
Oktober 1993
3. Auflage Februar 2009
Deutscher Taschenbuch Verlag GmbH & Co. KG,
München
www.dtv.de
© Carl Hanser Verlag München 1991
Umschlagkonzept: Balk & Brumshagen
Umschlagbild: Szene aus
›Groß und klein‹, Ruth Walz, Berlin
Gesamtherstellung: buch bücher dd ag, Frensdorf
Printed in Germany · ISBN 978-3-423-11747-0

Inhalt

Die Hypochonder

Theaterstück

Personen

Vladimir
Nelly
Vera
Gebrüder Spaak
Elisabeth
Jakob

Ort: Amsterdam
Zeit: Januar 1901

Ein großer herrschaftlicher Raum. Im Hintergrund eine breite,
mit Gardinen verhängte Glasfront. Eine Tür führt hinaus auf die
offene Veranda. Draußen ist – bei hochgezogenen Gardinen – ein
verschneiter Garten zu erkennen. Vor diesem Verandafenster liegt
eine erhöhte Fläche, zu der drei, vier Stufen hinaufführen.
An der rechten Zimmerwand, etwas im Hintergrund, steht ein
altes überdachtes Bett mit geschlossenen Vorhängen ringsum.
In der Mitte der Bühne: ein großes Sofa, zwei Sessel, ein flacher
Tisch und ein hohes Tischchen, das mit einer Glasplatte abgedeckt
ist.
Links vorne: eine Speisetafel mit zwei Stühlen.
Dahinter: Vladimirs Arbeitsplatz, eine Art Kanzel, zu der eine
Treppe hinaufführt. Auf der Kanzel stehen Schreibtisch, Stuhl und
Chaiselongue. Außerdem ist dort eine Bibliothek und mittendrin
ein großes Aquarium.
Hinter der Kanzel ein breiter Gang, eine Galerie, die in die Büh-
nentiefe führt. Die Galerie ist auf der rechten Seite mit Säulen
flankiert. Auf der linken Seite sind Möbel, eine Standuhr, Kunstwerke, Kamin usw. angedeutet. Die Galerie scheint nach hinten
kein Ende zu nehmen. Wer durch die Galerie geht, dessen Schritte
hallen.

I

I

Vladimir kommt schnell durch die Galerie ins Zimmer gelaufen. Er blutet heftig aus der Nase. Er zittert, seine Zähne klappern. Er wirft einen Revolver auf das hohe Tischchen mit der Glasplatte. Die Glasplatte zerbricht, der Revolver fällt zu Boden. Vladimir schlägt die Arme um den Brustkorb, weil ihn friert. Er legt sich, so wie er ist, in Schal, Mantel und Mütze, auf das Sofa und krümmt sich zusammen. Etwas später kommt Nelly schnell durch die Galerie ins Zimmer gelaufen. Sie hat einen offenen Karton im Arm, sie wirft ihn zu Boden. Es fallen schmutzige Wäsche und Kleider heraus. Sie haucht ihren Atem in die kalten Hände. Sie schaut sich flüchtig im Raum um. Sie geht auf das Bett zu und legt sich, so wie sie ist, im Mantel, ins Bett.

NELLY Wo warst du nur?

VLADIMIR Die Kälte zerbricht mir noch mein Nasenbein.

NELLY Du hättest mich fest in deine Arme schließen müssen.

VLADIMIR Ich stieg zu hastig aus dem Wagen, stolperte und fiel auf das Pflaster.

NELLY Du blutest wieder.

VLADIMIR Nelly?

NELLY Ja.

VLADIMIR Im Rinnstein lag ich und sah, wie du aus dem Gefängnis kamst. Aber du hast dich nicht umgesehen. Du bist sofort in eine Droschke gestiegen.

NELLY Der Winter. Du blutest wieder.

VLADIMIR Es strömt aus den Stirnhöhlen herunter.

NELLY Du kannst dir die Verwundung nicht anders vorstellen?

VLADIMIR Nein.

NELLY *lacht schüchtern.* Ein Gedankenblitz?

VLADIMIR Vielleicht. Ich weiß es nicht.

NELLY So wie den Schlafenden ein kleines Magendrücken in einen tödlichen Alptraum stürzt.

VLADIMIR *begeistert* Ja. Ja. So ist es in Wirklichkeit. Und wozu dann diese verbissenen Erklärungen, diese medizinischen Einzelheiten.

NELLY Wie? Leben wir denn als Wilde unter lauter Besserwissern?

VLADIMIR *erregt* Und die Bilder? *Ruhig* Die Schmerzensbilder.

NELLY *legt ihm die Worte in den Mund.* Die Vorstellungen, die das Schmerzempfinden begleiten, stürzen alle Erkenntnisse um. Sie blamieren das gesamte wissenschaftliche Wissen. Nicht wahr?

VLADIMIR *uninteressiert* Nenn es wie du willst.

NELLY *steht vom Bett auf.* Der dicke Spaak ist auch so ein Wilder. Was er manchmal für Ausdrücke am Leibe hat. Als er nach dem Essen aufstoßen mußte, sagte er: es bricht ein Luftsturz über meine Kehle.

Vladimir lacht kurz und starrt dann wieder uninteressiert vor sich hin. Nelly fühlt sich durch Vladimirs Lachen zum Reden ermuntert.

Und einmal sagte der dicke Spaak: Nein, nein, ich spiele nicht in der Lotterie. Ich sage mir: mit derselben Wahrscheinlichkeit, mit der du in der Lotterie gewinnen könntest, könntest du andererseits bei einem Gewitter vom Blitz erschlagen werden. Such ich aber den guten Zufall nicht, so bleibe ich gewiß auch vom schlimmen Zufall verschont. Ja, der gute und der schlimme Zufall, darauf kam es ihm an. Eine Zeitlang lebte er von der Pistole in der Tasche. Er fürchtete sich. Er fürchtete sich sogar vor niederschwebenden Ahornblättern. Aber am allermeisten fürchtete er sich vor sich selber. Er lachte aus vollem Hals und wurde kreidebleich. Er sagte: wenn ich so lachen muß, wird mir sofort schwindelig. Und schon erschrak er wieder über die Feststellung, die er soeben getroffen hatte, denn er fürchtete nun, sich durchschaut und damit ein noch größeres Unheil vorbereitet zu haben. Und ist doch ein guter Kaufmann, der dicke Spaak, und ist doch – zusammen mit seinem Bruder – ein tüchtiger Fabrikant. Und wir beide – leben wir nicht gut genug von dem Betrieb, in dem ein Angsthase kommandiert. So kann es gehen. Jemand bebt vor Angst und denkt wie ein Wilder und ist doch der beste Spekulant, der beste Auftraggeber, der beste Ausbeuter, der beste Verwalter –

VLADIMIR *unterbricht; laut und langsam* Ein Wort gibt das andere. Hört das denn gar nicht auf? Nelly, Nelly. *Schüttelt traurig den Kopf.*

NELLY Aber du hast doch gelacht.

Nelly setzt sich auf den Bettrand. Vladimir richtet sich auf, nimmt seine Mütze ab und sieht Nelly streng an. Nelly will etwas sagen und öffnet den Mund.

VLADIMIR Mir wird schwindelig, wenn du den Mund so weit aufreißt.

Nelly steht verärgert auf und geht im Raum umher. Sie gewöhnt sich wieder an ihr Zuhause. Sie erblickt einen Schleier, der unordentlich am Vorhang des Verandafensters hängt.

NELLY Wie kommt denn der Schleier an den Vorhang?

VLADIMIR Nelly hat ihn angeschleppt. Gerade als ich meine Fußsohlen eincremte.

NELLY Vera?

VLADIMIR Ich weiß nicht, wo sie steckt.

Nelly will Vladimir auf seinen Versprecher aufmerksam machen, läßt es aber sein. Sie zeigt auf den Schleier.

NELLY Es ist ein –

VLADIMIR Eine Art Hornhautschwund. Die Füße tragen mich nicht mehr sicher. Das Stehen und Gehen ist sehr schmerzhaft. *Er zeigt im Sitzen, wie behutsam er auftreten muß. Nelly lehnt sich über das Sofa und sieht Vladimir zu.*

NELLY Ich frage mich, ob Hornhaut für die Fußsohlen wirklich das denkbar Beste ist.

VLADIMIR Was sonst?

NELLY Leder. Filz. Asbest.

VLADIMIR Und Hufeisen, wie? *Er macht vor, wie er mit Hufeisen gehen würde.* Ach was. Jeder Mensch müßte von Natur aus stets das Richtige, das für seine natürliche Gesundheit Beste tun.

NELLY Ein leidloses, verschwiegenes Leben. Alles in Ordnung.

VLADIMIR Keine Erklärungen.

Er deutet nach hinten.

Ein Gardinenstoff. Es heißt, du hättest ihn bestellt. Vor der Untersuchungshaft.

NELLY Ich? Gewiß nicht. Es ist auch kein gewöhnlicher Vorhangstoff. Es ist ja ein richtiger Brautschleier.

VLADIMIR *dreht sich um.* Nichts für den Winter.

Nelly zieht ihren Mantel aus und stößt dabei eine Vase mit Lilien um, die auf einem Treppenabsatz stand. Die Vase zerbricht. Vladimir läuft sofort an den Unglücksort und tappt mit den Händen in das auslaufende Wasser. Er führt die Hände ins Gesicht und wischt sich das Blut weg.

Ah, das Wasser ist warm. Die Wärme der Lilien.

Er zieht seinen Mantel aus.

NELLY Vladimir, ich hab dich lieb.

Nelly geht zum Sofa und setzt sich. Vladimir setzt sich auf die Stufen vor dem Verandafenster.

VLADIMIR Wie ist das gleich? Ich habe den Zusammenhang verloren.

NELLY *als wiederhole sie sich* Also. Ich stehe unter dem Verdacht, den Chemiker Gustav Mann ermordet zu haben.

Sie lacht leise.

Man nimmt mich fest, man sperrt mich ein. Die Gebrüder Spaak hinterlegen eine Kaution, sie lösen mich aus. Und schon bin ich wieder auf freiem Fuß.

Sie trommelt mit den Fußspitzen auf den Boden.

Nun, gut, es ist eine Freiheit auf Pump und Widerruf. Aber was macht das schon?

VLADIMIR *antwortet unwillkürlich* Nichts.

NELLY *dreht sich halb zu ihm um.* Wie?

VLADIMIR *als hätte er nichts gesagt* Nichts.

NELLY Unser großes häßliches Verbrechen. Es ist alles vorüber. Aber jetzt erst beginnen wir es zu spüren. Ein winziges Nervenreißen über dem linken Auge ist seitdem geblieben. Oder nicht?

VLADIMIR Paß auf, Nelly. Deine Augenbrauen sind bis zum Zerreißen dünn.

NELLY Bald wird es mir wie Schuppen von den Augen fallen. Dann werde ich wissen, ob ich als Mörderin nicht vorsichtiger lebe, ob ich nicht liebevoller lieben kann als vorher. Weißt du noch? Als wir uns kennenlernten. Du wolltest unbedingt, daß wir ins Kontor deines Vaters einbrechen. Wir müssen uns unglücklich machen, hast du gesagt, dann sind wir richtig angewiesen aufeinander. Damals.

VLADIMIR Hör auf. Ich kann diese Verlustformen nicht ertragen: ›du wolltest‹, ›du hast‹, ›damals‹. Das tut mir im Kopf weh. Nichts behalte ich bei mir. Ein rasendes Vergessen, auf das ich nicht angesprochen werden darf. Ich glaube, über meiner Arbeit, über den Fischen bin ich ins Verderben, bin ich in die Bredouille geraten. Oder wie man sagt. Zum Beispiel: wie nennt sich der Morgendunst, der aus dem feuchten Urwald steigt? Und, andererseits, wie nennt sich der dampfende Nebel, der über dem warmen Fluß liegt? Das treffende Wort. Ich weiß es nicht, ich weiß es nicht.

Nelly lächelt. Sie steht auf, nimmt den Mantel über den Arm und holt einen Stuhl von der Speisetafel. Sie trägt ihn in die Nähe von Vladimir und setzt sich darauf. Sie sieht Vladimir ins Gesicht. Dann zitiert sie aus der Erinnerung.

NELLY ›Ich habe das Wort vergessen / Das ich sagen wollte / Und körperlos kehrt der Gedanke / Ins Prunkgemach der Schatten zurück.‹

VLADIMIR Was ist das für ein Vers?

NELLY *wippt mit dem Stuhl; in einer zitierenden Sprechweise* Du bist das dumme eifrige Schulmädchen, das über den viel zu langen Lernstrecken alles wieder vergißt und durcheinander bringt.

VLADIMIR *tritt von der Seite an die auf dem Stuhl wippende Nelly heran; er spricht, ohne sprechen zu wollen.* Erkennst du mich nicht? Ich komme als dein gewissenhafter Gatte zu dir. Ich muß dir erzählen, in welch fürchterlichem Zustand ich deinen Liebhaber angetroffen habe.

NELLY *lächelt; in zitierender Sprechweise* Die lange Mütze fiel auf seinen Rücken. Das Herzflimmern setzte ein und dann der plötzliche Tod. So plötzlich, daß er nicht für den Bruchteil einer Sekunde wahrnimmt, daß er stirbt.

Vladimir wird von Entsetzen gepackt. Er will den unheimlichen Gesprächszwang gewaltsam durchbrechen. Er versetzt dem Stuhl einen Stoß. Nelly fällt mit dem Stuhl hinterrücks auf den Boden. Sie schreit auf.

VLADIMIR Schluß jetzt, Nelly. Wir haben das alles schon einmal gesagt.

NELLY *hockt am Boden.* Satz für Satz. Nachdem du gesagt hast: ein rasendes Vergessen, auf das ich nicht angesprochen werden darf, haben wir kein einziges Wort mehr frei gewählt. Ein Gespräch, das einen Tag nach Gustavs Tod stattfand. So geht es nicht. Wenn du dich nicht erinnern willst, dann wirst du eben erinnert.

VLADIMIR *tritt mehrmals wütend gegen den Stuhl.* Ich wünschte, du bliebst am Boden liegen, in den Hüften gelähmt oder fallsüchtig für immer.

Nelly kriecht zu dem hohen Tischchen und holt den Revolver aus den Scherben. Vladimir sieht ihr zu und läuft so schnell er kann, auf Zehenspitzen, zum Bett und versteckt sich dort. Nelly blickt traurig auf den Revolver. Sie sieht sich nach Vladimir um. Sie steckt den Revolver in ihre Manteltasche. Sie legt sich den Mantel über die Schultern. Sie bleibt am Boden hokken. Nach einiger Zeit kommt Vladimir hinter dem Bett hervor. Er geht gerade auf Nelly zu, hält dann inne und geht mit Beschwerden – als liefe er über ›glühende Kohlen‹ – an Nelly vorbei. Er geht die Treppe hinauf zu seinem Arbeitsplatz. Er nimmt seine Arbeit mit den Fischen auf: er läßt einige Oblaten mit einer roten Bakterienspur in das Aquarium fallen. Er beobachtet das Verhalten der Fische mit einem Vergrößerungsglas. Er macht Aufzeichnungen. Es ist ganz still. Die Standuhr schlägt plötzlich laut. Nelly stößt sofort einen Schmerzensschrei aus. Vladimir wendet sich Nelly zu. Er sieht in ihren offenen Mund. Es fällt ein Ausdruck des Entsetzens über sein Gesicht. Er steht auf, hält sich beide Ohren zu und schreit.

Mach den Mund zu, schnell. Da kommt ein schwarzes Tier heraus.

Nelly schlägt unwillkürlich beide Hände vor den Mund, würgt. Vladimir entspannt sich, wird zufrieden. Er legt beide Hände in die Hüften und lacht.

Endlich. Jetzt kannst du anfangen. Was wolltest du sagen?

Es wird dunkel.

2

Der Raum ist in Ordnung gebracht. Auf der Speisetafel ist eine Mittagsmahlzeit bereitet. Vladimir und Nelly sitzen einander an der langen Tafel gegenüber. Sie essen. Es fällt ein winterliches Licht durch das Verandafenster. Doch die Tafel liegt im Schatten. Vladimir hat ein Buch in der Hand, aus dem er vorliest.

VLADIMIR *liest vor* ›2. November. Heute früh zum erstenmal nach langer Zeit wieder die Freude an der Vorstellung eines in meinem Herzen gedrehten Messers.‹
Er sieht über das Buch weg zu Nelly.
Ja ist es denn nicht ungerecht, daß der Ermordete die Überraschung des Einstichs nicht überlebt? Er kommt in jeder Beziehung zu kurz.
Er ißt.
Niemals wird er sich erinnern dürfen. Niemals wird er Gelegenheit finden, das wirkliche Abenteuer seines Lebens in Worte zu fassen.
Er ißt.
NELLY Ja was sollte er denn erzählen?
Sie ißt.
Seine Worte blieben doch nur entfernte Hinweise auf sein ungeheuerliches Erlebnis.
VLADIMIR Möglich.
Er ißt.
Die Not des Überlebens könnte ihn sogar zum gemeinen Angeber und Aufschneider machen. Immerzu fühlt er sich gezwungen, eine glatte, feste und ihm selbst ganz entfremdete Geschichte zum besten zu geben. Ja wäre denn das nicht auch ein wahrhaftiger Ausdruck seiner unaussprechlichen Erfahrung?
Er ißt.
NELLY Und ich?
Sie ißt.
Ja ist es denn nicht s e i n Leben nach dem Tode, zu welchem das Opfer seinen Mörder verurteilt?
VLADIMIR Kein Grund zu klagen.

Er ißt.

Ich bleibe dabei: Der Ermordete wird um alles gebracht. Gewiß, ihm allein gehört der Augenblick der tödlichen Überraschung, mit dem sein Leben endet.

Er ißt.

Aber bist du es denn nicht, die den stolzen Wortschatz des Planes, der Fantasie und des Vorgefühls besitzt? Während er doch stumm bleibt und besitzlos wie ein Ding.

Er ißt und trinkt.

Hör zu.

Er liest weiter vor.

›Die ergiebigste Stelle zum Hineinstechen scheint zwischen Hals und Kinn zu sein.

Er tastet die Stelle ab.

Man hebe das Kinn und stecke das Messer in die gestrafften Muskeln. Die Stelle ist aber wahrscheinlich nur in der Vorstellung ergiebig. Man erwartet dort ein großartiges Ausströmen des Blutes zu sehn und ein Flechtwerk von Sehnen und Knöchelchen zu zerreißen, wie man es ähnlich in den gebratenen Schenkeln von Truthähnen findet.‹

Er legt das Buch zur Seite, ißt und trinkt wieder.

NELLY *nüchtern und eindringlich* Gustav hat von mir verlangt, daß ich dich verlasse und nur noch ihn liebe. Ich brauchte dich, aber ich brauchte, eine Zeitlang, auch Gustav. Eines Tages erkannte ich, daß er bereit war, mich gewaltsam an sich zu reißen oder aber dich gewaltsam von mir zu reißen. Ich mußte mich also entscheiden.

Sie ißt. So ist es nämlich.

VLADIMIR *steht auf, erregt* Nein, ich trete nicht als Zeuge auf, niemals werde ich öffentlich aussagen. Lieber lasse ich mich foltern, als in aller Öffentlichkeit Rede und Antwort zu stehn.

NELLY Oh der Prozeß macht mir keine Angst. Die Anwälte sind sehr zuversichtlich. Und der Tote ist schwer belastet.

VLADIMIR Ich verstehe nicht viel, ich will nicht leiden.

Er fällt auf seinen Stuhl zurück.

Was soll ein Mensch noch mehr sagen?

NELLY Eine fliegende Röte auf deinem Hals?

Vladimir schiebt das Geschirr von sich weg und beugt sich müde auf den Tisch nieder. Er schiebt die Ellenbogen auseinan-

der und dabei reißt, ohne daß er es bemerkt, die Mittelnaht seines engen Jacketts auf und der weiße Futterstoff wird sichtbar.

VLADIMIR Alles verstehen, alles verzeihen. Viel Geld, viel Ehr. Reich und vernünftig, nein, das geht nicht zusammen.

NELLY Ich irre mich nicht: du kannst kaum noch reden.

Sie geht zu Vladimir und streichelt seinen Kopf. Sie räumt das Geschirr zusammen und stellt es auf einen Wagen. Sie fährt laut den Wagen nach hinten ab. Sie kommt gleich zurück. Nun geht sie ernst und leise, mit gesenktem Kopf. Sie geht zu Vladimirs Arbeitskanzlei hinauf und setzt sich auf die Chaiselongue. Sie sieht über das niedrige Geländer auf Vladimir herab.

Vladimir. Es ist vorbei. Wir sind wieder allein. Wir wollen nur die Worte benutzen, die uns beiden gehören.

Vladimir richtet sich wieder auf. Er spricht jetzt mit einer vollständig verstellten Stimme. Nicht bloß in einer höheren oder tieferen Tonlage, sondern auch mit den besonderen, angeborenen Sprecheigentümlichkeiten eines anderen Menschen, etwa mit vorgeschobenem Unterkiefer oder mit ›einem Kloß in der Kehle‹ usw. Vladimir setzt sich und seinen Vortrag vor Nelly unaufdringlich in Szene. Nelly benimmt sich als aufmerksame Zuschauerin.

VLADIMIR Alles, alles macht heute auf mich einen überwältigenden Eindruck. Ist das heute ein Tag oder sind das gleich zwei auf einmal? Ja. Bin ich nicht – so ruhig ich hier sitze – die Beute einer Horde von wilden Empfindungen und Redensarten? Ja. Wenn ich zurückdenke an die letzten Wochen, die ich ohne Nelly zubringen mußte. Als ich in schwerem Stumpfsinn lag und meine Aufmerksamkeit verwahrloste und ganz zu entschwinden drohte. Ja. Natürlich begann es wieder mit einem plötzlichen Ermatten der Augenkraft. Löste sich diesmal gar die Netzhaut oder zerriß sie? Unruhig lief ich an den drohenden Umrissen entlang und besorgte mir bald eine feste starke Brille. Ja.

Vladmimir greift in die Innentasche seines Jacketts, steht auf und holt ein Lederetui hervor. Er zeigt es Nelly. Er will die Brille herausnehmen, aber sie rieselt, in winzige Einzelteile zerbrochen, zermalmt, aus der Hülle durch seine Finger auf den Boden. Er ist verblüfft und ratlos wie ein Clown.

NELLY *lacht und klatscht begeistert in die Hände.* Dein Augenpulver hast du verschüttet, du Lebenskünstler.

VLADIMIR *schaut Nelly streng an, läßt sich nicht beirren. Er hält das Etui vor die Augen.* Mit dieser Brille konnte ich endlich wieder meine geliebten argentinischen Geschichten lesen, in die man einblickt wie in einen schwarzen Spiegel. Und immerzu mußt du darauf gefaßt sein, daß du selbst, höchst persönlich beim Namen genannt, darin vorkommst und in ein schlimmes Geheimnis verwickelt wirst. Ja. Ich sitze auf der Veranda, eingehüllt in Decken, und lese sorgfältig. Als ich zur Entspannung einmal weit umherblicke, über die Gartenmauer hinweg, sehe ich dort einen Mann auf der Straße gehen. Ja. Aber kaum hat mein Auge ihn erfaßt, schlägt er zu Boden. Ich erschrecke und sehe ängstlich in das Buch zurück. Dort aber – zu meiner noch größeren Bestürzung – lese ich gerade das, was mir zur gleichen Zeit wirklich widerfährt.

Er zitiert, nimmt das Etui für die Buchseite und fährt mit dem Finger die Zeilen ab.

›Sogleich bildete ich mir ein, ich hätte Basiliskenaugen. Ich laufe in der größten Angst herum und sehe von ungefähr in den Spiegel: und weil mir einfällt, ich hätte Basiliskenaugen, so ward mir nicht anders, als wenn ich vor mir selbst zerbörste...‹ Ja.

Er wechselt in eine unverstellte Sprechweise über.

Nicht wahr, Nelly, du warst in meinen Verstand eingebrochen und ließest mich mit den Augen eines Mörders sehen.

NELLY *zuckt zusammen.* Was fällt dir ein? Du lügst. Ich habe nichts damit zu tun. Du hast getötet. Du hast den bösen Blick.

VLADIMIR *leise* Aber du hast Gustav doch geliebt. Du hast ihn aus verzweifelter Liebe getötet.

NELLY Was weißt du. Was ich getan habe, das war die stümperhafte Fälschung eines Verbrechens. Das Original hängt in deinem Kopf, Vladimir.

VLADIMIR *kauert sich auf den Stuhl, mit dem Rücken zu Nelly.* Ich bin nicht schuld. Du verhetzt mich.

NELLY *hebt den Kopf.* Wovon sprechen wir eigentlich?

VLADIMIR Ich weiß es nicht. Ich reagiere nur, ich ahme dich nach.

NELLY *bemerkt den Riß in Vladimirs Jackett.* Deine Jacke ist geplatzt.

VLADIMIR Ich habe nichts gehört.

NELLY Faß doch hin.

VLADIMIR *faßt an seinen Rücken.* Nein. Ich spüre nichts.

NELLY Hast du Hände aus Holz?

VLADIMIR *sieht seine Hände an, streicht mit der rechten Hand über die Stirn.* Nein.

NELLY Zieh die Jacke aus, dann siehst du es.

VLADIMIR Nein.

NELLY Du willst es wieder nicht wahrhaben.

VLADIMIR Doch. So wahr wie möglich.

NELLY Warum ziehst du die Jacke nicht aus?

VLADIMIR Das Ausziehen der Jacke paßt jetzt nicht in meine Stimmung.

NELLY Was für eine Stimmung?

VLADIMIR Eine Liebesstimmung.

NELLY *vorsichtig* Etwas zum Anfassen?

VLADIMIR *zuckt mit den Achseln.* Kalt, ruhig und unaufhörlich. Wie ein Naturgesetz, so fühlt es sich an.

NELLY Als käme nichts Neues mehr. Als sei ein Ende erreicht.

VLAIDIMIR Ja. Das endlose Ende aller Widerreden und Nachfragen.

NELLY *nach einer Weile* Ich möchte bei dir sein, Vladimir.

VLADIMIR Komm mit. Schnell. Wir steigen tief hinab in die helle, kalte Ebene unter unseren Füßen. Ein ewiger Nachmittag im Januar. Hier kannst du alles vergessen. Wir wissen etwas nur, solange wir es gemeinsam erleben. Und was um uns herum geschieht, das beobachten wir und veranlassen es selbst zur gleichen Zeit. Spürst du nun, was es heißt, keinen Ausweg mehr suchen zu müssen? Nicht mehr lesen, keine Urteile mehr fällen, nicht länger das Neue und Fremde kennenlernen. Wir wollen einander in die vertrauten Gesichter sehen und uns gut zureden. Und was ich sage und wie sich mein Gesicht bewegt, das wird nur ein Echo sein und ein Widerschein von deinen Reden und Mienen. Und dir wird es nicht anders ergehen. Oh das Sprechen fällt mir so leicht, es ist das Allerleichteste. Wenn wir so reden miteinander, werde ich fast schon zum Redner. So sicher und ausgelassen fühle ich mich.

NELLY Komm zu mir. Ich will dich anfassen.

Vladimir rafft das Tischtuch von der Tafel und bindet es ganz schnell um seinen Brustkorb. Jetzt ist der Schlitz in seinem Jak-

kett verdeckt. *Er verbeugt sich vor Nelly und läuft, ein wenig albern und angeheitert, zu ihr hinauf. Er legt sich auf die Chaiselongue, den Kopf in Nellys Schoß, und schläft sofort ein. Nelly fährt mit den Händen über seinen Körper. Sie knüpft das Tischtuch auf und zieht es von ihm ab. Sie beginnt, Vladimir an einigen Körperstellen vorsichtig anzufassen. Plötzlich merkt sie, daß sie nicht das gewöhnliche Körperfleisch eines Menschen berührt. Sie greift fester und fester zu. Sie klopft auf einige Körperstellen. Sie schlägt mit der Faust auf einige Körperstellen. Es hört sich so leblos an, als schlüge sie auf Leder. Sie sieht vorsichtshalber ihre Hände an.*

NELLY Ist das deine Schlafhaut, ganz aus Leder? Stellst du dich tot?

Sie steht auf und legt das Tischtuch über Vladimir.

Mach das nicht, Vladimir. Ich werde verrückt, wenn ich dich nicht fühlen kann.

Sie geht langsam und voller Angst die Stufen der Treppe hinunter. Ganz leise Hilfe. Hilfe.

Nelly dreht sich um und sieht zurück auf die Chaiselongue. Vladimir ist verschwunden. Es liegt nur noch das Tischtuch in Falten auf der Chaiselongue. Sie läuft in größter Hast die Treppe hinauf und reißt das Tuch weg. Niemand liegt dort. Sie stößt einen Schrei aus. Sie drückt beide Zeigefinger in ihre Augen.

Seht doch, Augen, seht geradeaus.

Sie schlägt mit beiden Fäusten auf die Sitzfläche der Chaiselongue. Sie preßt beide Handflächen aufeinander.

Fühlt doch, Hände, fühlt.

Sie sinkt in die Knie und fällt vornüber auf die Chaiselongue. Nach einiger Zeit kommt Vladimir von draußen durch die Verandatür. Er hat ein neues Jackett an. Er trägt in der linken Hand eine Vase und in der rechten frisch geschnittene Lilien. Er spricht freundlich und selbstsicher.

NELLY *fährt erschrocken hoch.* Vladimir?

VLADIMIR Hast du gut geschlafen, Nelly?

NELLY Ich habe nicht – habe ich denn geschlafen?

VLADIMIR Bevor ich ins Gewächshaus ging, lagst du dort auf meiner Chaiselongue und hast fest geschlafen.

Nelly läuft die Treppe hinunter und geht auf Vladimir zu.

NELLY *eindringlich* Ich doch nicht. Du hast eben noch auf der Chaiselongue gelegen und fest geschlafen.

VLADIMIR *seufzt und lacht.* Wie es ist. Wenn zwei sich innig lieben, so kommt es vor, daß sie einander verwechseln.

Nelly reißt Vladimir das Jackett über die Schultern und reißt sein Hemd auf. Man sieht, daß Vladimir einen braunen Lederpanzer trägt.

NELLY Also doch, die Lederhaut.

Vladimir spricht immer noch mit der Vase und den Blumen in den Händen. Er ist ein bißchen verärgert und geniert.

VLADIMIR Warum nicht? Soll mich jeder amoklaufende Matrose niederstechen, wenn ich aus dem Haus gehe?

NELLY Vor wenigen Minuten habe ich mit beiden Fäusten auf deine Lederbrust geschlagen. Das weißt du doch?

VLADIMIR Jetzt durchschaue ich unser Mißverständnis. Es war nach dem Essen, du wolltest mich anfassen, doch ich schlief sofort fest ein. Nicht wahr?

NELLY Ja, ja, ja.

VLADIMIR Aber das war gestern, Nelly, und nicht heute.

NELLY Gestern? Vor drei Minuten war gestern? Ja bin ich denn aus der Zeit gefallen?

VLADIMIR Du bist ein wenig überspannt, hast womöglich schlimm geträumt. Und das Gefängnis wirkt noch nach. Dort sieht ja jeder Tag wie der andere aus.

NELLY Du meinst, es ist nicht *sie klopft an ihren Kopf* der Irrsinn?

Vladimir wendet sich von ihr ab und geht, während er spricht, zur Galerie nach hinten. Nelly folgt ihm wie angezogen.

VLADIMIR Es ist nicht der Irrsinn. Jetzt, wo du wieder frei bist, mußt du in jeder Sekunde, die du erlebst, sorgfältig auf dich aufpassen. Vergißt du dich einmal, so kann es sein, daß plötzlich viel, viel längere Zeit vergeht, als dir bewußt ist. Und da würdest du doch schnell ganz alt und häßlich werden.

NELLY Ja, Vladimir. Ich passe auf.

Sie gehen durch die Galerie ab. Man hört eine Zeitlang ihre Schritte hallen.

Es wird dunkel.

Vladimir liegt auf seiner Chaiselongue und schläft. Vera kommt, auf Zehenspitzen, durch die Galerie. Sie trägt, aufgebauscht zu einem großen unordentlichen Haufen, den Schleier, von dem eine Probe am Veranda-Vorhang hängt. Der Schleierberg verdeckt ihren Oberkörper und ihr Gesicht. Sie ist nicht zu erkennen, bis sie ihre Ladung auf dem Sofa absetzt. Sie geht vorsichtig auf Vladimir zu und vergewissert sich, daß er fest schläft. Dann gibt sie ein Handzeichen nach hinten, und Nelly kommt hinzu. Die Frauen machen sich an dem Stoff zu schaffen, breiten ihn aus, vermessen ihn und wollen ihn zuschneiden.

NELLY Wenn ich nur wüßte, wer uns diese Pracht ins Haus geschickt hat. Zwei Dutzend Bräute könnten wir damit verschleiern.

VERA Und wenn es der gnädige Herr selbst gewesen ist?

NELLY Vladimir? Er behauptet, ich hätte das Zeug bestellt.

VERA *setzt sich auf die Sofalehne und schluchzt.* Man versteht ihn so schlecht. Man weiß nicht genau, was er will. Ich komme mir vor wie der dümmste Stubentrampel. Ich komme mir vor wie der Elefant im Porzellanladen. Ich finde vielleicht nicht immer das treffende Wort, aber meine Gefühle sind doch nicht von Pappe. Ich lege meine Worte nicht auf die Goldwaage, aber die stumme Marie will ich doch auch nicht spielen.

NELLY Aber Vera, was haben Sie denn? Hat er Sie ungerecht behandelt?

VERA Mundtot hat er sich gestellt. Wie ein erster Mensch ist er gewesen. Kein Wort hat er über die Lippen gebracht, solange Sie fort waren, Madame. Ich bin ein einfacher gerader Kerl. Wie soll ich mich auskennen mit den lächerlichen und garstigen Zeichen, die er gegen mich ausstieß?

NELLY Welche Zeichen?

VERA Durch die Nase geschnaubt, das Kinn gekratzt, die Finger gespreizt, die Rockschöße gehoben, die Lippen gekräuselt, die Augen verdreht, ausgespuckt, gepfiffen und geknurrt – und jedes hatte seine Bedeutung. Nein, Madame, das ist nicht die Sprache, die unsereins verstehen und befolgen kann.

NELLY Wenn du ihn lieben würdest, so wie ich, dann würdest du dich freuen und glücklich sein über jede seiner herrlichen Gebärden. Und du selbst, wenn du ihn nur liebst, fühlst, wie er jeden deiner Blicke, jede Nervenregung behutsam beobachtet und sicher versteht. Jedes deiner Worte fällt in das dichte Netz seiner Gedanken und Sinnbilder, und er holt es vorsichtig ein, um das, was du gesagt hast, darin zu verknüpfen oder auszuscheiden und zu vergessen.

VERA Ach Madame, Sie beide haben Ihr Geheimnis, aber wir anderen Leute haben unsere liebe Not. Wenn Sie wüßten, was für eine Veranstaltung er ausgeführt hat. Immer wieder ein und dieselbe schreckliche Szene.

NELLY Welche Veranstaltung, welche Szene?

VERA Es ist nicht zum Sagen. Solch einen Grusel hat er mit Ihnen getrieben. Wie Sie den Chemiker ermordet haben sollen. Wie Sie es haarklein angestellt hätten, wie lautlos und grausam.

NELLY Das ist nicht wahr. Was hat er Ihnen erzählt?

VERA Nichts. Vorgemacht hat er alles so scheußlich. Wie ein Tänzer so stumm und besessen. Und daß die Untat ganz gewissenhaft nach einem teuflischen Plan vollbracht worden sei.

NELLY *ruft Vladimir zu* Du häßliches Lügenmaul.
Sie nimmt sich zusammen.
So ist es eben. Vladimirs Fantasie bricht manchmal aus seinem Kopf aus und fährt ihm in alle Glieder. Aber du hast ihm doch kein Wort geglaubt.

VERA Ja wäre nur ein Wort aus seinem Mund gekommen, ich hätte ihm schon heftig widersprochen.

NELLY Du hast ihn falsch verstanden. Du kennst dich nicht aus mit seinen Spielen. Gewiß wollte er dir auf seine alberne Art nur einen guten Morgen wünschen. Oder, wenn er getanzt hat, wollte er sagen: Bring mir die Fußcreme, du siehst, ich kann nicht fest und sicher stehen.

VLADIMIR *aus dem Schlaf* Laß mich doch, Jakob. Ja, laß mich, Jakob.

VERA Er träumt von seinem Vater.

NELLY Nein, er träumt nicht. Er denkt sich etwas aus im Schlaf. – Woher weißt du, daß sein Vater Jakob heißt?

VERA *ein wenig verstört* Nun ja. Woher soll ich es wissen. Er hat es mir vorgestikuliert. Wie alles übrige auch.

NELLY Was denn sonst?

VERA Daß sein Vater Jakob einen Kropf hat.

Sie macht, ein wenig gehemmt, die Geste nach, mit der ihr Vladimir das offenbar mitgeteilt hat.

Und daß er deshalb schwer zu Atem kommt. Und daß seine Mutter *sie buchstabiert mit dem Fingeralphabet* Elisabeth heißt und wohl bald zu Besuch kommen wird.

Sie deutet eine ältere Frau an, die an die Tür klopft, nachdem sie zwei schwere Koffer abgesetzt hat.

NELLY Was du nicht alles weißt. Du bist ja zu seiner Vertrauten geworden.

VERA Denken Sie nichts Schlimmes von mir, Madame. Das viel zuviele Wissen bringt mich ganz durcheinander.

NELLY Dann müssen wir sehen, wie du es schnell wieder loswirst.

Sie legt scheinbar freundlich ihre Hand in Veras Nacken und führt sie zur Arbeit hin.

Wenn Elisabeth kommt, soll der feine Vorhang hängen. Bis dahin wirst du alles wieder vergessen, nicht wahr?

Vera steht so, daß sie sehen kann, wie Vladimir sich von der Chaiselongue erhebt und aufsteht. Er zeigt mit der rechten Hand schnell und maschinenhaft auf Nelly und macht dann ein Zeichen des Erwürgens. Er führt beide Hände an die Kehle und streckt weit die Zunge heraus. Nellys Hand liegt immer noch auf Veras Nacken. Vera schreit auf und reißt sich los.

VERA Nein. Nicht.

Nelly, die Veras Blicken folgt, dreht sich schnell um und sieht Vladimir ruhig auf der Chaiselongue sitzen. Er lacht freundlich und lockt sie mit dem rechten Zeigefinger. Vera hält beide Hände vors Gesicht. Nicht.

NELLY *geht auf Vladimir zu.* Ja, Vladimir, ich komme.

Es wird dunkel.

Vorhang

II

I

Derselbe Raum. Die neuen Vorhänge sind inzwischen ange-
bracht. Vladimir liegt auf der Chaiselongue und schläft. Er hat
ein helles Seidenhemd und eine dunkle Hose an, Nelly und die
Gebrüder Spaak stehen vor der Chaiselongue und betrachten
den Schlafenden. Die Gebrüder Spaak sind, wie Zwillinge,
gleich gekleidet, grau und muffig. Was aber ihre Körperstatur
betrifft, so stehen sie zueinander in einem einschlägig komischen
Kontrast. Es gibt einen dünnen Langen (Spaak 1) und einen
dicken Kleinen (Spaak 2). Sie tragen beide Hüte und sie haben
einen flachen kleinen Lederkoffer bei sich, mit einem geteilten
Griff, den der eine in der rechten, der andere in der linken Hand
hält.

NELLY Nein, er träumt nicht. Wenn er schläft, erholt er sich von
seinen Träumen.
Spaak 2 nickt verständnisvoll. Spaak 1 schüttelt verständnislos
den Kopf. Sie gehen die Treppe hinunter und setzen sich neben-
einander aufs Sofa. Sie nehmen die Hüte ab und legen sie neben
sich aufs Sofa. Während des Gesprächs achten sie mit einer un-
ruhigen Fürsorge aufeinander. Spaak 1 wippt mit dem Hintern
auf der Sofakante und sieht zuweilen abrupt seinem Bruder ins
Gesicht. Spaak 2 wirft sich oft massig und unwirsch in den Sofa-
rücken, wischt sich mit der Hand übers Gesicht, schnellt vor,
um seinem Bruder ein Haar, ein Fusel vom Jackett zu pflücken,
um ihm die Rockschöße stramm zu ziehen usw. Nelly läuft in
nervöser Mißstimmung auf und ab.
SPAAK 2 Wir finden einen Weg.
SAAK 1 Wir werden Mittel und Wege finden.
NELLY Wagt ihr die ganz gemeine Erpressung?
SPAAK 1 Ja.
SPAAK 2 Ja und nein.
Er sieht sich um.

Der Skandal lauert an jeder Türritze. Unser Risiko ist atemberaubend.

SPAAK 1 *schießt empor, zeigt auf Vladimir.* Dieser leutselige Schlafwandler verrät uns alle. Er bringt uns alle ins Zuchthaus. Er gehört auf eine Expedition. Weit fort ins schwarze Land.

NELLY Ich habe mein Leben gewagt, ich habe das schwarze Verbrechen riskiert, damit die pharmazeutischen Betriebe ›Gebrüder Spaak & Co.‹ in den Besitz eines bahnbrechenden Arzneimittels gelangen.

SPAAK 1 *heult auf* Ojeojeoje.

SPAAK 2 *greift zum Koffer und holt Papiere heraus; bleich und zitternd* In den Unterlagen, die Sie gütigst erbeutet haben, lauert der schwarze Wahnsinn.

SPAAK 1 Alles umsonst. Nichts gewesen außer Spesen.

SPAAK 2 Unsere Chemiker haben eine Analyse gemacht. Sine ira et studio.

SPAAK 1 Das Lungen-Präparat des ehemaligen Herrn Doktor Mann ist lebensgefährlich.

NELLY *stürzt sich auf die Papiere.* Was wollt ihr mir weismachen?

SPAAK 1 Wohl greift es den schwarzen Bazillus wirksam an –

SPAAK 2 Aber dabei fliegt das Herz in die Luft, bricht der Kreislauf aus der Bahn.

NELLY Gustav hat sein Lebtag nur an diesem Mittel geforscht.

SPAAK 1 *sieht Spaak 2 an.* Unglaublich. Eine lückenlose Kenntnis der schädlichen Nebenwirkungen konnte man ihm zutrauen.

SPAAK 2 Nelly, Sie haben diesem Abenteurer eine lebensgefährliche Enttäuschung erspart.

NELLY Idiot.

SPAAK 1 *zeigt mit dem Daumen auf Spaak 2.* Er hat recht, wie Sie wissen.

SPAAK 2 Herr Mann –

SPAAK 1 *legt Spaak 2 eine Hand aufs Knie; ganz kurz, ein verunglückter Scherz.* Hermann.

SPAAK 2 *unbeirrt* Herr Doktor Mann litt an einer hartnäckigen Selbsttäuschung.

SPAAK 1 Wollte er nicht einen eigenen Betrieb begründen auf seinem Unheilmittel? Der Idiot.

SPAAK 2 Alles umsonst. Atemberaubend.

NELLY *in einem Ausbruch von Zorn* Was weiß ich denn von euch, ihr Schädlinge.

SPAAK 2 Und welche Gewähr bieten Sie uns, Sie und Ihre beschädigte Ehre?

SPAAK 1 Uns belasten Kaution und Anwaltskosten, aber –

SPAAK 2 Was uns ärger bedrückt, die Voraus-Investitionen zur Einführung des Mann-Präparats.

NELLY Und ich allein soll für die Enttäuschung büßen?

SPAAK 1 Alles geht zu unseren Lasten. Wir sorgen dafür, daß Sie sich vorteilhaft und unbemerkt aus unseren Geschäften zurückziehen können.

SPAAK 2 Sie verkaufen uns Ihre Besitzanteile –

SPAAK 1 Und im Elsässischen wartet eine kleine ordentliche Fabrik – Heilkräuter-Tee für Herz und Kreislauf –, die Sie mit Ihrem flüssigen Kapital sofort übernehmen können.

SPAAK 2 Es ist alles lückenlos vorbereitet.

Er holt wieder Papiere aus dem Koffer.

NELLY Solange ich bei Vernunft bin, bleiben die Anteilsrechte, die ich von meinem Vater geerbt habe, in meiner Hand. Schluß jetzt.

SPAAK 1 So kommen Sie doch zur Vernunft. Selbst wenn die Affäre Mann zu dem erwarteten Erfolg geführt hätte, auf die eine oder andere Weise hätten wir uns auch dann voneinander trennen müssen.

SPAAK 2 Können Sie sich vorstellen, daß das Unternehmen, welches wir führen –

SPAAK 1 In der Verantwortung für unsere kranken und leidenden Mitmenschen –

SPAAK 2 Daß es in ein kriminelles Zwielicht gerät?

NELLY *stampft mit dem Fuß auf, hält den Arm vor die Augen.* Ihr schwarzes Gelichter. Ihr Spinnen. Ich will euch nicht mehr sehen. Keinen Schritt gebe ich euch nach.

Sie zieht einen Schuh aus und schleudert ihn gegen die Gebrüder Spaak.

Vladimir. *Sie läuft zu ihm und rüttelt ihn wach.* Komm mit mir. Wir gehen aus. Die Pest ist zu Besuch.

Sie wartet nicht auf Vladimir. Sie läuft eilig durch die Galerie ab. Man hört, wie sie nur mit einem Schuh auftritt. Vladimir erwacht und setzt sich auf. Er erblickt die Gebrüder Spaak, die, etwas eingeschüchtert, auf dem Sofa zusammengerückt sind. Vladimir holt tief Luft und stößt einen hundehaften Heullaut aus. Dann beobachtet er die Gebrüder Spaak eine Zeitlang ruhig.

SPAAK 2 *flüstert Spaak 1 zu.* Wir müssen ihr auf den Fersen bleiben.

VLADIMIR Wie kommt Nellys Fuß in eure Hände?

Spaak 1 bekommt plötzlich ein Gefühl für den Schuh in seiner Hand. Er gibt ihn rasch an Spaak 2 weiter. Spaak 2 drückt den Schuh zärtlich an seine Wange. Spaak 1 nimmt ihm darauf den Schuh weg, stellt ihn auf den Boden.

SPAAK 1 Dieser Schuh gehört an Nellys Fuß. Das steht fest.

SPAAK 2 *hat eine Ausrede gefunden.* Unsere liebe Frau Nelly hat diesen Schuh hinterlassen, weil wir sie um eine kleine Reliquie gebeten haben.

VLADIMIR *empört* Oh.

Spaak 1 rückt sofort von Spaak 2 weg und wendet sich Vladimir zu. Spaak 2 nimmt eine lockere, separate Haltung ein. Er schlägt die Beine übereinander und legt die gefalteten Hände in den Nacken.

SPAAK 1 *sich entschuldigend* Manchmal kann man es einfach nicht ausdrücken.

SPAAK 2 *lächelt.* Doch, doch. Sie ist ausgeschlüpft und hat ihren nackten Fuß hervorgeholt.

VLADIMIR *droht Spaak 2.* Du. Nimm endlich Vernunft an. Ein für allemal: Der Schuh steht dort, weil Nelly vorbeikommen wird, um mit ihrem linken Fuß hineinzuschlüpfen.

SAAK 1 Sehr richtig. *Spaak 2 kichert frech, wippt mit dem übergeschlagenen Bein.*

VLADIMIR *eröffnet unversehens ein Sachgespräch.* Ein hoher Heeresoffizier schrieb mir kürzlich, daß wir auf keinen Fall die Buren militärisch unterstützen werden. Was meinen Sie dazu?

SPAAK 1 Traurig, aber korrekt. Ganz Europa sieht tatenlos zu, wie die Engländer an unseren tapferen Goldgräbern den nackten Raubmord begehen.

SPAAK 2 *als politischer Debattant* Nein, nein. So kann man es nicht ausdrücken. Das sind nur Redewendungen, private Meinungen. Sehen wir uns doch einmal die Wirklichkeit an. Wir, die ›Gebrüder Spaak & Co.‹, liefern an die englische Armee sogar tonnenweise Insektenpulver und Abführmittel.

Spaak 2 wird weder von Spaak 1 noch von Vladimir beachtet.

VLADIMIR Nicht wahr, ein russischer General könnte niemals solch ein englisches Heer anführen?

SPAAK 1 Niemals. So wenig wie ein lutherischer Pastor einen Pilgerzug nach Lourdes anführen könnte.

SPAAK 2 *verärgert* Lüge, Lüge. Ich selbst habe in London einen gebürtigen Russen getroffen, der jetzt gegen die Buren kämpft. Vielleicht kein General, aber doch ein hoher Offizier. Leonid Marwensky oder Marwinsky hieß er. Jedenfalls mit einem englischen Ypsilon an seinem russischen Namen.

SPAAK 1 *zu Vladimir* Immerhin. Der pharmazeutische Handel ist doch ein Segen. Gerade dort, wo er die kriegerischen Unternehmungen in den schwarzen Ländern begleitet. Denken Sie nur, wieviele prächtige Feldherrn der Geschichte haben Ruhm und Sieg jäh einem bösartigen Fieber opfern müssen. Heute jedoch –

VLADIMIR Erlauben Sie mir, daß ich Ihnen sogleich widerspreche. Für mein Empfinden gibt es keinen helleren Rausch als den schweren Fiebertraum. Wann denn, wenn nicht in diesem überreizten und zugleich äußerst willenlosen Zustand durchflutet das Hirn eine ähnliche Fülle von strahlenden Sinnbildern, rätselhaften Gedanken und nie vernommenen Stimmen. Und wer, wenn nicht der Fieberkranke, erlebt in den Augenblicken der höchsten Körpergefahr jene Ruhe der hellen Begeisterung, jene bergende Gleichgültigkeit, in der er sich allem überläßt, was im Inneren oder von außen ihm zustößt oder zustoßen könnte. An der zarten Grenze aller Grenzen gelangt dann der Kranke oft mit jedem Traumschritt zwei Fußspannen über den eigenen Tod hinaus. Er sieht sich, ja er erkennt sich in dem alten Bild vom ewigen Flaneur, der zur Mittagsstunde an den Ufern seines Hirns dahinspaziert und sich zerstreut. Längst ziehe ich den schweren Fiebertraum allen anderen künstlichen Paradiesen vor. Denn er fällt gewaltiger über mich und meinen Körper her und läßt uns beide später wie neuerschaffen zurück.

SPAAK 2 *verärgert* Lieber Herr, wie können Sie nur so selbstsüchtig daherreden. Jeder Kämpfende, jeder, der einen kämpferischen Auftrag zu erfüllen hat, kann durch ein schweres

Fieber um alles, um seine Ehre und um sein Leben, gebracht werden.

Er flüstert Spaak 1 zu Und du – warum läßt du dich auf solch ein unpharmazeutisches Geschwätz ein? Hatten wir nicht etwas Wichtigeres vor mit der verwöhnten Schlafmütze?

SPAAK 1 *dreht sich langsam zu Spaak 2 um.* Du närrischer Elefant. Du trampelst auf meinen Nerven herum.

Spaak 1 packt Spaak 2 an der Taille und zieht ihm das Hemd aus der Hose.

VLAIDIMIR *wie auf ein Stichwort* Bevor es anfängt, spüre ich, wie sich die Nerven spannen. Sie zittern und klirren, wie Telefondrähte, wenn es friert. Die Augen aber drohen auszulaufen, verwässern sich zu zwei hellen Tropfen, die anschwellen und für immer davonrinnen, die kalten Wangen hinunter, und zurückbleiben zwei grindige Höhlen. Zwei Pißlöcher im Schnee.

SPAAK 2 Ekelhaft. *Er nimmt ein Taschentuch aus der Hose und schneuzt sich heftig die Nase. Dann stützt er sich mit dem Ellbogen auf die Sofalehne und legt seinen Kopf in die offene Handfläche.*

SPAAK 1 *zu Vladimir* Unsere Heilmittel –

VLADIMIR *unwillig* Ach was.

Spaak 1 verstummt sogleich und läßt das Kinn auf die Brust sinken.

Und dann, wenn der große schwarze Krieg ausbricht, was macht ihr dann? Schweigen Sie doch.

Vladimir steht auf und setzt sich an seinen Schreibtisch vor dem Aquarium. Er ordnet seine Aufzeichnungen. Nelly kommt in vollständiger Ausgehgarderobe herein. Sie läuft schnell bis zu ihrem Schuh, in den sie geschickt hineinschlüpft. Dann geht sie langsamer weiter, kommt hinter das Sofa.

VLADIMIR *ohne von seinen Papieren aufzublicken* Nelly?

NELLY Ja, Vladimir.

VLADIMIR *wendet sich Nelly zu, lächelt.* ›Que tous ses pas etaient des sentiments.‹ Es hört sich an, als müßtest du mir dringend etwas berichten.

NELLY *geht ein paar Schritte auf Vladimir zu; leise* Jetzt nicht. Bitte. Ich weiß nicht, wo mir der Kopf steht. Ich weiß weder ein noch aus.

VLADIMIR *mit übertriebener Gelassenheit* Aber in der vernünftigen Welt gibt es keinen einzigen Ort, an dem du weder drinnen noch draußen bist – im Verhältnis zu allen übrigen Orten der vernünftigen Welt. Wo also steckst du?

NELLY *erregt* Hat dir schon mal jemand gesagt *sie ahmt unverkennbar die Sprechweise von Spaak 1 nach* ›Selbstverständlich nehmen wir Rücksicht auf Ihre persönlichen Gefühle, auch wenn wir selbst keine persönlichen Gefühle kennen.‹

Nelly legt Hut und Mantel ab und läßt sie zu Boden fallen. Spaak 1 fährt zusammen, wenn Nelly ihn imitiert. Er springt in diesem Moment auf, wo Nellys Mantel zu Boden fällt.

SPAAK 1 *versucht, süffisant zu sein, ist aber zu aufgeregt.* Eine Abendpromenade mit nur einem Schuh? Ist das nicht ein bißchen gewagt?

VLADIMIR *springt auf und schreit* Sie frecher Kriegsgewinnler. Sind Sie hier der Detektiv oder bin ich es?

SPAAK 2 *ebenfalls erregt, springt auf und schreit* Halt den Mund, du parfümierter Waschlappen, sonst stopfen wir dir den Mund.

NELLY *laut und streng* Halt. Jetzt wird euch schwarz vor den Augen.

Sie wirft sich mit dem ganzen Gewicht ihres Körpers gegen den Sofarücken und stößt den stehenden Spaaks die Sitzfläche in die Kniekehlen, so daß sie unwillkürlich in die Polster zurückfallen. Es geht blitzschnell: Nelly rafft ihren Mantel vom Boden auf, holt den Revolver hervor, schleudert den Mantel den beiden Spaaks über den Kopf, so daß sie nichts mehr sehen, und feuert hintereinander drei Schüsse ab. Sie schlagen alle drei in das Aquarium ein. Die beiden Spaaks schreien auf, als fühlten sie sich getroffen. Ihre Hände krallen sich in die Chaiselongue. Ein erstaunter kurzer Aufschrei von Vladimir, der sofort mit beiden Händen die Löcher in der Aquariumswand zuhält. Dann, ein paar Sekunden später, noch ein Aufschrei von Vera, die hereingelaufen kommt und überblickt, was geschehen ist.

VERA Aber haben Sie denn kein Herz für die Fische? Sie sterben den Erstickungstod. Armer Herr Vladimir. Ich hole einen Eimer Wasser zur Ersten Hilfe.

Vladimir nimmt die Hände von den Löchern und läßt das Wasser hervorsprudeln. Er nimmt seine Papiere vom Schreibtisch und geht die Treppe hinunter.

VLADIMIR Laß nur, Nelly. Den Fischen ist nicht mehr zu helfen. Ich habe meine Experimente abgeschlossen. Die Tiere sind allesamt sterbenskrank. Meine Herren Fabrikanten. Ich appelliere an Ihre wissenschaftlichen Interessen.

Die Gebrüder Spaak kommen unter Nellys Mantel hervor.

Sie sollten sich mit meiner Arbeit über Schädigungen der Atemorgane bei Süßwasserfischen befassen. Gewiß, es sind Forschungen und Beobachtungen eines ehrgeizigen Laien, die ich hier ausführlich mitgeteilt habe.

Er überreicht Spaak 1 sein Manuskript. Dennoch wird Ihnen diese Schrift die Augen öffnen. Methodisch handelt es sich um Untersuchungen über bakterielle Krankheitserreger in Fischkörpern. Praktisch aber komme ich zu solch verblüffenden Ergebnissen wie etwa dem: daß bereits geringe Spuren Ammoniak, zu deutsch einige Käsekrümel, genügen, um bei jungen Schleierschwänzen fortschreitende Wucherungen und Zerstörungen des Kiemenepithels zu verursachen. Ja. Nun werden Sie fragen: Mensch und Fisch, wie vergleicht sich das? Meine Herrn, lesen Sie die Studie, lesen Sie sie. Ganz besonders achten Sie aber auf das Kapitel über die sogenannte ›Blutende Hostie‹. Da werden Ihnen die Augen übergehen. Sie wissen, wovon ich spreche?

SPAAK 1 *blättert scheinbar interessiert in der Studie.* Ich spüre es, ich kann es mir vorstellen.

SPAAK 2 *unbefriedigt* Sie sprechen vom pharmazeutischen Hintergrund der Sache?

NELLY *äußerst gereizt* Vera, bitte stellen Sie das Wasser ab, sofort.

Vera geht zum Aquarium, steht davor und tritt unruhig von einem Bein aufs andere.

VERA Wie soll ich denn? Ich weiß mir keinen Rat.

Schließlich hält Vera, wie zuvor Vladimir, die Hände auf die Löcher.

SPAAK 1 Lieber Herr Vladimir, ich bin ganz aufgeregt.

Vladimir, der wirklich aufgeregt ist, setzt sich zwischen Spaak 1 und Spaak 2 aufs Sofa.

SPAAK 1 Lassen Sie mich offen zu Ihnen sprechen.

SPAAK 2 *trocken* Eine kleine Gruppe unseres Forschungsstabs ist vergangene Woche aufgebrochen zu einer Expedition in unsere ostindischen Kolonien. Sie suchen in den Urwäldern von Borneo nach den Grundstoffen alter ätherischer Öle.

SPAAK 1 Alle möglichen Experten sind unterwegs. Nur einen tüchtigen, wißbegierigen Fischsachverständigen konnten wir nicht auftreiben. Und nun sitzen Sie hier. Vladimir, Sie müssen Ihr junges Talent im Dschungel erproben. Fahren Sie los nach Batavia.

Er legt die Studie beiseite.

NELLY Vladimir. Spaak. Wenn ihr nicht sofort still seid –

VLADIMIR Eine Expedition. Ja, ja, aber sehen Sie sich meine Füße an.

Er ist dabei, seine Schuhe auszuziehen.

NELLY *droht mit dem Revolver.* Spaak, wenn ihr nicht augenblicklich hier verschwindet, dann passiert etwas Schreckliches.

Elisabeth, in vollständiger Reisegarderobe, kommt durch die Galerie herein. Sie trägt zwei Koffer in den Händen.

ELISABETH Nimm dich in acht, mein Kind. Es ist Schreckliches genug passiert.

Alle sehen sich um nach Elisabeth.

NELLY Elisabeth.

VLADIMIR Ach Mama, du kommst zu spät.

VERA Es ist viel passiert, aber jetzt wird alles gut.

Vera nimmt ihre Hände von den Löchern in der Bassin-Wand weg und läuft zu Elisabeth. Sie nimmt ihr Gepäck und ihre Garderobe ab.

ELISABETH Nelly, ich muß dich dringend unter vier Augen sprechen.

Nach einer Weile erheben sich die Gebrüder Spaak und verabschieden sich auf komische Weise. Sie gehen hintereinander ab. Vladimirs Studie lassen sie achtlos liegen auf dem Sofa. Vladimir, der das bemerkt, fühlt sich einen Augenblick lang enttäuscht. Dann nimmt er das Manuskript an sich und läuft den Spaaks nach. Er schwingt es in der hocherhobenen rechten Hand. Aber nach ein paar Schritten gerät er ins Humpeln. Vera kommt ihm zu Hilfe. Vladimir stützt sich auf Vera, die außerdem schwer beladen ist. Er küßt sie auf die rechte Schläfe. Alle außer Nelly und Elisabeth gehen ab.

NELLY Ich warne dich. Es gibt kein Gespräch mit mir. Du würdest es nicht überleben.

Elisabeth seufzt laut und läuft auf Nelly zu. Sie nimmt Nellys Kopf in beide Hände, schüttelt ihn und schaut ihm ins Gesicht. Dann hält sie ihr linkes Ohr dicht an Nellys Mund.

Es wird dunkel.

2

Ein später Nachmittag im Januar. Es fällt ein kaltes Dämmerlicht durch das Verandafenster. Vladimir und Elisabeth. Sie sitzen weit auseinander. Vladimir sitzt an seinem Schreibtisch. Das durchgeschossene Aquarium ist jetzt voll von fantastischen Pflanzen. Elisabeth sitzt in einem bequemen Korbstuhl auf der erhöhten Fläche vor dem Verandafenster. Die Tür zum Garten steht offen. Elisabeth hat eine Decke um die Beine geschlagen.

ELISABETH Mein Detektiv – dein Vater, Vladimir – hat es an den Tag gebracht.

VLADIMIR Aber der Tag klärt die Nacht nicht auf.
Er schreibt diesen Satz auf ein Papier.

ELISABETH Ein böses Erwachen. Ich habe es vorausgesehen.

VLADIMIR Wer nicht mehr klarsieht, wird leicht zum Hellseher.
Er schreibt den Satz auf.

ELISABETH Wirst du ihr immer noch vertrauen, wider besseres Wissen?

VLADIMIR Ich weiß wenig, aber das Wenige, das ich weiß, hängt eng und fest zusammen. *Er schreibt den Satz auf.*

ELISABETH *wiederholt* Wider besseres Wissen.

VLADIMIR Mein Glück mache ich wider besseres Wissen oder nie. *Er schreibt den Satz auf.*

ELISABETH Die Gebrüder Spaak haben euch fest in der Hand.

VLADIMIR ›Du erinnerst mich an meine eigene Wahrnehmung‹, sagte der alte König und grollte.

ELISABETH Mein lieber Junge, Nelly hat dich hinters Licht geführt. Sie hat dich betrogen mit einem Liebhaber. Aber noch mit dem Mord an ihrem Liebhaber hat sie dich betrogen. Nicht

aus verzweifelter Liebe zu dir – aus ganz gemeinen Geschäfts-
interessen wurde dieser Gustav Mann umgebracht. Nelly hat
ihn im Auftrag der ›Gebrüder Spaak‹ ermordet. Sie sollte ein
Tuberkulose-Präparat erbeuten, das er entwickelt hat und wie
seinen Augapfel hütete. Die Liebhaber-Tragödie wurde nur für
dich und für den Staatsanwalt erfunden. Du harmloses Scheusal.

VLADIMIR *beleidigt* Oh.

ELISABETH *wiederholt, fast traurig* Du harmloses Scheusal.

VLADIMIR Das lasse ich mir nicht zweimal sagen, dir werde ichs
zeigen. Du und dein gemeines Unwissen über dich selbst. Du
weißt nicht, wie du redest. Du hast dich nicht im Kopf, wenn
du sprichst. Du weißt nicht, wie du aussiehst. Wie du gehst. Du
hast keine Ahnung von dem Eindruck, den du machst. Du sitzt
da und schwätzt von einer ›entlarvenden Tatsache‹ und bist
doch selbst nur eine einfältige Tatsache, ein niedriges Ding-
wort. ›Meine Mutter‹ – eine alte unbewußte Frau. Und natürlich nimmst du auch nicht wahr, was ich dir ausdrücklich
vormache. Ich rolle die Schultern, ich schlage die Gebeine
übereinander, ich schwitze sogar. Du fragst nicht einmal, was
ich hier aufschreibe. Hör zu. Nelly soll töten, wen sie mag.
Meinetwegen auch dich. Solange ich keine Schmerzen habe,
wenn sie in meiner Nähe ist, bleibt sie meine einzige Liebe.

ELISABETH *gibt willenlos ein Echo.* Bleibt sie meine einzige
Liebe.

VLADIMIR Sehr richtig. *Er wiederholt, was er eben gesagt hat,*
als sagte er es zum erstenmal. Und natürlich nimmst du auch
nicht wahr, was ich dir ausdrücklich vormache. Ich rolle die
Schultern, ich schlage die Gebeine übereinander, ich schwitze
sogar. Du fragst nicht einmal, was ich hier aufschreibe. Bist du
denn ganz stumpfsinnig?

ELISABETH *hilflos* Was schreibst du denn da auf?

VLADIMIR Was ich gesagt habe, schreibe ich auf.
Er schreibt den Satz auf.

ELISABETH Und was ich gesagt habe?

VLADIMIR Das schreibe ich nicht auf.

ELISABETH Ich kann mir nicht vorstellen, wie du alleine leben
willst. Über die langen Jahre hin. Während Nelly im Zuchthaus
sitzt. Der Vater meint, du solltest zu uns aufs Land kommen.

VLADIMIR *bleibt eine Weile stumm vor Abscheu; er spricht kalt und ruhig* Darauf das ruhige, sich langsam mit Abscheu füllende Erstaunen. Der kalte Schein der weiten Augen. Und im Mund *Er nimmt einen Schluck Milch* hält er noch einen Schluck Whisky am Gaumenrand zurück. Sagen, erwidern kann er darauf nichts. Jetzt müßte er in Umschreibungen ausweichen, müßte Wörter im ›übertragenen Sinne‹ gebrauchen. Wenn es irgendwie weitergehen soll.

ELISABETH *unruhig* Nun, sag etwas.

VLADIMIR *sieht sich erschrocken um.* Wieso? Schweige ich denn? Ich schweig doch nicht, ich schweige doch nicht.

ELISABETH *rutscht in ihrem Sessel herum.* Wie? Sprich laut und deutlich. Was sind das für schreckliche Geräusche? Ich kann dich nicht verstehen.
Sie steht auf und schließt die Verandatür. Sie wendet sich Vladimir zu.

VLADIMIR *klammert sich an seinen Stuhl und schreit* Weil ich Nelly liebe wie ein Schwein.

ELISABETH *sieht ihn traurig an.* Mein Junge, jetzt schneidest du wieder Gesichter.

VLADIMIR *deklamiert wütend* ›Die Liebe höret nimmer auf, so doch die Weissagung aufhören wird und die Sprachen aufhören werden und die Erkenntnis aufhören wird.‹

ELISABETH Du schneidest mir Gesichter. Gräßlich. Hör auf damit.
Vladimir schreibt den Satz, den er soeben zitiert hat, auf. Er geht mit den Blättern hinunter zu Elisabeth und gibt ihr die Blätter. Er setzt sich in den Korbstuhl und zieht die Decke über seine Beine. Elisabeth liest, was auf dem ersten Blatt steht. Sie beginnt leise zu weinen. Sie setzt sich auf Vladimirs Knie. Er nimmt die Blätter wieder an sich. Nelly kommt lautlos – barfuß – durch die Galerie. Sie steht plötzlich im Raum.

NELLY Oh ich störe euch. Ich komme später wieder.
Elisabeth richtet sich auf. Sie bemerkt Nelly nicht, sie sitzt so, daß sie ihr den Rücken zuwendet. Wenn Nelly zu Ende gesprochen hat, dreht sie sich um und schaut Vladimir ins Gesicht.

VLADIMIR *spricht Elisabeth an.* Bleib hier. Sie hört dich nicht.
Elisabeth wendet sich ab und legt beide Hände auf ihre Ohren.

NELLY *spricht ohne Ton, macht überdeutliche Mundbewegun-gen.* Sie weiß, was sie damit bezweckt.

VLADIMIR *laut* Was sagst du?

ELISABETH *leise, für sich* Deine Nelly habe ich barfuß gesehen. Sie sieht so unanständig aus.

NELLY *leise* Sie weiß, was sie damit bezweckt.

VLADIMIR *hört an Elisabeths rechtem Ohr.* Nein, nein. Es rauscht in ihren Ohren. Eine Hörabsence. Du kannst sagen was du willst.

NELLY Ich nehme kein Blatt vor den Mund. Wie liebevoll ihr bei-einander sitzt.

VLADIMIR *hält ihr die Blätter hin.* Da kannst du lesen, was ich ihr geantwortet habe.

Nelly nimmt die Blätter und liest darin. Vera kommt schnell durch die Galerie herein.

VERA Ein eingeschriebener Brief für die gnädige Frau.

Sie gibt Elisabeth den Brief.

Geben wir dem Boten ein Trinkgeld?

Elisabeth nimmt aus dem Beutel, der an ihrem rechten Hand-gelenk hängt, ein Geldstück und gibt es Vera. Vera lacht und geht eilig ab.

NELLY Blas ihr doch einmal kräftig durchs Gehör. Ihr sitzt doch so nah beieinander.

Vladimir ist darüber erschrocken, daß Elisabeth auf Veras Frage nach dem Trinkgeld reagiert hat. Er will verhindern, daß Elisabeth Nellys Bemerkung hört und ruft, bevor Nelly ausge-redet hat, Vera nach.

VLADIMIR Vera. Haben Sie gestern die Kakteen mit der Luft-pumpe aufgeblasen?

VERA *aus der Galerie, lacht laut.* Ja doch, Herr Vladimir. Und die Iris habe ich mit braunem Lack betupft. Ich kenne doch Ih-ren verwöhnten Geschmack wider die Natur.

Nelly lacht. Elisabeth dreht sich plötzlich zu Nelly um.

ELISABETH Jakob hat mir geschrieben.

Nelly läßt sofort, wenn Elisabeth sie anblickt, die Blätter fallen. Elisabeth liest den Brief. Vladimir sieht ihr über die Schultern und liest mit.

ELISABETH Er kommt morgen zur Mittagszeit hier an. Das wird ein glücklicher Tag. Er hat dies nette Riechfläschchen beige-legt. *Sie reicht es Nelly hin.*

NELLY *nimmt das silberne Fläschchen in die Hand.* Ja, das ist ein nettes Parfümfläschchen.

ELISABETH Nein, Nelly. Kein Parfüm. Es ist Gift drin. Für den Fall – so schreibt uns Vater hier – ›daß du von jenem tödlichen, nur noch die Selbstvernichtung zulassenden Zweifel gequält wirst, der selbst den unerschrockenen Täter oft plötzlich befällt.‹

Nelly erstarrt und läßt das Fläschchen fallen. Sie hebt es auf und reicht es Elisabeth zurück. Vladimir nimmt statt Elisabeth das Fläschchen. Er schraubt es auf und riecht daran. Er wird heiter.

VLADIMIR Ich erinnere mich an einen russischen Offizier, der an Riechwahnsinn litt. Und zwar war seine kleine Nase von einer rätselhaften Erinnerungswut befallen. Was er auch roch, es waren stets die Gerüche aus seiner glücklichen Jugendzeit. Alle gegenwärtigen, ihn umgebenden Gerüche aber nahm er überhaupt nicht wahr. So benutzte er über Jahre hin ein vornehmes Eau de Cologne, das sich indes – aufgrund irgendwelcher Schädigungen – seit langem zu einer stinkenden Brühe zersetzt hatte. Der Offizier nahm nach jeder Morgentoilette das nette Fläschchen zur Hand und sog den kostbaren, erinnerten Duft ein. Während er in Wirklichkeit eine verdorbene luftverpestende Essenz auf Stirn und Nacken tupfte. Eines Tages fiel er um und war tot. Und zwar war er der Einbildung erlegen, er sei am Gas erstickt. Unmittelbar vor dem letzten Entschwinden aller Sinne begriff er, wie ihm geschah. Plötzlich sprang ich auf *Vladimir springt auf, Elisabeth fällt von seinen Knien herab* und wußte, jetzt ist es aus. Es reißt etwas zusammen in mir, ein Zittern, ein Nervenkrampf und eben noch ereilt mich der Gedanke: es strömt Gas aus der defekten Leitung; doch ich, im Schmecken und Riechen voll betäubt vom Whiskyrausch des vorangegangenen Abends, ich nehme den Gasgeruch nicht wahr, ich rieche ja nichts. Aber da ist es auch schon zu spät.

Vladimir fällt auf den Stuhl zurück, bäumt sich auf in einem Krampf und sackt zusammen. Er hängt bewegungslos im Stuhl. Nelly läuft zu Elisabeth, die auf dem Boden sitzt, packt sie mit beiden Armen und schüttelt sie in unaussprechlicher Wut. Elisabeth läßt den Angriff über sich ergehen.

ELISABETH *schüchtern* Die Gefahr ist nie so groß wie er sie ein-
schätzt. Deshalb stellt er sich immer zu früh tot.

Es wird dunkel.

3

Gegen sechs Uhr in der Frühe. Vladimir sitzt an seinem Schreib-
tisch. Vor ihm an der Aquariumswand hängt eine Karte von Indo-
nesien. Vladimir liest in einem Buch und schaut ab und zu auf die
Karte und sucht mit dem Finger einen bestimmten Ort auf. Plötz-
lich hört man, daß jemand durch die Galerie herbeikommt. Vla-
dimir hängt die Karte ab, klappt sie zusammen, löscht das Licht
und flüchtet in das Bett, das mit weißen Gardinen ringsum ver-
hängt ist. Nelly tritt auf.

NELLY *bleibt neben dem Sofa stehen; vorsichtig* Vladimir?

VLADIMIR *ebenso vorsichtig* Nelly?

NELLY *steigt zu Vladimir ins Bett. Sie sind beide nicht zu sehen.*
Nach einer Weile Du hast eben noch über deiner Arbeit gesessen.

VLADIMIR Wie willst du das wissen?

NELLY Dein Rücken ist kalt und dein Hintern ist warm vom Sitzen. Deine Augen sind heiß vom Lesen und Entziffern.

VLADIMIR Wie, wenn wir einander zu beobachten und zu verfolgen hätten? Ich der Mörder und du der Detektiv.

NELLY Aber so ist es gar nicht.

VLADIMIR Nein. Es ist umgekehrt. Du bist der Mörder und ich
der Detektiv.

NELLY Ich meine doch: es gibt diesen Unterschied nicht, wenn
man sich liebt. Ich jedenfalls kenne mich nicht mehr aus: beob-
achtest du mich oder beobachte ich mich selbst. Und wie geht
es dir?

VLADIMIR Ich habe tatsächlich gearbeitet bis in den frühen Morgen. Und weißt du was? Ich habe jeden Satz, jede Redewen-
dung und jeden Lidschlag festgelegt, ich habe alles genau ein-

studiert, was ich am kommenden Tag von mir geben werde. Ich muß mich schützen vor den Überraschungen, die mir meine Mutter bereiten wird.

NELLY Untage sind das. Darauf muß man sich vorbereiten. Nicht wahr?

VLADIMIR Ja. *Er fragt nach.* Wie?

NELLY Was ist los mit Jakob?

VLADIMIR Jakob? So heißt mein Vater. Dort auf dem Bild kannst du ihn sehen.

Er streckt den Arm zwischen der Gardine hervor und zeigt auf ein Porträt, das an der Wand neben seinem Schreibtisch hängt. Er hat einen Kropf seit seinem sechsundzwanzigsten Lebensjahr. Daher atmet er schwer. Ein harmloses Scheusal.

NELLY Du sagst immer dasselbe. Warum bin ich ihm nie begegnet? Gibt es Jakob nicht in Wirklichkeit?

VLADIMIR Du meinst: den Absender des Giftfläschchens? Oh ich habe seinen Brief genau gelesen. Meine Mutter hat vorgelesen, was dort wörtlich stand: ›Ein nettes Giftfläschchen lege ich diesen Zeilen bei für den Fall, daß du von jenem tödlichen, nur noch die Selbstvernichtung zulassenden Zweifel gequält wirst, der selbst den unerschrockenen Täter oft plötzlich befällt.‹ Du, das bist nicht du; das ist sie, die Mutter, Elisabeth. Sie hat den Satz falsch vorgelesen.

NELLY *freudig* Dann war es richtig, daß ich ihr das Fläschchen zurückgereicht habe.

VLADIMIR Wie gut, daß ich dazwischen griff und das Fläschchen an meine Nase hielt.

NELLY Ja. Es hat alles seinen Sinn gehabt.

VLADIMIR Mein Gott, es ist eine brennende Zeit, das. Eine frische Eisenbahnfahrt täte uns beiden jetzt gut.

NELLY Zur Mittagszeit holt sie Jakob vom Bahnhof ab. Wir werden ja sehen.

VLADIMIR *lacht und spricht laut.* Eine wilde endlose Reise. Augen auf. Alles sehen und nichts behalten. Die Augen, wie ein Faß ohne Boden.

NELLY Sei still. Kommt da nicht deine Mutter?

Es ist in diesem Augenblick draußen vor der Verandatür eine Gestalt aufgetaucht. Die Gestalt erinnert sofort an Vladimir, dem sie in allem sehr ähnlich ist. Freilich erkennt man das Ge-

sicht des Mannes nicht. Er trägt Mantel, Schal und Mütze wie Vladimir bei seinem allerersten Auftritt. Der Mann hat die Verandatür ein wenig geöffnet und hört dem Gespräch zwischen Nelly und Vladimir zu. Man merkt eines: er atmet schwer wie ein Asthmatiker.

VLADIMIR Die Ohren kann man nicht schließen. Hören muß man immerzu oder schlafen. Das Hören ist schlimm. Das Hören ist das Allerschlimmste.

NELLY Vladimir, hilf mir. Fast hätte ich dich belogen. Soeben wollte ich sagen: ›Deine Mutter hat dich täuschen wollen mit ihrer Hörohnmacht. Sie hat dich nur nachgeahmt, um dir zu gefallen.‹ Obwohl ich doch weiß, daß das nicht wahr ist. Solange wir uns kennen, habe ich dich nur belogen, wenn du selbst mich kurz zuvor belogen hattest. Nein, man muß es anders ausdrücken. Jedesmal wenn ich einen Zwang verspürte, dich zu belügen, so erkannte ich daran, daß du mich kurz zuvor belogen hattest. Aber worin hast du diesmal gelogen?

VLADIMIR Oja, es kommt vor, daß man gezwungen wird, willenlos zu reagieren und nur noch zu reagieren, um zum Bewußtsein seiner selbst zu gelangen. Noch vor kurzem habe ich es erlebt. Bevor ich dich vom Gefängnis abholen wollte, saß ich in einem Straßencafé. Ich merkte erst, daß ich selbstvergessen meinen Finger in der Nase hielt, als ein alter Mann am Nebentisch sein Taschentuch hervorholte und sich trocken die Nase schneuzte. Aha, dachte ich mir, er will dir eine Lehre erteilen, und behielt ihn unauffällig im Auge. Und tatsächlich machte er mir in der folgenden Viertelstunde mit zahllosen Gebärden und Mienen vor, wie er mich lieber anders, vollkommener, sich ähnlicher sähe. Er veränderte mein Aussehen, von dem ich, offengestanden, zur Tatzeit keinen festen und sicheren Begriff hatte, er veränderte den Eindruck, den ich auf ihn machte, in einer stummen unerbittlichen Schulung. Er strich mit seiner Hand über die Stirn, und sofort legten sich die Falten auf meiner Stirn. Stell dir vor, ein alter Mann hatte es nur darauf abgesehen, daß ich ihm vollkommen gleiche. Plötzlich steht er auf und macht mir ein gefährliches Handzeichen. Ich greife in meine Manteltasche und spanne den Revolver –

Nelly springt aus dem Bett. Sie erlebt eine schreckliche Szene und stößt einen Schrei aus. Vladimir klettert aus dem Bett.

Nelly hat den Schrei in dem Augenblick ausgestoßen, als die
Gestalt, die in der Verandatür lehnte, von einer zweiten Ge-
stalt, die Spaak 1 sehr ähnlich sieht, bedroht wird. Die zweite
Gestalt hat sich mit einem langen Messer in der erhobenen rech-
ten Hand an die erste Gestalt herangeschlichen und hätte sie
niedergestochen, wenn Nelly nicht im entscheidenden Augen-
blick mit ihrem Schrei gewarnt hätte. Die erste Gestalt dreht
sich blitzschnell um und entwindet der angreifenden Gestalt
das Messer, zwingt sie nieder und stößt ihr das Messer mehr-
mals tief in den Körper. Dann nimmt die erste Gestalt ihr Opfer
auf beide Arme und läuft sehr schnell davon.

VLADIMIR Ein Traum zu zweit.

NELLY *läuft zum Verandafenster.* Nichts mehr zu sehen. Wir haben nicht geträumt. Jemand, der uns beobachtet hat, sollte umgebracht werden. Aber es ist anders gekommen. Das gehört in
meine Affäre. Sie hat Hintergründe, die ich selbst nicht kenne.
Ich habe Angst, Vladimir.

Nelly läuft schnell durch die Galerie nach hinten. Vladimir
wird sehr unruhig. Er läuft zu einem Schrank, der neben dem
Bett in die Wand verkleidet ist. Er nimmt einen Mantel heraus
und zieht ihn, über das Nachthemd, an. Er setzt seine Mütze
auf, er legt seinen Schal um. Dann stellt er sich seitlich vor das
Bett, so daß ihn Nelly nicht sehen kann. Nelly kommt zurück.
Sie trägt ein Tablett mit einer Karaffe Milch und zwei Gläsern.
Sie setzt es auf dem Tisch vor dem Sofa ab. Sie geht zum Bett,
weil sie annimmt, Vladimir habe sich wieder hingelegt.
Vladimir, laß uns Halma spielen und Milch trinken.

Vladimir tritt aus seinem Versteck hervor, packt Nelly von hin-
ten und zerrt sie an sich. Er preßt seine Hand auf ihren Mund.
Nelly versucht sich zu befreien und bewegt sich wild. Dabei
zerreißt ihr Nachtgewand. Vladimir bemerkt, daß sie darunter
vollständig bekleidet ist. Er läßt Nelly los. Sie bleibt fassungslos
und erstarrt vor ihm stehen und hält beide Hände vor ihr Ge-
sicht. Vladimir streift und reißt mit Verwunderung, nicht mit
Gewalt das Nachtgewand herunter. Nelly steht da in einem
enganliegenden Kostüm. Ohne Schuhe.

VLADIMIR Wo warst du? Gehst du nachts aus dem Haus?

Nelly schüttelt erschöpft den Kopf. Sie geht zum Sofa und läßt
sich in die Polster fallen. Sie gießt sich Milch in ein Glas und
trinkt.

NELLY Ich habe wohl vergessen, mich nackt zu machen, bevor ich das Nachtzeug überzog.

VLADIMIR *nickt mit dem Kopf und lächelt.* Ja. Ich kenne diesen selbstvergessenen Zustand. Wenn man nach einem Tag voller Lebensgefahr von einer schweren Übermüdung in Schutz genommen wird. Und doch gilt ein letzter hellwacher Gedanke noch einmal der Lebensgefahr: hoffentlich wache ich nicht inmitten einer Blutlache auf. Dann aber, wenn die Vernunft schon entschwunden ist, die Sinne aber noch nicht, spürt man die feste Kleidung ganz am Leib und ist froh und sicher, daß das Blut gewiß nicht bis an die Körperhaut vordringen wird. Denn so selbstvergessen bist du schon, daß du glaubst, das Blut aus den eigenen Wunden fließe dir von außen zu.
Er bricht ab, schüchtern.
Allerdings hattest du gestern abend ein ganz anderes Kostüm an.

NELLY *müde* Wir dürfen einander nicht unheimlich werden. Weißt du, es ist ein dichtes Netz von Mord, Betrug und Täuschung über uns ausgespannt. Wir dürfen nicht hineinschwimmen wie zwei dumme Zierfische. Ich muß kämpfen. Ich muß mir einen Überblick verschaffen. Ich will, daß die gemeinen Machenschaften sich selbst verschlingen. Hinter unserem Rükken, ohne bis zu uns vorzudringen.

VLADIMIR Alles ist säuberlich eingefädelt und einer hält alle Fäden in der Hand. Bin ich es oder du, ist es Vera oder meine Mutter?

NELLY *unwillkürlich* Solange Elisabeth in diesem Haus ist, darf ich nicht nackt sein.

VLADIMIR *setzt sich zu Nelly und streichelt ihr Haar.* Siehst du, Nelly. Jetzt ist alles in Ordnung. Jetzt hat alles seinen Sinn. Du bist zu mir gekommen in deiner selbstvergessenen Angezogenheit, damit wir über all das sprechen mußten, worüber wir soeben gesprochen haben. Damit wir uns so und genauso verhalten, wie wir uns bis zu diesem Augenblick verhalten haben, wo wir erkennen, welch vernünftige Bedeutung deine selbstvergessene Angezogenheit für uns gehabt hat. Nun wissen wir Bescheid.

NELLY *müde und zufrieden* Ja, Vladimir. Wir haben uns gut verstanden. Das Sprechen ist das Allerleichteste.

Vladimir holt aus der Tischschublade ein Halma-Spiel hervor.
Sie bauen die Figuren auf und beginnen zu spielen. Ab und zu
trinken sie Milch. Es ist draußen fast taghell geworden. In der
Küche, die hinter der Galerie liegt, hört man, sehr leise, Vera
singen und mit dem Geschirr klappern. Nelly wird vom Schlaf
überwältigt und sinkt zurück in den Sofarücken. Vladimir
nimmt einen Schluck Milch und rückt die Figuren allein weiter.
Dann beginnt er wieder zu sprechen. Er erzählt der schlafen-
den Nelly sehr leise eine Geschichte.

VLADIMIR Es war einmal ein Kindermädchen, das quälte die
Langeweile genauso wie seine Kinder. Es hatte keine Lust, die
üblichen Spiele zu spielen, zu denen die Kinder schon längst
keine Lust mehr hatten. Im trägsten Moment seiner Langeweile sagte das Kindermädchen auf einmal: Los, Kinder, wir
spielen das Nachahmespiel. Die Kinder wollten wissen,
worum es beim Nachahmespiel ging. Das Kindermädchen
sagte: Es kommt darauf an, daß eines von euch mich nachahmt,
wie ich gehe, wie ich nichts tue, und wie und was ich gerade
spreche. Dann ahmt das zweite Kind dem ersten Kind nach,
wie es mich nachgeahmt hat und so fort. Wir wollen sehen, was
am Schluß, beim letzten Kind, dabei herauskommt.

Nelly lächelt im Schlaf.

Und das Kindermädchen begann etwas zu sagen und was es
sagte und wie es sprach wurde von allen Kindern nachgeahmt
bis zum letzten Kind. Und das Kindermädchen tat nichts und
es wurde von allen Kindern bis zum letzten Kind nachgeahmt,
wie es dasaß und nichts tat. Den Kindern machte das Spiel einen großen Spaß. Aber das Kindermädchen wurde bald müde,
denn nun konnte es nichts, nicht das Geringste mehr tun, was
nicht die Kinder bis auf das letzte Kind ihm nachahmten.
Schluß, sagte das Kindermädchen, das Nachahmespiel ist zu
Ende, Kinder. Schluß, sagte ein Kind im Tonfall des Kinder-
mädchens, das Nachahmespiel ist zu Ende, Kinder. Und alle
Kinder bis auf das letzte Kind ahmten den Befehl des Kinder-
mädchens nach. Das Kindermädchen begriff, daß es kein Ende
des Nachahmespiels geben konnte. Es wurde ja nicht mehr befolgt, sondern nur noch nachgeahmt. Der Alptraum einer
grenzenlosen, unendlichen Nachäfferei hielt das Kindermädchen gefangen. Wie konnte es ihm entkommen? Es wußte sich

nicht anders zu helfen, als daß es auf der Stelle fest einschlief. Alle Kinder bis auf das letzte Kind begannen sofort wie das Kindermädchen, jedes auf seine nachahmende Weise, fest einzuschlafen. Am Nachmittag kamen die Eltern der Kinder von einer Hochzeitstafel nach Hause. Wie erstaunt waren sie, als sie alle ihre Kinder fest schlafen sahen, obwohl diese entgegen dem heftigen Drängen der Eltern noch niemals zur Mittagszeit geschlafen hatten. Sie weckten das Kindermädchen auf, das sich sofort in höchster Bestürzung nach den Kindern umschaute. Doch die Kinder schliefen alle in Ruhe weiter. Die Eltern streichelten das Kindermädchen und lobten es und schenkten ihm die Flasche Champagner, die sie auf der Hochzeit gestohlen hatten.

Nelly lacht laut im Schlaf.

Vera kommt hereingelaufen. Sie sieht Nelly nicht. Vladimir weist sie an, vorsichtig und leise zu sein. Er geht ihr entgegen. Sie spricht im Flüsterton.

VERA Der Wagen der Gebrüder Spaak wartet draußen. Sie möchten sich beeilen.

VLADIMIR Es ist gut. Ich komme gleich. Vera, daß Sie mich ja von allem unterrichten, was hier im Hause geschieht.

VERA *weint ein bißchen, nickt mit dem Kopf.* Gott beschütze Sie, lieber Herr Vladimir. Ich fürchte mich so. Wegen der Alligatoren.

VLADIMIR Ach die Alligatoren. Die Zebras sind viel gefährlicher.

VERA *geht leise schluchzend ab.* Die Zebras und die Alligatoren. Die Geier und die Schlangen. Die Wüste und der Urwald. Der Wahnsinn und der Durst.

Vladimir nimmt zwei große Reisekörbe aus dem Wandschrank. Nun läuft er im Raum umher und nimmt alles Mögliche, was er gerade greifen kann, und wirft es in die Körbe: Papiere von seinem Schreibtisch, einen Aschenbecher usw., er rupft Pflanzen aus dem Aquarium, er reißt einen Teil des Verandavorhangs ab und stopft alles in die Körbe. Er nimmt Kleidungsstücke von Nelly, die in dem Wandschrank hängen, und wirft sie dazu. Es sieht so aus, daß später jemand sagen könnte, ›er hat das halbe Zimmer mitgenommen‹. Dann steht er einen Augenblick lang zwischen den beiden Körben. Sein Blick fällt auf die schlafende Nelly. Er geht zu ihr und nimmt sie behutsam auf beide Arme.

Er legt sie ins Bett. Dann zieht er Nelly nackt aus. Nellys nackter rechter Arm ragt über den Bettrand hervor. Vladimir schließt die Bettgardine. Er nimmt Nellys Kleider und verteilt sie auf beide Körbe. Er holt einen Hut aus dem Schrank und knöpft seinen Mantel über dem Nachthemd fest zu. Er verschließt die Körbe und hebt sie an. Er geht los. Für eine Sekunde bleibt er noch einmal in der Mitte des Raums stehen. Dann geht er langsam, sich mühsam schleppend, durch die Galerie ab. Eine Weile bleibt es völlig still. Dann kommt Vera mit einem Frühstückstablett und setzt es auf dem Tisch vor dem Sofa ab. Sie bemerkt die Unordnung im Raum und wird unruhig. Dann erblickt sie Nellys nackten Arm und stößt einen kurzen Schrei aus. Sie läuft zum Bett und reißt den Vorhang auf. Nelly liegt vollkommen nackt auf dem Bett. Vera kniet vor dem Bettrand nieder. Sie weiß sich nicht zu fassen. Aus der Galerie hört man jemanden mit kleinen energischen Schritten sich nähern. Man sieht, daß Elisabeth auftritt.

Es wird dunkel.

Vorhang

III

I

Um die Mittagszeit. Die Standuhr schlägt einen kurzen Schlag. Der Raum sieht noch viel verwüsteter aus als Vladimir ihn zurückgelassen hat. Die Frauen haben offenbar überall herumgewühlt, um nach Spuren und Zeichen von Vladimir zu suchen. Jetzt befinden sich alle drei Frauen im Zustand einer starken Erschöpfung und einer gewissen Verwahrlosung. Nelly liegt, den Kopf auf die Hand gestützt, quer über den Stufen, die zu Vladimirs Arbeitsplatz führen. Elisabeth sitzt, an den Bettrand gelehnt, auf dem Fußboden. Nur Vera sitzt auf dem Sessel neben dem Sofa und trinkt den Tee vom Frühstückstisch.

NELLY Er ist ein bißchen verrückt geworden, der Vladimir.

VERA *setzt die Tasse ab und dreht sich verwundert zu Nelly um.* Wie traurig, wenn einer vergißt, wo oben ist und unten in unserer Welt. Denn verdreht sich in seinem Kopf auch alles übrige schnell.

ELISABETH Gebt mir endlich einen Fahrplan. *Zu Nelly* Da sitzt dein Dienstbote und räsonniert und verschlingt unser Frühstück.

NELLY Bist du still. Am Ende hältst du ihn versteckt in deinem Kuckucksnest.

VERA *weinerlich* Warum hört denn niemand auf mich? Der Herr Vladimir ist verreist. Wo er mir doch ausdrücklich befohlen hat, nicht zu verraten, daß er auf eine ›sehr lange Reise‹ gegangen ist.

ELISABETH Verbiete ihr sofort den Mund.

NELLY Liebe Vera, wie soll er denn verreisen. Ganz allein und ohne Hilfe.

ELISABETH Mit einem Kopf wie seinem.

NELLY Mit Füßen wie seinen. Er geht doch freihändig so schlecht.

VERA Es ist zum Kinderkriegen.

ELISABETH Durfte man eine gemeingefährliche Person wie dich überhaupt auf freien Fuß setzen?

NELLY Wie gut, daß inzwischen jede Morddrohung, die ich ausspreche, ernst genommen wird. Mir traut man jetzt alles zu. Elisabeth.

ELISABETH Du hast ihn entführt. Menschenraub. Und wirst von uns armen Eltern auch noch Lösegeld erpressen. Wohin man tritt, überall verfängt man sich in deinen Machenschaften. Aber laß Jakob erst hier sein. Wie spät ist es? Ich muß zum Bahnhof.

Sie versucht aufzustehn, fällt auf den Boden zurück.

Was schuldest du den Gebrüdern Spaak? Hunderttausend? Oder Fünfhunderttausend. Warte nur.

VERA *leise, über der Teetasse* Wenn ihr nicht still seid, rufe ich die Polizei.

NELLY Laß sie reden. Ich erlebe gerade einen glücklichen Augenblick. Ich höre alles, was sie in meiner Gegenwart sagt, so undeutlich, als erinnerte ich mich nach vielen, vielen Jahren daran. Es ist, als seien meine Empfindungen mir um ein halbes Menschenleben vorausgealtert. Was du auch redest, es ist schon lange vergangen und halb vergessen.

ELISABETH Das möchte dir passen. Ich dagegen male mir deine nähere Zukunft aus: finster, finster in der feuchten Zelle.

NELLY Jede Frau möchte wissen, wie sie sich im Alter fühlt. Ich spüre es jetzt. Ich spüre genau, wie man sich fühlt, wenn man keine Geschlechtslust mehr hat. Ich werfe einen Blick auf meine Gebeine und sehe, daß sie noch aus Vladimirs Zeiten stammen.

ELISABETH Geschlechtslust?

NELLY *lacht anzüglich, ahmt Vladimir nach* ›Ein gleichschenkliges Dreieck. Was ist das?‹

VERA *unwillkürlich* Geschlechtslust.

Nelly richtet sich erstaunt auf. Vladimir hat es mir beigebracht.

NELLY *fragt verwundert weiter* Eine plattgewölbte Nase. Was ist das?

VERA Ein Fisch. Der Schleierschwanz.

NELLY Wie ein innerer Aussatz. Was ist das?

VERA Die Migräne.

NELLY *enttäuscht* Oh er hat dir alle unsere Decknamen verraten.

VERA Vorgespielt hat er mir alles.

NELLY Fang nicht wieder damit an. Wie schlimm, daß du soviel weißt.

VERA *wendet sich etwas überheblich an Elisabeth* Und Jakob? Sie meinen, er tritt hier persönlich auf?

ELISABETH Was weißt du, wer Jakob ist.

NELLY Vladimirs leiblicher Vater. Stell ihn dir vor. Wir werden ihn anfassen, nicht wahr?

VERA *kurz* Ich kann ihn mir nicht vorstellen. *Sie steht auf und nimmt das Frühstückstablett. Sie geht damit ab.*

NELLY *starrt vor sich hin.* Ich auch nicht.

ELISABETH Ich stehe jetzt auf. Ich fahre zum Bahnhof. Ich muß ihn doch abholen. Wie spät ist es?

NELLY *ruft Vera nach* Wie spät ist es denn?

Vera kommt zurück und sieht übertrieben deutlich auf die Standuhr. Sie sieht die beiden anderen Frauen empört an und geht wieder ab. Elisabeth erhebt sich mit großer Mühe, sieht auf die Standuhr und geht dann sehr nah an Nelly heran.

ELISABETH Du weißt nicht, wie sehr ich dich hasse. Ich wünsche mir, daß sie dich köpfen. Wenn du am Leben bleibst, muß ich ersticken an meinem Haß.

NELLY *lächelt* Warum siehst du mich so sehnsüchtig an? Ich bin doch ganz in deiner Nähe.

ELISABETH *stampft wütend mit dem Fuß auf.* Den Fahrplan, Vera, los.

Elisabeth geht mit kleinen energischen Schritten nach hinten ab.

VERA *ruft aus der Küche* Wir haben keinen. Fahrpläne werden nicht mehr an Privatpersonen ausgegeben.

Nelly lacht laut und schadenfroh.

Es wird dunkel.

Nelly steht auf und sieht sich im Raum um. Dann geht sie zu Vladimirs Wandschrank und öffnet ihn. Die Innenfläche der aufgeklappten Schranktür ist ein Spiegel. Sie nimmt einen weißen Seidenschal von Vladimir hervor und legt ihn sich um. Dann nimmt sie einen Hut und einen Mantel aus dem Schrank und probiert die Kleidungsstücke vor dem Spiegel an. Sie versucht alle möglichen Haltungen und Bewegungen von Vladimir nachzumachen. In der Galerie taucht Spaak 2 auf. Er taumelt stark und macht den Eindruck, als sei er angeschossen. Er preßt seine rechte Hand an die linke Schulter wie auf eine Wunde. Gleichzeitig sieht es so aus, als wolle er sich an seinem eigenen Körper festhalten. Er lehnt sich an eine Säule. Er bringt sich in eine korrekte Haltung. Er nähert sich Nelly und grüßt schüchtern. Nelly erblickt ihn im Spiegel und zieht vornehm den Hut. Dann dreht sie sich zu ihm um, und Spaak 2 erschrickt und taumelt etwas zurück. Er ist stark betrunken und zugleich vollkommen angsterfüllt. Nelly bleibt in ihrer Verkleidung und erinnert an einen weiblichen Clown, der in zu großer Männerkleidung auftritt.

NELLY *legt die Hände in die Hüften.* Nun? Habt ihr eine neue Gemeinheit vorbereitet?

SPAAK 2 *verärgert* Was heißt ›ihr‹? Sie sehen doch nur einen. Oder?

Spaak 2 dreht sich um und geht zum Sofa. Setzt sich.

NELLY *sieht verwundert in die Galerie, wo der zweite Spaak bleibt.* Tatsächlich. *Besonders streng* Was hat das zu bedeuten?

SPAAK 2 *wehrt sich mit seinem Körper gegen Nellys Sprechweise.* Nicht. Reden Sie nicht in diesem Ton mit mir. Ich überstehe es nicht. Mein Körper hängt nur noch lose in seinem Gerippe. Ich kann jeden Augenblick vom Fleisch fallen. Sie wissen, wovon ich rede: ›vom Fleische fallen‹.

NELLY Ja, aber das ist nicht das treffende Wort. Es paßt nicht zu Ihnen und Ihrem Zustand.

Sie setzt sich zu Spaak 2 aufs Sofa, legt den Hut zwischen sich und ihn.

Du meinst, du fühlst dich innerlich so schwach und zerrissen wie ein Selbstmörder.

SPAAK 2 Ja, ja. Genau richtig. Das ist es: schwach und zerrissen. Und dazu noch diese warme schwere Masse im Hinterkopf. Als flösse warmer Schlamm die Hirnrinde herunter.

NELLY *faßt Spaak 2 an den Hinterkopf.* Vielleicht hat sich in deinem Hinterkopf ein Blutbad gebildet.

SPAAK 2 Nein. Seien Sie ruhig. Das ganze Leiden ist natürlich ein Nervenschwindel und also Einbildung. Aber was hilft es mir, daß ich weiß, es ist eine Einbildung, wenn ich trotzdem so heftig an den Körperschmerzen und nicht an den Einbildungsschmerzen leide.

NELLY Wenn Sie hier nicht als ein alleinstehender Bruder auftreten müßten, wäre Ihnen natürlich wohler zumute.

SPAAK 2 Natürlich. *Er starrt vor sich hin.*

NELLY Dann hättet ihr mich längst schon wieder zur Weißglut gebracht.

SPAAK 2 *windet sich unter dem Wort ›Weißglut‹.* Werfen Sie nicht so ein brennendes Wort in mich hinein. Da zischt das Blut auf in meinen Adern.

NELLY *klopft Spaak 2 auf die Oberschenkel.* Mann, Mann; Mann. Sie sind ja gräßlich aufgerissen. Eine dicke offene Wunde liegt da auf meinem Sofa und zuckt an allen Rändern. Und obendrein sind Sie schwer betrunken. Was hat das zu bedeuten? Habt ihr die Firma ruiniert?

SPAAK 2 ›Ihr, ihr, ihr‹. Es gibt keine ›ihrs‹ mehr.

Er holt tief Luft, wirft den Kopf zurück und stößt einen hohen Heul- und Klagelaut aus. Wie Charlie Rivel. Als könne er sich damit von seinen inneren Spannungen entlasten. Der Bruder ist seit den frühen Morgenstunden verschwunden. Ich stehe völlig vereinsamt einem sinnlos hetzenden und unüberblickbaren Geschäftsbetrieb gegenüber. Den ich beherrschen und leiten soll. Das heißt: jetzt erst, wo ich ihn allein beherrschen und leiten soll, kommt er mir auf einmal so sinnlos hetzend und unüberblickbar vor. Es ist, als verlange man von mir – der ich doch von Natur aus auf Ergänzung eingestellt bin –, als verlange man, daß ich den gesamten europäischen Devisenmarkt im Kopf habe und noch dazu zu unseren Gunsten beeinflusse. Wie Sie sich denken können, verursacht meine bebende Unsi-

cherheit in einem fort Fehler und kleinere sowie größere Kata-
strophen. Ich gebe Anweisungen, die einander widersprechen.
Ich rechne Posten zusammen, die nicht zusammengehören.
Ich leiste mir Unterschriften, die ich mir auf keinen Fall leisten
dürfte. Ich verweigere andere, die ich nicht verweigern dürfte.
Ich gebe sinnlose Bestellungen auf und kündige andere, sinn-
volle. Was ich auch anfange, es fällt stets zum Nachteil des Un-
ternehmens aus. Aber was das Schlimmste ist, ich entlasse jene
erfahrenen Mitarbeiter fristlos, die mich zur Vernunft mahnen
und mir besonnene Ratschläge erteilen. Denn ich muß doch
meine herrschende Stellung in der Firma bis zu allerletzt be-
haupten, und jede Entlassung gewährt mir das traumhafte Gefühl, ich sei immer noch Herr der Lage. So weit so schlimm.
Immerhin könnte das Unheil, das ich bis jetzt angerichtet
habe, spätestens in den folgenden acht Tagen getilgt und wie-
dergutgemacht werden. Wenn zum Beispiel Sie, verehrte gnädige Frau, an meiner Seite mit einer gelassenen Vernunft sich
der verstörten Verhältnisse in der Firma annähmen. Aber eben
das ist nun unmöglich.
Er holt wieder Luft und heult auf.
Sie und Ihr gräßliches Verbrechen sind ja schuld daran, daß
sich mein Verstand nun zum Zerspringen überspannt. Stellen
Sie sich vor, das Verschwinden des Bruders wird bekannt und
läßt sich auf harmlose bürgerliche Weise nicht erklären. Sofort
wird der Staatsanwalt nach mir und früher noch nach Ihnen
verlangen.
NELLY Seit wann ist der Bruder spurlos verschwunden?
SPAAK 2 Seit heute früh.
NELLY Vladimir ist auch seit heute früh spurlos verschwunden.
SPAAK 2 Ich weiß. Das ist ja auch ganz in Ordnung.
Nelly springt auf das Sofa, kniet sich neben Spaak 2.
NELLY Was?
SPAAK2 Der Bruder wollte in aller Frühe den Herrn Vladimir ab-
holen und zum Hafen fahren.
NELLY Wie?
SPAAK 2 Erinnern Sie sich: die Forschungsreise nach Niederlän-
disch-Indien.
NELLY Was?
SPAAK 2 Der Herr Vladimir als Fischexperte.

NELLY Wo ist er?

SPAAK 2 Auf hoher See, so hoffe ich.

NELLY Was? Wie?

SPAAK 2 Ja, ja.

NELLY Ihr habt ihn entführt.

SPAAK 2 Ach was. Seine Mutter hat ihn entführt.

NELLY Wie?

SPAAK 2 Sie hat ihn zu der Reise überredet. Und das war gut so.

Nelly greift mit der rechten Hand in die Luft und schlägt die geballte Hand vor die Stirn.

NELLY Ich bekomme es einfach nicht in meinen Kopf.

SPAAK 2 Aber diese Mutter ist ein heißes Kapitel. Sie spioniert. Überall Anzeichen, daß sie uns überwacht. Vorboten in meinem Büro. Hintermänner am Telefon. Auf Schritt und Tritt Schnüffler und Eckensteher, Mitwisser und Nachsteller. Beschattung überall. Ihre Familie, das ist eine Familie. Diese Mutter muß jetzt weg.

NELLY Vladimir fährt über den Ozean.

SPAAK 2 Dann wieder fesselt mich der Gedanke, daß der Bruder sich irgendwann entschlossen hat, seine eigenen, unbekannten Wege zu gehen. Vielleicht führt er seit langem ein zweites verdecktes Leben, von dem ich nichts ahnte. Oder aber, es ist alles noch viel heimtückischer als es sich denken läßt: nämlich so, als hätte er selbst, der Bruder, diese gräßliche Unordnung mit List und Absicht angestiftet, um mich auf die Probe zu stellen.

Er heult auf.

NELLY Von Elisabeth werden wir erfahren, wo der Bruder steckt. Sie wird uns ihre Geheimnisse verraten. Darauf kannst du dich verlassen.

SPAAK 2 Ach der Bruder als Bruder ist ja nicht viel wert. Aber als einer der Gebrüder ist er so kostbar.

NELLY *legt einen Arm um Spaaks Schultern.* Es dauert nicht mehr lange. Wir werden gemeinsam die Geschäfte in Ordnung bringen. Und die verschwundenen Menschen wieder zurückrufen. Es wird eine Depesche aufgegeben nach Batavia: Vladimir, komm sofort zurück, du ahnungsloser Forscher.

SPAAK 2 Verdächtigungen über Verdächtigungen. Eine hetzt die andere. Ich kann keinen klaren Verdacht mehr schöpfen. Jeder kann alle Fäden in der Hand halten. Und am Ende – bin ich selbst der Hauptdrahtzieher. Ohne es zu wissen. Weiß man denn, welche Folgen die zahllosen unbewußten Maßnahmen und Unterlassungen haben, die ich mir in einem fort leiste? Und weiß man denn, ob sich diese unabsehbaren Folgen nicht insgeheim, ganz von selbst, zu einem geschlossenen scharfsinnigen System von Verbrechen und Zerstörungen zusammengefügt haben? Man weiß es eben nicht. Nichts weiß man mehr.

NELLY Ich weiß genug, ich weiß Bescheid.

SPAAK 2 Und doch gibt es schließlich nur eine Person, die schon einmal den festen Beweis erbracht hat, daß sie zu soviel Bosheit und Gewalt imstande ist, wie sie sich jetzt um uns verbreiten. Und, leider, diese Person sind Sie.

Spaak 2 und Nelly rücken augenblicklich und gleichzeitig auseinander.

NELLY Ich habe noch nie einen betrunkenen Wahnsinnigen gesehen.

SPAAK 2 Es ist mir unheimlich in Ihrer Nähe. Es ist besser, ich gehe jetzt. *Er greift zum Hut, der neben ihm liegt. Nelly reißt ihm den Hut aus der Hand, denn er gehört ja ihr.* Ich weiß wirklich nichts Genaues.

Er macht eine Verbeugung, sich entschuldigend, und geht, vor Eile stolpernd, nach hinten ab. In der Galerie stößt er noch einmal einen Heullaut aus. Nelly greift in die Sofaritze und holt ihren Revolver hervor. Sie nimmt die Munition aus dem Magazin. Sie läßt die Geschosse in ihre Manteltasche fallen. Sie setzt den Hut wieder auf. Elisabeth kommt von hinten durch die Galerie. Sie sieht jemanden mit einem Männerhut auf dem Sofa sitzen.

ELISABETH Jakob. Da bist du ja. Wir haben uns verfehlt.

Nelly zieht ihren Hut und grüßt, ohne sich umzudrehen.

ELISABETH *verärgert* Nelly. Du bist es. Was für ein Unsinn.

Nelly steht auf, legt Hut und Mantel ab, versteckt den Revolver hinter ihrem Rücken.

NELLY Na bitte. Diesen Jakob gibt es also tatsächlich. Aber was sucht er hier?

ELISABETH Sei nicht so neugierig. Jetzt ist es zu spät.

NELLY *streckt den Revolver hervor.* Du und er. Ihr wollt mich ans Messer liefern. Er ist dein Spürhund?

ELISABETH Was heißt Detektiv? Er ist sozusagen mein privater

Privatdetektiv. Er kümmert sich eben um seine Familie. Er ist sehr fürsorglich.

NELLY Auf welchem Schiff hast du Vladimir nach Batavia geschickt?

ELISABETH Wie komisch du aussiehst, wenn du dich so ins Zeug legst.

NELLY Wo ist der lange Spaak?

ELISABETH Ich weiß nicht, wovon du redest.

NELLY *schwach* Das Schiff. Wo ist Vladimir?

ELISABETH Gerade habe ich mich erkundigt. Das Schiff ist ohne – *Aus der Verandatür, dort, wo er in II, 3 gestanden hat, ist Jakob aufgetreten. Er sieht Vladimir sehr, sehr ähnlich. Es ›ist‹ Vladimir, der plötzlich um vierzig Jahre gealtert ist. Jakob ist genauso gekleidet wie Vladimir bei seinem allerersten Auftritt.*

ELISABETH Jakob, Jakob. *Sie will an Nelly vorbei und auf Jakob zugehen. Da fallen drei, vier, fünf Schüsse. Elisabeth geht in die Schüsse hinein. Sie geht weiter und wird von den Schüssen zurückgeworfen.* Jakob?
Elisabeth fällt zu Boden. Nelly sieht verzweifelt auf ihren Revolver, der nicht geschossen hat. Sie dreht sich um und sieht Jakob. Sie richtet unwillkürlich den Revolver auf ihn. Sie drückt mehrmals ab, es klickt nur. Jakob steht schwer atmend wie ein Asthmatiker da. Er sieht Nelly streng an. Sein Kinn ist tief auf die Brust gesunken. Er pumpt nach Luft.

NELLY *schreit* Vladimir. *Dann leise und entfremdet* Jakob. Jakob.
Vera stürzt herein und überblickt die Szene. Sie nickt Jakob zu. Sie geht zu Elisabeth und schleift ihren Leichnam durch die Galerie nach hinten ab.

Es wird dunkel.

3

Gegen Abend. Der Raum ist wieder in Ordnung gebracht. Es wird gegessen. Jakob und Nelly sitzen einander an der Tafel gegenüber. Vera kommt herein und serviert eine Käseplatte. Sie ist besonders heiter und unbeschwert.

JAKOB *spricht leise, manchmal tonlos; er macht einen Scherz, ohne dafür in Stimmung zu sein.* Käse? Niemals. Der zerfrißt meine Luftpumpe.

Vera bekommt einen Lachanfall. Nelly muß unwillkürlich mitlachen. Sie versucht sich zu beherrschen. Sie schämt sich, daß beide Frauen über den alten Mann lachen.

NELLY Was haben Sie denn, Vera?

JAKOB *bleibt sehr ernst.* Vor Lachanfällen ist man sein Lebtag nicht sicher. Wenn mich als Kind der Lachzwang überfiel – natürlich inmitten der schlimmsten Ungelegenheit – und meine Lippen bebten und meine Augen sich verkniffen, so daß nach außenhin das unterdrückte Gelächter sogar ein Mienenspiel der ernsten, überspannten Aufmerksamkeit vortäuschen konnte, dann und nur dann sehnte ich mir zutiefst das Erwachsensein herbei. Denn ich war fest davon überzeugt, daß ich, erst einmal erwachsen, für immer vom Lachzwang verschont bliebe. Aber das stimmt nicht. Der Schluckauf und der Lachanfall können einen in jedem Lebensalter überraschen. Nur das Seitenstechen verliert sich mit der Zeit. Merkwürdigerweise.

Vera muß unterdessen immer heftiger lachen und läuft hinaus.

NELLY *beherrscht sich, nimmt ein Gespräch wieder auf.* Also ein falsches Leben von Anfang bis Ende.

JAKOB Ja, Nelly. Es ist ein tödlich falsches Leben, das unsereins verbringt. Und man weiß es auch. Aber dieses Bescheidwissen, dieses haarespaltende Besserwissen ist dem Falschleben selbst schon so zugehörig, daß es darin als sanfte, unentbehrliche Qual mitlebt. Wie wenn wir, im Schlaf gefangen, träumen, daß wir träumen.

NELLY *fragt wie eine Schülerin.* Wie lange kann man denn eine falsche, todbringende Haltung einnehmen? Wie lange kann man denn eine Haltung einnehmen, von der man genau weiß, daß sie nur der Tod beenden kann?

JAKOB *hebt die Schultern, als wüßte er nicht zu antworten.* Wie lange? Eine Sekunde vielleicht.

NELLY Und dann?

JAKOB Dann? Wiederum eine Sekunde.

NELLY Aber dazwischen, was geschieht dazwischen?

JAKOB Du kennst jene Augenblicke der Selbstvergessenheit. Wo Angst und Dummheit ein und derselbe Gesichtsausdruck sind. Wo die Sinne hellwach sind und überscharf, das Denken aber döst.

NELLY Ja. Ich kenne sie. Man starrt Löcher in die Luft. Nein, auch sonst. Manchmal ist jedes zweite Wort, jeder zweite Schritt so selbstvergessen.

JAKOB Richtig. Diese Augenblicke sind die leeren Takte im festen Pulsschlag der Vernunft. In diesen Augenblicken erholen wir uns von der Gefahr des Todes, die schon der nächste Augenblick vergrößern kann. Andere Menschen freilich, wie zum Beispiel Elisabeth –

NELLY Weniger wissen, weniger reden, weniger leiden.

JAKOB Das ist bekannt, ist aber ein Irrtum. Ein jeder von uns glaubt, er drücke sich am freiesten aus, indem er das meiste wegläßt, was er zu sagen wüßte. In Wirklichkeit aber wird er doch gewaltsam ausgedrückt. Der einfache sparsame Ausdruck, die einfache sparsame Meinung, sie werden ja beherrscht von der Übermacht der weggelassenen Wörter, des weggelassenen Wissens. Und je weniger einer sagt, um so schwerer lastet die Herrschaft des Weggelassenen auf seinen Worten. Nein, nein, es gibt ein ungeheures, ein unermeßliches Begriffsvermögen, welches über uns alle gebietet, und keiner kann ihm entkommen. Nicht der Schweigende und nicht der Schlafende, weder der Scharfsinnige noch der Schwachsinnige.

NELLY Ach wenn ich dich so schwer atmen sehe, muß ich immer an den dummen Kerl in einem englischen Märchen denken. Er sagte nie ein Wort, um seinen Sprechatem zu sparen. Statt dessen schleppte er einen dicken Sack mit sich herum und darin hielt er alle Gegenstände, alle Geräte beisammen, in denen er sich, statt mit Worten, auszudrücken pflegte.

JAKOB *ein wenig beleidigt* Und mein Sohn? Er kam dir natürlich niemals dumm vor.

NELLY Vladimir? Du sollst ihn nicht nachahmen.

JAKOB Es kränkt mich, daß du mich, im Vergleich, einen dummen Kerl genannt hast.

NELLY Im Vergleich mit einem Märchenhans.

JAKOB Also doch. Es war kein Mißverständnis.

NELLY Doch.

JAKOB Ja?

NELLY Schon vorbei.

JAKOB Weißt du, Nelly, ich kenne nämlich die Dummen. Elisabeth zum Beispiel –

NELLY *scharrt unruhig unter dem Tisch mit den Füßen.* Entschuldige, Jakob. Ich kann dir überhaupt nicht zuhören. Es hängt mir nämlich ein Fleischfaden fest in einer Zahnlücke. *Nelly macht Grimassen wie jemand, der mit der Zunge einen Essensrest aus den Zähnen drücken will. Jakob bricht ab, läßt den Kopf auf die Brust sinken.*

JAKOB Ja. *Er steht auf und geht einige Schritte nach hinten. Er sieht auf die Standuhr. Er ruft so leise, daß Vera ihn eigentlich gar nicht hören kann.* Vera, kommst du zum Abräumen? *Vera kommt herein, räumt ab und geht wieder hinaus. Nelly wühlt immer noch mit der Zunge im Mund herum.*

NELLY Rede nur weiter. Es dauert doch zu lange.

JAKOB *fährt unmittelbar fort* Sie ergab sich, gierig und besinnungslos, ihrem kleinen blinden Tatendrang. Eine gewalttätige Unbewußtheit lag, wie eine Zone von erstickenden Gasen, über ihrem Körper, ihren Redensarten, der ganzen Person. Weil es ihr nicht gelang, einen Fleischfaden aus einer Zahnlücke zu züngeln, zertrümmerte sie ihr Gebiß. Und dann das ihres Ehemannes. So war Elisabeth.

NELLY Sprich nicht mehr von ihr.

JAKOB *plötzlich kalt und scharf* Weil ich dir zuvorgekommen bin, als ich sie niederschoß?

NELLY Nein. Der Revolver war doch leer in meiner Hand.

JAKOB Denn dein inniger Wunsch, sie zu töten, sollte sich nicht in einer unbeherrschten Sekunde erfüllen.

NELLY Hör auf. Niemals hätte ich es getan wie du, nur aus gekränktem Feingefühl. Ich sollte ja ihr Opfer sein. Sie hat mich auf den Tod gehaßt. Sie hat mich verleumdet und verfolgt. Sie hat mir Vladimir weggenommen.

JAKOB Wie du dich irren kannst, Nelly. Den Vladimir habe ich dir weggenommen.

Nelly steht auf und sieht Jakob ungläubig an.

JAKOB Elisabeth hat nur befolgt, was ich zuvor geplant und angeordnet hatte. Doch da sie wie gewöhnlich nichts wußte über sich, stieß sie auch nie auf den Verdacht, sie könnte selbst verwickelt sein in ihre Machenschaften. Sie ahnte nicht, daß die letzten Entscheidungen nur ich allein herbeiführen würde.

NELLY Du tust dich wichtig. Wie häßlich: ein alter Mann, der ein Aufschneider ist.

JAKOB Vladimir ist seit heute früh, siebenuhrdreißig, an Bord der ›Willemstad‹ nach Batavia unterwegs.

NELLY *bedauert Jakobs Irrtum.* Ojeoje, das ist ja gar nicht wahr. Vladimir kann jeden Augenblick hier vor uns stehn. Er ist ein bißchen ausgerissen. Warum nicht? Du erinnerst dich doch an Elisabeths letzte Worte. Sie sagte: ich habe mich eben erkundigt, das Schiff ist ohne – und dann hast du geschossen. Und was hat sie wohl sagen wollen? Das Schiff ist ohne Vladimir ausgelaufen. Das wollte sie sagen, was sonst?

JAKOB Vielleicht. Auf die ›Willemstad‹ beziehen sich ihre Erkundigungen sicher nicht. Das ist ein Frachtschiff mit nur fünf Passagierplätzen. Einen davon habe ich selbst für meinen Sohn reservieren lassen.

NELLY Was für ein anmaßendes, was für ein detektivisches Gerede.

Vera kommt aus der Galerie hereingelaufen. Sie trägt einen großen Reisekorb.

VERA Gnädige Frau, gnädige Frau. Sehen Sie nur. Ein Koffer von Herrn Vladimir.

Vera setzt den Reisekorb neben den Stufen, die zu Vladimirs Arbeitsplatz führen, ab.

NELLY *begeistert* Er kommt zurück. Vladimir ist wieder da.

VERA Nein doch. Der Droschkenkutscher, der Herrn Vladimir zum Hafen fuhr, gab den Koffer soeben ab. Der Herr Vladimir habe ihn gebeten, diesen Koffer nach Feierabend hier wieder abzuliefern. Er, der Herr Vladimir, habe auf das Gepäckstück verzichten müssen, weil er, so sagt der Kutscher, wie er, der

Herr Vladimir, nun einsähe, sich mit zwei schweren Reisekör-
ben übernommen habe.

Nelly sieht Vera fassunglos an.

Ein Trinkgeld bekam der Mann heute morgen schon im voraus.

Nelly stürzt sich auf den Koffer, öffnet ihn und packt aus.

NELLY Meine Kleider. Der Vorhang. Die Pflanzen. Lauter An-
denken. *Sie wirft alles vor sich auf den Boden. Vera holt aus ihrer Schürze eine Taschenuhr und deutet, nur für Jakob sichtbar,
heftig auf das Zifferblatt.*

JAKOB *macht ein Handzeichen.* Schon gut, Vera. Laß uns wieder
allein.

*Vera geht ab. Nelly schließt den leeren Koffer und setzt sich dar-
auf. Sie behält eine Stola, die sie darin gefunden hat, in der
Hand.*

NELLY Warum, Jakob. Warum hast du das getan?

JAKOB *ruhig* Weil ich dich liebe, Nelly. Zärtlicher noch als Vladimir liebe ich dich, sein Vater.

*Nelly legt sich die Stola um und zieht sie fest über den Schultern
zusammen.*

NELLY Wie reden Sie zu mir? Wir sehen uns jetzt seit wenigen
Stunden, aber vorher nie.

JAKOB Glaub mir, das ist ein Wiedersehen heute.

*Nelly nimmt rasch einen Mantel, der unter den Kleidungsstük-
ken am Boden liegt, auf und zieht ihn sich über.*

NELLY Nein. Ich kenne Sie nicht.

JAKOB Vor fünf Jahren. Mitten im Sommer. Deine Reise nach
Halle. Zum Begräbnis deines Vaters.

Nelly beginnt langsam von unten den Mantel zuzuknöpfen.

Wir saßen uns gegenüber im vollbesetzten Coupé einer deutschen Eisenbahn. Es war, als müßte ich mein Augenlicht verlieren an deine schöne Gestalt. Meine Blicke überströmten dein
festes Gesicht, wollten es erweichen zu einem Lächeln. Aber es
blieb klar und stark und abgewandt von mir. Ich mußte dich
lieben, doch ohne jede Hoffnung auf erwiderte Gefühle. Was
konnte ich tun? Ich beschloß, mich um dich zu kümmern,
ohne daß du mich und meine Liebe je entdecken solltest. Seit
dieser Reise nach Halle habe ich mich bemüht, deine Spur
nicht zu verlieren, immer zu wissen, wo du bist und was dir geschieht.

Nelly hat den Mantel bis oben zugeknöpft. Sie drückt ihre Fingerspitzen gegen beide Schläfen.

Bald schon empfand ich, daß das Nachstellen und Verfolgen allein mir nicht mehr genügte. Also begann ich selbst die Spuren zu legen, in die du treten solltest. Ich traf die eine und andere Vorkehrung, um dein Leben von unsichtbarer, niemals sich aufdrängender Hand so zu lenken, so einzurichten, daß du dich glücklich fühlen konntest und deinem Wunsch und Wesen ganz entsprachst.

NELLY *spöttisch, doch unter großer Angst* Da war es doch ein sonderbarer Zufall, daß ich ausgerechnet deinem Sohn begegnet bin und wir uns grenzenlos verliebten.

JAKOB Vor allen Zufällen und Überraschungen, vor allem Unübersichtlichen mußte ich dich und meine Liebe bewahren. Das war mein höchster Ehrgeiz. Aber als ich Vladimir zu dir schickte, da wagte ich weiß Gott ein Abenteuer. Es war ganz ungewiß, ob er dir tatsächlich so gut gefiel, wie ich es mir erhoffte. Mein unermeßliches Glück, als ich erfuhr: du nimmst ihn zu dir und ihr verbindet euch. Der alte eitle Kerl in mir träumte nur davon, was alles du von mir, von seinem Vater an Vladimir zu lieben lerntest.

NELLY *steht auf; legt eine Hand hinters Ohr, als höre sie gespannt zu.* Wenn alles denn so wäre, wie du sagst – aber der Vladimir hat nie gewußt, daß er nur ›eingesetzt‹ ist, von dir, zu unserer Liebe.

JAKOB Doch ja.

Er denkt einen Augenblick nach.

Doch, doch. Er wußte Bescheid über uns drei. Zumindest hat er dich nur so geliebt, wie es verabredet war mit mir.

NELLY *fällt zurück auf den Korb.* Es war verabredet?

JAKOB Immerhin, das größte Risiko in meiner heimlichen Fürsorge, ich hatte es mit Erfolg bestanden.

NELLY *starrt vor sich hin.* Vladimir war nur der Vorbote von Jakob. Jakob aber, mein Wohltäter, ist der Vorbote des Wahnsinns.

Sie legt einen Fuchspelz um und setzt einen Hut auf, dessen Schleier sie über das Gesicht zieht.

JAKOB Du mußt dich nicht fürchten. Gleich ist alles vorüber.

NELLY Erzähl du nur weiter. Ich traue keinem Wort mehr, das

ich rede. Wer spricht denn, wenn ich den Mund aufmache? Bin ich es noch oder sprichst nicht du aus mir?

JAKOB Willst du dich beklagen, ich hätte ganz von dir Besitz ergriffen, ich beherrschte dich? Du tust mir unrecht. Fast immer waren es die oberflächlichen Umstände deines Lebens, die ich ein wenig beeinflußt habe. Und stets zu deinem Vorteil. Sieh nur, dies prächtige Heim. Ich habe es euch beschafft. Ich gebe zu, einige deiner kostbareren Erwerbungen habe ich dann nach meinem Geschmack – mit Unterstützung befreundeter Kunsthändler und Verkäufer – veranlaßt oder wenigstens inspiriert. Aber ist das schon Tyrannei?

Nelly nimmt den Vorhangschleier auf und zeigt ihn Jakob hin.
Ich weiß, ein kleines Malheur. Die gute Vera war damals ein wenig überfordert.
Noch ehe sie dir den Wunsch nach einer neuen Gardine entlockt hatte, wurde schon dies sonderbare Spitzenzeug ins Haus geliefert.

NELLY Vera? Sie war deine Vertraute. Ein Spion?

JAKOB Nichts Gemeines ist daran. Ich habe Vera früher einmal sehr geliebt. Irgendwie wird sie immer eine Rolle spielen in meinem Leben.

Nelly hüllt sich in den Vorhangschleier.
Ohne ihre Hilfe hätte der mühsame und kostspielige Geheimdienst meiner Liebe nicht bis zu diesem Augenblick geführt, wo ich ihn preisgeben darf.

NELLY Und wie teuer kam es dich zu stehen, mir so ein schönes Leben vorzutäuschen. Besitzt du ein Vermögen?

JAKOB Du weißt doch, was die ›Gebrüder Spaak & Co.‹ in guten Zeiten umsetzt.

NELLY *macht sich ein wenig frei, lüftet den Hutschleier.* Was hast du denn damit zu tun?

JAKOB Mir gehörte die Firma.

NELLY Bevor sie die Spaaks übernahmen?

JAKOB Nein. Die Spaaks haben mir die Geschäfte geführt. Ihr Großvater, von dem meine Familie das dürftige Unternehmen erwarb, war ein berühmter Chemiker. Deshalb blieb der Name Spaak im Firmenschild.

NELLY *ganz bei der Sache* Wenn aber die Spaaks nur deine Angestellten waren, wie konnten sie dann von mir verlangen, ich

sollte mich aus dem Betrieb zurückziehen und ihnen meine
Anteile verkaufen?

JAKOB *zuckt mit den Achseln.* Sie haben auf diese niederträchtige Art versucht, einen festen Fuß in den Betrieb zu setzen.

NELLY Mein Mitbesitz ist also rechtmäßig?

JAKOB Das ist er. Nur stammt er nicht von deinem Vater her.

NELLY Natürlich nicht. Du hast mir die Anteile geschenkt.

JAKOB Die Spaaks oder was davon übrig blieb, das sucht das
Weite nun.

NELLY Und wem gehört die Firma jetzt?

JAKOB Dir.

NELLY Wem?

JAKOB Dir allein. Ich habe sie auf deinen Namen überschrieben.

NELLY Nelly, am Ende, Fabrikbesitzerin.

JAKOB Du wirst frei sein und die großen Geschäfte machen. Du
bist eine kräftige selbständige Frau.

NELLY Die Spaaks waren mit dir im Bunde. Sie wußten auch Bescheid?

JAKOB Nur einer. Der lange Spaak wußte von so manchem. Es
ließ sich nicht vermeiden.

NELLY Wo steckt er denn?

JAKOB Er wußte, was er von mir zu erwarten hatte Nach dem
versuchten Betrug an dir. Einem Mordanschlag auf mich ist er
dann selbst zum Opfer gefallen.

NELLY Er wollte dich umbringen?

JAKOB Es sah so aus, als ich ihn heute morgen hinter meinem
Rücken erwischte. Da stand er mit gezogenem Dolch und einer zitternden Grimasse. Ein Mord im Hause einer Dame, deren Mordverdacht schon aktenkundig ist, das konnte selbst ein
feiger Schuft wie er riskieren.

NELLY In der Frühe auf der Veranda – das warst du?

JAKOB Wenn du nicht rechtzeitig geschrien hättest, wäre ich jetzt
mitsamt meinem kostbaren Geheimnis unter der Erde.

NELLY Jakob. Ich habe dir morgens das Leben gerettet, um
abends von dir zu erfahren, daß mein Leben fest in deiner
Hand ist. Daß es meine freie Wirklichkeit nie gegeben hat, daß
sie nur eine meisterhafte naturgetreue Fälschung war.

JAKOB Nelly. Du hast frei gelebt, solange du von meiner Liebe
und Fürsorge nichts gewußt hast. Jetzt, wo du alles weißt,

wirst du wieder frei sein, denn ich werde dich allein lassen und nicht länger für dich sorgen.

NELLY Wie? Du kannst mich nicht verlassen. Nicht, Jakob. Nicht jetzt.

Sie will zu ihm laufen, zögert, bleibt stehen.

JAKOB Ich stelle mich den Gerichten. Ich habe mich zu verantworten für den Mord an Doktor Gustav Mann, den du in meinem Auftrag getötet hast. Und für den Mord an meiner Frau Elisabeth. Ich sage dir, du bist frei und ganz entlastet.

NELLY Aber das alles hast du doch getan, weil du mich liebst. Du hast Vladimir fortgeschickt, du hast Elisabeth getötet, um mich für dich allein zu haben.

Schwach Wir sind jetzt nur noch zu zweit, Jakob.

JAKOB Wie du dich immer noch irrst. Ich habe dich geliebt, niemals aber wollte ich dich besitzen. Meine Liebe hat sich erfüllt mit dem allesverändernden Augenblick, in dem du begriffen hast, daß eine scheinbar frei und ziellos hingebrachte Lebenszeit in Wahrheit nur die planmäßig verlaufene Vorgeschichte eben jenes allesverändernden Augenblicks war, in dem du dies begriffen hast.

NELLY Du zerbrichst mir den Kopf. Ich werde verrückt bis auf den Grund. Angst, Angst. Ich bin bloß noch ein Gespenst von Angst. Ich fürchte mich, ich fürchte mich vor mir.

Sie wirft sich an Jakobs Brust. Dann wird sie ruhig und richtet sich wieder auf. Sie sieht Jakob an.

Und du? Bist du nicht der ganz gemeine Verbrecher, der mich über fantastische Irrwege lockt zu einer einfachen Bluttat?

Jakob führt Nelly zum Sofa. Sie setzen sich. Jakob streichelt Nellys Haar.

JAKOB Sei ganz ruhig, meine Nelly. Gleich ist alles vorüber. Elisabeth, siehst du, das war die Geschichte eines anderen Plans. Ein Plan nicht der Fürsorge, sondern der Zerstörung. Sie hat mich, als ich noch ein junger Kerl war, betrogen und an der Nase herumgeführt. Sie hat mich gedemütigt und gequält. Eines Tages hat sie mich so verwirrt und aufgebracht, daß ich einen ihrer Liebhaber erschoß. Du weißt, was es heißt, einen Mord im Gefühl zu haben. Ich wollte, daß du es erfährst, damit du mich besser verstehst. Elisabeth und ich, wir haben dann eine langweilige, verschwiegene Ehe geführt. Ich habe es ausgehalten, weil ich auf den einzigen, den besten Augenblick hinlebte, in dem ich sie am entsetzlichsten überraschen konnte – mit dem Tod durch meine Hand. Und ich wußte, daß dieser Augenblick gekommen war, als sie vor dir stand und du sie mit der Waffe bedrohtest. Da hat sie die größte Hoffnung in mir erblickt, der ich hinter dir auftrat, und da erstarrte die größte, entsetzlichste Überraschung auf ihrem Gesicht, als ich, ihr Lebensretter, sie niederschoß.

NELLY Jakob, Jakob, bleib bei mir. Laß mich nicht allein. Ich will nicht sterben. *Nelly klammert sich an Jakob. Dabei platzt sein Hemdkragen auf. Es ist zu sehen, daß er keinen Kropf hat.*

JAKOB *steht schnell auf.* Ich muß fort von hier. Ende der Vorgeschichte. Jetzt weiß ich dir nichts, kein einziges Wort mehr zu sagen.

Er geht rasch nach hinten. Nelly stößt einen fürchterlichen Schrei aus. Ihr Oberkörper sinkt auf das Sofapolster. Vera kommt von hinten herbeigelaufen: in vollständiger Reisegarderobe, mit zwei Koffern in den Händen. Jakob macht ihr ein aufgeregtes Zeichen, und Vera verschwindet sofort wieder. Jakob stellt sich hinter eine der Säulen in der Galerie. Nelly richtet sich langsam wieder auf. Sie legt Pelz, Mantel und Hut, sogar die Kostümjacke ab. Sie trägt nur noch Bluse und Rock. Sie steht auf und sieht zu Jakobs Porträt hinauf. Sie geht zu Vladimirs Arbeitsplatz und hängt das Porträt ab. Sie geht damit zum Sofa zurück. Sie setzt sich wieder. Sie legt das Bild auf ihre Knie und schaut es an. Sie kratzt plötzlich am Hals des Porträtierten. Sie zieht einen Fetzen Leinwand ab, auf dem ein Kropf gemalt ist. Nelly faßt sich prüfend an den Hals.

NELLY Aber natürlich ist alles ganz anders. Ein gemeiner Schwindel von vorne bis hinten. Er hat doch gar keinen –
Sie muß lachen.
Vera.
Sie ruft lauter.
Vera.
Jakob kommt hinter der Säule hervor, läuft auf Zehenspitzen bis dicht hinter das Sofa.
Vera!
Nelly steht auf. Vor ihr steht Jakob, der in der erhobenen rech-

ten Hand einen Dolch hält und eine entsetzliche Grimasse schneidet.

Vladimir. Lieber.

Jakob stößt auf Nelly ein, wieder und wieder.

Du. Nicht. Laß. Nein.

Nelly bricht zusammen. Vera kommt hereingelaufen und hält die Taschenuhr hoch.

VERA Los, Jakob. Wir müssen uns beeilen. Das Schiff fährt in einer halben Stunde.

Es wird dunkel.

Vorhang

Bekannte Gesichter, gemischte Gefühle

Komödie

Personen

STEFAN
DORIS
DORIS
GUENTHER
HEDDA
DIETER
MARGOT
KARL

Die Szenen spielen in einem kleinen Hotel in der Nähe von Königswinter, zunächst im Hotelfoyer und später im angrenzenden Saal.
Zeit: in diesen Jahren.

Stefan, Hedda, Margot und Karl an einem Tisch. Karl mit dem Rücken zum Zuschauerraum. Jeder hat einen Teller mit Essensresten vor sich. Nur Stefan ißt noch. Was er ablegt, pickt Hedda auf und lutscht es ab. Dieter sitzt etwas von ihnen entfernt in einer Sofaecke.

HEDDA Du, Stefan... und dann?

STEFAN Sprich mich bitte nicht dauernd mit meinem Namen an. Mein Name ist keine Verlegenheitsfloskel.

HEDDA Und dann?

STEFAN *zu Karl* Na ja, Doris stand neben mir im Luftschutzkeller. Meine Frau und ich waren damals noch Kinder. Und wir haben – in diesem Luftschutzkeller herrschte immer ein Mangel an Sauerstoff – und wir standen nebeneinander und haben den Mund an die Wand gepreßt. Wir haben nämlich die Luft aus den Mauerritzen geatmet... Das war ganz schön... Es entstand eine Notgemeinschaft.

HEDDA Du hast sie gleich fest ins Herz geschlossen, unsere Doris, ja?

STEFAN Ich habe sie lieben gelernt, mit der Zeit, ich hab's gelernt, es war sehr mühsam.

HEDDA Dafür ging es dann bei uns schneller, Stefan.

STEFAN Ich kann mich nur erinnern, daß es schnell wieder vorbei war.

HEDDA Bei mir nicht, Stefan. Bei mir: immer noch nicht... Ja ja, gilt nicht, ich weiß; was wir beide zusammen erlebt haben, gilt ja nichts. Trauriges Manquo. Letztlich, für mich.

STEFAN Bekomm jetzt nicht deinen leeren Blick. Schließlich leben wir alle noch unter einem Dach. Keine Trennungen, keine Abschiede, nein, in meinem Hotel werden alle die reizenden Herzensverbindungen sorgfältig aufbewahrt, so daß wir uns inzwischen in einem erstaunlichen Museum von Leidenschaften bewegen. Wahrscheinlich das einzige Haus in Deutschland, das so viele nicht zahlende Dauergäste und so wenig Fremdenverkehr hat.

MARGOT *zu Karl* Sie! Hören Sie mir zu... Sie beneide ich. Ich! Obwohl Sie immer so aussehen, als ob Sie mich beneideten. Aber Sie sind besser dran. Sie haben das Schlimmste überlebt. Sie haben Ihren Unfall bereits hinter sich. Sie können sich jetzt bei jeder Gelegenheit sagen: Ach, was soll mir noch groß passieren? Aber ich, ich habe noch nie in meinem Leben etwas wirklich Schlimmes erlebt, die ganz große Katastrophe, das kommt alles erst noch. Mir steht das Schlimmste noch bevor!

HEDDA Es könnte ihm praktisch aber passieren, daß er noch ein zweites Mal von einem Auto überfahren wird...

MARGOT *steht auf* Also, ich hab's endlich gesagt. Jetzt brauchen Sie mich nicht mehr so minutenlang anzustarren.
Sie sieht Dieter.
Mein Gott. Warum hat sich denn niemand mit meinem Mann unterhalten?
Sie geht zu ihm.
Hinter dieser verdammten dunklen Brille schläft er immer ein, und niemand merkt es.
Sie nimmt ihm vorsichtig die Brille von der Nase und zerbricht sie überm Knie. Dieter wacht auf.

DIETER Wie?... Ich habe zu meiner Frau gesagt: Mach Teilzeitarbeit, dabei lernst du immer neue Menschen kennen; das ist genau das Richtige, wenn man sich für Männer interessiert... Ja – ich glaube, ich habe den Faden verloren...

MARGOT Das sind ja wohl die kleinsten Augen der Welt!

STEFAN *zu Karl, auf Margot deutend* Gefällt Sie Ihnen? Ich war mit ihr zusammen...

DIETER Wo ist Doris?... Oh, bin ich erschöpft!

MARGOT Ich glaube, deine Arbeit war in den letzten Wochen einfach zu schwer für dich.

DIETER Ich könnte heulen vor Erschöpfung.

MARGOT *zu den anderen* Mein Mann muß in seiner Abteilung immer die Dreckarbeit machen. Das Innenministerium hat noch kurz vor Weihnachten eine neue Spezialeinheit aufgebaut, für den Grenzschutz. Eine kleine Elitetruppe von Scharfschützen und Karatekämpfern. Die haben die besten Gewehre der Welt, nicht wahr, mein lieber Schläfer?

STEFAN *zu Karl* Wissen Sie, wie lange ich mit ihr zusammen war? So lange.

Er zeigt mit Daumen und Zeigefinger etwa zwei Zentimeter. Verstehen Sie? Sehen Sie auf ihre Finger – so lange! Sie hat ihre Nägel wachsen lassen, von der Kuppe bis – so lang, etwa. Dann war es aus zwischen uns, und kurz darauf hat sie Dieter kennengelernt. Sie hat uns nämlich das Bundesinnenministerium ins Haus gebracht.

KARL Dieter! Haben Sie den Garten gesehen?

DIETER Nein...?

KARL Schade.

Er steht auf, zieht aus seiner Brusttasche ein großes weißes Tuch und schlenkert einen Strauß gelber Tulpen heraus, den er Margot überreicht.

MARGOT Wie schön! Wie schön! Sie können zaubern. Karl, das habe ich nicht gewußt. Wollen Sie nicht ein Kunststück mit mir machen? Oh, ja, bitte, bitte!

KARL Wenn es Ihnen recht ist – ich würde Sie gern in den Esel Bricklebrit verwandeln.

MARGOT In den Esel Bricklebrit? Der macht Goldstücke – hinten, nicht? Jawohl, der möchte ich sein.

Sie beugt sich und streckt den Hintern heraus.

KARL *bewegt sich geschickt wie ein Zauberkünstler; er ist dabei nie ganz von vorn zu sehen; er reibt Margot mit der Hand über den Hintern und mit der anderen übers Gesicht – dabei steckt er ihr unauffällig Münzen in den Mund, die sie ausspuckt.* Meine Herrschaften! Hier sehen Sie die arme Margot, die am kalten Weihnachtstag hinauf ins Siebengebirge stieg, um Holz zu sammeln. Denn ihr krankes Schwesterlein sollte es recht warm haben zu Hause. Als sie aber so einsam durch den finsteren Wald irrte, da stand sie plötzlich vor dem Hotel ›Zum großen Glück‹. Sieben Zwerge öffneten die Tür und luden sie ein und aßen mit ihr am Tischlein-deck-dich zur Nacht. Die kleine Margot aß, soviel sie nur konnte, die Glieder wurden ihr schwer und sie konnte sich schließlich kaum noch auf den Beinen halten. Da sagte sie: ›Ach, ich würde die vielen feinen Speisen gern wieder von mir geben, wenn ich nur dafür das Geld

bekäme, das sie gekostet haben. Damit könnte ich meinem Schwesterchen ein wunderschönes Weihnachten machen. Kaum hatte sie das gesagt, da ging ihr Wunsch auch schon in Erfüllung. Einer der Zwerge kam und rieb ihr über den Po und sagte: ›Bricklebrit, Esel Bricklebrit!‹ – und schon drehte sich Margots dicker kleiner Magen um und es fielen hundert Goldstücke aus ihrem Mund. Und ein zweiter Zwerg kam, rieb ihr über den Po und sagte: ›Bricklebrit, Esel Bricklebrit!‹ *Karl hantiert immer rascher, Margot windet sich und stöhnt.*
Und dann der nächste: ›Bricklebrit, Esel Bricklebrit!‹ Und noch einer: ›Bricklebrit, Esel Bricklebrit!... Bricklebrit, Esel Bricklebrit!‹...
Margot fällt hin, würgt und erbricht.
Und nach dem siebten Zwerg war die arme Margot an ihrem gewaltigen Reichtum erstickt.
Er streift sich die Hände an seiner Jacke ab und geht zurück zu seinem Platz am Tisch.
MARGOT Dieter – hilf mir doch... Mir ist so schlecht.
DIETER Ich sehe gar nichts. Wo hast du meine Brille hingetan?
STEFAN *zu Dieter* Weißt du, was mir an deiner Frau unvergeßlich bleiben wird? Ihre Fingernägel.
DIETER Du mußt sie ihr jede Woche schneiden. Sie selbst mag es nicht tun.
Er sucht nach Margots Arm und zieht ihn an einem Finger empor.
Siehst du?
STEFAN Tatsächlich. Ja. Wir haben sie damals einfach wachsen lassen. Ich dachte, das wäre so ihre Art.
HEDDA *zu Karl* Haben Sie eigentlich heute noch manchmal Beschwerden?
KARL Heute?
HEDDA Ich meine, in der letzten Zeit... Ach Gott, ich will es ja gar nicht wissen. Es fiel mir nur gerade Ihr Gesicht ein... Entschuldigen Sie.
STEFAN Spürst du's, Hedda? Deswegen muß man dich immer wieder links liegen lassen: emotional gesehen, innerlich, bist du ausgestorben, mausetot.
HEDDA Ich spür's nicht, Stefan.
STEFAN Und ich schwöre dir: es gibt auf Gottes weiter Welt

keine normale Frau, der man so etwas ungestraft ins Gesicht sagt!

HEDDA Wenn ich's doch nicht spür'!

STEFAN Eben. Sag ich ja, ausgestorben. Als Frau bietest du uns hier quasi nur eine Attrappe an.

HEDDA Ich liebe dich, Stefan. Bitte richte dich danach, und sei jetzt still!

KARL Nein, streiten Sie nur. Sie wissen doch, wie schnell hier oben eine Totenstille ausbricht. Besonders an Feiertagen. Wir haben übrigens noch immer den ersten Weihnachtsfeiertag, oje, oje.

STEFAN Im Grunde geht es um Sie, Karl. Es paßt mir nicht, daß Hedda Sie derart nachlässig behandelt. Schließlich hat sie neben Doris in meinem Admiral gesessen, als Sie überfahren wurden. Zweifellos hat sie den Unfall mitverschuldet... Jawohl! Deine spezielle Art von Anwesenheit ermüdet den Fahrer! – Und während sich meine Frau bereits am Unfallort, als Sie noch ein Haufen Blut und Knochen waren, mit einem Schwur verpflichtet hat, Sie bis zu Ihrem Lebensende in Pflege zu nehmen – obwohl Sie inzwischen weiß Gott nicht mehr pflegebedürftig sind – währenddessen hat Hedda bis heute nicht den kleinen Finger krumm gemacht für Sie.

KARL Lassen Sie nur, ich nehme es Ihnen nicht übel, Hedda. *Leise zu Stefan* Zu ihr finde ich absolut kein Verhältnis – ich verstehe nicht, warum Sie mir auf einmal diese dicke Frau aufdrängen? Hat Doris sich etwa beklagt?

STEFAN Nein, nein. Es geht um etwas ganz anderes. Merken Sie's nicht? Man muß sie von Zeit zu Zeit aufrütteln. Sonst stirbt sie uns wirklich noch den Gefühlstod, plötzlich schwupp, und ihr armes Innenleben saust zur Hölle hinunter.

DIETER Doris kommt. Steh auf, Margot!
Alle stehen auf. Doris kommt von rechts hinten, wo, von der Rezeption verdeckt, eine Treppe nach oben führt. Sie trägt ein Ballkleid – wie es auf den Turnieren der klassischen Gesellschaftstänze getragen wird. Sie hat ein Herrenjackett über die Schultern geworfen.

DORIS *ruft, bevor sie zu sehen ist* Opfer!... Opfer!... Mein liebes Opfer!

KARL Ja?

Wenn Doris erscheint, grüßen alle formell. Hedda setzt sich wieder hin.

DORIS *zu Karl* Ich brauche einen Kuß von dir, dringend.

Sie küßt Karl. Stefan tritt neben die beiden und spricht zu Karl.

STEFAN Küssen sehe ich nicht gern. Es entspricht nicht der Natur. Zuerst stören die Nasen, die Nasen müssen sich erst einmal aus dem Weg gehen. Und dann die Lippen – welche Lippen passen schon zusammen? In Wahrheit paßt überhaupt nichts zusammen. Es stoßen lauter gleichförmige Organe aufeinander: der Mund auf den Mund, die Zunge auf die Zunge, die Zähne auf die Zähne. In der Natur aber vereinigen sich immer nur die gegensätzlich geformten Organe. Und deshalb halte ich Küssen für homosexuell, jawohl.

DORIS So jetzt bin ich stark. Ach, meine kleine Omega-Uhr, bitte, verwahr sie für mich, Opfer. Guenther ist wieder so furchtbar empfindlich. Hedda, ich glaube, dein Mann ist heute richtig in Turnier-Form, phantastisch! Und er ist wunderbar streng mit mir, du kennst ihn ja: zwei Uhren, sagt er, schlagen nicht im selben Takt; das können wir beim Tanzen nicht gebrauchen. Er bekommt ja dieses wahnsinnige Feingehör, wenn er tanzt. Also streife ich meine kleine Uhr vom Arm, was will man machen.

KARL *zu Doris* Jetzt mußt du aber auch deinen Mann küssen.

DORIS Vor dem Training möchte ich es nicht. Vor dem Training gehen wir uns immer stillschweigend aus dem Weg.

STEFAN Sagen Sie ihr, daß ich Glück wünsche.

Doris trinkt aus Karls Glas.

HEDDA Sie hat seit zwei Tagen kaum etwas gegessen und immerzu deinen Apfelmost getrunken. Eigentlich müßte sie jetzt Durchfall haben.

DIETER *geht unsicher vorwärts.* Doris...!

DORIS Ja, Dieter? Oh, du siehst mich ja gar nicht!

MARGOT Er hat seine dunkle Brille verloren.

DIETER In meinem Jackett, oben in der Reservetasche, steckt eine Ersatzbrille.

Doris holt die Brille hervor, gibt sie ihm und legt das Jackett ab. Danke.

MARGOT Nun? Siehst du mich wieder hell und scharf?

DIETER Es tut ziemlich weh!

MARGOT Das hält dich wach.

DIETER Gib mir bitte diese Blumen.

DORIS Hedda, du weißt nicht, wie sehr ich deinen Mann bewundere. Wie er sich konzentriert! Seit einer Stunde macht er Atemgymnastik. Er wird zu einem ganz anderen Menschen. Ich muß mir immer sagen: im Alltagsleben ist er nur unser lieber Portier, Stefans Guenther, die treue Seele – sonst halte ich diese starke Persönlichkeit gar nicht aus. Das muß doch auch für dich ein herrliches Gefühl sein, nicht wahr? Und sein Körper – diese königliche Ruhe, diese königliche Spannkraft... Ich dagegen bin heute wieder ein ganz nervöses Hühnchen...

HEDDA Vertragt ihr euch? Das freut mich. Heute nacht hat er furchtbar geschimpft. Er hat auf deinen Hals geflucht, Doris. Dieser knochensteife Hals, beim Quickstep macht sie immer so –

Sie macht eine groteske Halsverrenkung.

DORIS Ja, der Hals, ich weiß, Hedda. Der Hals ist mein größtes Problem. Er ist schon von Natur aus nicht gerade ein Schwanenhals. Und dann bei den Kopfwenden, im Tango besonders, wird der Nacken starr, eisenhart. Es zieht von da unten – wie sagt man?

KARL Hintern.

DORIS Nein, darüber, dieser Knochen... Sterz?

HEDDA Sterz?

DIETER Steiß, Dascha, das Steißbein.

DORIS Ja, der Steiß... Es ist, als stecke mir der Steiß im Hals, irgendetwas Verrücktes. Dafür läuft es aber in den Hüften tadellos. Und mir meiner Fußarbeit kann ich wirklich zufrieden sein.

MARGOT *geht zu Doris.* Und warum wird der Hals nicht ein wenig geschmückt? Kein Samtbändchen? Kein Goldkettchen?

DORIS Meinst du?

MARGOT Was für ein wunderschönes Halsgrübchen! Dahin gehört doch ein Diamant, ein blitzender Edelstein.

DORIS In mein ›Halsgrübchen‹?

MARGOT Liebst du es denn nicht? Aber ja!

DORIS Ist es wirklich hübscher als deins?

MARGOT Ich finde es ganz besonders hübsch. Denk dir, einmal habe ich bei einem Kriegsversehrten gearbeitet, der hatte da ein

Loch, ein richtiges Loch, und es zischte die Luft heraus, wenn er diktierte... Pffft!

DORIS Huh! Schrecklich...

STEFAN Seht nur, vor dem Training amüsieren sie sich wie die Juden. Und in anderhalb Monaten haben wir die Deutsche Meisterschaft in Münster.

Zu Karl Kennen Sie Münster?... Komisch, keiner kennt das. Na, ich fahre sowieso nicht hin.

HEDDA Gut, daß mein Mann es nicht sieht. Jetzt bringt sie doch für ihn keine saubere Harmonie mehr auf.

DIETER Dascha, ich hatte dir dies niedliche Amulett aus Dänemark mitgebracht...

DORIS Oh, ja, ich habe es wahnsinnig gern gemocht... Es war ein silbernes Herzchen zum Aufklappen – und es ist mir furchtbar schwer gefallen, aber, weißt du, ich mußte dem Guenther eine Kleinigkeit schenken, nach dem Hoffnungslauf – wo wir uns doch so gut plaziert haben.

DIETER Ach so. Nun, es war auch nicht besonders wertvoll.

HEDDA *zieht ein Amulett unter ihrem Pullover hervor.* Und da haben wir es wieder, das kleine Wanderherz... Willst du es noch einmal umlegen, Doris? Ich borge es dir gern.

DORIS Wenn ihr meint. Guenther wird sich wundern...

Hedda steht auf und legt Doris das Amulett um den Hals.

STEFAN *zu Karl* Die Sache mit ihrem Hals ist in Wirklichkeit der Anfang vom Ende. Sie weiß es bloß nicht oder will es nicht wissen. Rückgratverkrümmung, verstehen Sie? Ein hoffnungsloser Fall. Das hat sie von ihrer Mutter, die schlich mit fünfundvierzig Jahren schon herum wie eine Neun.

Dieter legt Doris sein Jackett über die Schultern und knüpft ihr eine Tulpe ins Knopfloch.

KARL *zu Stefan* Was reden Sie da? Meine Königin? Sie tanzt und solange sie tanzt, ist ihr Körper gegen jede Krankheit geschützt.

STEFAN Ihr persönlicher Wunderglaube, Karl – die Wissenschaft ist anderer Meinung. Nun ja, ich weiß jedenfalls Bescheid. Ich mache mich noch auf eine Tragödie gefaßt. Sie selbst ahnt nichts. Sie kennt ja keine Angst... nicht mehr. Das ist auch so eine menschliche Einbuße.

KARL Wenn Sie wollen, jage ich ihr jetzt einen kurzen Schrecken ein. Sie werden sehen, Ihre Frau steht im Vollbesitz aller weiblichen Gefühle.

Dieter beugt sich zu Doris und flüstert ihr etwas zu. Was er sagt, ist ziemlich laut über Verstärker aus dem Saal zu hören.

DIETER Ostern auf Ibiza! Komm mit mir, Dascha!

DORIS Was...? Was ist das? Warum spreche ich aus einem Apparat?

Alle stehen auf. Karl zieht die Blume aus Dieters Jackett und spricht hinein wie in ein Mikrofon. Seine Stimme ertönt nun ebenfalls über Verstärker.

KARL Meine Herrschaften! Augen auf, die Ohren gespitzt! Wenn ich bitten darf: ein kleines Verwandlungskunststück zum ersten Weihnachtsfeiertag... Sie aber, junger Mann, hüten Sie sich vor dem grausamen Echo der Zauberblume! Ihre eigenen Worte, Worte des Verrats und der gemeinen Habgier, sie werden in Ihren Ohren dröhnen und tosen wie tausendjährige Wasserfälle...

DIETER Er hat Wanzen in die Tulpe versteckt. Wie die Ostagenten. Überall kleine scharfe Mikrofone...

Ein Lärm wie der von stürzenden Gewässern ertönt aus den Lautsprechern. Doris hält sich die Ohren zu und läuft nach rechts ab. Hinten im Saal wird es sehr hell, vorne in der Halle scheint ein rötliches Varietélicht. Alle außer Karl hocken sich auf den Fußboden. Ein Modellflugzeug kommt herbeigeflogen und kreist über ihren Köpfen. Brennende Wunderkerzen fallen zu Boden. Aus Sesseln und aus dem Sofa springen Federn und beginnen zu glühen. Auf dem Fernsehapparat bewegt sich eine elektrische Leuchtpflanze. Karl wendet sich nach vorn – zum erstenmal ist sein entstelltes Gesicht zu sehen – und zieht bunte Tücher aus seinen Fingerspitzen. Schließlich verschwindet das Flugzeug, der Lärm läßt nach, und jetzt erklingt Tanzmusik aus dem Saal. Alle drei Saaltüren öffnen sich weit. Man sieht Doris und Guenther einen langsamen Foxtrott tanzen. Alle stehen auf und gehen etwas nach hinten...

HEDDA Guenther, mein Gott – das ist Spitze, das ist absolute Spitze!

STEFAN Die gepaarte Dummheit...

DIETER Was?

STEFAN Ist es nicht so? Doris und Guenther, jeder für sich, sind geistig nur mittelmäßig begabt. Genau wie du und ich. Aber beim Tanzen, in dieser gehobenen Vereinigung, da erzeugen sie ein Phänomen von höherer Intelligenz. Ich fühle mich jeden-falls immer ein bißchen intelligenter werden, wenn ich ihnen zuschaue.

MARGOT Ich glaube, jetzt habe ich meine Tage gekriegt.

KARL Psst! Doris ist nicht in Ordnung... Sie verschleift die Aus-gänge... eins, zwei, drei... oje, oje. Nicht im Takt.

Doris stürzt plötzlich zu Boden. Von allen ein ›Oh‹ des Entset-zens. Guenther bleibt starr vor ihr stehen. Doris, in ihrem Schock, erhebt sich nur langsam und entmutigt bietet sie sich Guenther in Ausgangsposition an. Guenther schlägt ihr rechts und links ins Gesicht. Er verläßt den Saal und kommt in die Halle, geht ganz nach vorne, setzt sich, abgewendet von den anderen.

HEDDA *wenn Guenther an ihr vorbeikommt.* Du warst wun-derbar, Liebster.

STEFAN Meiner Frau ins Gesicht schlagen – das gehört sich nicht! Das steht dir nicht zu!

Doris kommt langsam nach vorne.

HEDDA Ungeschick läßt grüßen. *Sie setzt sich.*

DORIS *zu Stefan* Nimmst du mich bitte in Schutz.

STEFAN Ja, was soll ich sagen... ich glaube, du hast dich ins Aus getanzt, meine Liebe. Was meinen Sie, Karl?

KARL Mit so einem Sturz ist natürlich alles vorbei. Das darf nicht passieren. Haben Sie gesehen: Guenthers Rechtsdrehung! Ein plötzlicher Aufschwung, Machtgefühl, Hochstimmung. Das kam für sie zu überraschend, darauf war sie einfach nicht ge-faßt.

HEDDA Gibt es das? Ein Paar! Ein Paar, das diesen wunderbaren Namen verdient – und einer läßt sich vom anderen überraschen und fällt vor Überraschung aufs Parkett? Weil die Dame auf eine winzige Beschleunigung, eine winzige Gewichtsverlage-rung nicht gefaßt war? Gibt es das? Bei einem Paar, das den Na-men Paar verdient – daß einer auf die allergeringste Regung des anderen nicht gefaßt wäre? Nein, nein, nein. Das gibt es nicht. Oder doch: bei den wilden Paaren, den Liebespaaren, die nachts in den Kneipen zum Schwofen gehen... Wozu habt ihr denn eure Nerven, weshalb trainiert ihr diesen feinen Apparat tagaus, tagein? Damit eure Harmonie unbeirrbar wird, eure Übereinstimmung muß vollkommen unbeirrbar sein... Das ist es doch, darauf kommt's an in unserem Lieblingssport... Oder rede ich etwa Unsinn?... Guenther!

GUENTHER Kschscht!

DORIS Zurück marsch marsch ins Pommernland!

KARL Das Schlimmste ist der nun entstandene Vertrauensbruch.

MARGOT Ein eiskalter Star wie du – der fühlt keine Achtung vor der Frau. Du läßt doch menschlich niemanden an dich ran.

GUENTHER Du – quatsch mich nicht so frech von rückwärts an, ja?

STEFAN Hörst du, Margot? Das ist jetzt der Foxtrott-Tänzer, wenn er spricht. Sehr interessant.

MARGOT Ein eiskalter Star. Wenn ich heute nicht meine Tage hätte, würde ich ihn gern mal zur Schnecke machen.

DIETER Hast du gehört? Zur Schnecke will sie dich machen. Zur Schnecke.

Er deutet es mit zwei herabhängenden Fingern an.

GUENTHER *zu Margot* Wir beide haben noch keine zwei Worte miteinander gewechselt. Stimmt's?

MARGOT Stimmt, ja.

GUENTHER Du merkst also: für mich gibt's dich hier oben eigentlich gar nicht.

MARGOT Ich war schon mal hier, da hast du mir die Koffer aufs Zimmer getragen.

GUENTHER Wann war das?

STEFAN Voriges Jahr, Guenther, in der Ferienzeit.

GUENTHER Und? Ging's gut?

MARGOT Ach Guenther, im vorigen Jahr kam es wie es kam.

GUENTHER Du Gräte.

MARGOT Oh! Bin ich dir etwa zu dünn?

DORIS Dieter! Willst du bitte dafür sorgen, daß sich jemand mal um mich kümmert.

DIETER Meiner Meinung nach sollten wir beide uns jetzt ein Stündchen aufs Ohr legen, Daschaliebling.

DORIS Idiot!

STEFAN Sag bloß nicht immer ›Dascha‹ zu meiner Frau. Das erinnert mich an ganz etwas anderes.

KARL Weihnachten ist bekanntlich ein katastrophenfreudiges

Fest. Irgendwo passiert an diesen Tagen immer etwas Fürchterliches. Entführungen, Flugzeugabstürze, Erdbeben. Wir sollten das Fernsehen anstellen, dann wissen wir, was es diesmal Schlimmes gibt.

Er will den Fernsehapparat anstellen, Doris hindert ihn daran. Aber vielleicht ist der Rhein über die Ufer getreten, Königswinter steht unter Hochwasser.

DIETER Überschwemmung? So etwas könnten wir gebrauchen. Wissen Sie, bei uns im Innenministerium sehnen sich die Herrschaften nach solchen Kastastropheneinsätzen. Das macht unseren Grenzschutz populär. Die meisten Leute fragen sich doch heute, wozu überhaupt Grenzschutz? Und dann schikken wir eine stramme Hundertschaft nach Königswinter, die bringt das alles wieder in Ordnung. Die Jungens bauen Dämme und versorgen die Bevölkerung. Und jeden Abend sind wir dann in der Tagesschau.

DORIS Opfer, hier stehe ich. Ich! Ich will jetzt wissen, ob er sich bei mir entschuldigt – und dann tanzen wir weiter.

KARL Ja... das wäre wohl das Einfachste, nicht?...

Zu Dieter Habe ich Sie richtig verstanden: Sie interessieren sich auch fürs Fernsehen? Und ich erst! Vor dem Unfall – vor unserem Unfall, Doris! – da habe ich jeden Tag fünf bis sechs Stunden ins Fernsehen geschaut. Ja. Das volle Programm. Ich habe ja immer zu Hause gearbeitet, die Rätselseiten und die Horoskope für die Illustrierten konnte ich meistens zu Hause zusammenstellen. Und dabei immer das Fernsehen an, immer in die weite Welt hinausgeguckt bei der Arbeit. Das war sehr, sehr anregend. Und natürlich auch ein bißchen gefährlich, wie jede echte Leidenschaft. Auf die Dauer lösen Sie sich in pures Zuschauen auf, Sie sind nur noch das Sehen, ohne Namen, ohne Körper, Sie sehen sich das Licht aus den Augen. Wissen Sie, was ich am liebsten gesehen hätte? Einen ganzen Tag lang die Tagesschau, rund um die Uhr. Was alles so gleichzeitig passiert, während ich hier sitze und zuschaue, von Satelliten übertragen, morgens um acht: Eröffnung eines neuen Riesensupermarkts in Detroit, halb neun: Gemeinderatswahlen in Cuxhaven, zwanzig vor neun: Indira Gandhi in Moskau...

DORIS Sie vergessen mich einfach... Hört mich denn niemand?... Stefan! Muß ich mich denn schämen?

STEFAN Ich weiß nicht recht, meine Liebe –

DORIS Ja, ich bin auf die Schnauze gefallen... Mein Gott! Und da findet ihr alle nicht drüber weg? Das ist so furchtbar peinlich, wie?

KARL Entschuldige – aber du weißt ja nicht, wie es ausgesehen hat, Doris. Der Anblick, der entsetzliche Anblick... Das hohe Paar, das plötzlich entzweibricht; die ideale Harmonie, die plötzlich zerspringt...

HEDDA Bist du sicher, daß du dich nicht verletzt hast, Doris? Guenthers erste Partnerin ist einmal, ich glaube, es war bei einem Pasodoble, richtiggehend verunglückt. Sie wurde mit einem doppelten Knöchelbruch ins Krankenhaus transportiert. Wie hieß doch gleich die Frau vor Doris?

DORIS Piesepampel, Piesepampel, Fräulein Piesepampel hieß sie.

GUENTHER Ell.

HEDDA Ja, die Ell.

DIETER Wie – ›L‹?

HEDDA Na, Ell, wie der Buchstabe, nur mit Doppel-L.

DIETER Ll – das ist doch kein richtiger Name.

GUENTHER Ell wie ›Ellen‹, aber ohne ›en‹ und auch nicht als Vorname, sondern als Familienname, Sabine Ell. Klar?

HEDDA Nach dem Unfall hat er sie nicht mehr angerührt, nie wieder gesehen, aus und vorbei. Und sie war eine wirklich schöne Frau, was? Schön und stolz wie Ava Gardner. *Zu Doris* Obwohl sie aus ganz kleinen Verhältnissen stammte. *Leise auf Guenther deutend.* Genau wie er. Wahrscheinlich lernt man dort unten mit der Muttermilch, was Stolz ist und Disziplin. Das können wir gar nicht nachempfinden, Doris. Unsereins, wo wir herkommen, da wird man eben nichts Halbes und nichts Ganzes. Alles nur Mischmasch, Mischmasch, Mischmasch...

DORIS Aber für den Turniertanz habe ich eigentlich sogar eine bessere Figur als Ava Gardner. Die war doch eher füllig, nicht?

GUENTHER Wenn sie sehr gut war, tanzte sie immer ein bißchen Marke Eigenbau. Da mußtest du natürlich höllisch aufpassen, das konnte jeden Augenblick ins Auge gehen. Aber, bis auf das eine Mal, war es absolute Spitze. Wenn du ganz oben bist – auf dem höchsten Gipfel der Harmonie – und dann ein bißchen übermütig werden, einen kleinen Flirt riskieren, einer lockt den anderen in immer größere Gefahr... mein Gott, das ist schon was! Ganz oben, da wird der Sport zur reinen Herzensangelegenheit.

DORIS So etwas Ähnliches haben wir beide doch auch schon erlebt, Guenther. Weißt du noch, in Passau, bei den Donaumeisterschaften – es war der Wiener Walzer im zweiten Durchlauf – plötzlich hat es uns beide, mir nichts – dir nichts hat es uns... wie sagt man? Übermannt? Ja, es hat uns übermannt, die Harmonie war einfach zu groß, und die Tränen hüpften aus unseren Augen, beinah hätten wir unterbrechen müssen.

GUENTHER Ein schwacher Moment, ich danke schön.
Er wendet sich zum erstenmal an Doris.
Merk dir eins: Vollendung ist in sich eine todsichere Sache. Da gibt es nichts, was sie kaputtmachen könnte. Keine Tränen, kein Ausrutscher, kein verzogener Hals, gar nichts. Im Zustand der Vollendung wird der gewöhnliche Fehler zum Tüpfelchen auf dem I der Vollendung. So ist es, und wenn es nicht so ist, dann herrscht die Stümperei, der Dilettantismus. Und in diesem Fall bin ich nicht mit von der Partie. *Er zieht seine Schleife auf, öffnet den obersten Kragenknopf.*

DORIS Ja, Guenther, da hast du recht. Und ich versprech dir, ich werde jetzt traumhaft gut sein, ich versprech's dir. Laß uns nur gleich weitermachen... Komm, wir dürfen keine Zeit mehr verlieren... Noch einmal den Slowfox, Herr Kapellmeister! Darf ich bitten...
Sie tanzt ein paar Schritte allein nach hinten, schaut sich dann nach Guenther um. Sie bemerkt, daß er sich den Schnürsenkel aufknüpft.
Guenther! Was tust du? Du ziehst deine Schuhe aus? Willst du jetzt Schluß machen?

HEDDA Lieber ein Ende mit Schrecken als ein Schrecken ohne Ende. Stimmt's?

STEFAN Ich wünschte, ich hätte jetzt eine Mütze auf dem Kopf.

KARL Ach? Und dann?

STEFAN Tief in die Stirn ziehen.

DORIS Ich glaube, ich bin hier ganz woanders...

MARGOT Und ich wünschte, mein Schwesterchen wäre hier. Da hätten wir jemanden zum Spielen.

DIETER Mit Silke spielen? Was denn? Die betet doch dauernd.
MARGOT Ja, sie betet gern. Das hat sie in der Klinik gelernt.
DORIS *springt auf einen Sessel.* Meine Herrschaften! Freunde
des deutschen Tanzsports! Deutsche Amateure! Hier spricht
die Stimme der Verachtung, hier spricht die Kehrseite der Me-
daillen... Ich sage euch, unsere Satzungen sind hoffnungslos
veraltet, sie sind reaktionär. Abschaffen, weg damit, abschaffen. Der moderne Turniertanz braucht neue Regeln, neue
Ideale: Haß, Gemeinheit, Unterdrückung, Ohrfeigen, allgemeine Gefühlskälte – meine Herren Wertungsrichter, haben
Sie gehört? Das sind Ihre neuen Maßstäbe. Und auch die Ver-
anstalter müssen umdenken: noch immer glänzen überall die
glatten Parkettböden – sie müssen aber alle sofort mit Schotter
überzogen werden... Ich fordere die totale Verdunkelung aller
Festsäle. Tod den Illusionen! Alle Musikstücke werden von
hinten nach vorne gespielt. Das Paar, bei dem zuerst ein Partner den anderen zu Boden tanzt, erzielt einen deutlichen
Punktgewinn. Fällt der Herr und die Dame bleibt auf den Beinen, so verdoppelt sich der Punktgewinn. Das ist klar... Es
dürfen sich keine Blitzlichter mehr ins Publikum mischen...
keine Blitze mehr... kein Licht... Kein Licht.
Sie sinkt in den Sessel hinab.
Weil's mich so sehr quält!

Die kleine Doris und der große Guenther
Ein deutsches Meisterpaar aus Königswinter –
Ach, plötzlich hat sie den Halt verloren
Da schlägt er ihr über beide Ohren

Die liebe Doris und der böse Guenther
Ein deutsches Meisterpaar aus Königswinter?
Den Titel haben sie nie besessen
Geschieden das Paar und Münster vergessen

Die arme Doris und der arme Guenther
Kein deutsches Meisterpaar aus Königswinter
Sie hört ihn nicht ›Verzeih mir‹ sagen
Dann mag auch sie kein Kleid mehr tragen...

Doris öffnet ihr Ballkleid und streift es mit einem Handgriff vom Körper. Sie hat jetzt nur ein graues Turntrikot an. Mit dem Kleid in der Hand läuft sie zur offenen Saaltür und schleudert es auf das Parkett. Dann geht sie zurück zum Sessel und kauert sich teilnahmslos hinein.

DORIS Ihr Pottsäue.

STEFAN Das war sehr schrecklich, Doris.

MARGOT Hoffentlich träume ich nicht davon.

GUENTHER Soviel ich weiß, seit ihr beide zusammen aufgewachsen, deine Frau und du. Zwei glückliche Bürgerkinder, schon bald nach der Geburt zum Ehepaar bestimmt –

STEFAN Guenther – es ist gut.

GUENTHER Versteh mich. Ich suche verzweifelt nach einem gewissen dunklen Punkt in eurer Lebensgeschichte...

STEFAN Später, später. Ich muß jetzt etwas mit dir besprechen. Einen Augenblick... Dieter! Sei so gut und bring Doris auf ihr Zimmer.

DIETER Ich?

STEFAN Ja. Ich möchte jetzt das bewußte Gespräch führen.

DIETER So? Ja... ich... ehrlich gesagt, der Schreck sitzt mir noch in allen Gliedern.

STEFAN Du brauchst wirklich keine Angst zu haben. Sie ist jetzt ganz ruhig. Nimm sie auf den Arm...

KARL Lassen Sie mich das nur machen.

STEFAN Nein, bitte, ich möchte, daß Sie hier unten bleiben, Karl.

DIETER *nimmt Doris auf die Arme.* Gott, wie leicht sie ist... das Häufchen Elend.

Er geht nach rechts ab, die Treppe hinauf.

KARL *zu Stefan* Ich wollte Ihnen nur sagen: ich weiß jetzt Bescheid.

STEFAN Tatsächlich? Danke... später, mein Lieber, ja?

HEDDA Margot – funktioniert auf deinem Zimmer das WC noch?

MARGOT Nein, eingefroren. Ich gehe immer runter zu Karl in die erste Etage.

Sie steht auf, geht zur Treppe und wartet dort.

HEDDA Darf ich...?

KARL *sieht auf die Uhr.* Das ist schlecht. Um diese Zeit ist der Wasserdruck bei mir sehr schwach.

HEDDA Soll ich's mir vielleicht aus den Rippen schwitzen?!

STEFAN Geh meinetwegen auf mein Zimmer. Tu mir die Liebe und geh!

HEDDA Weißt du, was ich an deiner Frau nicht begreife? Daß sie noch nicht einen einzigen Selbstmordversuch gemacht hat. Dabei ist sie der Typ der Selbstmörderin. Hat's aber noch nie probiert... Merkwürdig.

Sie geht zur Treppe, hakt sich bei Margot unter, beide ab.

GUENTHER Ist heute der erste oder der zweite Feiertag?

STEFAN Der erste, Guenther, heute ist der erste Feiertag.

GUENTHER Dann ist morgen endlich der zweite.

STEFAN Ja, Guenther, morgen ist der zweite. Und dann kommt noch der Sonntag.

GUENTHER Ach? Ein Sonntag kommt auch noch?

STEFAN Ja. Wußtest du das nicht?

GUENTER Nein. Warum?

STEFAN Ich dachte, das wüßtest du... Ja... Was ich sagen wollte – übrigens: Willst du wirklich auf Münster verzichten?

GUENTER Wenn es mit Doris nicht besser wird, sehe ich schwarz.

STEFAN Du weißt bestimmt, wie man sie in dieser Krise richtig behandelt.

GUENTHER Kopf runter und mit der Nase in den eigenen Dreck. Was sonst?

STEFAN Ja, das wird wohl das beste sein... vielleicht... Was ich dich eigentlich fragen wollte, Guenther: diese Arbeit in meinem Haus ist doch eine unerträgliche Zumutung für dich, nicht wahr?

GUENTHER Nein, ich liebe unser Hotel, Stefan.

STEFAN So? Du liebst diese Bruchbude... komisch, komisch. Trotzdem: was würdest du sagen, wenn ich dich eines Tages ins Vertrauen zöge und dir erklärte: ›Die Sache ist die, ich werde verkaufen, alter Freund!‹?

GUENTHER Dann würde ich wahrscheinlich sagen: ›Das kommt überhaupt nicht in Frage, mein Lieber. Ich bin dagegen.‹

STEFAN Dagegen... hm. Obwohl du von Rechts wegen, ich meine, gewissermaßen als mein Angestellter, gar keine Möglichkeit hast, dagegen zu sein – oder?

GUENTHER Wie du weißt, habe ich mich in diesem Haus auf sehr verschiedene Weise entfaltet. Du darfst mich ruhig auch mal als deinen Freund betrachten.

STEFAN Ich rede doch dauernd von Freund zu Freund zu dir. Merkst du das nicht?

GUENTHER Offenbar hast du das falsche Thema erwischt. Unser Hotel verkaufen –! Die Heimat unserer Freundschaft verlassen; mit solchen Gedanken spielt man nicht unter Freunden.

STEFAN Entschuldige – du machst es mir wirklich nicht leicht – aber ›unser Hotel‹ ist es eben nicht, leider! ›Stefans Hof‹ gehört mir, wie der Name schon sagt, mir ganz allein, und ich allein trage hier die gesamte Schuldenlast.

GUENTHER Natürlich ist das unser Hotel. In diesen Räumen sind wir zusammengewachsen: du und ich, Hedda und Doris, Doris und ich, und so weiter, reihum. Wir alle haben hier unser Zuhause. Hier finden wir unser Vergnügen, hier können wir in Ruhe trainieren, und – vergiß das nicht – ich persönlich habe eine ganze Menge in dieses Haus investiert: Hundert Prozent Arbeitskraft.

STEFAN Deine Arbeit, ja. Für sich betrachtet, unter uns, stellt sie zweifellos einen unschätzbaren Wert dar. Der gesamte Dienstleistungsbereich – und das bist immer nur du allein gewesen; du, der Empfangschef, der Portier, das Zimmermädchen, der Kellner, der Gepäckträger, alles du, die treue Seele – das hat bis zuletzt tadellos funktioniert. Unsere Gäste – und damit komme ich auf eine kostbare Rarität zu sprechen – im letzten Jahr standen wir ja vor dem Problem, durchschnittlich etwa zweieinhalb Gäste pro Nacht auf unsere sechsundzwanzig Betten zu verteilen... Menschenskind! Das sind nicht einmal zehn Prozent Platzausnutzung!... Nun ja, jedenfalls unsere Gäste, diese seltenen Vögel, fanden alles vor, was zu einem gutgehenden Hotelbetrieb gehört: täglich frisch überzogene Betten, ein weiches Frühstücksei und sogar eine selbstgemachte Aprikosenmarmelade – wo gibt's das noch? Dafür hast du gesorgt, in bewundernswerter Selbstaufopferung, Guenther. Aber: siehst du, dieser an sich unschätzbare Wert deiner Arbeit wird nun von einer kolossalen Negativleistung, die sich irgendwie auf der Kapitalseite, also quasi in meinem Bereich, ergeben hat, irgendwie ergeben hat, überschattet, niedergewalzt, total vernichtet. Denn: da ich nun mal von uns beiden in der ökono-

misch mächtigeren Position sitze, wirkt sich alles, was ich tue beziehungsweise unterlasse, zigtausendmal stärker auf unsere gemeinsame Lage aus als alles, was du so tust oder läßt. Ob du nun wochenlang schuftest wie ein Scheunendrescher oder wochenlang von morgens bis abends Tango tanzt – im Grund ist das völlig egal. Ein geringfügiges Nichtstun meinerseits, ein kleiner nicht gerührter Finger – in Sachen Steuerabschreibung, Werbung, Investitionen und so weiter – und schon hat deine ernste, rastlose Tätigkeit jede Bedeutung verloren, und in den Augen der Ökonomie ist es nur noch eine unsinnige Zappelei, die du da aufführst. Für dich persönlich sieht es natürlich anders aus, denn du bekommst ja regelmäßig deinen Lohn. Aber für das Ganze, das Unsere, das letztlich in meinen Händen liegt, ist deine Arbeit vollkommen überflüssig. Ich bin nämlich bankrott, Guenther. Ja. Bankrott. Pleite. Der Teufel weiß, wie das passiert ist: Schulden hat es ja immer gegeben, aber die müssen plötzlich einen Riesensprung gemacht haben. Jetzt stehen sie bei zweihunderttausend Mark. Oder inzwischen sind es vielleicht schon eine Viertelmillion, wer weiß.
Das rast ja unaufhörlich in die Höhe. Ich muß verkaufen, sofort!

Er springt auf.

GUENTHER Moment. Wenn ich dich richtig verstanden habe und vorausgesetzt, ich habe die volle Wahrheit gehört, dann hast du hier oben die ganze Zeit über das Dasein eines geschäftsuntüchtigen Hoteldirektors geführt, hast unser Haus finanziell heruntergewirtschaftet, ruiniert, offenbar mit bestem Wissen und Gewissen, und das alles nur meinetwegen – nur um mich zu demütigen, nur um meine Person und meine Arbeit vor dem Hintergrund des Untergangs lächerlich zu machen?

STEFAN Entschuldige – aber es dreht sich hierbei einzig und allein um mich. Eigentum macht mich krank. Ich bin unfähig, irgend etwas zu besitzen. Man darf mich nicht besitzen lassen! Ich habe schon als kleiner Junge alles kaputtgemacht, was mir gehörte. Furchtbar gern, krick-krack...

GUENTHER Karl, sehen Sie nur!

KARL Ach, so ein Hotel ruiniert sich doch heutzutage ganz von allein...

GUENTHER Ich werde mir jetzt die Bücher ansehen... ich glaube das einfach nicht... bis auf weiteres übernehme ich die Leitung der Geschäfte!

STEFAN Setz dich. Da gibt es nichts mehr zu leiten. Es muß nur noch ein Verkaufsvertrag unterschrieben werden, und das mache ich.

GUENTHER *zieht seine Schuhe an.* Und wer sollte wohl unser Hotel kaufen? Wenn es wirklich so hoch belastet ist, wie du sagst. Die Branche ist bekanntlich nicht gesund.

STEFAN Richtig, Guenther, richtig. Kein Konzern und keine Kette interessiert sich für dieses verlorene Objekt.

GUENTHER Na also.

STEFAN Daraus könntest du schließen, daß mein Partner wahrscheinlich kein privatwirtschaftliches Unternehmen ist.

GUENTHER Sondern?

STEFAN Sondern zum Beispiel eine Behörde, die nicht aus Profitinteressen kauft.

GUENTHER Ist dir das eingefallen?

STEFAN Nein. Das stammt von Dieter.

GUENTHER Aha! Der Sesselpuper aus dem Bundesinnenministerium! Der steckt dahinter? An die verkaufst du? Ja? Ein großer Streich, wahrhaftig! Bundesinnenministerium! Unser Hotel – ein Hauptquartier für Agenten und Verfassungsschützer, Denunzianten, Spitzel... eine Überwachungszentrale, Abhöranlage, Geheimkarteien!

STEFAN Du tust gerade so, als sei das Ministerium für Inneres ein Verbrechersyndikat. Es ist unter anderem auch für die Pflege von Sport und Kultur zuständig. Zum Beispiel fördert es den deutschen Amateurtanzsport. Und wenn alles gut geht, darfst du in Münster, bei der Siegerehrung, dem Herrn Bundesinnenminister die Hand schütteln...

GUENTHER Mann Gottes – bist du ein Schurke!

STEFAN Werde nicht kindisch, Guenther.

GUENTHER Und was bezahlen sie dir für diesen gemeinen Verrat?

STEFAN Nichts.

GUENTHER Wieviel?!

STEFAN Gar nichts, keinen Pfennig. Sie übernehmen das Haus mit den gesamten Verbindlichkeiten und richten hier ein Ferienheim für ihre Beamten und Angestellten ein.

GUENTHER Und du?

STEFAN Und, ich... na ja, für mich gibt es da einen kleinen Posten, ganz unbedeutend, ich werde so ein kleiner Angestellter in Dieters Grenzschutzabteilung. Der Dieter hat das quasi alles so vermittelt...

GUENTHER Alle Achtung! Du kennst die Bräuche! Ämterkauf, Korruption? Vetternwirtschaft. Du schreckst vor nichts zurück.

STEFAN Ich halte dieses Privatbesitzertum nicht länger aus. Ich will nicht mehr selbständig sein. Es ist ebenso langweilig wie lebensgefährlich. Ich will ein zuverlässiger Mitarbeiter werden, ein vernünftiger Mensch, der bescheidene, festumrissene Aufgaben erfüllt, termingerecht, in einem stillen modernen Büro mit Blick ins Grüne, Klimaanlage und Licht, viel Licht.

GUENTHER Und wir? Was soll aus uns werden? Aus unseren sportlichen und menschlichen Verbindungen? Du wagst es wirklich, diese hochempfindliche Lebensgemeinschaft auf die Straße zu setzen?!

STEFAN Ein solcher Kreis läßt sich auch woanders wieder aufziehen. In Bonn –

GUENTHER Nein!

STEFAN Dann eben nicht. Mir liegt sowieso nichts mehr an diesem Affenzirkus. Ich brauche Lebensveränderung! Berufswechsel; Menschenwechsel, jawohl.

GUENTHER Mein lieber Staatsfreund – dieses schmutzige Geschäft wirst du wieder rückgängig machen. Verstanden? Ich werde dich dazu zwingen; wenn es sein muß: mit meinen bloßen Händen. Das ist vorerst mein letztes Wort in dieser Sache. Ich hole jetzt zum Gegenschlag aus. Ich werde dir eine Lösung unserer Probleme präsentieren, eine Lösung, die du dein Leben lang nicht vergessen wirst!

Er geht nach hinten, in den Saal, wirft alle Türen zu. Bis zum Ende der Szene hört man ihn – mit Unterbrechungen – heftig auf und ab gehen.

STEFAN *zu Karl* Klingt gefährlich, wie? Glauben Sie, er wird gewalttätig?

KARL Nein. Das glaube ich nicht.

Guenther öffnet eine Tür und wirft Doris' Tanzkleid hinaus.

STEFAN Hysterie, nicht? Wahrscheinlich schnappen sie alle über bei dem Gedanken, daß sie hier raus müssen. Ich hatte mir das etwas einfacher vorgestellt. Kann sein, die machen mir einen handfesten Aufstand... Palastrevolution, wie?

Er kichert.

Meinen Sie, es könnte mir persönlich etwas passieren?

KARL Nun, es tut sich was. ›Lebensveränderung‹.

STEFAN Hassen Sie mich auch?

KARL Nein, keine Spur.

STEFAN Auf wessen Seite stehen Sie denn?

Karl lacht.

Warum lachen Sie?

KARL Weil Sie mich das fragen.

STEFAN Warum nicht? Sie gehören doch auch zu uns, zu Doris und Doris gehört zu Guenther und ich – na ja, Sie wissen schon dieser Ringelpiez mit Anfassen.

KARL Aber ich bin doch nur das ›Opfer‹.

STEFAN Ach so. Ja. Das heißt: Sie verhalten sich neutral. Gut. Vergessen Sie's nicht. Ich gehe jetzt auf mein Zimmer. Gute Nacht.

Geht nach rechts.

KARL Gute Nacht, Stefan.

STEFAN Glauben Sie nur nicht, daß ich mir meiner Sache hundertprozentig sicher bin. Ich stelle mir gerade vor: wir beide begegnen uns nach vielen, vielen Jahren, zufällig, abends auf der Landstraße. Dann werden Sie vielleicht mit dem Finger auf mich deuten und in Ihrer Erinnerung kramen. ›Bist du nicht der Kerl‹ – würden Sie mich fragen –, ›der Kerl, der immer alles falsch gemacht hat? Na, und wie geht das Leben jetzt, Herr Stefan Irrtum, machst du noch immer fleißig alles falsch, was du so machst?‹... So etwas könnte mir unter Umständen passieren, nicht?

KARL Ja. Unter Umständen. Wenn allerdings wir – Sie und ich – uns eines Abends auf der Landstraße treffen sollten, dann haben Sie die Gewißheit, daß Sie immer alles richtig gemacht haben.

STEFAN Ach? Sagen das die Sterne?

KARL Ja. Das sagen sie.

STEFAN Dann sind Sie also der einzige Mensch in diesem Haus, den ich später gern einmal wiedersehen würde.

KARL Schlafen Sie gut.

STEFAN Danke. Starren Sie nicht so lange in die Nacht hinaus.
Er geht ab.

*Karl bleibt unbewegt sitzen und sieht ins Leere. Nach einer
Weile kommt Doris leise die Treppe herunter. Sie hört auf die
Schritte im Saal. Sie nimmt ihr Tanzkleid und zieht es rasch an.
Sie läuft zur mittleren Saaltür, horcht und klopft. Die Schritte
verstummen. Doris ruft: ›Guenther!‹ Es kommt keine Antwort. Sie klopft stärker. Da wird mit gleicher Stärke von innen
zurückgeklopft. Doris ruft erschrocken: ›Guenther!?‹ Jetzt sind
wieder Schritte zu hören. Sie klopft noch einmal, die Schritte
verstummen und es wird wieder zurückgeklopft. Doris sagt:
›Ja, bitte...!‹ und weicht zurück. Die Tür öffnet sich weit und
es tritt eine Frau heraus, die ganz genauso aussieht wie Doris.
Karl steht auf und wendet sich nach hinten. Der Raum beginnt
wieder in einem Varieté-Licht zu glühen.*

DORIS Wer sind Sie? Was machen Sie hier?

DIE ANDERE Ich bin Doris. Ich bin hier zu Hause. Und wer sind
Sie?

Es wird dunkel.

Im Innern des Saals, der an das Hotelfoyer grenzt. Außer zwei einfachen Stühlen keine Möbel.

Guenther und Doris (die ›neue‹ Doris) beim Training. Sie tanzen einen Wiener Walzer. Karl steht auf einem der Stühle. Hedda, Margot und Dieter sitzen oder stehen an die Wand gelehnt. Wenn der Tanz zu Ende ist…

DIETER Doris?… Ja! Sie ist es… Mein Gott, wie spricht man denn mit einem Wunder?

HEDDA Die alte Doris – ganz genau wie früher! Einsame Spitzenklasse, genau wie früher.

GUENTHER So gut wie heute war sie aber noch nie.

DORIS Oh, ich möchte in keiner anderen Zeit leben, Guenther, halt' mich fest, ich möchte in keiner anderen Zeit leben!

KARL Ich hab' ein Herz gesehen, das zwischen euch schlägt. Nicht deines, nicht Guenthers, ein drittes Herz, das euch beiden gehört… .

DORIS Opfer, mein liebes Opfer, hast du's gesehen, hast du alles gesehen? *Sie setzt sich auf den anderen Stuhl. Karl steigt von seinem Stuhl herunter.*

DIETER Und ich habe gedacht: da reichst du nicht mehr heran, an diese Frau, mit deiner normalen Liebe zu ihr…

MARGOT Wenn man so etwas Superschönes sieht, bild' ich mir ein, davon wird man auch selbst wieder ein bißchen hübscher.

DORIS Jetzt rauscht mir aber das Blut in den Ohren!

HEDDA Was da rauscht, in der süßen kleinen Muschel, das sind die alten Zeiten, Doris… Oh, wir sollten jetzt ein großes Festessen veranstalten… ich möchte jetzt mit euch essen und trinken, essen und trinken, bis ich auf den Boden plumpse! Und wir laden uns Kinder ein und alte Leute, die uns was erzählen – die alten Kapitäne von den Rheinschiffen, ja! Ich koche euch das Pyritzer Himmelreich – wißt ihr, was das ist? Schweinebauch auf Backobst mit Kartoffelklößchen. Ich sage euch: ihr werdet nicht wieder!

DORIS Ob das wirklich das Richtige für uns ist, Hedda?

HEDDA Entschuldige… da hat wohl der böse Hungerwolf aus

mir gesprochen. Aber eine winzige Kleinigkeit müssen wir beide heute noch zusammen essen, du und ich, ja? *Die linke Tür öffnet sich einen Spalt, und man hört Stefan leise: ›Doris! Doris!‹ rufen. Margot läuft zur Tür und drückt sie zu. Sie lehnt sich mit dem Rücken dagegen und rutscht zu Boden.*

GUENTHER Nun werden wir also siegen in Münster. In sechs Wochen steht es fest: wir sind die besten Amateure im Standard. ›Ein deutsches Meisterpaar aus Königswinter‹... Doris? Und für alle, die uns zusehen, soll es ein Glückstag werden. Für die ganze Nation, die ganze Gesellschaft!

DORIS Die ganze Gesellschaft? Puh, so viele Menschen kann sich ein einzelner überhaupt nicht vorstellen, in seinem Köpfchen!

GUENTHER Millionen sitzen zu Hause vor ihrem Fernsehapparat und sehen die Übertragung aus der Halle Münsterland. Millionen!

DORIS Oh, ich möchte in keiner anderen Zeit leben, Guenther!

KARL In Amerika, meine Herrschaften, in Amerika gibt es einen wissenschaftlichen Verein, der arbeitet seit Jahrzehnten an einem einzigartigen Forschungsprojekt. Es nennt sich: ›Vorhaben zur Behebung der mißlichen Lage der Menschheit‹. Und der Vorsitzende dieser Menschheitsexperten, ein Mister Forrester, hat kürzlich in der Sendung ›Unser Zukunftsprogramm‹ erklärt: ›Wir Menschen‹ – und damit hat er eigentlich nur die geistig hochstehenden gemeint – ›wir Menschen sind von Natur aus noch viel zu dumm, um unser Lebenssystem, von dem wir selber ein Teil sind, fehlerfrei zu begreifen.‹ Ja, das ist das zentrale Forschungsergebnis dieser Kommission. Und das bedeutet: der Einzelne von uns kann noch so schlau und gebildet sein, letztlich läuft er doch wie alle anderen Menschen mit einem naturgeschichtlich bedingten Brett vorm Kopf herum. Denn erst auf der nächsten Stufe des allgemeinen Entwicklungsprozesses, der sich ja leider Gottes unendlich langsam vollzieht, wird es dem Menschenwesen vielleicht gestattet sein, ins Reich der fehlerfreien Selbsterkenntnis vorzudringen... Doch heute, glauben Sie mir, heute habe ich so ein Gefühl, als dürfte ich einen verstohlenen Blick in dieses Zukunftsreich werfen – ein Gefühl wie kurz vor dem entscheidenden Wissensdurchbruch...

DIETER Einen Moment, bitte. Sie haben jetzt zirka anderthalb Minuten über ein sogenanntes Zukunftsproblem gesprochen. Wissen Sie denn, daß in derselben Zeit, in nur einer Minute und dreißig Sekunden – und ich kenne die Statistiken, Karl – dem Ungeheuer, das uns alle verschlingen wird, bereits einhundert neue Köpfe gewachsen sind?

KARL Sie hängen wohl noch an der alten Theorie von der Bevölkerungslawine? Ach Gott. Und was sagen Sie zum globalen Hitzetod? Die neuesten Vermutungen besagen nämlich, daß die kosmische Wärmezufuhr in den nächsten fünfzig Jahren sprunghaft zunehmen wird. Und unsere gute Erde wird dann nicht mehr in der Lage sein, soviel von dieser kolossalen Hitze in das Universum abzustrahlen, wie es für die Erhaltung unserer Art erforderlich wäre. Dann haben wir hier unten ein verdammt heißes Pflaster, und bevor uns Ihre Bevölkerungslawine erwischt, sind wir längst alle verschmort... Falls uns nicht rechtzeitig etwas Kluges einfällt... Zum Beispiel, große Weltraumsonden, die die Hitze abfangen und auf unsere Meere lenken. Natürlich! Das wäre doch großartig – wir heizen das Meer! Man spricht in diesem Zusammenhang bereits von einer künftigen ›Aquakultur‹. Der Mensch übersiedelt in den warmen Ozean, gewinnt neue Grundstoffe, neue Pflanzen, Textilien, Nahrungsmittel, eine neue Sprache entsteht, ganz neue Gemütszustände, neue Arzneimittel...

DIETER Neue Kriege, neue Krankheiten.

KARL Jawohl, das ganze Menschheitsleben noch einmal von vorn, und diesmal unter Wasser.

HEDDA Was sollen das denn für Nahrungsmittel sein? Im Meer gibts doch immer nur Fisch.

KARL Und bis dahin haben wir auch die Weltwetterlage fest in der Hand und können dafür sorgen, daß das Meer immer hübsch ruhig bleibt...

Guenther springt auf, denn die rechte Saaltür hat sich geöffnet und Stefan hat wieder leise ›Doris! Doris!‹ gerufen. Guenther schlägt die Tür heftig zu und stellt sich davor.

DORIS Schön hast du uns erzählt, liebes Opfer... Oh!

Sie wischt ihm etwas aus dem Auge.

Augeneckenschleim! Das kriegt man von Visionen, ja?

HEDDA Huch!... Ich glaube, jetzt ist es passiert. Er ist durchgebrochen...

DIETER Wer?

HEDDA Der Gesang. Das Lied. Guenther – ich glaube, das ist der Durchbruch, auf den ich so lange gewartet habe. Wißt ihr, ich bin doch unmusikalisch, ich kann partout nicht singen. Das kommt noch hinzu zu meiner grauen Durchschnittsnatur. Dabei habe ich seit Jahren ein ganz bestimmtes Lied im Kopf, und ich fühle immer, das will raus, das will unbedingt raus. Dann versuch ich's und mache den Mund auf, aber es erklingt immer eine ganz falsche Melodie, gräßlich. Es ist wie verhext... Mein schönster Traum: eines Morgens aufwachen und singen können. Einen Durchbruch erleben. Und ich glaube, ich glaube – jetzt ist es soweit...

GUENTHER Also los. Genier dich nicht.

HEDDA Ja. Das Lied ist leider ein bißchen kitschig, eine Schnulze aus der Zeit, als ich Guenther kennenlernte. Aber es mußt jetzt heraus...

Sie singt den Schlager ›Nur du du du allein‹.

GUENTHER Na bitte. Du hast alle Intervalle richtig getroffen.

DORIS Herzlichen Glückwunsch, Hedda.

HEDDA Danke... Verdammt, das ist ein schönes Gefühl.

GUENTHER Das war also das berühmte Lied.

HEDDA Ja, das ist unser Lied, Guenther! Am liebsten würde ich es gleich noch einmal singen!

GUENTHER Du – ich weiß nicht...

HEDDA Nein, ich tu's nicht. Das wäre ja ein bißchen lächerlich.

Sie summt die Melodie leise vor sich hin.

DIETER *zu Margot* Und was spürt meine kleine Frau in dieser gehobenen Stimmung?

MARGOT Dich.

DIETER Mich? Genügt denn das? Kein Ozean, kein Gesang, will nichts Großes ausbrechen in dir?

MARGOT Doch, vielleicht... Fühl mal!

Sie führt seine Hand auf ihren Bauch.

DIETER Etwas rund, nicht?... Was?! Soll das etwa heißen –?

MARGOT Reg dich nicht auf, Dieter, es ist nur das Monatsblut.

DIETER So, das Blut... was soll der Blödsinn? Entschuldige, Doris, es ist mir peinlich, daß sie in deiner Gegenwart diesen Witz gemacht hat.

HEDDA Einen Witz nennst du das? Dieter – warum trittst du die Liebe deiner Frau mit Füßen? Gerade heute, wo es uns allen so gut geht? Wie ist das nur möglich?

MARGOT Aber nein, das tut er doch gar nicht.

HEDDA Hast du denn gar kein Gefühl für uns?

DIETER Und ob! Und ob ich ein Gefühl für uns habe. Gerade deshalb –

MARGOT Laßt ihn doch in Ruhe. Ich bin als Frau eben nur eine von zweien. Na und? Mein Traum ist, daß alles so bleibt wie es ist.

HEDDA Aber bestimmt möchtest du auch einmal für jemanden die Hauptperson sein, Margot?

DIETER Hauptperson! Blödsinn! Bist du etwa für jemanden die Hauptperson? Oder ich? Oder sonst irgend jemand hier?

GUENTHER Ja, doch, es gibt hier eine Hauptperson.

DIETER Wen? Dich?

GUENTER Stefan. Er ist für jeden von uns die Hauptperson. Denn er will den Sinn des Wörtchens ›uns‹, den Sinn, den wir dieser Silbe gegeben haben, zerstören. Wer aber das Unsere zerstören will, der ist unser Feind. Und der Feind ist immer die Hauptperson.

HEDDA *geht zu einer Tür und sieht durchs Schlüsselloch.* Sieht aber schwach aus, unser Feind. Läßt die Schultern hängen, starrt ins Fernsehen. *Doris und Margot gehen zu den anderen Türen und sehen ebenfalls durch die Schlüssellöcher.*

KARL Was sieht er denn? Man hört ja gar nichts...

HEDDA Ich glaube, er sieht Sesam-Straße, aber ohne Ton.

DORIS Ein wirklich einsamer Mann.

MARGOT Aber er raucht! Er raucht!

DIETER Tatsächlich? Er raucht?

MARGOT Ja. Mir hat er das Rauchen streng verboten.

DORIS Mir auch.

HEDDA Ist das nicht ein Verzweiflungsschritt?

DORIS Was hat er nur für ein komisches Hemd an?! Stammt das noch von dir, Margot?

MARGOT Von mir? Das ist nun wirklich nicht mein Geschmack.

DORIS Glaubst du meiner?

HEDDA Das Hemd, das er anhat, das habe ich ihm zu Weihnachten geschenkt. Was soll denn daran so komisch sein?

GUENTHER Nieder mit der Schlafmütze! Nieder mit der herrschenden Untätigkeit! Ich fordere gleiches Eigentumsrecht für uns alle! ›Stefans Hof‹ ist unser Hof!

DIETER Ich muß schon sagen, das grenzt an offene Agitation, was du da von dir gibst.

DORIS Ich dachte, wir wären ein bißchen glücklich miteinander...

MARGOT Ich habe ihn gar nicht richtig verstanden. Will er hier oben den Gemeinschaftskommunismus einführen oder was?

HEDDA Es ist die pure Begeisterung, und sonst nichts; er will über sich hinaus, wie wir alle.

DIETER Offenbar will er sogar über den Rahmen des Grundgesetzes hinaus. Wenn ich sowas höre, kann ich plötzlich sehr nüchtern werden, Hedda.

HEDDA Meine Güte, bist du ein Miesepeter! Rührt sich denn überhaupt nichts in dir? Auch ein kleines dünnes Herz aus Papier kann doch mal ein bißchen rascheln und knistern... wenigstens das!

DIETER Nimm's mir nicht übel, Hedda, aber als Frau hast du mir viel besser gefallen, als du noch still und gefühlsträge warst. Dieses Getue neuerdings, ich weiß nicht, das wirkt auf mich wie eine alberne Parodie auf die normalempfindende Frau... Bitte, laß mich ausreden! Damit du's weißt: ich persönlich befinde mich in einer durch und durch ausgewogenen Stimmung. Ich bin zum erstenmal fest davon überzeugt: so wie es jetzt mit uns steht, so muß es auch bleiben. Ich kann es mir jedenfalls nicht besser vorstellen.

MARGOT Genau wie ich.

DIETER Und dementsprechend habe ich gehandelt, Hedda – ich habe nicht bloß geschwärmt, von pommerschem Schweinebauch, den wir schließlich doch nicht zu essen bekommen – sondern ich habe sozusagen die Fronten gewechselt. Ich stehe jetzt bei euch im Wort: das Hotel wird nicht verkauft. Ich werde mich in Bonn dafür einsetzen, daß das alles wieder rückgängig gemacht wird...

GUENTHER Und in diesem Zusammenhang hast du selbst heute nacht von Enteignung gesprochen!

DIETER Das ist ein unverschämtes Mißverständnis, Guenther! Wer soll denn hier wen enteignen? Absurdes Geschwätz! Ich,

ich habe lediglich von einer gewissen Umschreibung der privaten Eigentumstitel gesprochen, ein kleiner legaler Trick, der es
uns ermöglicht, daß erstens alles beim alten bleibt und daß wir
zweitens durch eine Bürgschaft der öffentlichen Hand von den
unmittelbaren Auswirkungen eines Bankrotts verschont werden.

DORIS Und was wird aus Stefan? Er muß doch wieder dazugehö-
ren.

DIETER Eben. Aber er will nicht. Er hat uns satt. Außerdem ist
er wirklich scharf auf diese Stelle im Ministerium.

GUENTHER Wenn er unbedingt Angestellter werden will, bitte
sehr, das kann er haben. Sobald das Hotel uns gehört, kann er
hier meinen Posten übernehmen.

DIETER Diesen radikalen Schwachsinn höre ich mir nicht länger
an. Mit dir dürfte ich wirklich kein Aktionsbündnis schließen,
nicht mal bei Seenot!

GUENTHER Ich sage dir, er darf nicht mehr besitzen, darauf
kommt's an. Er macht alles kaputt, was ihm gehört. Das hat er
selbst zugegeben.

DORIS Guenther, jetzt müssen wir ihn erst einmal menschlich
wieder für uns gewinnen. Bitte!

KARL *öffnet einen Flügel der rechten Tür.* Ich glaube, er ist ein-
genickt.

HEDDA Die Zigarre!

KARL Die hat er wohl ausgemacht.

*Leise Foxtrott-Musik. Hedda, Dieter und Margot gehen zu
Karl und sehen ins Foyer.*

DIETER Ich glaube, er ist aufgewacht.

HEDDA Und reißt den Mund auf! Na – wird's ein Gähnen,
wird's ein Schrei?

MARGOT Er traut seinen Augen nicht... wie lieb er blinzelt!...
Komm nur, komm!

*Die Musik wird lauter. Alle Türen öffnen sich weit. Doris und
Guenther beginnen zu tanzen. Die anderen verfolgen Stefans
Auftritt. Er kommt durch die linke Tür, bleibt nach ein paar
Schritten stehen und betrachtet das tanzende Paar. Stefan sieht
sehr ›mitgenommen‹ aus, verwahrlost, als sei er abgemagert,
kleiner und älter geworden. Abgesehen von dem neuen Hemd,
an dem noch das Firmenzeichen baumelt, trägt er schäbige,*

ihm zu große Kleidung. Der Tanz geht zu Ende, Guenther und Doris verbeugen sich leicht voreinander.

GUENTHER Nun, was sagst du zu deiner Frau? Kaum zu glauben, was?

STEFAN Das ist nicht meine Frau.

DORIS Wie?

GUENTHER Siehst du, du bist wirklich nicht wiederzuerkennen, Doris.

STEFAN Diese Dame ist auch dann nicht meine Frau, wenn du Doris zu ihr sagst.

DIETER Aber wer soll sie denn sonst sein? Das siehst du doch schon an mir, daß sie's ist.

GUENTHER Laß dich nicht beirren, alter Freund. Es ist natürlich nicht deine kleine dumme Doris. Nein, du hast dich nicht getäuscht: es ist – jawohl, es ist die Grace Kelly. Für die Rolle deiner Frau haben wir die Grace Kelly engagiert. Ist das nicht wunderbar?

HEDDA Und ich? Erkennst du mich denn wieder?

STEFAN Wo ist Doris? Ich muß sie etwas fragen.

DORIS Ja, bitte...? Du siehst nicht gut aus, Stefan. Hast du dir Sorgen gemacht?

STEFAN Ja.

DORIS Um mich?

STEFAN Ja... Nein.

GUENTHER Allgemeine Lebensschwäche, was?

STEFAN Wo ist Doris?

DORIS Was gibt's? Was willst du von ihr?

STEFAN Ich suche den Schlüssel für die Kühltruhe. Ich möchte mir etwas auftauen für morgen.

DORIS Der Schlüssel liegt auf dem Stromzähler im Keller.

STEFAN Danke. *Er wendet sich ab und geht langsam zur linken Tür. Dort dreht er sich um.*

Dann haben Sie also die Kühltruhe ausgeräumt. Sie steht nämlich offen und ist vollkommen leer.

DORIS Ich? Wie kommst du darauf?

STEFAN Außer Doris wußte bis jetzt niemand von uns, wo sich der Schlüssel befindet.

DORIS Ich bin diese verdammte Doris! Da haben Sie doch den Beweis –!

STEFAN Ah, jetzt sagen Sie selbst ›Sie‹ zu mir.

HEDDA Soll das etwa heißen: es ist nichts mehr zum Essen im Haus?!

DORIS Prüf mich nur, Liebster... ich bin's... Ich bin's!

HEDDA Das ist doch nicht möglich. Irgendwo muß es in diesem großen Haus doch irgend etwas zu essen geben. Stefan, jetzt hast du mir vielleicht einen Schrecken eingejagt!... Ich werde mal ein bißchen herumschnuppern... Entschuldigt mich – *Sie geht zur rechten Tür.* Wir haben doch alle diesen gräßlichen Hunger, nicht? *Ab.*

MARGOT *zu Karl* Wissen Sie – ich frage mich, ob Sie nicht des Rätsels Lösung sind?

KARL Sie fragen sich... Sie fragen sich. Wozu? Wissen Sie eine Antwort? Nein. Schwätzen Sie auch nachts im Schlaf – so papperlapapperlapapperlapapp?

GUENTHER Vielleicht sollten wir jetzt weitertrainieren, Doris?

DORIS Wie er mich ansieht, Guenther... da wird man ja zum Fremdkörper vor sich selbst.

GUENTHER Ich warne dich: bring mir deine Frau nicht durcheinander! Noch eine Formkrise und ich werde rabiat, das kannst du mir glauben.

DORIS Vielleicht wird es besser, wenn ich eine Weile allein mit ihm bin.

GUENTHER Meinetwegen. Aber paß bitte auf dich auf – und mach' es kurz. *Zu Stefan* Das sieht dir ähnlich: verrückt werden, den Idioten spielen. Nur um die anderen zu stören. Verdammter Mist. Kommen Sie, Karl, wir sehen uns die Sportschau an. *Er geht durch die rechte Tür ab, Dieter folgt ihm.*

KARL *zu Margot, langsam mt ihr abgehend.* Sehen Sie, mein Kind, wenn ich das Fernsehen wäre, das allmächtige Fernsehen – das kann zaubern, die schönsten Verwandlungen am laufenden Band. Da haben Sie die wahre Magie. Das Fernsehen lehrt uns das Fürchten. Wie demütig Sie aussehen, vom Staunen gelähmt, wenn Sie abends in unser Totenreich blicken. Und was sehen Sie? Sie sehen Ihrem eigenen Vergessen zu, ja, Sie sehen hinaus auf den Fluß des Vergessens. Stellen Sie sich vor: Sie sterben, ohne es zu merken. Sie verschwinden ohne Schmer-

zen, Sie verschwinden in Ihr unendlich gleichgültiges Starren... Mag sein, wir sind schon mittendrin im Fernsehen. Wir
sind schon diese hellen Schatten, mit offenen Augen, nah zum
Greifen und doch nur für Blicke noch zu fassen...

MARGOT Haben Sie denn schon mal etwas in der Fernsehlotterie
gewonnen?

KARL Nein.

MARGOT Aber ich. Einen ganz kleinen Fernsehapparat...

Beide sind abgegangen.

STEFAN Leiden Sie auch an Hunger?

DORIS Oh, nein. Du kennst mich. In der Trainingszeit esse ich so
gut wie nichts. Trinken ja, hier und da ein Schlückchen. Aber
Essen macht schwerfällig. Und dann bleibt das – wie sagt man?
– na, der Mist hängt doch mindestens einen Tag lang im Körper
fest. Davor ekelt mich.

STEFAN Ekel... hm. Fühlen Sie sich manchmal, aus keinem besonderen Grunde, gezwungen, Sachen zu zählen?

DORIS Ja.

STEFAN Ja... hm. Keine Treppe hoch, ohne die Stiegen zu zählen,
wie? Die Zündhölzer in der Streichholzschachtel, die Fliesenquadrate auf dem Fußboden?

DORIS Ja, ja, eben alles mögliche.

STEFAN Meine kleine Doris hat früher auch einmal so gut getanzt
wie Sie. Und sie hatte übrigens auch diesen Tic, alles mögliche
in ihrer Umgebung zu zählen. Die Treppenstiegen, die Zündhölzer, die Fliesenquadrate... Zahl der in meinem Haus zur
Verfügung stehenden Handtücher?!

DORIS Zweiundneunzig.

STEFAN Hm. Ich nehme an, es stimmt. Als gewissenhafte Agen-
tin haben Sie sich ja mit allen Eigenarten und Wissensgebieten
meiner Frau vertraut gemacht. Sie kennen sie inzwischen sicher noch besser als ich.

DORIS Was sagst du da, Stefan?

STEFAN Überrascht mich nicht, nein überrascht mich wirklich
nicht. Auf die kleinen Leute in den Ministerien werden die
Spione angesetzt. Labile Naturen wie ich sind ihr bevorzugtes
Opfer... Tauschen mir über Nacht die Ehefrau aus! Gewagt,
sehr gewagt... Andererseits, ich meine, es hätte mich auch
schlimmer treffen können, nicht?

DORIS Ich warte, bis du wieder vernünftig wirst.

STEFAN Und wer steckt hinter der Affäre? Guenther natürlich. Karl vielleicht auch, das undurchsichtige Vorkriegswesen. Und die anderen? Die haben Ihre hübschen Tanzbeine gesehen und sofort die Augen verdreht. Schweinebande. Aber ich habe sofort erkannt, daß Sie nicht Doris sind. Und woran? Nun, Sie sehen ganz einfach anders aus als meine Frau. Man könnte sogar sagen: Sie sind die Schönere von beiden…

DORIS Oh! War das nun ein Kompliment für mich oder eine Beleidigung? Ich glaube, beides zugleich…

STEFAN Es würde mich interessieren, ob – ich meine, der normale Mann in mir muß Ihnen doch letztlich ziemlich gleichgültig sein. Oder?

DORIS Stefan, ich habe das Gefühl, du willst einfach mal ein erstes Rendezvous mit mir erleben, wie? Das hat es ja zwischen uns nicht gegeben. Weil wir uns kennen, solange die Erinnerung reicht.

STEFAN Sie haben meine Frage nicht beantwortet. Ich bin Ihnen also gleichgültig, als Mann. Das ist wieder ein sicheres Zeichen: Meine Frau hätte sofort gesagt: ›Nein, im Gegenteil, ich liebe dich!‹

DORIS Du bist mir nicht gleichgültig, Stefan. Aber ich glaube nicht, daß ich so ohne weiteres sagen könnte: ›Ich liebe dich‹… Nach unseren gesammelten Erfahrungen.

STEFAN Schade.

DORIS Was ist schade?

STEFAN Daß Sie mir nicht wie meine Frau geantwortet haben. Dann wären wir uns jetzt vielleicht ein Schrittchen näher gekommen. Ich will damit sagen: wenn Sie hier quasi als meine Frau auftreten, dann wäre es doch ganz selbstverständlich, daß… nun, ich könnte Sie jetzt einfach bitten, mit mir – ja, ja, ich hätte sogar einen gewissen rechtlichen Anspruch darauf. Und dabei wäre es noch nicht einmal Ehebruch? tss!… Glauben Sie nur nicht, daß ich besonders leicht erregbar bin… nein, ich bin alles andere als ein Triebmensch, im Gegenteil –

DORIS Ich weiß, Stefan, du hast da deine Probleme.

STEFAN Ach? Sieht man mir das an, ja? Ich sehe wohl schon recht verknittert aus, ja? Ein bißchen schlecht gelüftet? Mein Gott – daran ist nur diese Bagage schuld. Wenn man dauernd mit so vielen Leuten zusammen ist, dann verkümmert das eigentlich Intime zwischen Mann und Frau. Man lebt hier oben nicht so richtig wie der Normalbürger. Andererseits lebt man natürlich auch nicht vollkommen anders als der Normalbürger... Der Unterschied ist schwer zu fassen... Aber Sie – bei Ihnen habe ich jetzt das Gefühl: da steht ein schöner alleinstehender Mensch... ein Meisterspion ist ja letztlich auch ein einsamer Wolf!... Ich weiß, ich weiß, noch einen Schritt auf Sie zu und ich stehe mitten im Landesverrat.

Er läuft zu den Türen und schließt sie.

Trotzdem, ich kann nicht anders... es geht offenbar um etwas Größeres... Aber um was?... Keine Ahnung... Die Leidenschaft trifft in mir einen Ahnungslosen... ich weiß nur: ich möchte ein einziges Mal... bitte, kommen Sie mir jetzt entgegen!

Doris lacht.

Warum lachen Sie?

DORIS Weißt du, wie oft wir schon miteinander geschlafen haben: Eintausenddreihundertfünfundzwanzig Mal!

STEFAN Geschlafen?... Geschlafen, geschlafen? Hast du denn vergessen, wie wir das genannt haben? Hast du unser Kosewort vergessen?

DORIS Nein... Oh!... Ich weiß nicht – du hast es immer gesagt!

STEFAN Na endlich – jetzt ist es heraus: Sie sind überführt, meine Dame!

DORIS Und warum klappt es nicht mehr bei dir, seit zwei Jahren? Da kann einem doch mal der Kosename entfallen oder? Das ist doch nicht meine Schuld?

Draußen, im Foyer, rufen Hedda und andere: › Wir haben Hunger – Hunger – Hunger‹!

STEFAN An mir allein kann es auch nicht liegen. Doris ist nicht mehr wie früher... Sie wissen doch, wie man sich lieben lernt... Aus Angst, aus nackter Angst... Und warum man sich küßt? Aus Atemnot, ja, die gemeinsame Atemnot öffnet uns die Lippen füreinander... Doris hat das alles wohl vergessen. Sie braucht jetzt das formvollendete Wohlgefühl – Quickstep! Quickstep!... Sie dagegen, natürlich, Sie tanzen auch leidenschaftlich gern, nicht? Sogar sehr viel besser als meine Frau. Und doch – irgend etwas, ich weiß nicht, was es ist – irgend etwas zieht mich in diesem Augenblick mit großem Entsetzen zu Ihnen hin... Glauben Sie mir, wenn Sie nur auch nur ein klein wenig Angst hätten, dann wird es jetzt bestimmt kein Reinfall...

Er läuft unruhig umher. Er stellt die beiden Stühle vor die linke und die rechte Tür. Er rückt sie fest. Er prüft verschiedene Stellen auf dem Boden. Er zieht sein Jackett aus, wirft es auf den Boden, vor die mittlere Tür. Er setzt sich darauf, steht wieder auf... und so fort.

DORIS Stefan!... Was machst du? Was soll das?

STEFAN Haben Sie auch ein bißchen Angst?

DORIS Ich glaube ja...

STEFAN Kommen Sie, kommen Sie!

Er knöpft seine Hose auf.

DORIS Oh, nein! Du weißt genau, daß ich das nicht in der Trainingszeit tue!

STEFAN Bitte!

DORIS Ich weiß nicht, was mit mir geschieht, nachher... so etwas bringt einen doch vollkommen durcheinander... Guenther faßt mich nicht mehr an... Oder ich stürze, ich falle hin... Nein!

Draußen rufen Hedda und andere: ›Hunger! Wir haben Hunger – Hunger – Hunger!‹

STEFAN Wenn Sie nicht sofort herkommen, zeige ich Sie an. Ich lasse Sie festnehmen... Und jetzt werfe ich diese Drecksbande aus meinem Haus!

DORIS Nein!

STEFAN Zieh dich aus, schnell!

Doris streift ihr Tanzkleid ab und wirft es mit dem lauten Fluch ›Scheiße‹ auf den Boden.

DORIS Du machst alles kaputt! Du machst alles kaputt!

STEFAN Angst, ja?... Schön... Komm, leg dich hier her.

DORIS *legt sich auf das Jackett.* Das ist nicht lieb von dir, Stefan, das ist nicht lieb...

Stefan legt sich über sie. Das Licht wird wieder zum rötlichen Glühen. Der Fernsehapparat aus dem Foyer ist jetzt laut zu hören, und zwar in einem ständigen Wechsel von drei, vier Programmen. Doris umarmt Stefan fest. Dann faßt sie sich mit beiden Händen an den Kopf, hält sich beide Ohren zu, schleudert

den Kopf hin und her... Nach kurzer Zeit wird der Fernseh-
lärm wieder gedämpft, das Licht wieder wie vorher. Stefan
richtet sich auf – Doris ist verschwunden, ›vom Erdboden ver-
schluckt‹.

STEFAN Doris!... Doris!... Doris!

Aus einer kleinen Tür in der rechten Bühnenwand, die offenbar
in den Keller führt, tritt die ›erste‹ Doris herein. Sie trägt einen
großen überfüllten Eßkorb und einen kleinen geschmückten
Tannenbaum. Ihr Bauch wölbt sich unter einem langen hellen
Kleid hervor wie bei einer Schwangeren. Ihre Haare fallen of-
fen auf die Schultern.

DORIS Du rufst mich aber komisch. Wie im Alptraum. Na, das
ist bestimmt der Hunger. Ihr seid wohl alle am Verhungern,
wie? Was gibt's denn Neues hier oben? Hat Guenther sich beruhigt? Sag mal, weinst du oder bist du betrunken? Mein Gott,
der Guenther wird sich wundern. Hast du gesehen – die Kühltruhe stand offen, ich weiß wirklich nicht, wie mir das passieren konnte... alles verdorben – das schöne Putenfleisch für
morgen. Ich hab's mitgenommen und weggeschmissen, was
will man machen. Es ist eine Kälte draußen, heute morgen, als
ich losfuhr, waren es elf Grad minus... Weißt du, wo ich gewesen bin? Im ›Rheinblick‹ war ich und beim Hans-Walter. Ich
habe einfach gesagt: wir haben nichts mehr zu essen, bei uns da
oben, könnte ihr uns nicht was verkaufen? Na, und da haben
sie mich gleich vollgepackt, sieh nur!... Und später habe ich
noch die Lilo besucht... ich war unheimlich froh... da liegt ja
noch mein Kleid! Stell dir vor, ich hab' mich heute nacht im
Traum doppelt gesehen, da stand auf einmal eine zweite Doris
neben mir und die hatte haargenau das gleich Turnierkleid wie
ich... Gestern war überhaupt ein schrecklicher Tag... Weißt
du was? Der ›Riese‹ macht auch zu. Ja, der ›Riese‹ in Bonn. Sogar vor Bonn macht das Hotelsterben nicht halt. Ich bin jetzt
richtig froh, daß wir hier wegkommen... Du kannst dir nicht
vorstellen, wie glücklich ich bei Lilo war... du fragst mich
überhaupt nicht, warum ich zu Lilo gegangen bin! Wenn wir in
Bonn wohnen, wird sie jedenfalls meine beste Freundin... Sieh
mich doch mal an! Hat deine Frau schon mal so einen dicken
Bauch gehabt? Du sagst ja gar nichts... Na gut, es ist auch nur
ein Kissen... ich wollte dich überraschen.

Sie zieht das Kissen hervor und wirft es auf den Boden.
Mal sehen, wie er auf sowas reagiert. Aber trotzdem, es ist kein
Witz, Stefan, es ist nur eine kleine Übertreibung... Du weißt
doch, daß Lilos Mann mein Arzt ist, und ich habe zu ihm gesagt: ich muß es jetzt wissen, jetzt, jetzt, jetzt! Und dann hat er
mich in seine Praxis geführt, obwohl doch heute der zweite Feiertag ist, und hat mich untersucht. Und dann hat er gesagt:
Ja... Stefan! Ja! hat er gesagt...
*Während Doris spricht, hebt Stefan sein Jackett auf, nimmt sich
einen Stuhl, hängt das Jackett über die Lehne, setzt sich. Er
kramt in den Taschen nach seiner angerauchten Zigarre und
nach Streichhölzern. Er öffnet die Streichholzschachtel verkehrt herum und alle Hölzer fallen heraus. Er nimmt eins und
zündet sich die Zigarre an.*
DORIS Du rauchst ja? Stefan raucht! Ich habe einen ganz neuen
Mann. Einen gutmütigen Zigarrenraucher. Freust du dich
denn? Lilo hat gesagt, das Tanzkleid soll ich lieber gleich an
den Nagel hängen. Und das mache ich auch! Ich bin schon in
Münster nicht mehr dabei, Stefan... Jetzt fällt dir aber ein Stein
vom Herzen, wie? Nein, es geht wirklich nicht. Wo ich nun
weiß, da ist ein kleiner Mensch in meinem Bauch, dem wird
vielleicht schwindelig beim Tanzen oder ich falle wieder hin,
du lieber Gott, nein. Aber das müssen wir erst mal dem Guenther beibringen – ich habe wahnsinnige Angst davor. Hilfst du
mir? Ich glaube, er schlägt mich windelweich... Ich will ihn
nicht mehr sehen, ich will überhaupt niemanden von uns mehr
sehen, Schluß und vorbei. Auch das Opfer soll sehen, wo es
bleibt... Und du wunderst dich gar nicht ein bißchen? Du
müßtest dich doch fragen: wie kommt das denn, ein Kind von
mir in ihrem Bauch? Wir haben doch in den letzten Jahren
nicht – oder haben wir etwa ein einziges Mal... Hm, wie hieß
noch unser Wort? Oje, ich habe es vergessen... Nein, haben
wir nicht, ging ja nicht... Ha, aber ich habe, Stefan! Du weißt
wahrscheinlich gar nicht, daß du nachts, wenn du tief schläfst,
dann ist da unten manchmal alles in bester Ordnung, ja – *Sie
macht eine kleine Faust* so stark... Und da hab' ich gedacht:
jetzt darfst du ihn nicht aufwecken, sonst ist es gleich wieder
vorbei... ich hab' mich an dich gedrückt, Stefan, ganz fest, und
du bist nicht einmal aufgewacht dabei... Ja, so war's, jetzt

weißt du's... Oh, ich ziehe rasch das Turnierkleid an... so dick ist der Bauch ja noch nicht! Guenther darf noch nichts erfahren, heute noch nicht, ich bin noch viel zu glücklich... Stefan – und du? Heute abend feiern wir beide – wir prosten uns einmal heimlich zu: ›Auf unsere kleine Familie!‹ Die anderen brauchen nichts zu merken, für die spielen wir weiter die Gleichgültigen, ja?

Von draußen hört man laute ›Hunger‹-Rufe.

Ja, ich komme, ich komme ja schon...

Sie hat ihre Haare hochgesteckt, nimmt den Korb und den Tannenbaum und öffnet die rechte Tür.

GUENTHER Doris!

DIETER Ein Engel! Ich habe es gesagt!

HEDDA Mit einem riesigen Freßkorb!

MARGOT Karl – das ist aber der Clou von allen Kunststücken!

KARL Raten Sie mal, wer das ist! Die Dame mit dem Füllhorn, sieben Buchstaben.

HEDDA Ich halte es nicht mehr aus...

GUENTHER Trinken wir erst einmal einen Schluck Portwein, zum Apéritif!

DORIS Nein, ich schütte jetzt einfach den Korb aus und wir essen alle vom Fußboden.

Sie kippt den Korb um und alle machen sich über die Sachen her.

MARGOT Lachs! Echter Räucherlachs!

DIETER Los, her damit, verteilen!

KARL Gibt es auch eine Scheibe Vollkornbrot?

GUENTHER *zu Hedda* Warum ißt du denn die Rumfrüchte vorneweg? Dann bleibt uns ja nichts mehr zum Nachtisch.

HEDDA Bitte, laß mich, Guenther, bitte...

Stefan bleibt während dieser Szene noch eine Weile sitzen und raucht. Dann steht er auf, nimmt das Kissen unter den Arm und geht zu der kleinen Tür, aus der Doris gekommen ist.

DORIS Stefan! Wo bleibst du?

Stefan bleibt einen Augenblick stehen.

GUENTHER Unser Hotel – es lebe hoch! Hoch! Hoch!

Stefan geht ab und verschließt die Tüer hinter sich.

DORIS Stefan!

Das Licht nimmt ab. Das Modellflugzeug kommt geflogen und kreist über dem leeren Saal. Es wird dunkel.

3

Der Saal. Alle Türen stehen weit offen. Durch ein Seitenfenster im Hotelfoyer fällt Tageslicht. Dort liegen Hedda, Dieter, Margot zwischen den Resten des Picknicks auf dem Boden oder an Sessel-rücken gelehnt. Vorn im Saal liegt Stefan, steif verkrümmt, auf dem Boden, fast im Dunkeln. Das Kissen sitzt ihm auf unnatürliche Weise im Nacken fest. Doris hockt neben ihm. Karl sitzt auf einem Stuhl, etwas im Hintergrund. Guenther steht in der linken offenen Tür mit dem Rücken zum Saal. Die kleine Tür in der rechten Bühnenwand steht offen.

GUENTHER Nun?

DORIS Nichts.

GUENTHER Zeitverschwendung.

DORIS Es dauert eben ein paar Stunden.

GUENTHER Doris! Komm doch bitte zur Vernunft. Er ist erfroren.

DORIS Ich warte, bis er wieder auftaut.

GUENTHER Auftauen! Unsinn! Und dann? Ein Mensch ist keine Weihnachtsgans. Ein Mensch, der zehn Stunden lang in der Kühltruhe liegt, ist schlicht und einfach tot. Ich weiß nicht, worauf man da noch warten soll.

KARL In Japan haben sich angeblich schon einige ältere Herrschaften einfrieren lassen. Ich habe mal einen Film über ein sogenanntes Tiefkühlsanatorium gesehen...

DORIS Ich möchte ihn gern in meine Arme nehmen. Aber er ist so kalt, so furchtbar kalt.

Sie haucht ihm ins Gesicht.

GUENTHER Vielleicht kannst du ihm die Hose zumachen. Das ist kein schöner Anblick.

DORIS *versucht es* Nein, es geht nicht.

HEDDA *kommt durch die mittlere Tür in den Saal.* Entschuldige bitte, Doris –

GUENTHER Weißt du, wie spät es ist? Halb eins. Wir müssen sofort mit dem Training beginnen.

DORIS Später, Guenther, ich will noch ein bißchen warten...

HEDDA Vielleicht versuchst du's mal mit mir? Nur im Spaß... Komm, deine Frau bittet dich zum langsamen Walzer...

GUENTHER Mein Gott – ist das ein Saustall hier!
Er geht ins Foyer und schlägt die Tür hinter sich zu.
HEDDA *läßt sich auf einen Stuhl fallen.* Entschuldige bitte – ich
bin so furchtbar betrunken... ich kapier's einfach nicht –
Stefan hat sich –?
DORIS Laß nur, Hedda, er taut ja bald wieder auf.
HEDDA Ja... Entschuldige bitte, Doris... daß ich ausgerechnet
bei diesem Schicksalsschlag so furchtbar betrunken bin... ich
kann gar nicht – weil... ich wollte ihm noch sagen, daß ich ihn
wahnsinnig lieb gehabt habe... Stefan.
KARL Doris?
DORIS Ja?
KARL Meine Narbe näßt. Es gibt anderes Wetter.
DORIS Oh, ja, es wird wärmer... hast du gehört? Das ist gut für
uns... und gut für unser Kissen!
*Zunächst leise, allmählich lauter werdend ist die Musik zu ei-
nem schnellen Foxtrott zu hören.*
GUENTHER *tritt durch die mittlere Tür.* Doris – ich bitte dich:
Quickstep! Laß uns anfangen... Komm her, ich bitte dich.
DORIS Später, Guenther, später.
Die Musik wird lauter. Dunkel.

Eugène Labiche
Das Sparschwein

Übersetzung und
Bearbeitung
von
Botho Strauß

Personen

CHAMPBOURCY, Rentier
LÉONIDA, seine Schwester
BLANCHE, seine Tochter
COLLADAN, Landwirt
CORDENBOIS, Apotheker
FÉLIX RENAUDIER, Notar
BAUCANTIN, Steuereinnehmer
COCAREL, Heiratsvermittler
BÉCHUT, Kriminalassistent
SYLVAIN, Colladans Sohn
BENJAMIN, Kellner
JOSEPH, Diener bei Cocarel
POLIZIST
TRICOCHE, Kolonialwarenhändler
CHALAMEL, Obsthändlerin

Zeit: 1864
Ort: La Ferté-sous-Jouarre und Paris

I

Champbourcy, Colladan, Cordenbois und Félix sitzen links an ei-
nem Tisch, über dem eine große Petroleumlampe hängt. Sie spie-
len Bouillotte. Blanche und Léonida sitzen rechts neben einem
kleinen Leuchtertisch; sie machen Handarbeiten. Baucantin sitzt
ein wenig im Hintergrund in einem Sessel und liest Zeitung.

BAUCANTIN Monsieur Champbourcy –
CHAMPBOURCY Was gibt es?
BAUCANTIN Ihre Lampe geht aus. Ich kann nicht mehr lesen.
CHAMPBOURCY *steht auf.* Der Docht kohlt... Entschuldigung –
  würden Sie die Glocke halten? *Er reicht sie Colladan, der auf-*
  steht. Er nimmt den Kolben ab und gibt ihn Félix, der ebenfalls
  aufsteht. Er richtet den Docht.
BLANCHE Spielen Sie heute abend Ihre Partie Bouillotte nicht,
  Tante Léonida?
CHAMPBOURCY Wie ich gesagt habe – der Docht kohlt.
LÉONIDA Ich warte, bis die Viertelstunde rum ist.
FÉLIX Ich scheide gleich aus. In fünf Minuten überlasse ich Ih-
  nen meinen Platz.
CHAMPBOURCY *nimmt von Félix den Kolben, von Colladan die*
  Glocke. Entschuldigung. Danke.
CORDENBOIS Sind wir endlich soweit? Ich habe einen...
COLLADAN *zu Félix* Er hat bestimmt ein gutes Blatt. Ich passe.
FÉLIX Ich passe.
CHAMPBOURCY Ich passe.
CORDENBOIS *rasch* Vier Sous! Ich habe vier Sous gewonnen!
CHAMPBOURCY Wir haben alle gepaßt!
CORDENBOIS Das ist nett! Ich habe Vierzig auf der Hand. *Er*
  sieht sich die Spiele an, die auf dem Tisch aufgedeckt liegen.
  Monsieur Colladan, Sie passen mit Einundzwanzig und einem
  As?
COLLADAN Ich habe mich unterschätzt...
CHAMPBOURCY Mit Einundzwanzig und einem As riskieren Sie
  zwei Sous.

CORDENBOIS Sie – ein Bauer, ein Krösus, und dann nichts riskieren. Ekelhaft.

COLLADAN Aber wenn man sich doch unterschätzt...

CORDENBOIS Hören Sie auf. Ich gebe. *Er gibt die Karten.*

BAUCANTIN Merkwürdig. Mit einem Mal kommt es mir unerträglich vor, wie Sie so dasitzen und Karten spielen... Mir wird geradezu übel von diesem Anblick. Entschuldigen Sie – ich weiß nicht, was es ist.

BLANCHE Aber Monsieur Baucantin, was fehlt Ihnen denn? Ist Ihnen vom Zeitungslesen schwindelig geworden?

CORDENBOIS Der Herr Steuereinnehmer hat im letzten Frühjahr eine Badereise gemacht. Davon hat er sich bis heute nicht erholt.

CHAMPBOURCY Er hat recht. Irgend etwas stimmt nicht mit uns. Ich habe furchtbare Zahnschmerzen.

LÉONIDA Unsinn. Wir sitzen da wie immer.

COLLADAN Unerträglich ist doch er. Seit zwanzig Jahren sitzt er jeden Montag da und spielt nie mit.

BAUCANTIN Das Kartenspiel verträgt sich nicht mit den Pflichten eines öffentlichen Amtes.

FÉLIX Ach – warum denn? Ich bin Notar, und das hindert mich nicht, mein Spielchen zu spielen.

BLANCHE Und Papa? Er ist Hauptmann der Feuerwehr.

BAUCANTIN Das ist nicht ganz dasselbe. Ihr Herr Vater bekleidet, im strengen Sinne des Wortes, gar kein öffentliches Amt.

CHAMPBOURCY Was Sie nicht sagen?! Aber was tue ich denn? *Er steht auf.* Monsieur Baucantin, Ihre Überheblichkeit schmerzt mich. Sie werfen unserer kleinen gemütlichen Bouillotte-Runde vor, daß sie kein gesellschaftliches Ereignis ersten Ranges darstellt. Nun gut. Kritik ist nicht verboten. Ich bezweifle allerdings, ob es einem Angehörigen der einfachen, man darf wohl sagen: der unteren Beamtenschicht zusteht, eine anspruchsvollere Geselligkeit zu erwarten, als sie in meinem Hause gepflegt wird. Im übrigen: Bilden wir, bildet diese Spielgemeinde mit ihren festen Regeln und Statuten, mit ihren finanziellen und moralischen Verpflichtungen nicht gewissermaßen die Keimzelle unserer großen Nation? Mich sollte es nicht wundern, wenn der eine oder andere von uns – zumindest aber ich selber – eines Tages von diesem Tisch aus in die Deputiertenkammer einzöge...

BLANCHE Bravo, Papa!

CHAMPBOURCY Und deshalb verbitte ich mir, daß man mir meine bisher erworbenen Titel streitig macht!

BAUCANTIN Es liegt mir fern... Aber Sie wollen mich ja nicht verstehen.

CHAMPBOURCY Nein, dafür habe ich kein Verständnis. Absolut nicht. Sie wollen mir nachsagen, ich hätte mich um mein Vaterland nicht verdient gemacht.

BAUCANTIN Keineswegs. Sie haben Ihr Kapital in festverzinste Staatsanleihen gesteckt. Das ist verdienstvoll. Aber Sie beziehen ja auch eine gute Rente daraus.

CHAMPBOURCY Mein kleines Vermögen und ich, wir garantieren für die Sicherheit und Ordnung, für die gesamte Existenz dieses Staates. Und Sie, Herr Steuereinnehmer, Sie leben doch nur von den Steuern, die unsereins bezahlt. Denken Sie immer daran!

BAUCANTIN Das beurteile ich anders. Sehen Sie, wir – mein Beruf und ich – stehen im Dienst der allgemeinen finanziellen Ordnung und Sicherheit der Nation. Ohne diese allgemeine Ordnung gäbe es gar keine Nation und Ihr Privatvermögen erst recht nicht.

CHAMPBOURCY *faßt an seine Backe.* Au, das sticht!

BLANCHE Von Ihnen hört man immer nur Spitzfindigkeiten.

CORDENBOIS Es ist eigentlich nicht spitzfindig. Es ist gewissermaßen eine grundlegend andere Meinung.

FÉLIX Seien Sie doch still. Sie wollen es mit niemandem verderben. Sie ergreifen ja nie Partei.

LÉONIDA *zu Baucantin* Ich will Ihnen sagen, was Sie sind: undankbar sind Sie.

BAUCANTIN Ich?

CHAMPBOURCY Laß nur, liebe Schwester. Es ist nun einmal so. Diese Diener des Gemeinwohls vergessen als erste, daß, wenn die Gemeinde von La Ferté-sous-Jouarre eine Feuerwehrspritze besitzt, dann... Ich war es schließlich, der sie gestiftet hat.

COLLADAN Das ist wahr. Nur benutzt wird sie nicht. Sie verrostet, Ihre Spritze.

CHAMPBOURCY Wollen Sie damit sagen, ich soll auch noch eigenhändig an allen vier Ecken der Stadt Feuer legen, damit sich mein Geschenk rentiert? Oh, Monsieur Colladan, ich wußte nicht, daß Sie auch in die Reihe meiner Spötter eingetreten sind.

COLLADAN Ich bin nirgendwo eingetreten. Ich bin ein selbständiger Landwirt.

LÉONIDA Viertel nach neun. Ich bin dran.

CORDENBOIS Lassen Sie uns wenigstens die Runde zu Ende spielen.

FÉLIX *steht auf.* Nein, Mademoiselle – bitte sehr.

CORDENBOIS Sie kann sich nicht beherrschen. Die nackte Gier treibt sie zu den Karten.

LÉONIDA Monsieur Cordenbois, werden Sie nicht unverschämt. Ich nehme Ihnen Ihren Platz ja nicht weg.

FÉLIX *setzt sich zu Blanche neben den Leuchtertisch.* Ich habe heute kein Glück im Spiel!

BLANCHE Haben Sie wenigstens mit Papa gesprochen, über uns?

FÉLIX Nein. Ich warte noch immer auf eine günstige Gelegenheit.

BLANCHE Wenn Sie noch lange warten, laufe ich Ihnen davon.

FÉLIX Dann laufe ich hinterher, solange bis wir das Paradies gefunden haben.

BLANCHE Sie sind ein Träumer, Monsieur Félix.

FÉLIX Glauben Sie mir, Mademoiselle Blanche, die Ehe wird einen ganz anderen Kerl aus mir machen.

BLANCHE Wenn es nur schon soweit wäre...

CHAMPBOURCY Ich verdopple den Einsatz.

LÉONIDA Ich passe.

COLLADAN Passe.

CORDENBOIS Ich halte mit.

CHAMPBOURCY Auf meinen ganzen Einsatz?

CORDENBOIS Was haben Sie denn?

CHAMPBOURCY *unwillkürlich* Einen Drilling.

CORDENBOIS Dann passe ich.

CHAMPBOURCY Wie?

CORDENBOIS *zufrieden* Ich passe. Ich frage Sie, was Sie eingesetzt haben, und Sie antworten mir: Ich habe einen Drilling. Also passe ich, versteht sich.

Gelächter.

CHAMPBOURCY Ich finde das gar nicht komisch.

CORDENBOIS Ein Drilling ist ein Drilling. Jeder muß einen Sou zahlen.

LÉONIDA Monsieur Félix, bringen Sie das Sparschwein.

FÉLIX *steht auf und bringt das große Sparschwein aus Ton, das auf dem Leuchtertisch steht, und hält es jedem der Spieler vor.* Einen Sou, bitte.

COLLADAN Sie haben sich verplappert. Mir könnte das nicht passieren. Wenn ich einen Drilling habe, presse ich die Lippen zusammen und spreize die Nasenflügel... So!

LÉONIDA Das werden wir uns merken.

Gelächter.

BAUCANTIN Ekelhaft. Wie kann sich eine bürgerliche Frau so entblößen?

BLANCHE Wie?

BAUCANTIN Hören Sie nur – eine wirklich unanständige Anzeige. ›Einsame sucht Einsamen. Anschmiegsames weibliches Wesen von herber Schönheit, in dem sanfte Schwermut mit anmutiger Lebensfreude sich vereinigt, bezieht fünftausend Francs Jahresdividende aus sicheren Eisenbahnobligationen und sehnt sich nach einem Herrn von Format, Witwer oder Junggeselle in nicht allzu vorgerücktem Alter. Er sollte über eine robuste Gesundheit und ein heiteres Temperament verfügen. Sie ist für alles Schöne und Gute aufgeschlossen. Auf Vermögen wird kein Wert gelegt. Gemeinsamer Wohnsitz in einer günstig gelegenen Kleinstadt erwünscht. Persönliches Kennenlernen entscheidet. Nähere Auskünfte über Monsieur X, Paris, Rue Joubert, 55. Bitte Rückporto beifügen!‹

CHAMPBOURCY Ja, ja, ein Herr von Format. Die Anzeige kenne ich. Sie steht seit drei Jahren in meiner Zeitung. Fünftausend Francs Jahresrente – eine hübsche Kapitalanlage. Au, mein Zahn!

LÉONIDA Ich weiß gar nicht, was daran unanständig ist. Ich nehme an, Ihr persönliches Seelenleben ist bereits so verkümmert, Monsieur Baucantin...

BAUCANTIN Ich?

LÉONIDA ... daß Sie sich nicht mehr das traurige Schicksal einer Frau vorstellen können, die einsam, alle Liebe entbehrend, in irgendeinem Winkel der Provinz dahinvegetiert. Dabei lebt, vielleicht, weit entfernt, in einem anderen verlassenen Winkel ein melancholisches männliches Wesen, ebenfalls einsam und unbeachtet, das ihre großen Sehnsüchte erfüllen könnte. Und die Zeitung führt sie zueinander, vielleicht...

CORDENBOIS Tatsächlich sollen ja auf diesem Wege schon sehr schöne Ehen geschlossen worden sein. Ich als Junggeselle gerate bei diesen Anzeigen immer ein wenig ins Träumen...

COLLADAN Ach, hören Sie doch auf. Die Sitten werden immer unnatürlicher. Als ich Madame Colladan – meine verstorbene Frau – heiraten wollte, habe ich sie einfach besucht, ich bin bei ihr ein- und ausgegangen, und damit basta. Aber heute geht es ja zu wie im alten Rom. Mein Sohn – stellen Sie sich vor, Sylvain! – er wollte unbedingt Fotograf werden. Weil man da Frauen zu sehen bekommt! Ich habe ihm eins hinter die Löffel gegeben und ihn in die Landwirtschaftsschule von Grignon gesteckt.

BLANCHE Warum soll er sich nicht ein Mädchen nehmen und es mal ausprobieren?

ALLE *entrüstet* Blanche! Mademoiselle!

LÉONIDA Wenn das deine Mutter gehört hätte.

CHAMPBOURCY Ein Glück, daß sie tot ist.

FÉLIX *wägt verlegen das Sparschwein.* Ich glaube... das Sparschwein ist voll.

CHAMPBOURCY Tatsächlich?

COLLADAN Seit einem Jahr mästen wir es mit unseren Sous.

CHAMPBOURCY Ich will mich nicht rühmen, aber ich glaube, ich hatte da eine famose Idee...

CORDENBOIS *rasch* Ich hatte die Idee.

CHAMPBOURCY *steht auf.* Ich bitte unseren klugen Herrn Apotheker um Verzeihung... Sie haben uns vorgeschlagen, eine...

CHAMPBOURCY Spielkasse zu gründen, das heißt, eine Steuer von einem Sou auf jeden Drilling zu erheben.

CORDENBOIS Genau.

CHAMPBOURCY Ja. Aber zu welchem Zweck? Sie haben verlangt, daß die Spielkasse am Samstag jeder Woche geplündert werde, und daß der Erlös Zechgelagen mit Glühwein und Punsch zum Opfer falle.

CORDENBOIS Ja, das habe ich empfohlen.

CHAMPBOURCY Erstens war das eine ordinäre Empfehlung – Sie wollten wohl mein Haus in eine drittklassige Kneipe verwandeln?!

BLANCHE In eine Kaschemme!

FÉLIX In eine Spelunke!

CORDENBOIS Erlauben Sie...

LÉONIDA Und zweitens wäre es ungerecht gewesen – wir Damen trinken keine berauschenden Weine. Wir hätten die Opfer gebracht, wie immer.

CORDENBOIS Sie sollten sich nicht gegen mich ereifern. Sie trinken doch heimlich sogar – Rum!

LÉONIDA Wie niederträchtig Sie sind. Alles ziehen Sie zu sich herunter.

CHAMPBOURCY Schwester, werde nicht ausfallend.

COLLADAN Dauernd müssen sie sich streiten. Das geht einem an die Nieren.

CHAMPBOURCY Ihr habt wohl ganz vergessen, daß Ihr gemeinsam unsere Blanche aus der Taufe gehoben habt.

COLLADAN *zu Léonida* Und am selben Tag hat Monsieur Cordenbois Ihnen sogar ein Paar Ohrringe geschenkt. Das verbindet doch.

CORDENBOIS Lassen wir das. Es ist lange her.

LÉONIDA Ich will jetzt Bouillotte spielen. Immer wenn ich dran bin, wird nur geredet.

CHAMPBOURCY Du wirst dich noch einen Augenblick gedulden... Also... Da sich die Vorstellungen des Monsieur Cordenbois hinsichtlich einer Spielkasse als eigennützig und unseriös erwiesen, habe ich mir erlaubt, die Basis dieses Investitionsprogramms – wenn ich mich einmal so ausdrücken darf – zu verbreitern. Ich habe angeregt, das Kapital der Kasse auf dem Wege der Akkumulation zu vergrößern, und zwar mit einer Kündigungsfrist von einem Jahr, damit wir am Ende über eine stolze Summe verfügen. Denn nehmen wir einmal an, wir hätten zweihundert Francs...

ALLE Oh!

CHAMPBOURCY Das ist durchaus möglich. Wir werden es bald genau wissen. Um halb zehn schreiten wir zur Schlachtung und Auszählung des Sparschweins.

ALLE Bravo! Bravo!

CHAMPBOURCY Nehmen wir also an, wir hätten tatsächlich zweihundert Francs...

COLLADAN Was für Aussichten!

CHAMPBOURCY Wir wären verpflichtet, etwas Unvergeßliches, Epochemachendes zu veranstalten.

COLLADAN Wir würden uns einen silbernen Preispokal stiften und unsere Namen eingravieren lassen.

CORDENBOIS Oder wir würden ein Gemälde von uns anfertigen lassen – ein überlebensgroßes Porträt mit dem Titel ›Die glückliche Bouillotte-Runde von La Ferté-sous-Jouarre‹.

CHAMPBOURCY *setzt sich* Sie können nicht über Ihre eigene Person hinaus denken. Das ist erschütternd. Ich schweige lieber.

LÉONIDA Wird nun gespielt oder nicht? Ich gebe. *Sie verteilt die Karten.*

Die Spieler ordnen ihr Blatt.

BAUCANTIN Monsieur Champbourcy –

CHAMPBOURCY Was gibt es?

BAUCANTIN Ihre Lampe geht aus. Ich kann nichts mehr lesen.

CHAMPBOURCY *steht auf* Der Docht kohlt. Entschuldigung – würden Sie die Glocke halten? *Er reicht sie Colladan, der aufsteht. Er nimmt den Kolben ab und gibt ihn Cordenbois, der ebenfalls aufsteht. Er richtet den Docht.*

COLLADAN *zu Cordenbois* Immer dieser Ärger mit seiner Lampe. Er soll doch lieber Kerzen aufstellen.

CHAMPBOURCY Wie ich gesagt habe – der Docht kohlt. *Er nimmt den Kolben von Cordenbois, die Glocke von Colladan.* Entschuldigung. Danke.

Alle drei setzen sich wieder.

LÉONIDA Jetzt wird aber gespielt.

Es läutet.

BLANCHE *steht auf* Die Post. *Sie geht hinaus.*

Alle legen ihr Spiel ab und stehen langsam auf, sie warten auf die Post. Baucantin geht zum Kamin.

CHAMPBOURCY Er ist spät dran, der Bote.

FÉLIX Heute ist Montag. Da bekommt er an jeder Tür sein Gläschen.

LÉONIDA Bei uns nicht.

BLANCHE *kommt zurück* Ein Brief für die Tante, unfrankiert. *Sie gibt Léonida den Brief.*

LÉONIDA *erstaunt* Für mich?

BAUCANTIN *lehnt am Kamin.* Ich zum Beispiel verweigere grundsätzlich die Annahme von unfrankierten Briefen.

BLANCHE Und ein Brief für Monsieur Colladan. *Sie gibt ihm den Brief und geht wieder an ihren Platz.*
Alle setzen sich, nur die Briefempfänger bleiben stehen.
LÉONIDA *sieht auf die Adresse des Briefs.* Diese Handschrift – großer Gott. *Sie steckt den Brief rasch in eine Tasche ihres Kostüms und setzt sich.*
CHAMPBOURCY Wer schreibt dir denn, Schwester?
LÉONIDA *verwirrt* Niemand – das heißt, doch – meine Putzmacherin.
COLLADAN *setzt seinen Kneifer auf und betrachtet seinen Brief.* Ah, von meinem Sohn aus Grignon. Was schreibt er denn, der Herr Studiosus? *Er öffnet den Brief.* Eigentlich wollte der Fotograf werden. Fotograf! Ich habe ihm auf den Kopf gehauen und gesagt: Du wirst Landwirt wie ich – denn ein Landwirt...
CHAMPBOURCY Ja, wir wissen das. Los, spielen wir.
COLLADAN Warten Sie, bis ich meinen Brief gelesen habe.
CHAMPBOURCY Verdammt.
CORDENBOIS Das ist unerträglich.
COLLADAN *liest* Mein lieber Papa – er ist sehr anhänglich, mein Sylvain – ich schreibe Ihnen, um Ihnen mitzuteilen, daß man hier sehr zufrieden mit mir ist. Auch bin ich befördert worden: Ich arbeite nunmehr im Stall.
CHAMPBOURCY Im Stall – das sind familiäre Vertraulichkeiten. Lesen Sie leise.
COLLADAN Ich lese ja nicht für Sie laut, sondern für mich selber. Wenn ich nicht laut lese, verstehe ich nicht, was ich lese. *Er liest laut weiter.* Im Stall... Leider habe ich seit kurzem ein ergreifendes Erlebnis. Eine Kuh, die mir besonders am Herzen liegt, ist krank geworden. Sie trinkt nicht mehr, sie ißt nicht mehr, sie hustet ununterbrochen und wirft große Blutlachen aus.
LÉONIDA Ich habe keine Lust, unter diesen Umständen Bouillotte zu spielen. *Sie steht auf und geht nach hinten.*
COLLADAN *gerührt* Armes Vieh! Es hat Tuberkulose. *Er liest weiter.* Jede Nacht sitze ich an ihrem Krankenlager und wiege ihr heißes Köpfchen in meinen Armen. *Sehr gerührt* Der gute Junge. Hoffentlich steckt er sich nicht an. *Er liest weiter.* Ihre lieben Augen senden flehende Blicke in mein tränenüberströmtes Gesicht... Das ist mir zu traurig. Lesen Sie weiter. *Er gibt Champbourcy den Brief.*

CHAMPBOURCY *liest* Tränenüberströmtes Gesicht... als wollte sie sagen: Oh, erlöse mich doch von meinem Elend. *Zu Colladan* So fassen Sie sich doch, Mann. *Er liest* Was mich selbst betrifft, so bin ich wohlauf. *Er tröstet Colladan*. Also, sehen Sie, er ist wohlauf.

COLLADAN Aber seine Kuh...

CORDENBOIS Monsieur Champbourcy, Beeilung! Wir warten...

CHAMPBOURCY Jetzt kommt der Schluß. *Er liest* Ich bin mit Ehrerbietung Ihr ehrerbietiger Sohn, der Sie bittet, ihm umgehend seinen Monatswechsel zu schicken.

ALLE Na endlich!

CORDENBOIS Spielen wir. Spielen wir. Wir vergeuden unsere Zeit.

Léonida kommt an ihren Platz zurück.

BAUCANTIN Meine Herrschaften –

CHAMPBOURCY Ruhe jetzt. Keine Störung mehr. *Baucantin setzt sich und schweigt. Léonida geht zurück zu ihrem Platz.* Was wollen Sie denn, Monsieur Baucantin?

BAUCANTIN Schon zu spät.

LÉONIDA Wie spät ist es denn?

BAUCANTIN Es ist dreißig Sekunden nach halb zehn.

COLLADAN Verdammt. Das Schwein muß geschlachtet werden.

CORDENBOIS Erst spielen wir die Runde zu Ende.

CHAMPBOURCY Jawohl, die letzte Runde, das Quartett der Bankrotteure! *Zu Colladan* Sagen Sie was!

COLLADAN Ich passe.

LÉONIDA Ich passe.

CORDENBOIS Ich setze – fünf Sous.

CHAMPBOURCY Ich halte mit – sechs Sous.

CORDENBOIS Sieben.

COLLADAN Oh, das wird ein blutiges Gemetzel.

CHAMPBOURCY Acht.

CORDENBOIS Neun.

CHAMPBOURCY Alles, was ich habe – fünfzehn Sous.

CORDENBOIS Ich halte mit.

ALLE Oh.

Blanche und Félix kommen zum Spieltisch.

BLANCHE Das Blatt will ich sehen.

FÉLIX Das Spiel des Jahrhunderts.

CHAMPBOURCY *deckt sein Spiel auf.* Drei Asse!

CORDENBOIS *deckt sein Spiel auf.* Dreimal die Acht...

CHAMPBOURCY Gewonnen!

CORDENBOIS ... und viermal die Acht!

CHAMPBOURCY Verloren. Verdammt. *Er steht zornig auf.* Für mich ist es entschieden – diese Karten fasse ich nicht mehr an. Ich habe furchtbare Zahnschmerzen.

BLANCHE *geht zum Sparschwein, will es anheben. Félix kommt ihr zu Hilfe.* Zahlen. Zwei Drillinge und ein Vierer. Das macht drei Sous!

Alle stehen auf.

COLLADAN *gräbt in seiner Jackentasche.* Mein Gott, das Spielen bringt mich noch an den Bettelstab. *Er gibt Blanche das Geld.*

BLANCHE *sieht es an.* Oh, ein ausländischer Sou! Nein... ein Knopf!

COLLADAN Still! Ich habe mich vergriffen... hier ist ein echter Sou.

LÉONIDA *räumt die Karten zusammen und legt sie mit den Spielmarken in eine Schachtel.* Ich bringe die Schachtel fort.

CHAMPBOURCY Und vergiß nicht, die Karten zu verbrennen. Mit diesen Karten will ich nicht mehr spielen.

CORDENBOIS Sie sind noch ganz gut. Sie sind gar nicht klebrig.

Léonida geht nach rechts ab.

2

Dieselben, außer Léonida.

CHAMPBOURCY Blanche, hol einen Hammer und zwei Schüsseln.

FÉLIX Das wird zu schwer für Sie. Ich werde Ihnen helfen. *Blanche und Félix gehen nach hinten ab.*

CHAMPBOURCY Meine Herren, wir schreiten nun zur Ausschüttung der Spielkasse.

COLLADAN Das Sparschwein wird geschlachtet.

CORDENBOIS Mit Ungeduld habe ich auf diesen Tag gewartet.

CHAMPBOURCY Darf ich Sie bitten, als sachkundiger Beobachter an der Prozedur teilzunehmnen, Monsieur Baucantin?

BAUCANTIN Ich?

CHAMPBOURCY Falls Ihnen das nicht zu ordinär ist...

BAUCANTIN Wie wollen Sie denn dies Monstrum schlachten?

COLLADAN Es wird aufgeschlitzt.

CHAMPBOURCY Unsinn. Wir werden es zertrümmern.

CORDENBOIS Jawohl, draufhauen, kaputtschlagen. *Blanche und Félix kommen mit einem Hammer und zwei Schüsseln.*

COLLADAN Das ist brutal. Aber ich bin aufgeregt.

CHAMPBOURCY *nimmt den Hammer, schwingt ihn empor und hält dann inne.* Es geht nicht. Mein Zahn. Dröhnende Schmerzen. *Er legt den Hammer nieder.*

CORDENBOIS Wenn Sie wollen, verrate ich Ihnen kostenlos ein Heilmittel.

COLLADAN Machen Sie schnell.

CORDENBOIS Sie nehmen ganz einfach heute abend, wenn Sie zu Bett gehen, einen Schluck Milch und behalten ihn die ganze Nacht über im Mund, ohne runterzuschlucken.

CHAMPBOURCY Und wenn ich einschlafe?

CORDENBOIS Das macht nichts. Schlafen Sie ruhig, nur schlukken dürfen Sie nicht.

BAUCANTIN Warum gehen Sie nicht zu einem Arzt?

CHAMPBOURCY Aber es gibt doch keinen in La Ferté-sous-Jouarre. Soll ich mir den Zahn vom Hufschmied ziehen lassen?

BLANCHE Papa, bitte schlag jetzt zu. Wir halten es nicht mehr aus.

CHAMPBOURCY Also, ich reiß mich zusammen. Eins, zwei, drei... *Er schlägt zu, das Sparschwein geht nicht entzwei.*

COLLADAN Das Schwein ist noch ganz.

BAUCANTIN Ich warne Sie, meine Herren. Der Tisch ist zu klein. Wenn das Schwein tatsächlich zerbrechen sollte, fällt das ganze Geld auf den Boden.

CORDENBOIS Das ist wahr.

CHAMPBOURCY Also – tragen wir das Schwein rüber auf den Spieltisch.

FÉLIX Ich nehme es in die Arme. Es ist mein Glücksschwein. *Er nimmt das Sparschwein; während er zum Spieltisch geht, rieseln Sous-Stücke aus dem Schwein.*

CORDENBOIS Das Schwein hat ein Loch!

COLLADAN Es ist schon angeschlagen.

CHAMPBOURCY Blanche, halte die Schüssel drunter!

Noch bevor Félix das Schwein auf dem Spieltisch absetzt, zerbricht es in seinem Armen.

COLLADAN Eine Flut von Geld!

CORDENBOIS Eine Sturmflut!

BLANCHE Eine Sintflut!

CHAMPBOURCY Hätten Sie nur die Finger davon gelassen, Monsieur Félix. Das war keine schöne Schlachtung.

FÉLIX Ich konnte nichts dafür. Es ist einfach auseinandergefallen.

BLANCHE Und ich dachte, Sie hätten es zu kräftig in die Arme genommen.

CHAMPBOURCY Los, ran an die Beute. Monsieur Baucantin!

BAUCANTIN Hier bin ich.

CHAMPBOURCY Wir zählen sie zu Stapeln von je zwanzig Sous.

Sie stehen um den Spieltisch herum und beginnen zu zählen.

CORDENBOIS *zählt* Vier, fünf.

COLLADAN Sechs, sieben, acht.

CHAMPBOURCY Nein, zehn – ach nein, drei, vier – Sie bringen mich ganz durcheinander, Monsieur Colladan.

COLLADAN Aber ich rede doch gar nicht mit Ihnen.

CHAMPBOURCY Sie reden nicht mit mir, aber Sie sagen zu mir: Sieben, acht… woraufhin ich unwillkürlich: Neun, zehn… sage. Ich weiß nicht mehr, wo ich bin.

BAUCANTIN Ich auch nicht.

CORDENBOIS Fangen wir noch einmal von vorne an. *Zählt* Vier, fünf…

COLLADAN Sechs, sieben, acht…

CHAMPBOURCY Neun, zehn… Wir bringen uns immer noch durcheinander. Jeder muß für sich alleine zählen. Monsieur Colladan, nehmen Sie sich eine Schüssel voll Geld und zählen Sie es in der Küche aus.

CORDENBOIS Und Monsieur Baucantin und ich, wir gehen rüber in Ihr Arbeitszimmer.

CHAMPBOURCY Ausgezeichnet. Ich zähle den Rest hier.

BAUCANTIN Später ziehen wir dann unsere einzelnen Abrechnungen zusammen.

Colladan geht nach hinten ab, Cordenbois und Baucantin gehen nach rechts ab.

Champbourcy, Blanche, Félix.

CHAMPBOURCY *sitzt am Spieltisch und zählt die Sous-Stücke.*
  Zwei-vier-sechs...
BLANCHE *zu Félix* Papa ist allein. Nutzen Sie den Augenblick
  für Ihren Antrag.
FÉLIX Jetzt gleich – so plötzlich?
BLANCHE Seit einem Jahr haben Sie sich vorbereitet. Heute
  abend oder nie.
FÉLIX Ihr Herr Vater ist verstimmt. Seine Zahnschmerzen...
BLANCHE Sie zögern und zögern. Sie haben immerzu Ausreden.
  Was riskieren Sie schon?
CHAMPBOURCY *freudig* Vier Francs!
BLANCHE Er lacht. Er ist gutgelaunt. Entscheiden Sie sich. Ich
  gehe nach hinten ins Schlafzimmer. *Sie geht nach hinten ab.*

4

Champbourcy, Félix.

FÉLIX Ich zittere wie ein Kind – lächerlich. Monsieur Champ-
  bourcy...
CHAMPBOURCY *zählt, ihne ihn zu hören.* Zwölf, dreizehn.
FÉLIX Die Erregung in meiner Stimme und der Ausdruck der
  Verwirrung...
CHAMPBOURCY Sehen Sie, Sie reden mit mir – schon weiß ich
  nicht mehr, wo ich bin.
FÉLIX Zwölf, dreizehn.
CHAMPBOURCY Richtig. Vierzehn, fünfzehn.
FÉLIX ... und der Ausdruck der Verwirrung auf meinem Gesicht,
  sie sprechen für sich selbst.
CHAMPBOURCY Sehr gut. Dann können Sie ja den Mund halten.
  Helfen Sie mir ein bißchen beim Zählen.

FÉLIX *setzt sich an den Tisch, Champbourcy gegenüber.* Gerne. Er bringt mich aus dem Konzept.

CHAMPBOURCY Stapel zu zwanzig Sous. *Er zählt.* Siebzehn, achtzehn.

FÉLIX Seit zwei Jahren verkehre ich in Ihrem Haus...

CHAMPBOURCY Zählen Sie doch.

FÉLIX *nimmt Sous-Stücke und zählt.* Drei, vier, fünf. Ich konnte unempfänglich bleiben...

CHAMPBOURCY Eins, zwei.

FÉLIX Sechs, sieben... für den Zauber ihrer Persönlichkeit.

CHAMPBOURCY Drei, vier – Sie schmeicheln mir, junger Mann.

FÉLIX Halt, ich habe etwas vergessen.

CHAMPBOURCY Fünf, sechs – fangen Sie noch einmal von vorne an.

FÉLIX Die Erregung in meiner Stimme – acht, neun – und der Ausdruck der Verwirrung...

CHAMPBOURCY Sieben, acht – die Verwirrung stiften Sie, indem Sie dauernd davon reden.

FÉLIX Zehn, elf – ich weiß nicht mehr weiter.

CHAMPBOURCY Zwölf, dreizehn – Sie können wohl nicht bis zwanzig zählen?

FÉLIX Ah, ich habs. Mademoiselle Blanche wird im August – vierzehn, fünfzehn...

CHAMPBOURCY Wieviel hatte ich?

FÉLIX Zwanzig.

CHAMPBOURCY Zwanzig? Unsinn. Eins, zwei, drei, vier, fünf, sechs, sieben, acht.

FÉLIX Es hat keinen Zweck, ich muß mich kurz fassen. Ich habe die Ehre, Sie – fünfzehn, sechzehn – um die Hand Ihres Fräulein Tochter zu bitten.

CHAMPBOURCY Zwölf, dreizehn – ein Knopf. Schon der zweite in meinem Stapel.

FÉLIX Ich muß laut und deutlich sprechen. Siebzehn, achtzehn. *Laut* Ich habe die Ehre, Sie um die Hand Ihres Fräulein Tochter zu bitten. Neunzehn, zwanzig.

CHAMPBOURCY Warten Sie die nächsten zwanzig ab...

FÉLIX Bis vierzig? Das wird sie nicht aushalten.

CHAMPBOURCY Achtzehn, neunzehn, zwanzig. Wieder ein Stapel. Das macht sieben Francs. *Er beginnt von neuem zu zäh-*

len. Mein lieber Herr Renaudier – drei, vier – ich weiß die Ehre, die Sie mir erweisen, zu schätzen.

FÉLIX *steht auf.* Oh, ich danke Ihnen.

CHAMPBOURCY Ihr Antrag – fünf, sechs – ehrt mich. Sieben, acht, neun – zehn – noch ein Knopf! Welcher Gauner hat diese Knöpfe hineingesteckt?

FÉLIX Ich war es nicht, glauben Sie mir bitte.

CHAMPBOURCY Die Ehe, junger Mann, – das ist ein Mantelknopf – bringt gewisse Pflichten und Belastungen mit sich.

FÉLIX Ach, zu zweit werden wir es schon schaffen. Ich bin fest entschlossen, Blanche glücklich zu machen. Und sie will mir dabei auch helfen.

CHAMPBOURCY Sind Sie denn sicher, daß meine Tochter Sie liebt?

FÉLIX Oh ja, sie liebt mich. Sie hat es mir zwar nicht gesagt, aber ich habe sie auch nicht danach gefragt.

CHAMPBOURCY *beschäftigt sich mit den Sous-Stapeln.* Nun – wieviel haben wir denn?

FÉLIX *setzt sich.* Ich habe zunächst einmal mein Studium.

CHAMPBOURCY Fünf hier und drei dort, das macht…

FÉLIX Fünfundvierzigtausend.

CHAMPBOURCY Was? Fünfundvierzigtausend?

FÉLIX So viel habe ich dafür bezahlt.

CHAMPBOURCY Junger Freund, Sie bringen mich durcheinander. Ich rechne in Sous und Sie in Mitgift. Das kann ja nicht gehen. *Er nimmt Blanches Nähkorb und leert ihn auf dem Leuchtertisch aus. Dann streicht er alle Sous-Stücke in den Nähkorb.* Ich werde das alles im Eßzimmer noch einmal zählen.

FÉLIX Und was mache ich jetzt?

CHAMPBOURCY Sie? Ja, was könnten Sie tun?

FÉLIX Darf ich vielleicht ein wenig hoffen?

CHAMPBOURCY Sehr gut. Hoffen Sie, setzen Sie sich in den Sessel und hoffen Sie. *Er geht nach rechts ab.* Wer hat nur diese vielen Knöpfe ins Sparschwein gesteckt?

Félix, Léonida.

FÉLIX *bemerkt Léonida, die hinten aufgetreten ist.* Oh, die Tante. *Er grüßt.* Mademoiselle –

LÉONIDA *geht aufgeregt im Salon umher.* Ich hatte mich nicht geirrt – er hat mir geschrieben.

FÉLIX Sie scheint mich gar nicht zu bemerken.

LÉONIDA *während sie herumläuft* Bei der ersten Zeile wäre ich fast in Ohnmacht gefallen.

FÉLIX *läuft hinter ihr her.* Mein Gott, sie ist beinahe so aufgeregt wie ich. Mademoiselle –

LÉONIDA Der Mann hats eilig!

FÉLIX Ich? *Er bleibt stehen.* Nun, ich habe soeben mit Ihrem Herrn Bruder gesprochen.

LÉONIDA Monsieur Félix! *Sie umarmt ihn.* Morgen abend um acht Uhr in Paris!

FÉLIX In Paris? Warum denn das?

LÉONIDA Ein Rendezvous in Paris!

FÉLIX Ihre Leidenschaft verwirrt mich, Mademoiselle…

LÉONIDA Es geht um mein Glück…

FÉLIX Gewiß. Aber denken Sie auch an das meine.

LÉONIDA Sie müssen schweigen wie ein Grab. Niemand darf einen Verdacht schöpfen.

FÉLIX Um Himmels willen! Am besten wir vergessen sofort, daß wir uns begegnet sind, und ich verschwinde jetzt. Jeder für sich allein sind wir ganz unverdächtig. *Er geht ab.*

LÉONIDA *allein* Eine Reise nach Paris – was für ein Unternehmen! Ich kann unmöglich alleine fahren. Wie bringe ich meinen Bruder dazu, mich zu begleiten? Ich müßte ihm alles gestehen. *Entschlossen* Niemals, niemals. Oh, guter Himmel, schenk mir einen klugen Einfall!

Léonida, Blanche.

BLANCHE *kommt schluchzend herein.* Oh, liebe Tante...

LÉONIDA Was hast du denn, mein Kind?

BLANCHE Félix hat eben bei Papa um meine Hand angehalten. Und Papa hat ihm empfohlen zu hoffen.

LÉONIDA Du liebst ihn wohl nicht?

BLANCHE Doch. Aber er traut sich nicht.

LÉONIDA Was traut er sich nicht?

BLANCHE Nichts traut er sich. Er steht da und strahlt. Und sonst passiert nichts.

LÉONIDA Ein hübscher Blondkopf, dein Monsieur Félix. Und Notar – ein aussichtsreicher Beruf. Aber als Mann...?

BLANCHE Wie meinst du das?

LÉONIDA Blond und Notar – ist das nicht ein bißchen fad? Ich stelle mir unter einem Mann eben etwas anderes vor. Einen Herrn von Bedeutung, scharfsinnig, elegant, mit schwarzen Augen und schwarzen Haaren.

BLANCHE Bis ich so einen finde, werde ich eine alte Jungfer.

LÉONIDA Das Glück belohnt die Geduldigen. Man darf nicht beim Erstbesten zupacken. Du bist viel zu gierig.

BLANCHE Ich will nicht die Zeit verträumen. Ich will etwas erleben, und zwar sofort.

LÉONIDA Mit diesem Blondköpfchen? Wo du selbst blond bist. Das wird ja entsetzlich langweilig.

BLANCHE Du wirst dich wundern. Er hat gerade einen aufregenden Vorschlag gemacht.

LÉONIDA Tatsächlich? Welchen denn?

BLANCHE Wir sollten von dem Geld aus dem Sparschwein einen rauschenden Ball geben.

LÉONIDA Einen Ball?

BLANCHE Ja, morgen abend.

LÉONIDA Morgen? *Beiseite* Unmöglich – mein Rendezvous!

BLANCHE Er ist ganz von selbst darauf gekommen. Gewiß wird er versuchen, mich zu verführen.

LÉONIDA Ein Ball mit Verführung – das ist ja ganz nett. Aber ein bißchen provinziell, findest du nicht? Ich hätte einen ganz anderen Vorschlag – etwa raffinierter, weltläufiger – allerdings mit weniger Geflatter und Hopsassa.

BLANCHE Was wird das schon sein...

LÉONIDA Eine Fahrt nach Paris! Für ein junges Mädchen, das sich verheiraten will, ist das bestimmt sehr nützlich.

BLANCHE Wirklich?

LÉONIDA Du bekommst andere Maßstäbe, siehst die elegante Welt von Paris. Herren von Format, die neueste Mode der Damen. Und die bezaubernden Läden, die herrlichen Geschäfte – du schlenderst durch die großen Kaufhäuser am Arm deines Zukünftigen und findest dies und das: Ah, der schöne Kaschmirschal; nein, welch reizendes Négligé, und dieses wunderhübsche Armband. Und dabei wählst du ganz unauffällig deine Brautgeschenke aus.

BLANCHE Ja, das ist genau das Richtige. Félix muß sich in Paris bewähren – sonst lasse ich ihn fallen. Ich will auf jeden Fall nach Paris.

LÉONIDA Du willst, du willst. Das hängt von deinem Vater ab.

BLANCHE Den bringe ich schon dazu. Da kommt er!

LÉONIDA Morgen! Sonst hat es keinen Zweck.

BLANCHE Laß mich nur machen.

7

Champbourcy, Léonida, Blanche.

CHAMPBOURCY *kommt von rechts mit seinem Korb voller Sous und einem Papier in der Hand.* Meinen Teil habe ich ausgezählt.

BLANCHE Papa – du bist ja blutrot im Gesicht!

CHAMPBOURCY So? *Er faßt sich ins Gesicht und sieht seine Fingerspitzen an.* Das kommt vom Zählen. Wenn man dauernd den Kopf so übers Geld beugt...

BLANCHE Und deine rechte Backe ist geschwollen, faustdick!

LÉONIDA Ich sehe nichts.

BLANCHE Kannst du denn deinen linken Arm noch bewegen?

CHAMPBOURCY *probiert es vorsichtig.* Du tust gerade, als hätte mich der Schlag getroffen.

BLANCHE Jetzt schließ einmal beide Augen. Da – das rechte Augenlid flackert wie verrückt.

LÉONIDA Tatsächlich. Und das linke ist schon ganz grün.

CHAMPBOURCY Verdammt. Mein kranker Zahn – das Übel breitet sich aus.

BLANCHE Ein besonders kranker Zahn kann unter Umständen eine halbseitige Körperlähmung herbeiführen.

LÉONIDA Eine ganzseitige sogar, bei Cholerikern wie dir.

BLANCHE Du weißt, was du zu tun hast.

CHAMPBOURCY Ja, ja, ich soll einen Schluck Milch nehmen und ihn die ganze Nacht über...

BLANCHE Unsinn! Wir bringen dich nach Paris zu einem Zahnarzt.

LÉONIDA Und zwar gleich morgen!

CHAMPBOURCY Jetzt hört aber auf. Was sind das für Späße! Wegen Zahnweh eine solche Reise.

BLANCHE Zwei Stündchen mit der Eisenbahn. Es geht um deine Gesundheit.

CHAMPBOURCY Wenn schon. Die Kosten...

BLANCHE Und was wäre, wenn die Reise dich gar nichts kosten würde?

CHAMPBOURCY Dann wäre der Kaiser von Frankreich gestürzt.

BLANCHE Denk ein bißchen nach. *Sie deutet auf den Korb.* Da ist doch Geld.

CHAMPBOURCY *stößt einen Schrei aus.* Kinder – ich habe eine Idee! Wir könnten doch das Sparschwein in Paris auf den Kopf hauen! *Er stellt den Korb auf den Spieltisch und setzt sich auf seinen Platz.*

BLANCHE Na endlich.

LÉONIDA Ein genialer Einfall. Wo nimmst du das bloß her?

CHAMPBOURCY *klopft an seine Stirn.* Wieso? Hier – ich denke. Das ist alles.

BLANCHE Auf diese Weise kommst du zu deinem Zahnarzt. *Zu Leonida* Und wir schlendern durch die Kaufhäuser.

LÉONIDA Ich gehe zu meinem Rendez...

CHAMPBOURCY Wohin?

LÉONIDA Ein Rendezvous mit den Sehenswürdigkeiten von Paris.

CHAMPBOURCY Jawohl. Nach dem Zahnarzt führe ich euch zu den heroischen Stätten unserer Geschichte: Bastille, Panthéon, Börse, Vendôme-Säule, Invaliden-Dom…

BLANCHE Was machen wir, wenn die anderen nicht nach Paris wollen?

CHAMPBOURCY Wir werden sie wollen lassen. In der Politik gibt es dafür gewisse Methoden – ich kümmere mich darum.

8

Dieselben, Colladan, Cordenbois, Baucantin, später Félix. Jeder hat einen Zettel in der Hand.

BAUCANTIN *feierlich* Hiermit, meine Herren, möchte ich Ihnen das Ergebnis meiner Auszählung bekanntgeben. Der mir anvertraute Sparschweinanteil beläuft sich auf zweitausendsechshundertundzwanzig Sous; das ergibt, umgerechnet in Francs und Centimes, hundertdreißig Francs und fünf Centimes; der Korrektheit halber darf ich hinzufügen, daß ich einige Knöpfe unter den Münzen gefunden habe.

CORDENBOIS Ja! Ich auch.

CHAMPBOURCY Ich ebenfalls.

COLLADAN *rasch* Da wird sich jemand geirrt haben.
Wenn sie ihr Ergebnis verkündet haben, übergeben sie ihren Zettel an Baucantin.

CORDENBOIS Bei mir, meine Herren, lautet das Ergebnis: Hundertachtundzwanzig Francs und vier Knöpfe.

CHAMPBOURCY Bei mir: hundertfünf Francs, fünf Centimes und neun Knöpfe.

COLLADAN Bei mir: hundertsiebenundzwanzig Francs, drei Sous und fünf Centimes.

CHAMPBOURCY Und keine Knöpfe?

COLLADAN Keine Knöpfe. *Er geht nach hinten.*

CHAMPBOURCY *mißtrauisch* Sehr merkwürdig.

CORDENBOIS *sieht Colladan an.* Da stimmt etwas nicht.

BAUCANTIN *hat die vier Papiere in der Hand.* Die Addition der vier Teilergebnisse erbringt eine vollständige Endsumme von...

ALLE Wieviel?

BAUCANTIN Vierhunderteinundneunzig Francs, zwanzig Centimes...

ALLE Oh!

BAUCANTIN Plus achtzehn Knöpfe.

LÉONIDA Das ist fast zu viel.

BLANCHE Mammon ist das.

CHAMPBOURCY Eine wahrhaft fette Beute!

CORDENBOIS Monströs!

COLLADAN Ich hatte sie mir noch fetter vorgestellt.

CORDENBOIS Allerdings – ohne die Knöpfe.

CHAMPBOURCY In Anbetracht der unerwartet imposanten Geldmenge, über die wir nun verfügen, und in Anbetrachte der widerstreitenden Temperamente und Bedürfnisse, welche die Eintracht unserer kleinen häuslichen Runde nicht selten zu gefährden drohen – in Anbetracht also der insgesamt denkwürdigen Lage, in der wir uns befinden, möchte ich vorschlagen, streng nach der parlamentarischen Gepflogenheit vorzugehen und einen Beschluß über die Verwendung des Spielkassen-Kapitals nach eingehender Debatte auf dem Wege der Abstimmung herbeizuführen.

ALLE Bravo.

Félix erscheint im Hintergrund.

CHAMPBOURCY Setzen Sie sich. *Alle setzen sich.* Die Sitzung ist eröffnet.

BLANCHE *zu Félix* Kommen Sie nur. Sie haben auch eine Stimme.

CHAMPBOURCY Ich lege Ihnen Ruhe und Mäßigung nahe. Denken Sie immer daran, daß auch das erbittertste Gefecht der Meinungen niemals die Achtung verletzen darf, die Menschen sich schuldig sind, die sich achten. Au, mein Zahn! *Er setzt sich.*

FÉLIX *zu Blanche* Wie feierlich er ist, der Herr Schwiegerpapa.

BLANCHE Ein Mann wie Papa gehört ins Parlament.

CHAMPBOURCY Wer bittet ums Wort?

CORDENBOIS UND COLLADAN *stehen gleichzeitig auf.* Ich!

CHAMPBOURCY *zu Baucantin* Lebhafte Beteiligung. Ich glaube, das wird eine hübsche Sitzung. *Laut* Pardon – wer hat zuerst ums Wort gebeten?

CORDENBOIS UND COLLADAN Ich!

CHAMPBOURCY Aha – da stellt sich eine Verfahrensfrage.

BAUCANTIN *zu Champbourcy* In den beratenden Versammlungen läßt in der Regel der Jüngere dem Älteren den Vortritt.

CHAMPBOURCY Sehr gut. Monsieur Cordenbois, Sie haben das Wort.

CORDENBOIS Erlauben Sie – Monsieur Colladan ist älter als ich.

COLLADAN Ich? Oho! Sie verwechseln sich wohl mit mir. Ich bin jünger als Sie.

CORDENBOIS Aber ich war doch immer genauso alt wie Ihre Frau!

COLLADAN Das ist längst vorbei. Sie ist tot, wie Sie wissen.

LÉONIDA Seien Sie doch nicht so eitel. Monsieur Cordenbois. Junggesellen altern eben schneller.

CHAMPBOURCY *läutet eine Glocke.* Persönliche Beleidigungen, die nicht der Sache dienen, sind während der Debatte zu unterlassen. Halt den Mund, Schwester.

CORDENBOIS Ich werde jedenfalls nicht als erster sprechen. *Er setzt sich.*

COLLADAN Ich auch nicht. *Er setzt sich.*

CHAMPBOURCY Verdammt. Und ich hatte mit einer glänzenden Diskussion gerechnet. Monsieur Baucantin –

BAUCANTIN Offenbar handelt es sich hier um einen Präzedenzfall. Man müßte in den Protokollen der Nationalversammlung nachsehen…

CHAMPBOURCY Meine Herren, wenn Sie Ihren privaten Dickschädel nicht um der Sache willen absetzen, so wird Ihnen das Stimmrecht entzogen und Sie bleiben zu Hause…

BAUCANTIN Vorsicht, Vorsicht. So einfach geht das nicht.

CORDENBOIS *steht auf* Also. Ich möchte gern sprechen. Nicht weil ich der Ältere bin – denn der bin ich nicht –, sondern weil ich der Vernünftigere bin.

BAUCANTIN Sehr gut.

COLLADAN Das wird sich zeigen.

CORDENBOIS Meine Herren, ich werde mich kurz fassen.

CHAMPBOURCY *freundlich* Wir würden es bedauern.

CORDENBOIS Kapital verpflichtet. Das Volk erwartet von uns etwas Großartiges, Aufsehenerregendes, Unüberbietbares... Ja... Ich glaube, wir würden unseren Eindruck nicht verfehlen, wenn wir Herrn Chevet schrieben und ihn bäten, uns eine getrüffelte Pute zu schicken.

ALLE Hm. Aha. Na ja.

COLLADAN Hört! Hört!

CHAMPBOURCY *läutet die Glocke.* Ruhe, meine Herren! Ich bitte um Erwiderungen. Jeder soll seine Meinung sagen, selbst die albernste...

CORDENBOIS Wie?

CHAMPBOURCY ... hat das Recht, sich Gehör zu verschaffen.

LÉONIDA Ich bin gegen die Trüffel. Ich esse so etwas nicht.

BLANCHE Ich auch nicht.

CHAMPBOURCY Ich möchte dazu sagen: Mir wird schlecht davon.

COLLADAN Bohnen mit Speck wären mir lieber.

CORDENBOIS Wenn Sie gestatten – ich bleibe bei meinem Votum.

CHAMPBOURCY Monsieur Colladan – Sie haben das Wort.

COLLADAN *steht auf.* Ja... also... Meine Damen und Herren – es ist sehr schön draußen. Die Pferde brauchen Auslauf. Ich schlage vor, wir fahren morgen alle auf den Jahrmarkt nach Crépy.

ALLE *murmeln* Aha. Oho. Oje.

LÉONIDA Das hört sich schon besser an.

CORDENBOIS So ein Blödsinn.

COLLADAN Wieso? Wir gucken die Buden an – da gibt es Schlangen, Zauberer und eine Frau, die drei Zentner wiegt – man kann sie anfassen, das ist lustig, bestimmt.

FÉLIX *steht auf.* Entschuldigung, darf ich vorschlagen – zu Ehren von Mademoiselle Blanche geben wir einen Ball!

BLANCHE *leise und rasch zu Felix* Ruhe. Hinsetzen. Halten Sie den Mund.

FÉLIX Wie?

CHAMPBOURCY Monsieur Renaudier, Sie haben das Wort.

BLANCHE Warten Sie ab, bis Papa gesprochen hat.

FÉLIX Ich? Hm – ich – äh – ich verzichte. *Er setzt sich wieder.*

CHAMPBOURCY *steht auf.* Meine Herren!

LÉONIDA UND BLANCHE Ruhe!

CHAMPBOURCY Da die Versammlung in meinem Hause tagt, muß ich als letzter sprechen. Es liegen keine weiteren Wortmeldungen vor. Die Reihe ist an mir. Ich darf Sie um ihre liebenswürdige Aufmerksamkeit bitten.

ALLE Sehr gern. Bitte sehr.

BLANCHE Papa ist groß in Fahrt!

LÉONIDA Mein Gott, wenn wir nur nicht überstimmt werden…

CHAMPBOURCY Meine Herren, Paris ist die Hauptstadt der Welt…

BAUCANTIN *leise* Bravo.

CHAMPBOURCY Au, mein Zahn. Paris – das bedeutet Heilung – *er verbessert sich* – Heil und Segen, Glanz und Ruhm der französischen Kunst, Industrie und Vergnügung. Ich mache also den Vorschlag, einen Tag in Paris zu verbringen.

LÉONIDA UND BLANCHE Bravo! Bravo!

COLLADAN Erlauben Sie – ich kenne Paris… ja doch… Ich bin dort vor einundvierzig Jahren einmal durchgefahren, auf dem Wege nach Poissy.

CORDENBOIS Eine Reise. Das ist nichts zum Essen. Es war die Rede vom Sparschweinschlachten – das spricht den Magen an, und da wäre eine Pute…

CHAMPBOURCY Aber Sie könne mich nicht zwingen, Trüffel zu essen, die mir nicht bekommen.

CORDENBOIS Sie können mich nicht zwingen, nach Paris zu fahren.

CHAMPBOURCY Ich nicht. Aber meine Mehrheit kann Sie zwingen.

CORDENBOIS Ja, wenn Sie eine Mehrheit zustande bringen.

FÉLIX Also – stimmen wir ab.

ALLE Abstimmen. Abstimmen. *Alle stehen auf außer Blanche.*

BAUCANTIN *stellt den Leuchtertisch an seinen Platz.* Ich biete mich für das Amt des Wahlleiters an.

CHAMPBOURCY Angenommen. Sammeln Sie die Stimmen ein. *Er gibt ihm einen Hut.* *Alle außer Blanche und Baucantin füllen ihren Stimmzettel aus und werfen ihn in den Hut.*

BLANCHE *zu Félix* Schreiben Sie Paris.

FÉLIX Und was wird mit unserem Ball?

BLANCHE Hören Sie doch auf mit Ihrem Ball! Das ist mir viel zu langweilig.

BAUCANTIN Gibt es noch irgendwelche Beanstandungen? Nichts? Der Wahlvorgang ist abgeschlossen.

CHAMPBOURCY Und nun die Auswertung.

FÉLIX Ich werde Protokoll führen.

BAUCANTIN *zieht die Stimmzettel aus dem Hut und liest mit feierlicher Stimme vor.* Eine getrüffelte Pute.

CORDENBOIS Bravo!

BAUCANTIN Ruhe. *Er liest.* Paris. *Zu Félix* Haben Sie? *Er nimmt einen weiteren Zettel.* Paris... Jahrmarkt in Crépy.

COLLADAN Sehr gut.

BAUCANTIN Der letzte Stimmzettel. *Er schüttelt den Hut, liest vor.* Paris.

ALLE Oh!

BAUCANTIN Ruhe! *Er liest mit gewichtiger Stimme das Papier, das ihm Félix übergibt.* Ergebnis der Auszählung... Zahl der Stimmberechtigten: fünf. Absolute Mehrheit: drei.

COLLADAN *zu Cordenbois* Ein einwandfreier Auszähler.

CORDENBOIS Aber wir sind überstimmt worden, Colladan.

BAUCANTIN *liest vor* Dreimal Paris, einmal Pute und einmal Jahrmarkt in Crépy. Ich stelle fest, Paris vereinigt die Mehrheit der Stimmen auf sich. Die Entscheidung ist gefallen: eine Reise nach Paris.

LÉONIDA, BLANCHE, FÉLIX, CHAMPBOURCY Bravo! Bravo!

BAUCANTIN Ein Glück, daß ich nicht beteiligt bin. In der Eisenbahn wird mir immer schlecht.

CORDENBOIS Na ja, das Essen soll ja in Paris auch nicht übel sein.

COLLADAN Wir werden in die neuen Markthallen gehen und in die Schlachthäuser – ich habe einen Cousin, der ist dort Schlachter.

CHAMPBOURCY Noch etwas – da wir voraussichtlich vierhunderteinundneunzig Francs und zwanzig Centimes nicht an einem Tag ausgeben werden, ist ein jeder von uns berechtigt, einen kleinen Privatkauf vom Spielkassengeld zu tätigen.

COLLADAN Sehr gut! Ich brauche eine Hacke. Ich werde mir eine Hacke kaufen.

CORDENBOIS Und ich werde in Paris eine gewisse Adresse aufsuchen...

BLANCHE Was für eine Adresse, Monsieur Cordenbois?

CORDENBOIS Ach nichts. Jeder sucht das Glück auf seine Weise, Mademoiselle Blanche.

BAUCANTIN Monsieur Champbourcy – Ihre Lampe geht aus.

CHAMPBOURCY Der Docht. *Zu Cordenbois* Heben Sie die Glocke ab.

CORDENBOIS Nein, ich gehe schlafen.

COLLADAN Gehen wir zu Bett.

Alle stehen auf außer Blanche und Félix.

CHAMPBOURCY Wir fahren morgen früh mit dem ersten Zug, um fünf Uhr fünfundzwanzig.

BLANCHE Sie werden früh aufstehen müssen, Félix.

FÉLIX Ja, es war ein großer Tag.

BLANCHE *lacht.* Wer wird Sie wecken?

FÉLIX Die Liebe, Mademoiselle Blanche, die Liebe.

BLANCHE Sie sollten trotzdem dem Hausmeister Bescheid sagen.

ALLE Bis morgen, bis morgen.

Sie gehen nach hinten; Champbourcy nimmt die Lampe, die auf dem Spieltisch steht, Léonida die vom Kamin; sie begleiten Félix, Colladan, Cordenbois und Baucantin bis zur Tür im Hintergrund.

Vorhang

II

I

In Paris. Der prachtvoll ausgestattete Saal eines Restaurants. Türen rechts und links im Hintergrund, zwei weitere an beiden Seiten auf der mittleren Tiefe der Bühne. Im Hintergrund eine reizvoll dekorierte Auslage, Tische, Stühle.

Sylvain, Benjamin.

SYLVAIN *kommt durch die rechte hintere Tür und sieht sich um; betrachtet die Wanddekorationen und die Auslage.* Oh... Nein, es ist zu schön hier! *Er geht wieder hinaus.*

BENJAMIN *kommt von links vorne, rückt einige Tischtücher zurecht; Sylvain kommt wieder herein.* Sie wünschen, mein Herr?

SYLVAIN Eine Auskunft, bitteschön.

BENJAMIN Haben wir nicht.

SYLVAIN Hören Sie, ich habe gestern auf dem Bahnhof eine junge Dame kennengelernt – eine wunderschöne Frau. Miranda Mimose...

BENJAMIN Ah. Mimi. Ich kenne sie.

SYLVAIN Ich habe ein Rendezvous mit ihr – hier.

BENJAMIN Am frühen Morgen?

SYLVAIN Nein, um elf. Ich wollte mich nur vorher erkundigen, was man hier so bekommt...

BENJAMIN Was Sie wollen.

SYLVAIN ... für siebzehn Francs?

BENJAMIN Für siebzehn Francs bekommen Sie natürlich nahezu nichts.

SYLVAIN Und was wäre das?

BENJAMIN Nahezu nichts wäre ein hartgekochtes Ei in Senfsoße. Oder anderthalb Pfannkuchen. Eine Schüssel Sauerkraut.

SYLVAIN Mein Problem ist: Ich muß für siebzehn Francs in einem Séparée eine anständige Mahlzeit für zwei Personen bekommen. Sonst ist alles aus...

BENJAMIN Ja, da befinden Sie sich wirklich in einer verzweifelten Lage.

SYLVAIN Mein Gott, haben Sie denn nicht irgend etwas Liebliches zu einem lieblichen Preis?

BENJAMIN Ein Dessert?

SYLVAIN Ja, das wäre doch was! Nicht das übliche Essen mit seinen langweiligen Gängen – sondern ein riesiger, unaufhörlicher Nachtisch. Ich glaube, ich stecke mein ganzes Geld in das Dessert. Was können Sie mir denn empfehlen?

BENJAMIN Für siebzehn Francs? Nun, zwei ausgezeichnete Pflaumen in Vanille-Créme.

SYLVAIN Pflaumen – Sie machen Witze!

BENJAMIN Gestatten Sie eine Frage: was wollen Sie hier in Paris mit so entsetzlich wenig Geld? Sie kommen vom Land, nicht wahr?

SYLVAIN Ach ja. Mein Vater ist Bauer in La Ferté-sous-Jouarre. Und ich soll auch Bauer werden. Er hat mich in die Landwirtschaftsschule von Grignon gesteckt. Aber ich bin nach drei Tagen wieder davongelaufen. Nur Drecksarbeit.

BENJAMIN Und was machen Sie, wenn der Herr Papa erfährt, daß Sie ausgerissen sind?

SYLVAIN Oh, ich bin ja nicht auf den Kopf gefallen. Ich schreibe ihm jeden Monat einen Brief und bringe ihn in Grignon auf die Post. Gleichzeitig hole ich mir dort meine hundert Francs ab.

BENJAMIN Hundert Francs im Monat? Das ist mager.

SYLVAIN Für die ersten Tage des Monats ist es eine ganze Menge. Aber nach dem Fünften wird es schwierig. Was verdienen Sie denn so?

BENJAMIN Das kommt auf das Trinkgeld an. Ungefähr dreihundert Francs im Monat.

SYLVAIN Alle Achtung – dafür würde ich mich nicht schämen, die Leute zu bedienen.

BENJAMIN *gekränkt* Schämen müßten sich eigentlich gewisse Leute, die ein Séparée bestellen, obwohl sie nur siebzehn Francs in der Tasche haben.

SYLVAIN Kommen Sie, setzen wir uns. *Sie setzen sich, Sylvain holt sein Zigarrenetui hervor.* Nehmen Sie eine Zigarre?

BENJAMIN Gern. *Er nimmt eine und prüft sie.* Aha, das sind Zigarren zu einem Sous das Stück – danke. *Er reicht sie zurück.*

SYLVAIN Eine gute Zigarre wäre Ihnen wohl lieber?

BENJAMIN Ich rauche nur Havanna.

SYLVAIN *zündet seine Zigarre an.* Sag mal, wie heißt du eigentlich.

BENJAMIN Benjamin. Aber bitte – duzen Sie mich nicht.

SYLVIAN Und als Kellner läuft man immer so gut frisiert herum, nicht? Und raucht nur Havanna? Und bekommt laufend Frauen zu sehen, nicht?

BENJAMIN Ja, aber es ist anstrengend.

SYLVAIN Für mich nicht. Ich habe nämlich festgestellt, daß ich mich leidenschaftlich für Frauen interessiere. Und deshalb bin ich der Meinung, daß ich für den Kellner-Beruf sehr geeignet bin.

BENJAMIN Meinen Sie das ernst?

SYLVIAN Sag mir Bescheid, wenn du mal von einer freien Stelle hörst.

BENJAMIN Einer unserer Hilfskellner ist gestern rausgeflogen. Wenn Sie wollen, lerne ich Sie an.

SYLVAIN Aber als Hilfskellner bekomme ich keine Trinkgelder.

BENJAMIN Ich könnte Ihnen zehn Prozent von meinen garantieren.

SYLVAIN Das würdest du tun? Du bist ein netter Kerl.

BENJAMIN Nun dürfen Sie mich aber wirklich nicht mehr duzen.

SYLVAIN Natürlich nicht. Sagen Sie, Monsieur Benjamin – was machen wir denn bloß mit meinem Rendezvous?

BENJAMIN Ich schlage vor, Sie geben mir Ihre siebzehn Francs, und ich serviere Ihnen dafür mein Mittagessen, die Mahlzeit, die für das Personal bestimmt ist. Aufgeteilt in zwei Portionen.

SYLVAIN Was gibt es denn heute für euch?

BENJAMIN Chinese Chicken.

SYLVAIN Was?

BENJAMIN Hühnerbrust mit Sojabohnen und Bambussprossen.

SYLVAIN Donnerwetter. Und das fürs Personal! Einverstanden...

BENJAMIN Zweimal Chinese Chicken ins Séparée Nummero vier. Geht in Ordnung.

SYLVAIN Ich verschwinde jetzt. Wenn Miranda vor mir da ist, kannst du ihr ruhig ein bißchen Gesellschaft leisten.

BENJAMIN Ich kümmere mich um sie.

SYLVAIN Und nach dem Essen trinkst du einen Kaffee mit uns...
Adieu. *Er schüttelt Benjamin die Hand und geht hinaus.*

2

Benjamin, darauf Champbourcy, Colladan, Cordenbois, Léonida, Blanche.

BENJAMIN Ein Naturbursche, ein Wilder. Diese Leute vom Land
stehen den Tieren doch näher als den Menschen. Aber man
wird ihm Manieren beibringen können, er ist nicht auf den
Kopf gefallen. *Er geht nach vorne links ab.*
*Von draußen hört man Rufe: Haltet den Dieb! Da läuft er!
Haltet ihn! Kurz danach kommen Champbourcy und seine
Leute ins Restaurant gestürzt. Sie sind über und über bepackt
mit kleinen Täschchen, Paketen und Beuteln.*

CHAMPBOURCY Das hätten wir geschafft. Dem sind wir ent-
wischt.

BLANCHE Ein rasanter Kerl.

CORDENBOIS Wie leicht hätte er uns etwas stehlen können.

CHAMPBOURCY Er ist ganz nahe an mir vorbeigekommen – als
ich da vorne stand und mir die Auslage anschaute. Wenn ich die
Hand ausgestreckt hätte, hätte ich ihn festhalten können.

CORDENBOIS Das hätten Sie von Rechts wegen tun müssen.

CHAMPBOURCY Ich? Das geht mich nichts an. Ich bin doch nicht
nach Paris gekommen, um Diebe zu fangen.

COLLADAN Ich muß sagen, ich bin begeistert. Ich war Augen-
zeuge eine echten Verbrechens. Ich hatte noch nie einen Dieb
gesehen.

CORDENBOIS Ach, in Paris wimmelt es von Dieben. Man erkennt sie nur nicht. Erst, wenn man einen stehlen sieht, weiß
man: Aha, das ist ein Dieb.

COLLADAN Ja, eigentlich sah er aus wie jedermann. Und doch
hatte er so etwas Eigenes...

BLANCHE Mut hatte er.

LÉONIDA Und Kraft in den Beinen. Wie er lief, wie er lief!

CHAMPBOURCY *bemerkt Benjamin, der hereingekommen ist.*
Hallo, Herr Ober.

BENJAMIN Mein Herr...

CHAMPBOURCY Kann man hier zu Mittag essen?

BENJAMIN Und wann bitte?

CHAMPBOURCY Sofort. Ich sterbe vor Hunger.

BENJAMIN Gewiß, mein Herr. Wünschen die Herrschaften ein Séparée?

ALLE *schockiert* Wie bitte?

LÉONIDA Hören Sie mal, Sie Flegel, für wen halten Sie uns?

CHAMPBOURCY Recht so, Schwester. Wir müssen hier unseren Anstand verteidigen.

BLANCHE Séparée – davon hat man doch schon gehört. Da drükken sich die reichen Herren mit ihren Nähmädchen herum.

CORDENBOIS Die sogenannte käufliche Liebe soll ja in Paris weit verbreitet sein.

COLLADAN Seien Sie still, davon will ich nichts wissen.

BENJAMIN Beruhigen Sie sich, meine Herrschaften. Ich habe nicht sofort bemerkt, daß Sie vom Lande – von auswärts kommen.

CHAMPBOURCY Was soll das heißen?

CORDENBOIS Er meint, er hat uns für Pariser gehalten. Es ist gewissermaßen ein Kompliment.

CHAMPBOURCY Also, machen Sie keine Komplimente, sondern bringen Sie die Speisekarte.

BENJAMIN Sehr wohl, mein Herr.
Champbourcy legt seinen Schirm auf einen Tisch, die anderen entledigen sich ihrer Päckchen, Beutel und Taschen und verteilen sie auf die verschiedenen Tische.

CHAMPBOURCY Hast du alle deine Besorgungen erledigt, Schwester?

LÉONIDA Ja, nur die Kasserolle für Madame Dufralin habe ich nicht mitgenommen. Sie war mir zu schwer.

BLANCHE Und ich bin überhaupt nicht in die Kaufhäuser gekommen, weil ich Papa beim Zahnarzt die Hand halten mußte.

CHAMPBOURCY Sei still, Blanche! Es wird sich noch eine Gelegenheit finden.

COLLADAN Ich habe ein Paar Stiefel mitgenommen. In den Schlachthäusern muß man manchmal durch Blut waten.

BLANCHE Pfui!

LÉONIDA Und ich habe meine Näharbeiten dabei. Wenn es langweilig wird, dann stricke ich an meinem Schal weiter.

CHAMPBOURCY Gibt es wieder einen Schal für mich, Schwesterchen?

LÉONIDA Für dich? Nein... das heißt, wir werden sehen.

CORDENBOIS Ich habe eine kleine Reiseapotheke zusammengestellt. Wir können also bedenkenlos essen und trinken, soviel wir wollen. Ich bin gut ausgerüstet für Magenkrämpfe, Durchfall, Verstopfungen und dergleichen.

CHAMPBOURCY Sehr gut. Ich schlage vor, wir erklären dieses Restaurant zum Hauptquartier unserer Pariser Kampagne. Von hier aus stoßen wir in die einzelnen Eroberungsgebiete vor, und hierher ziehen wir uns bei drohenden Gefahren wieder zurück. Wenn es uns hier gefällt, kommen wir zum Abendessen wieder her.

CORDENBOIS Oh nein. Abends gehen wir ins Vefour.

CHAMPBOURCY Ins Vefour? Das kann kein Mensch bezahlen.

LÉONIDA Ihre Großmannssucht, Monsieur Cordenbois, unterstützen wir nicht.

CORDENBOIS Hätten Sie nicht so viele Geschenke gekauft, würde das Spielkassengeld auch noch fürs Vefour reichen.

LÉONIDA Meine Geschenke gehen Sie gar nichts an, ich habe sie von meinem eigenen Geld gekauft.

CORDENBOIS Ich muß ins Vefour. Ich habe mir geschworen, einmal im Vefour zu Abend zu essen, und wenn ich dafür meinen Anzug versetzen müßte.

COLLADAN Ohne Anzug kommen Sie gar nicht hinein.

CHAMPBOURCY Also, wir werden abstimmen, wenn es soweit ist. Aber das eine sage ich Ihnen: Wenn wir hier in Paris unsere üblichen Streitereien anfangen und wenn jeder macht, was er will, dann, dann... wird die ganze Reise ein Reinfall. Meine Herren, wir befinden uns jetzt in Paris, in der Hauptstadt der Welt, und folglich befinden wir uns auch inmitten aller erdenklichen Gefahren, finsteren Umtriebe, Fallen und Tücken, welche diese Welt ausgeboren hat – ich erinnere an die Diebe und die Séparées; wenn nicht jeder einzelne von uns, wenn wir nicht alle gemeinsam, wir Bouillotte-Spieler aus Ferté-sous-Jouarre, mit eiserner Geschlossenheit uns gegen alle Anfechtungen zur Wehr setzen, dann... dann... ist die Reise im Eimer.

BLANCHE Für mich ist die Reise schon jetzt ein Reinfall. Monsieur Félix hat gekniffen.

COLLADAN Er hat bestimmt den Zug verpaßt. Notare sind von Natur aus keine Frühaufsteher.

LÉONIDA Ich bin entsetzlich müde. Ich muß mich ausruhen.
Léonida und Blanche setzen sich.

CHAMPBOURCY Schon? Aber wir haben noch gar nichts gesehen!

CORDENBOIS Und wer ist schuld daran? Bis jetzt kennen wir von Paris nur das Wartezimmer eines Zahnarztes. Weil Sie sich unbedingt von unserem Geld einen Zahn ausreißen lassen mußten. Der Herr sorgt für sich selbst zuerst.

CHAMPBOURCY Monsieur Cordenbois. Gott möge alles Unheil von Ihnen abwenden, aber stellen Sie sich vor, wir besteigen, wie beabsichtigt, nachher den Turm Saint Jacques, wir sind entzückt und ausgelassen, doch Sie, wie der böse Zufall so spielt, stürzen plötzlich ab…

ALLE Oh!

CHAMPBOURCY Sie stürzen ab und brechen sich beide Arme und beide Beine, wenn nicht obendrein das Genick.

CORDENBOIS Hören Sie auf, das ist ja furchtbar.

CHAMPBOURCY Glauben Sie nicht, daß ich der erste wäre, der Ihnen zu Hilfe eilte und Sie in das nächste Krankenhaus transportieren ließe?

BENJAMIN *kommt mit einer Karte, die in einen Zierrahmen eingelegt ist.* Bitte sehr, die Speisekarte.

ALLE Na endlich.

CHAMPBOURCY *nimmt die Karte.* Geben Sie her – das ist meine Sache.

CORDENBOIS Ihre Sache, Ihre Sache – die Karte ist für uns alle da.

CHAMPBOURCY Aha, man spricht mir das Mißtrauen aus. Bitte, wenn Sie alle mitregieren wollen, danke ich ab.

BLANCHE Papa!

LÉONIDA Meine Herren!

CHAMPBOURCY Nein – Monsieur Cordenbois meldet seinen Führungsanspruch an.

CORDENBOIS Ich? Ich habe nichts gesagt.

CHAMPBOURCY Dann halten Sie künftig den Mund.

COLLADAN Los, bestellen wir rasch etwas – das heißt, wir müssen diesem Herrn *er deutet auf Benjamin* zuerst erklären, daß wir eine kleine Gesellschaft sind, die nach Paris gekommen ist, um einmal sündhaft gut zu essen.

CHAMPBOURCY Ohne sündhaft viel Geld auszugeben.

COLLADAN *zu Benjamin* Wissen Sie, wir haben eine Spielkasse geplündert – das Geld ist uns sozusagen in den Schoß gefallen.

BENJAMIN *argwöhnisch* Ah, Sie haben also...

COLLADAN Genau. Wir haben das Schwein geschlachtet. Und jetzt wollen wir die Beute auf den Kopf schlagen.

BENJAMIN Ich verstehe. Sie dürfen auf unsere ergebenste Diskretion vertrauen.

CHAMPBOURCY Auf Diskretion legen wir gar keinen Wert. Im Gegenteil. Wir wollen heute abend als gefeierte Lebenskünstler in unsere Heimatstadt zurückkehren, nicht wahr?

LÉONIDA Und deshalb müssen wir jetzt gleich etwas ganz Außerordentliches zu uns nehmen.

CORDENBOIS *sieht auf die Karte.* Nun, Sie haben ja hier, im Grunde genommen... alles.

CHAMPBOURCY Empfehlen Sie uns etwas, junger Mann.

BENJAMIN Vielleicht darf ich Ihnen Lammkoteletts ›Charlemagne‹ anbieten.

CHAMPBOURCY Sie wollen uns doch nicht im Ernst hier, mitten in Paris, ein Stück Hammelfleisch vorsetzen?!

CORDENBOIS Das essen wir jeden Tag.

COLLADAN Und wie wäre es mit einem Filet ›Chateaubriand‹?

LÉONIDA Um Himmels willen – bloß kein Rindfleisch.

COLLADAN Rindfleisch kommt überhaupt nicht in Frage.

CHAMPBOURCY Wenn Sie glauben, Sie hätten es mit Allesfressern zu tun, dann täuschen Sie sich. Wir wollen weder Rind-, noch Hammel-, noch Kalbfleisch, kein Geflügel, keinen Fisch.

COLLADAN Keine Kartoffeln, keine Mohrrüben, keinen Kohl.

BENJAMIN Dann darf ich vorschlagen: Für die Damen zunächst einmal eine Scheibe Melone.

CORDENBOIS Oh ja, Melone ist sehr erfrischend.

BLANCHE Ich schwärme für Melonen.

LÉONIDA Ich auch. Schade, daß Monsieur Cordenbois so einfallslos ist und dasselbe bestellt wie die Damen.

CORDENBOIS Sind sie Ihnen etwa eingefallen, die Melonen? Durchaus nicht.

BENJAMIN *will hinausgehen.* Drei Scheiben Melone.

CHAMPBOURCY *rasch* Einen Augenblick! *Zu Colladan und Cordenbois* Wir müssen erst nachsehen, was das kostet. Bei diesen Burschen weiß man nie so genau. *Er sieht auf die Karte.* Eine Scheibe Melone – ein Franc!

CORDENBOIS Und das im Februar! Geschenkt.

COLLADAN Geschenkt.

CHAMPBOURCY Drei Scheiben Melone. *Er reicht die Karte Cordenbois.*

BENJAMIN Sehr wohl, mein Herr. Und danach?

CORDENBOIS *liest in der Karte.* Schlachtplatte à la Nero.

ALLE Oh.

LÉONIDA Wie geschmacklos.

CORDENBOIS Gibt es Trüffel dazu?

BENJAMIN Ja.

CORDENBOIS Das nehme ich.

CHAMPBOURCY Wieviel?

CORDENBOIS Zwei Francs.

CHAMPBOURCY Das ist nicht teuer.

CORDENBOIS Das ist nicht teuer.

CHAMPBOURCY *leise* Ich hatte eine gute Nase, als ich Sie hier-herführte – sehr vernünftige Preise. *Laut zu Benjamin* Sie bringen uns eine Schlachtplatte à la Nero.

CORDENBOIS Aber ohne Blut.

Die Männer lachen.

BENJAMIN *für sich* Was sind das bloß für Leute? *Laut* Sehr wohl, mein Herr. Und anschließend?

CHAMPBOURCY Anschließend? Darauf muß nun wirklich etwas Ungeheures, Unausdenkliches, Phänomenales folgen.

COLLADAN Jedenfalls keine Würste.

CORDENBOIS *studiert die Karte.* Warten Sie. Ich glaube, ich habe es. *Er liest vor.* Tournedos ›Traum des Deputierten‹.

CHAMPBOURCY Aha. Das klingt genau richtig. Was ist das?

BENJAMIN Das ist ein neues Gericht – Rehmedaillons eingelegt in Wachtelpüree und gebunden in Anschovisbrühe, dazu Oliven, marinierte Austern, Salate, Trüffel.

LÉONIDA Ich bin dafür.

BLANCHE Ich auch.

CHAMPBOURCY Unbedingt!

CORDENBOIS Ich bin auch dafür.

CHAMPBOURCY Was soll das heißen? Sie haben doch eben eine Schlachtplatte à la Nero bestellt.

CORDENBOIS Richtig. Erst esse ich die Schlachtplatte à la Nero und anschließend den Traum des Deputierten.

LÉONIDA Aber nicht von unserem Geld.

COLLADAN Das ist kein Spaß. *Zu Benjamin* Er ist wirklich ein gewaltiger Esser.

CORDENBOIS Die Schlachtplatte bezahle ich aus der eigenen Tasche.

CHAMPBOURCY Also, Sie haben es gehört. Fünfmal Tournedos Traum des Deputierten, aber picobello.

BENJAMIN Sehr wohl, mein Herr.

LÉONIDA Ich möchte eine kleine Süßigkeit für die Damen bestellen.

BLANCHE O ja.

COLLADAN Und einen Roquefort.

CHAMPBOURCY Was haben Sie denn für Nachspeisen?

BENJAMIN Ich kann Ihnen einen Windbeutel à la Radetzki empfehlen oder vielleicht ein Froufrou à la Pompadour.

CHAMPBOURCY Bitte, keine schlüpfrigen Desserts. Das ist nichts für meine Tochter.

CORDENBOIS Ein Windbeutel bringt immer ein bißchen frische Luft in den Magen.

Alle beginnen zu lachen.

CHAMPBOURCY Also, einen Windbeutel für fünf Personen. Oder besser gesagt: einen Sturm-Beutel.

Alle lachen noch mehr.

CORDENBOIS Einen Orkan-Beutel.

Ein gewaltiger Ausbruch von Gelächter.

BENJAMIN *für sich* Das sind wahrscheinlich Komiker aus einem Provinztheater.

COLLADAN *stößt Benjamin mit der Faust an.* Eine Windhose.

Alle hören auf zu lachen.

CHAMPBOURCY Nein. Einen einfachen hübschen Windbeutel. Schluß damit.

CORDENBOIS *zu Benjamin* Wird es lange dauern?

BENJAMIN Sofort – ein halbes Stündchen. *Er geht ab.*

CHAMPBOURCY Eine halbe Stunde! Wir müssen etwas unternehmen währenddessen. Ich schlage vor, wir steigen in die Vendôme-Säule.

BLANCHE Und wann gehen wir endlich in die Kaufhäuser?

COLLADAN Ich muß unbedingt in dieses Schlachthaus, zu meinem Cousin.

CHAMPBOURCY Sie haben nur Ihre privaten Besorgungen im Kopf. Die nationalen Kulturdenkmäler sind Ihnen vollkommen gleichgültig. Das nenne ich Barbarei. Die Vendôme-Säule hat Kaiser Napoléon in einem Stück aus Ägypten mitgebracht.

CORDENBOIS Oh, ich glaube, Sie irren sich. Der Obelisk wurde in einem Stück aus Ägypten hierher transportiert, nicht die Vendôme-Säule, und auch nicht unter Napoléon, sondern unter Louis-Philippe.

CHAMPBOURCY Wenn Sie wüßten, wie mich Ihre kleinliche Besserwisserei anödet...

LÉONIDA Théophile, bitte bleib bei mir.

CHAMPBOURCY Was?

LÉONIDA Ich muß dich sprechen. Mir ist schlecht.

CHAMPBOURCY Jetzt? Was ist denn los?

LÉONIDA Ich habe dir ein Geständnis zu machen.

BLANCHE *kommt zu Léonida.* Komm, Tante, wir gehen heimlich in die Kaufhäuser.

CHAMPBOURCY Deine Tante fühlt sich nicht wohl. Aber geh du nur mit Monsieur Colladan.

BLANCHE Ins Schlachthaus?

COLLADAN Wir werden einen kleinen Einkaufsbummel machen. Kommen Sie, Mademoiselle Blanche. *Sie gehen nach hinten.*

CORDENBOIS Ich habe auch noch eine kleine Besorgung zu machen. Ich bin zum Essen wieder zurück. *Er geht ebenfalls nach hinten.*

3

Léonida, Champbourcy.

CHAMPBOURCY Sie denken alle nur ans Kaufen. Das ist enttäuschend.

LÉONIDA Ich nicht, Théophile, glaub mir.

CHAMPBOURCY Du interessierst dich ja überhaupt nicht für Paris. Dir wird es gleich übel.

LÉONIDA Mir ist übel, weil ich solche Angst vor dir habe.

CHAMPBOURCY Angst vor mir? Das ist neu.

LÉONIDA Es ist – ich weiß nicht, wie ich es dir sagen soll.

CHAMPBOURCY Du hast wohl etwas im Abteil vergessen? Ach du lieber Gott.

LÉONIDA Nein. Ich habe nichts im Abteil vergessen. *Erregt* Théophile, du bist mein Bruder, mein einziger Freund – schwöre mir, daß du mich Armselige nicht verstoßen wirst!

CHAMPBOURCY *erstaunt* Ich?

LÉONIDA Schwöre es!

CHAMPBOURCY Selbst wenn ich es wollte, das Gesetz würde es mir verbieten.

LÉONIDA *überwindet sich.* Théophile – ich habe einen Fehltritt getan.

CHAMPBOURCY Du? *Er sieht sie ungläubig an.* Ach was.

LÉONIDA Ich habe mich mit Schuld beladen – mit großer Schuld. Ich hätte dich um Erlaubnis fragen müssen.

CHAMPBOURCY *aufgebracht* Die hättest du niemals bekommen!

LÉONIDA Erinnerst du dich an die junge Dame, deren Anzeige du immer in der Zeitung liest?

CHAMPBOURCY Ich kenne sie doch gar nicht.

LÉONIDA ›Gemeinsamer Wohnsitz in einer günstig gelegenen Kleinstadt erwünscht.‹

CHAMPBOURCY Ja richtig. Nun?

LÉONIDA Théophile! *Sie überwindet sich.* Das bin ich!

CHAMPBOURCY Du? Pfui Teufel!

LÉONIDA Bitte, sei nicht grob zu mir.

CHAMPBOURCY Dafür hast du dein Geld herausgeschmissen. Es ist natürlich niemand drauf reingefallen. Das geschieht dir recht.

LÉONIDA Doch. Es ist jemand drauf reingefallen *sie verbessert sich* ich meine, es hat geklappt.

CHAMPBOURCY Was? Du hast einen Kerl gefunden?

LÉONIDA Lies diesen Brief – ich habe ihn gestern in Ferté-sous-Jouarre erhalten.

CHAMPBOURCY *öffnet den Brief.* Unterschrift X – was soll das heißen, X?

LÉONIDA Monsieur Cocarel, der Vermittler, ein sehr gefälliger Herr.

CHAMPBOURCY Aha, der Roßtäuscher.

LÉONIDA Théophile!

CHAMPBOURCY *liest* Mademoiselle, eilen Sie herbei – eine außerordentliche Gelegenheit für Sie: Herr in gehobener Position, dunkelhaarig, heiteres Gemüt, beste Gesundheit, persönliches Kennenlernen morgen abend...

LÉONIDA Heute.

CHAMPBOURCY ... um acht Uhr in meinem Salon in der Rue Joubert 55. Seien Sie pünktlich und bringen Sie Verwandtschaft mit. – Man hätte ihm schreiben müssen, daß wir heute alle hier in Paris sind.

LÉONIDA Das ist geschehen. Gestern abend, als ich nicht einschlafen konnte, habe ich ein Telegramm geschickt.

CHAMPBOURCY Für vierzig Sous! Dir gehts gut, was.

LÉONIDA Lieber, guter Théophile, wirst du mir wohl deinen starken Arm reichen und mich in diesen Schicksals-Salon begleiten?

CHAMPBOURCY Selbstverständlich. Wir gehen heute abend allesamt dorthin.

LÉONIDA Wie? Colladan und Cordenbois auch?

CHAMPBOURCY Sie brauchen den wahren Zweck des Besuchs nicht zu erfahren. Hauptsache, wir geben ein starkes Familienbild ab.

LÉONIDA *gerührt* Du bist wundervoll.

CHAMPBOURCY Ich hätte nie geglaubt, daß es noch einmal klappen würde.

LÉONIDA Bald werden wir uns trennen müssen. Nach vierzig Jahren. *Sie umarmt ihn.* Oh, bitte, sag mir, daß du mir nicht böse bist.

CHAMPBOURCY Ich? *Er nimmt ihre Hand.* Im Gegenteil, mein liebes Kind. Ich bin recht zufrieden.

LÉONIDA Wenn ich daran denke, daß ich dich verlassen soll, möchte ich am liebsten bei dir bleiben.

CHAMPBOURCY Mir geht es anders. Wenn ich daran denke, daß du mich verlassen wirst, freue ich mich richtig darauf.

LÉONIDA Wie meinst du das?

CHAMPBOURCY Weißt du, seit einigen Jahren bist du nicht mehr dieselbe wie früher. Dein Charakter hat sich verschlechtert. Früher warst du schüchtern und zart, wenn auch unansehnlich. Jetzt bist du meistens gereizt und aufdringlich und dazu noch viel unansehnlicher.

LÉONIDA Du bist so gemein, so hemmungslos gemein.

CHAMPBOURCY Unter Geschwistern darf man mal ein offenes Wort riskieren.

LÉONIDA Das ist der Dank dafür, daß ich die besten Jahre meines Lebens einem faulen und eitlen Rentier hingeopfert habe. Natürlich, ich habe mich vernachlässigt – weil ich dir gedient habe wie eine Kuhmagd.

CHAMPBOURCY Du übertreibst, Schwester.

LÉONIDA Aber damit ist Schluß jetzt. Sieh zu, wie du alleine mit dir fertig wirst. Ich werde ein neues Leben beginnen, ein ganz verrücktes Leben.

CHAMPBOURCY Sei still, da kommen die anderen.

4

Champbourcy, Léonida, Colladan, Blanche, darauf Benjamin, später Sylvain, dann Cordenbois.

COLLADAN Ich habe mir eine Hacke gekauft, *Er zeigt sie vor.* Ist das nicht ein Prachtstück?

BLANCHE *legt eine Menge kleiner Pakete auf den Tisch.* Glauben Sie ja nicht, daß es angenehm ist, mit einem Herrn spazieren zu gehen, der eine Spitzhacke mit sich trägt.

CHAMPBOURCY *beobachtet erstaunt Blanche, die einige Pakete öffnet.* Was hast du denn da, Blanche?

BLANCHE Ach, ich habe ein paar lustige Kleinigkeiten eingekauft.

Benjamin kommt und beginnt das Essen zu servieren.

CHAMPBOURCY *sieht sich die Sachen an.* Lustige Kleinigkeiten? Armbänder, Ringe, eine Brille, Hutnadeln, Parfumfläschchen...

LÉONIDA Lauter Imitationen.

COLLADAN Kinkerlitzchen.

BLANCHE Aber wie es glitzert und funkelt – sieh mal, dies Puderdöschen!

CHAMPBOURCY Du hast das ganze Kaufhaus geplündert. Das ist ja krankhaft!

LÉONIDA Ein bißchen unheimlich ist es schon, Blanche.

BENJAMIN *für sich* Mir kommt die ganze Bagage schon lange unheimlich vor.

BLANCHE Ihr hackt alle auf mir herum. Es hat mir so viel Freude gemacht, und ich wollte das alles unter euch verteilen.

BENJAMIN Meine Herrschaften, es ist serviert.

CHAMPBOURCY Wir kommen sofort. Monsieur Cordenbois ist natürlich noch nicht zurück.

LÉONIDA Er findet das Lokal bestimmt nicht wieder. *Alle begeben sich zu Tisch.* Die Melone duftet – herrlich!

CHAMPBOURCY Der Tag hat gut angefangen. Ich fühle mich sehr wohl.

COLLADAN Aber die Schlachtplatte sieht kümmerlich aus. Na ja, ich esse sowieso nichts davon.

BLANCHE Herr Ober! Der Tischwein macht müde. Ich möchte gern Champagner trinken.

CHAMPBOURCY Ich glaube, jetzt ist sie verrückt geworden.

BLANCHE Haben Sie nicht eine preisgünstige Marke, einen einfachen Tisch-Champagner?

BENJAMIN Leider nicht, mein Fräulein. Ich könnte Ihnen allenfalls eine angebrochene Flasche bringen, die ein Gast auf Nummer Sechs stehen ließ.

BLANCHE Jawohl, bringen Sie die.

Benjamin geht ab.

CHAMPBOURCY Weißt du denn, was das kostet?

BLANCHE Eine angebrochene Flasche? Dafür bekommt er nur ein Trinkgeld.

CHAMPBOURCY Meinetwegen. Ich will mich nicht lumpen lassen. Aber wenn du einen Schwips bekommst, dann ist es aus mit der Freundschaft.

COLLADAN Sie tanzt Ihnen ja hübsch auf der Nasenspitze herum, Ihr Fräulein Tochter. Da muß man mal hart durchgreifen. Anders habe ich meinen Sylvain auch nicht kleingekriegt. *Benjamin bringt den Champagner und entfernt sich wieder nach hinten.*

SYLVAIN *kommt eilig herein und läuft hinter dem Tisch, an dem Champbourcy und seine Leute essen, vorbei zu Benjamin.* Ist sie da?

BENJAMIN Mimi? Nein, noch nicht.

SYLVAIN Dann werde ich hier auf sie warten.

BENJAMIN Ich habe zu tun. Sie stehen mir im Weg.

SYLVAIN Ich werde dir ein bißchen helfen.

BENJAMIN Gut. Hier ist ein Serviertuch. Bringen Sie die Austern rüber.

SYLVAIN Gern. Bis Miranda kommt, kann ich mir noch das Dessert verdienen. *Er serviert die Austern und setzt die Platte vor Colladan so ungeschickt ab, daß einige Austern auf dessen Schoß fallen.*

COLLADAN Können Sie nicht aufpassen, Sie Ochse!

SYLVAIN Oh, Papa...! Entschuldige...! Großer Gott!

COLLADAN Sylvain?!

ALLE Sylvain!

COLLADAN Mein guter Junge! *Er umarmt ihn.* Setz dich zu uns. Wie geht es ihr?

SYLVAIN Ihr? *Er setzt sich.*

COLLADAN Na, der Kuh.

SYLVAIN Der Kuh geht es sehr schlecht.

Benjamin serviert die Tournedos.

CHAMPBOURCY So, das ist also der ›Traum des Deputierten‹. Ich hatte ihn mir verwegener vorgestellt, ein bißchen revolutionärer.

BLANCHE Er sieht aus wie ein gewöhnliches Schnitzel.

LÉONIDA Ich bin gespannt auf die Austern. Sie sollen schlank machen...

BENJAMIN *zu Sylvain* Wünschen der Herr zu speisen?

SYLVAIN Ich? Äh... Nein. Ich habe schon gegessen.

COLLADAN Aber ein Gläschen Champagner wirst du doch mit uns trinken?

SYLVAIN Nein, danke, ich...

COLLADAN Ich will, daß du ein Gläschen mit uns trinkst. Herr Ober, bringen Sie noch ein Glas für meinen Sohn! *Zu Sylvain* Das bringt dich wieder auf die Beine.

BENJAMIN Sofort, mein Herr.

COLLADAN Sag mal, was machst du denn hier in Paris?

SYLVAIN Ich… ich habe meine Kuh in die Klinik nach Alfort gebracht.

COLLADAN Und was meinen die Herren Tierärzte?

SYLVAIN Ich weiß es noch nicht. Ich muß in einer halben Stunde wieder dort sein.

BLANCHE Es duftet nach Lavendel. Riechen Sie so gut, Monsieur Sylvain?

SYLVAIN Ich war beim Friseur. Bei uns in Grignon gibt es ja keinen.

BLANCHE *zu Léonida* Ich finde, er sieht blendend aus – für einen Bauernjungen! Was meinst du, Tante?

LÉONIDA Mir ist er nicht geheuer. Männer mit abstehenden Ohren führen ein abnormes Triebleben.

COLLADAN Und in der Schule – ist alles in Ordnung?

SYLVAIN Alles in Ordnung, Papa.

COLLADAN Und die Märzsaat?

SYLVAIN Ist auch in Ordnung, Papa.

COLLADAN Soweit alles in Ordnung, was?

SYLVAIN Soweit alles in Ordnung, Papa.

BLANCHE Ziehen Sie auch portugiesischen Kohlrabi?

SYLVAIN Ich persönlich nicht. Aber die höheren Semester.

BLANCHE Ich dachte, er wächst nur in Brasilien.

SYLVAIN In Grignon auch. Im Gewächshaus, Mademoiselle.

COLLADAN Nun, mein Junge, erzähl uns einmal, wie du ein Schwein schlachtest.

SYLVAIN Also – zuerst töte ich es…

COLLADAN Natürlich. Aber wie?! Paß auf. Du krempelst deine Ärmel hoch und packst das Tier bei den Ohren…

CHAMPBOURCY Müssen Sie unbedingt beim Essen von diesen Viechereien reden?

COLLADAN Du versetzt ihm einen Hieb gegen den Kopf, so daß es bewußtlos umfällt.

BLANCHE Ich hoffe, so etwas bringen Sie nicht übers Herz.

COLLADAN Dann setzt du das Messer an die Kehle und stichst durch…

SYLVAIN Oh, nein!

LÉONIDA Aufhören! Aufhören!

COLLADAN Nun schlitzt du es langsam zum Bauch hin auf.

LÉONIDA Ich halte das nicht aus, Théophile!

CHAMPBOURCY Monsieur Colladan, nehmen Sie sich zusammen, Sie schwitzen ja schon vor lauter Mordgier.

COLLADAN Wieso? Das Schlachten gehört zu den ältesten Verrichtungen der Menschheit.

CHAMPBOURCY Wo Monsieur Cordenbois nur bleibt?

SYLVAIN Sagen Sie, Papa – da wir uns gerade persönlich begegnet sind – wollten Sie mir nicht meinen Monatswechsel geben? Sie könnten das Briefporto sparen.

COLLADAN *greift in seine Jackentasche.* Eine gute Idee. *Er besinnt sich eines Besseren.* Nein, doch nicht. Du und allein in Paris – du könntest auf dumme Gedanken kommen.

BLANCHE Er würde bestimmt in ein Séparée gehen.

SYLVAIN Aber Mademoiselle Blanche, warum denken Sie so schlecht von mir?

COLLADAN Ich werde dir den Wechsel heute abend geben – bevor du zurückfährst nach Grignon.

CHAMPBOURCY Übrigens haben wir heute abend eine Einladung.

COLLADAN Bei wem denn?

CHAMPBOURCY Eine elegante kleine Geselligkeit mit Musik, Gebäck und Punsch. Bei einem guten alten Freund von mir. Einem Monsieu Kakadu.

LÉONIDA *verbessert leise* Cocarel.

CHAMPBOURCY Solides Transport-Unternehmen.

BLANCHE Oh, wird da auch getanzt?

CHAMPBOURCY Natürlich. Es ist eine glanzvolle Abendgesellschaft.

BLANCHE Dann muß ich mir unbedingt ein Ballkleid kaufen.

CHAMPBOURCY Das ist nicht nötig. Es ist eine glanzvolle Abendgesellschaft ohne Förmlichkeiten.

COLLADAN Dann kann ich auch meine Hacke mitnehmen und sie in der Garderobe abgeben. Darf denn der Kleine auch mitkommen?

CHAMPBOURCY Aber ja. Wir werden gewissermaßen als eine große Familie dort erscheinen.

SYLVAIN Es wäre mir ein Vergnügen, aber ich habe...

COLLADAN Du gehst mit. Ich will, daß du die bessere Gesellschaft kennenlernst. Und ein paar gute Manieren annimmst. Du bekommst dein Geld erst, wenn wir dort sind.

SYLVAIN Gut, ich werde kommen. Wo wohnt dieser Unternehmer?

LÉONIDA Rue Joubert, 55.

SYLVAIN Jetzt muß ich aber wirklich zu meiner Kuh. *Er steht auf.*

COLLADAN Gibst du deinem Vater keinen Kuß? *Sylvain küßt Colladan und verabschiedet sich.* Ein guter Junge. Der liebt sein Vieh. Der läßt sich nicht beirren.

CHAMPBOURCY Herr Ober!
Benjamin kommt herbei.

SYLVAIN *flüstert zu Benjamin.* Ich warte draußen, bis sie weg sind. Es tut mir leid, ein dummer Zufall. *Er geht nach hinten ab.*

CHAMPBOURCY Ich hätte gern noch einen Schlag von dem Püree. *Cordenbois kommt herein; er ist sehr rot im Gesicht und hat einen vorgewölbten Bauch.*

CHAMPBOURCY Sieh da, der Herr Apotheker – fast hätte ich Ihre Portion mitgegessen.

LÉONIDA Um Himmels willen – wie sehen Sie denn aus?

CORDENBOIS Ich? Wieso?

BLANCHE Als ob Sie gleich explodieren würden.

LÉONIDA So einen roten Kopf habe ich noch nie gesehen!

CORDENBOIS Ich bin ein bißchen gerannt.

CHAMPBOURCY Dabei ist Ihnen wohl der Bauch nach oben gerutscht.

COLLADAN Sein Bauch ist ihm zu Kopf gestiegen.
Gelächter.

LÉONIDA Eine Schießbudenfigur!

BLANCHE Was für ein Monster!

CORDENBOIS Einen Augenblick – ich möchte eine Erklärung abgeben.

CHAMPBOURCY Ihr Anblick ist wirklich eine Zumutung.

CORDENBOIS Hören Sie mich doch an.

LÉONIDA Wie ihm die Adern aus der Stirn quellen, grauenhaft!

CHAMPBOURCY Und das beim Essen!

CORDENBOIS Es bleibt nicht so, es ist nur vorübergehend. Mein Körper muß sich daran gewöhnen. *Er setzt sich an den Tisch.*

BLANCHE Woran?

CORDENBOIS An... ach, wenn Sie nur nicht so gehässig sein wollten... Ich bin seit einiger Zeit sehr unzufrieden mit meiner Figur. Ich habe einen Schönheitsfehler an mir bemerkt... Mein Unterleib hat die Tendenz, immer tiefer hinabzusinken.

LÉONIDA Das ist einfach zu unästhetisch. Mir vergeht der Appetit.

COLLADAN Ja, ja – alles sinkt, das ganze Leben sinkt zurück zur Erde.

CORDENBOIS Also habe ich mir gesagt: Wo wir schon mal in Paris sind, kaufe ich mir vom Spielkassengeld ein – Hüftkorsett.

ALLE Oh!

CHAMPBOURCY Sie haben sich also einschnüren lassen?

CORDENBOIS Zwei Mann haben daran gearbeitet. Jetzt sitzt es stramm. Ich kann kaum atmen. Aber der Verkäufer hat gesagt, es würde sich geben.

CHAMPBOURCY Nun, da tun Sie mir leid. Trinken Sie erstmal ein Gläschen.

CORDENBOIS Gern. Oh, es gibt Champagner!

CHAMPBOURCY *schenkt ihm ein.* Ja, das geht auf meine private Rechnung.

CORDENBOIS Die Flasche ist ja schon leer, ich werde eine neue bestellen. Herr Ober!

COLLADAN Auf Ihre Kosten?

CORDENBOIS Selbstverständlich. Ich halte mit. *Zu Benjamin* Bringen Sie noch eine Flasche Champagner.

BENJAMIN Ich habe nur noch volle Flaschen.

CORDENBOIS Wollen Sie mich auf den Arm nehmen, junger Mann? Sehe ich so aus, als ob ich leere Champagner-Flaschen bestellen würde?

BENJAMIN Leere nicht, aber...

CHAMPBOURCY Geben Sie keine Widerworte und bringen Sie, was der Herr bestellt hat.

CORDENBOIS *beginnt zu essen. Zu Colladan* Darf ich Sie um die Trüffel bitten?

LÉONIDA Schlingen Sie doch nicht so. Es wird Ihnen zu den Ohren wieder herauskommen.

CORDENBOIS Ich muß das Ding einer Belastungsprobe unterziehen.

LÉONIDA Oh, das wird furchtbar enden.

CHAMPBOURCY Meine Herren, es ist elf Uhr. Wir müssen uns beeilen.

CORDENBOIS Ich habe gerade erst angefangen zu essen. Ich lasse mich nicht hetzen.

CHAMPBOURCY Warum lassen Sie sich so lange Ihren Bauch schnüren, wie eine alte Soubrette. Sie hätten in Ruhe mit uns essen können.

CORDENBOIS Darf ich Sie nochmals um die Trüffel bitten...

CHAMPBOURCY Wir haben noch ein gewaltiges Besichtigungsprogramm zu absolvieren.

CORDENBOIS Sind wir nicht in erster Linie wegen des Essens nach Paris gefahren?

CHAMPBOURCY Wir haben ja nun gegessen.

CORDENBOIS Ich nicht.

LÉONIDA Ich möchte das Dessert.

BLANCHE Ja, den Windbeutel, Herr Ober.

COLLADAN Und den Roquefort!

BENJAMIN Darf ich schon etwas abräumen? Hat es den Herrschaften geschmeckt?

COLLADAN Nun ja, es war eben ein neues Gericht. Die alten Gerichte sind etwas ausgereifter.

LÉONIDA Ich habe nur mit Zähneknirschen essen können...

BENJAMIN Das tut mir leid.

LÉONIDA Es war Sand in den Austern, schade.

CHAMPBOURCY Machen Sie gleich die Rechnung fertig, junger Mann.

BENJAMIN Kommt sofort.

CORDENBOIS Wenn ich gewußt hätte, wie ungemütlich es ist, mit Ihnen zu essen, wäre ich zu Hause geblieben.

LÉONIDA Dann hätten Sie uns wenigstens Ihre abscheulichen Tischsitten erspart.

CHAMPBOURCY Ich schlage vor, wie steigen zunächst auf den Arc de Triomphe. Von dort haben wir einen guten Überblick über die ganze Stadt.

BENJAMIN Das Dessert und die Rechnung, bitte sehr.

CHAMPBOURCY *nimmt die Rechnung.* Nun wollen wir uns mal überraschen lassen.

BLANCHE Ein gigantischer Windbeutel. Man kann sich nicht beklagen.

CHAMPBOURCY Gesamtsumme... Was!? Dreihundertsiebenunddreißig Francs und fünfundzwanzig Centimes?!

ALLE *außer Cordenbois springen auf.* Dreihundertsiebenunddreißig Francs!

CHAMPBOURCY *zu Benjamin, der ein Tablett mit Schalen bringt* Was ist das für ein Gericht? Wir haben das nicht bestellt.

BENJAMIN Das sind Fingerschalen mit Pfefferminzwasser.

COLLADAN *energisch* Das wollen wir nicht.

CHAMPBOURCY Bringen Sie das wieder weg!

BENJAMIN Aber es kostet doch nichts.

ALLE *außer sich* Weg damit!

CHAMPBOURCY Dreihundertsiebenunddreißig Francs! Sie haben sich wohl gesagt: Das sind Leute vom Land, die muß man schröpfen?

BENJAMIN Aber, mein Herr...

COLLADAN So schlau wie du sind wir schon lange, mein Bürschchen.

CORDENBOIS Die Preise stehen ja auf der Speisekarte.

CHAMPBOURCY Eben. Her mit der Karte.

BENJAMIN *nimmt die Karte von einem Tisch und reicht sie Champbourcy.* Bitte sehr, mein Herr.

CHAMPBOURCY *sieht auf die Karte.* Na bitte, ich schiele doch nicht – Melone, ein Franc die Scheibe.

COLLADAN Warum haben Sie uns zehn Franc berechnet? Sie sind ein Verbrecher!

BENJAMIN Sie kostet zehn Francs, mein Herr, die Null ist unter den Kartenrahmen gerutscht.

ALLE *sehen auf die Karte* Oh!

CORDENBOIS Und die Schlachtplatte à la Nero für zwei Francs...

BENJAMIN Kostet zwanzig Francs. Die Null ist unter den Rahmen gerutscht.

LÉONIDA Wir sind in eine Räuberhöhle geraten.

CORDENBOIS Ich habe gewußt, warum ich nicht nach Paris wollte.

COLLADAN Wir werden um unser Geld kämpfen bis zum letzten Blutstropfen.

CHAMPBOURCY Und zwar, indem wir ganz einfach diese Rechnung nicht bezahlen werden. Wo ist der Geschäftsführer?

BENJAMIN Er inspiziert gerade die Séparées. Wenn sich die Herrschaften hinüber bemühen wollen...

CHAMPBOURCY Wir gehen alle hin, und ich werde ihn ins Gebet nehmen.

5

Cordenbois, Benjamin.

CORDENBOIS Herr Ober, glauben Sie mir, ich halte Sie ebenfalls für eine niederträchtige Kreatur. Aber ich darf mich nach dem Essen nicht aufregen. Deshalb bin ich so still.

BENJAMIN Ich verstehe, mein Herr.

CORDENBOIS Wissen Sie übrigens, wo die Rue Joubert ist?

BENJAMIN Welche Hausnummer?

CORDENBOIS 55.

BENJAMIN Dann wenden Sie sich, wenn Sie hinausgehen, nach rechts und nehmen die zweite Querstraße nach links.

CORDENBOIS Danke.

BENJAMIN Sie wollen zu Monsieur Cocarel, nicht wahr?

CORDENBOIS Ah – Sie kennen ihn?

BENJAMIN Er kommt mit seiner Kundschaft bisweilen zum Souper hierher.

CORDENBOIS Ist das etwa kein solides Unternehmen?

BENJAMIN Doch, doch. Er handelt sehr ausgefallene Frauentypen.

CORDENBOIS So? Da bin ich ja gespannt.

BENJAMIN Ich kenne die meisten seit Jahren.

CORDENBOIS *erhebt sich* Ich muß unbedingt an die frische Luft. Sagen Sie den Herrschaften, daß ich sie am Arc de Triomphe treffen werde. In einer Stunde.

BENJAMIN *begleitet Cordenbois zur Tür.* Ich werde es ausrichten, mein Herr.

CORDENBOIS *gibt Benjamin ein Trinkgeld.* Denken Sie daran –
Sie sind ein gemeiner Schurke.
BENJAMIN *macht eine Verbeugung.* Danke sehr, mein Herr.

6

*Benjamin, Champbourcy, Colladan, Léonida, Blanche, später ein
Schutzmann.*
CHAMPBOURCY *kommt wutschnaubend herein, gefolgt von sei-
nen Leuten, ruft in die Kulissen zurück.* Holen Sie nur die Po-
lizei, holen Sie meinetwegen den Teufel. Diese Rechnung
werde ich nicht bezahlen. Und wenn man mich auf die Guillo-
tine schleppt.
COLLADAN Bauernfänger!
BLANCHE Bandit!
LÉONIDA Die Zitrone hat er uns nachgelassen, fünfzig Centi-
mes.
BLANCHE Zyniker sind das.
CHAMPBOURCY Ihr müßt mich zurückhalten. Ich könnte ge-
walttätig werden...
BENJAMIN Mein Herr, Ihr Freund läßt Ihnen ausrichten...
CHAMPBOURCY Geh mir aus den Augen, du Wucherknecht. *Er
wechselt den Ton.* Das heißt, komm her – wir wollen uns güt-
lich einigen. Du bekommst hundert Francs.
BENJAMIN Darauf kann ich mich nicht einlassen. *Er geht nach
hinten, auf die Straße.*
CHAMPBOURCY Gut, gut. Wie du willst. *Leise zu den anderen.*
Tun wir so, als wollten wir aufbrechen – dann wird er schon
nachgeben.
*Alle nehmen ihre Hüte, Päckchen und Beutel. Champbourcy
nimmt seinen Regenschirm und Colladan seine Hacke.*
BENJAMIN *kommt mit einem Polizisten herein.* Diese Herrschaften weigern sich bedauerlicherweise, ihre Rechnung zu
bezahlen.
CHAMPBOURCY Mit unseren Worten: Wir lassen uns das Fell
nicht über die Ohren ziehen.

LÉONIDA Eine Scheibe Melone für zehn Francs!

COLLADAN Eine Melone besteht aus zwölf Scheiben und kostet hier also hundertzwanzig Francs!

POLIZIST Langsam, langsam. Geben Sie mir die Karte. *Benjamin reicht sie ihm.*

CHAMPBOURCY Aber mit dieser Karte fängt doch der ganze Schwindel schon an. Alle Nullen haben sich unter den Rahmen geschoben. Diese Bande besitzt die Gemeinheit… *Er fuchtelt wild mit seinem Schirm, und dabei rutscht eine Uhr heraus und fällt zu Boden.* Was ist das?

ALLE Eine Uhr!

POLIZIST *hebt sie auf.* Wem gehört diese Uhr?

CHAMPBOURCY Mir nicht.

ALLE Mir auch nicht.

POLIZIST *betrachtet die Uhr.* Die Kette ist abgerissen. Diese Uhr wurde also gestohlen. Wie kommt sie in Ihren Regenschirm?

CHAMPBOURCY Keine Ahnung.

BENJAMIN *flüstert dem Polizisten zu* Sie sollten sie durchsuchen – sie haben noch eine Menge hübscher Sachen bei sich.

POLIZIST *flüstert zurück* Das darf ich nicht, dazu bin ich nicht befugt. *Laut* Ich möchte Sie bitten, meine Herrschaften, mir aufs Revier zu folgen.

COLLADAN Auf welches Revier?

POLIZIST Auf das Polizeirevier.

ALLE Auf die Wache? Wir?

POLIZIST *zu Benjamin* Und Sie auch. Nehmen Sie die Speisekarte mit. Dort werden Sie das Geld bekommen.

BLANCHE Papa, warum machst du dem Burschen nicht klar, daß wir keine Zeit für seine Wache haben?

CHAMPBOURCY Mein Töchterchen, du siehst, wir haben uns trotz größter Vorsicht in den Schlingen einer heimtückischen Verbrecherbande verfangen. Diese Schlingen müssen wir nun mit Hilfe der ordentlichen Gerichtsbarkeit unseres Vaterlands so schnell wie möglich zerschlagen und von uns abschütteln. Die Unschuldigen müssen als wahre Unschuldige und die Schuldigen als wahre Schuldige entlarvt werden. Gehen wir also.

Alle gehen ab.

7

Sylvain, Félix.

SYLVAIN *kommt rasch zur Eingangstür herein.* Sie sind weg, Gott sei Dank. Miranda wird schon da sein.

FÉLIX *kommt ebenfalls hereingestürzt.* Herr Ober, bitte ein Glas Wasser!

SYLVAIN *reagiert unwillkürlich.* Sofort, mein Herr.

EINE FRAUENSTIMME *aus einem Séparée* Herr Ober, wo bleibt der Windbeutel!?

SYLVAIN Mein Gott – das ist sie! *Er dreht sich zu Félix um.* Einen Augenblick, bitte – oh, Monsieur Félix.

FÉLIX Sylvain! Sind Sie auch mit von der Partie? Wo stecken denn die anderen?

SYLVAIN Sie haben hier zu Mittag gegessen.

FÉLIX Ach?! Ich suche sie verzweifelt bei allen Sehenswürdigkeiten, ich bin nämlich mit dem zweiten Zug gekommen. Wissen Sie, wohin sie gegangen sind?

FRAUENSTIMME Herr Ooooober!

SYLVAIN *im selben Ton* Jaaaa! Ich komme!

FÉLIX Sie arbeiten neuerdings als Kellner?

SYLVAIN Nein, nein. Ich helfe nur einem Freund, der gerade verschwunden ist... Hören Sie, Monsieur Champbourcy und sein Gefolge sind soeben den Boulevard hinuntergegangen. Wenn sie sich beeilen, erwischen Sie sie noch.

FÉLIX Gut, dann lassen Sie das Glas Wasser. Ich mache mich gleich auf den Weg. Bis später – Herr ›Ober‹! *Er geht ab.*

SYLVAIN Akademische Kaulquappe. *Er geht zum Tisch, an dem Champbourcy und seine Leute gesessen haben, und nimmt den Windbeutel, den man dort stehengelassen hat.*

FRAUENSTIMME Ben-ja-min! Liebling – bring mir eine Süßigkeit!

SYLVAIN *hält einen Augenblick inne, geht dann zum Séparée Nummer Vier und klopft an.* Mimi?

FRAUENSTIMME Ja?

SYLVAIN Ich bringe die Nachspeise...

Vorhang

III

I

Ein Wartezimmer auf dem Polizeirevier. Zwei Türen links, ein Fenster im Hintergrund. Links ein Tisch und ein Stuhl. Rechts eine Holzbank.
Polizist, Champbourcy, Blanche, Léonida, Colladan. Champbourcy tritt als erster auf; der Polizist steht in der Tür und drängt die anderen, die nur zögernd eintreten.

POLIZIST Kommen Sie, kommen Sie alle hier herein.

CHAMPBOURCY Mein Gott – ist das häßlich hier!

Blanche, Léonida, Colladan treten auf.

POLIZIST Setzen Sie sich. Ich werde Monsieur Béchut holen.

COLLADAN Wen?

POLIZIST Monsieur Béchut. Den Assistenten von Monsieur Lafargue.

COLLADAN Von wem?

POLIZIST Monsieur Lafargue. Hauptkommissar.

CHAMPBOURCY Ich möchte lieber gleich mit dem Chef sprechen.

POLIZIST Ich glaube, dafür sind Sie zu unbedeutend.

CHAMPBOURCY Ich?

COLLADAN Wir?

POLIZIST Der Chef interessiert sich nur für Kapitalverbrecher.

COLLADAN Wir wollen jemanden sprechen, der sich für Unschuldige interessiert.

CHAMPBOURCY Sie wissen wohl nicht, wer vor Ihnen steht?!

POLIZIST Das können Sie Monsieur Béchut erzählen. Er wird Sie gleich verhören.

Er geht ab. Alle legen ihre kleinen Pakete auf den Tisch.

Dieselben, außer dem Polizisten.

LÉONIDA Ausfragen wollen sie uns.

COLLADAN Wir brauchen ja nicht zu antworten.

CHAMPBOURCY Natürlich werden wir antworten. Fuchteln Sie nicht mit Ihrer Hacke herum. Sie stoßen noch jemandem den Schädel ein.

Colladan stellt die Hacke in eine Ecke.

LÉONIDA Théophile, ich will hier raus.

CHAMPBOURCY Schwester, werde nicht kindisch.

BLANCHE Die Reise ist zu Ende. Wir sitzen im Gefängnis.

CHAMPBOURCY Erstens sitzen wir nicht im Gefängnis, sondern auf dem Polizeirevier. Jeden Tag kommen Hunderte von Menschen hierher, erledigen amtliche Formalitäten und gehen unbehelligt wieder davon.

LÉONIDA Aber wir sind abgeführt worden wie gemeine Diebe. Der ganze Boulevard hat sich nach uns umgedreht.

COLLADAN Hätten Sie auf mich gehört, dann wären wir jetzt auf dem Jahrmarkt von Crépy. In der freien Natur... Sie sind an allem schuld.

CHAMPBOURCY Ich bin schuld...! Wir haben ordnungsgemäß abgestimmt und Sie haben verloren, Monsieur Colladan.

COLLADAN Sie sehen ja, wohin diese alberne Abstimmerei führt.

CHAMPBOURCY Wie konnte ich denn ahnen, daß in Paris Uhren aus Regenschirmen wachsen?

COLLADAN Paris ist ein Unglücksort. Das hätten Sie ahnen müssen.

LÉONIDA Warum hast du überhaupt diesen Regenschirm mitgenommen?

CHAMPBOURCY Warum... Warum... Weil Monsieur Cordenbois gesagt hat, ich soll ihn mitnehmen.

LÉONIDA Monsieur Cordenbois? Wo ist er denn eigentlich?

COLLADAN Ich habe ihn seit einiger Zeit nicht mehr gesehen.

BLANCHE Ich auch nicht.

CHAMPBOURCY Ich auch nicht.

LÉONIDA Er ist ausgerissen, als es gefährlich wurde.

COLLADAN Wahrscheinlich ist er unter den Tisch gekrochen.

CHAMPBOURCY Das Maß ist voll. Für mich ist er gestorben.

BLANCHE Dafür läuft er jetzt frei in Paris herum.

CHAMPBOURCY Mein liebes Kind, um keinen Preis möchte ich meine Gefangenschaft gegen seine erbärmliche Freiheit eintauschen.

BLANCHE Jetzt redest du selbst von Gefangenschaft...

CHAMPBOURCY Was für eine Nervosität! Ich bin wohl der einzige, der hier die Ruhe bewahrt. Deshalb werde ich mit dem Herrn Assistenten sprechen. Ich werde mich ihm vorstellen...

COLLADAN Und ich werde ihm die Geschichte vom Sparschwein erzählen.

LÉONIDA Ich werde ihm erklären, daß wir nach Paris gekommen sind, um die Sehenswürdigkeiten zu sehen.

BLANCHE Und die Kaufhäuser.

CHAMPBOURCY Ruhig, Kinder, ruhig. Wenn wir alle auf einmal reden, sind wir verloren. Ich schlage vor, wir wählen einen Mann zu unserem Sprecher, der besonnen ist, beredsam und klar denkend – falls Sie der Meinung sind, daß ich über solche Eigenschaften verfüge.

BLANCHE O ja, Papa soll für uns sprechen.

COLLADAN Ich wäre auch kein schlechter Verteidiger gewesen. Aber ich lasse Ihnen den Vorrang. Haben Sie keine Angst – wenn Sie stecken bleiben, werde ich Ihnen unter die Arme greifen.

3

Dieselben, Béchut.

BÉCHUT *kommt durch die erste Tür links, mit Papieren in der Hand, die er studiert.* Oh, Sie sind zu viert...

COLLADAN Ja, das ist eine Gemeinheit.

BÉCHUT Bitte, nehmen Sie Platz. *Er setzt sich auf den Stuhl hinter dem Schreibtisch und schaut in seine Papiere.*

COLLADAN Danke, da sagen wir nicht nein.

CHAMPBOURCY *setzt sich mit den anderen auf die Bank gegen-*

über. Herr Assistent, Ihre Liebenswürdigkeit wissen wir zu schätzen. *Leise zu den anderen* Achten Sie darauf, daß Sie vollkommen unverdächtig aussehen. Eine ruhige, glatte Stirn... ein kleines Lächeln um den Mund. *Alle beginnen zu lächeln.* So – ausgezeichnet. Bleiben Sie so.

BÉCHUT *sieht von seinen Papieren auf und zeigt die Taschenuhr.* Es handelt sich um diese Taschenuhr. Sie wurde in einem Regenschirm gefunden, der einem von Ihnen gehört. *Er sieht sie lächeln.* Warum sehen sie mich so lächelnd an?

CHAMPBOURCY Unser Lächeln ist der Ausdruck eines ruhigen Gewissens.

LÉONIDA Ich möchte dazu sagen – wir sind froh, daß gerade Sie es sind, Herr Assistent, der dieses hinterhältige Mißverständnis aufklärt.

BÉCHUT Nun ja, es ist gewissermaßen eine alltägliche Bagatelle. *Er sieht auf die Taschenuhr.* Sagen Sie, geht denn diese Uhr richtig?

Alle holen ihre Uhren hervor.

CHAMPBOURCY Auf meiner Uhr ist es fünf Minuten nach drei.

LÉONIDA Auf meiner Uhr ist es drei Uhr.

COLLADAN Auf meiner Uhr ist es drei Minuten nach drei.

BLANCHE Auf meiner Uhr ist es fünf Uhr.

ALLE Was?

BÉCHUT Genau wie auf der gestohlenen Uhr!

CHAMPBOURCY Das hat nichts zu bedeuten.

BLANCHE Meine Uhr habe ich zur Konfirmation bekommen. Sie hat mit Ihrer Uhr nichts zu tun.

BÉCHUT Meine Uhr steht nicht zur Debatte.

COLLADAN Es kann doch kein Zufall sein, daß zwei Uhren zur gleichen Zeit zwei Stunden vorgehen.

LÉONIDA Selbstverständlich ist das ein Zufall. Seien Sie doch still.

BÉCHUT Wie spät ist es denn nun wirklich? Ich bin nämlich in Eile.

CHAMPBOURCY Die absolute Mehrheit der hier vorhandenen Uhren zeigt kurz nach drei an. Also ist es kurz nach drei.

BÉCHUT Gut. Zur Sache. Wie kommt diese Uhr in Ihren Regenschirm?

CHAMPBOURCY *steht auf.* Herr Kriminalassistent – es gibt im

Privatleben eines Bürgers ebenso wie im Leben der Völker und Nationen Augenblicke der Krise.

BÉCHUT Darum geht es jetzt nicht.

CHAMPBOURCY Einen Augenblick! Bevor ich auf die Einzelheiten dieser undurchsichtigen Affäre zu sprechen komme ... die ganze Geschichte ist eine infame Verleumdung und eine unerträgliche Infamie!

COLLADAN Rufmord! Rufmord!

BLANCHE Und Zeitverschwendung.

CHAMPBOURCY Halten Sie sich zurück, Monsieur Colladan.

BÉCHUT Beschränken Sie sich darauf, meine Frage zu beantworten.

CHAMPBOURCY Bevor ich also auf die unbekannten Hintergründe dieser Affäre zu sprechen komme, halte ich es für meine Pflicht, als Mann, als Vater, als Staatsbürger laut und deutlich meine Ehrfurcht vor dem Gesetz zu beteuern, vor einem Gesetz, das ich nicht umhin kann, feierlich ...

BÉCHUT *unterbricht ihn* Aber Sie antworten mir ja gar nicht.

COLLADAN *steht auf.* Herr Vorsitzender, ich werde Ihnen die Wahrheit erzählen.

BÉCHUT *zu Colladan* Also, dann sprechen Sie jetzt. Sie dürfen ruhig den Hut abnehmen.

COLLADAN Danke. Er stört mich nicht.

CHAMPBOURCY Ich werde das alles dem Chef erzählen.

BÉCHUT Nehmen Sie doch den Hut ab.

COLLADAN Das ist wirklich nicht nötig. Ich rede nur kurz.

BÉCHUT Sehr gut.

COLLADAN Schuld an allem ist das Sparschwein. *Er setzt sich wieder.*

CHAMPBOURCY Unsinn.

BÉCHUT Was hat das mit der Uhr zu tun?

COLLADAN *steht auf.* Sonst wären wir nicht mit dem Fünfuhr-Zug nach Paris gefahren.

BLANCHE Mein Verlobter ist Notar, aber er hat den Zug verpaßt.

CHAMPBOURCY Herr Kriminalassistent, erlauben Sie ...

BÉCHUT *zu Champbourcy* Nein. Setzen Sie sich. *Champbourcy und Colladan setzen sich. Zu Colladan* Erzählen Sie weiter. Stehen Sie auf.

COLLADAN *steht auf.* Ich zum Beispiel, ich war für den Jahrmarkt in Crépy. Aber ich bin überstimmt worden.

BÉCHUT Ich verstehe nichts. Sie sind also nicht aus Paris.

CHAMPBOURCY *steht auf.* Unsere Wiege steht in La Ferté-sous-Jouarre.

BÉCHUT *heftig zu Champbourcy* Ruhe. Setzen. *Colladan und Champbourcy setzen sich.* Sie haben einen Ausflug nach Paris gemacht?

COLLADAN *steht auf.* Daran ist nur das Sparschwein schuld.

CHAMPBOURCY *steht auf.* Als Bewunderer der großen Stadt Paris.

BLANCHE Und der Kaufhäuser.

BÉCHUT *zu Champbourcy* Wenn Sie unbedingt reden wollen, dann reden Sie jetzt meinetwegen. Setzen Sie sich doch. *Beide setzen sich; zu Champbourcy* Also, stehen Sie auf. *Sie stehen beide auf; zu Colladan* Sie nicht – setzen Sie sich. *Zu Champbourcy* Bitte, stehen Sie doch auf.

CHAMPBOURCY Ich!

BÉCHUT Ja, Sie. *Champbourcy bleibt stehen. Colladan setzt sich.* Wie kommt diese gestohlene Uhr in Ihren Regenschirm.

CHAMPBOURCY Herr Kriminalassistent, ich als Kommandant der Feuerwehr von La Ferté-sous-Jouarre, als Inhaber zahlreicher Ehrenämter ...

COLLADAN Er hat der Gemeinde eine Feuerwehrspritze geschenkt.

CHAMPBOURCY Ich darf sagen, ich habe mir Verdienste um mein Vaterland erworben.

COLLADAN Herr Vorsitzender, ich als Sohn eines Landwirts und selbst ehemaliger Landwirt – ich weiß absolut nichts über diese Taschenuhr.

BÉCHUT Es ist ja gut ...

BLANCHE *steht auf.* Warum halten Sie uns so lange hier auf? Wir bekommen ja nichts von Paris zu sehen.

LÉONIDA *steht auf.* Wenn ein reines und makelloses Wesen ...

BÉCHUT Schluß jetzt!

CHAMPBOURCY Bitte sehr, durchsuchen Sie mein Leben. Meine Vergangenheit wird für meine Zukunft bürgen.

BÉCHUT Danke, es genügt. Setzen Sie sich alle. Hören Sie zu. Ich habe den Eindruck gewonnen, daß Sie keine gefährliche Verbrecherbande sind. Einfältige Menschen sind in der Regel unschuldig. Ich werde dafür sorgen, daß Sie wieder auf freien Fuß gesetzt werden.

ALLE *freudig* Oh!
Champbourcy, Léonida, Blanche stehen rasch auf, und Colladan, der am äußersten Ende der Bank sitzt, kippt mit ihr um und fällt zu Boden.
BÉCHUT Bitte, denken Sie immer daran – das Auge des Gesetzes wacht über Sie! *Er läutet eine Glocke und setzt sich.*
CHAMPBOURCY Wie ich gesagt habe – Sie werden uns wieder freilassen. Leider hat Monsieur Colladan zu viel geredet. *Der Polizist tritt herein.*
BÉCHUT Ach ja – es gibt noch einen Zeugen. Lassen Sie ihn hereinkommen. Und Sie bleiben noch hier.
POLIZIST *ruft in die Kulisse* Kommen Sie bitte herein, Monsieur Benjamin.

4

Dieselben, Polizist, Benjamin.
Béchut sitzt am Tisch, der Polizist bleibt im Hintergrund.

BÉCHUT *zu Benjamin* Was haben Sie zu sagen?
BENJAMIN Ich? Nichts. Ich verlange, daß meine Rechnung bezahlt wird.
BÉCHUT Welche Rechnung?
BENJAMIN Die Rechnung über das Mittagessen. Die Herrschaften wollten sie nicht bezahlen. Hier ist sie... *Er gibt sie Béchut.*
CHAMPBOURCY Dreihundertsiebenunddreißig Francs – niemals!
COLLADAN Niemals. Die Nullen zahlen wir nicht.
BÉCHUT *liest die Rechnung* Melone – Tournedos Traum des Deputierten. Alle Achtung, das ist nicht gerade ein bürgerliches Mittagessen. Weshalb haben Sie sich geweigert, die Rechnung zu bezahlen?
CHAMPBOURCY Weil...
COLLADAN Weil der Herr ein Räuber ist.
BENJAMIN Was Sie nicht sagen! Wenn es hier Räuber gibt, ich bin gewiß keiner. Ich brauchte ja nur ein bißchen den Mund aufzumachen...

ALLE Wie?

BÉCHUT *zu Benjamin* Was wollen Sie damit sagen? Ich muß Sie bitten, sich näher zu erklären.

CHAMPBOURCY Ich auch. Ich muß Sie bitten, sich näher zu erklären.

BENJAMIN Das ist nicht so schwer. Man braucht sie nur zu untersuchen. Sie und ihre Päckchen. Dann wird man schon sehen, wer sie sind.

CHAMPBOURCY *verblüfft* Uns und unsere Päckchen!

COLLADAN Was meint er nur?

BÉCHUT *öffnet die Päckchen, die auf seinem Tisch liegen.* Ein Opernglas… Armbänder… ein Fächer.

BLANCHE Das gehört zu meiner Aussteuer.

LÉONIDA Das Opernglas ist ein Geschenk für die Nachbarin.

BÉCHUT Ein Opernglas ist doch für einen Dorfbewohner ganz nutzlos.

COLLADAN Daran erkennen Sie, daß wir ehrliche Leute sind. Wenn wir Diebe wären, hätten wir nur nützliche Sachen gestohlen.

BENJAMIN *ironisch* Es läßt sich ja mit allem ein Geschäftchen machen.

COLLADAN Was sagst du da, du Grasmücke?! *Er will sich auf Benjamin stürzen und dabei fällt aus seinem Mantel ein Meißel.*

POLIZIST *hebt ihn auf und gibt ihn Béchut.* Ein Meißel. *Er beginnt Colladan zu untersuchen.*

CHAMPBOURCY *sieht ihm zu.* Was machen Sie denn da?

BLANCHE Er greift überall hin.

LÉONIDA Oh!

CHAMPBOURCY Er plündert ihn aus. Unerhört!
Der Polizist geht zu Blanche und untersucht sie.

BLANCHE Unter meiner Bluse ist nichts versteckt.

CHAMPBOURCY Finger weg!

COLLADAN Herr Vorsitzender, ich protestiere.

CHAMPBOURCY Die Würde des Menschen ist unantastbar!

BÉCHUT Ruhe!

BLANCHE Oh, das kitzelt.
Der Polizist untersucht Champbourcy.

LÉONIDA Théophile…!

CHAMPBOURCY Nehmen Sie die Hand aus meiner Tasche!

COLLADAN *sieht zu.* Der Bursche schreckt vor nichts zurück. *Der Polizist geht weiter zu Léonida.*

LÉONIDA *schreit ihn an* Rühren Sie mich nicht an!

BÉCHUT *zu Benjamin* Wann sind sie zu Ihnen gekommen?

BENJAMIN Kurz vor acht Uhr morgens. Ich hatte gerade das Restaurant ausgekehrt, als ich auf der Straße Rufe hörte: Haltet den Dieb!

BÉCHUT Aha. Es wurde ›Haltet den Dieb‹ gerufen… *Er macht sich eine Notiz.* Und dann..

BENJAMIN Dann kamen sie hereingestürzt. Sie sahen verstört aus. Sie haben ein Mittagessen bestellt. Das Beste vom Besten. Sie haben gesagt: Wir wollen unsere Beute auf den Kopf schlagen.

BÉCHUT Tatsächlich? Eine schwerwiegende Aussage. *Er macht sich eine Notiz.* Weiter!

BENJAMIN Während das Essen vorbereitet wurde, sind drei von ihnen weggegangen. Die Kleine ist zurückgekommen und hat Ringe, Armbänder und Tabakdosen auf einem Tisch ausgebreitet. Sie hat gesagt: Das wollte ich alles unter euch verteilen. Der Anführer hat gesagt: Der Tag fängt ja gut an.

BÉCHUT Versteht sich. *Er macht sich eine Notiz.* Und dann?

BENJAMIN Dann haben sie sich an den Tisch gesetzt. Ach, ich habe etwas vergessen. Einer von ihnen kam erst viel später wieder. Das war ein dicker Kerl, der jetzt nicht dabei ist. Er hatte irgend etwas unter seiner Weste versteckt. Das rutschte immer hoch. Er hat gesagt: Das ist nur vorübergehend. Es wird sich geben.

BÉCHUT *macht sich eine Notiz.* Der fünfte Verdächtige… nicht erschienen.

CHAMPBOURCY Er hat uns alles weggenommen. Unsere Uhren, unsere Brieftaschen.

BLANCHE Nur die Taschentücher hat er uns gelassen.

COLLADAN Etwas ganz Nutzloses.

CHAMPBOURCY *zu Béchut* Herr Assistent! Ich will sofort den Chef sprechen!

BÉCHUT *zeigt auf einen Beutel, den Champbourcy in der Hand hält.* Und was ist das da?

ALLE Unser Geld!

BLANCHE Das Sparschwein!

COLLADAN Unsere Beute!

BÉCHUT *läßt sich den Beutel geben und öffnet ihn.* Eine fette Beute, wahrhaftig. Sie waren tüchtig. *Er füllt das Geld in einen Sack.*

COLLADAN Was machen Sie denn mit unserem Geld?

BLANCHE Und mit unseren Sachen?

BÉCHUT Wird alles beschlagnahmt, meine Herrschaften.

COLLADAN Raub! Schwerer Raub!

CHAMPBOURCY Oho! Ein Angriff auf die bürgerlichen Eigentumsrechte.

COLLADAN Ich protestiere!

CHAMPBOURCY Menschenskind, der Chef wird Ihnen das Fell über die Ohren ziehen.

BÉCHUT *steht auf.* Hören Sie auf mit Ihren Phrasen! Ich weiß jetzt, wer Sie sind. Sie sind eine von diesen Provinz-Banden, die sich auf Paris stürzen und sich die derzeitige Unordnung auf unseren Straßen zunutze machen. Sie plündern in den abgerissenen Häusern und an den Baustellen, wo sich die Menschen drängen, machen sie lange Finger. Abends fahren sie dann mit ihrer Beute wieder nach Hause.

ALLE Wir?

COLLADAN Herr Vorsitzender, ich als Sohn eines Landwirts, selbst ein Landwirt...

BÉCHUT Spielen Sie bloß nicht mehr den blöden Bauern. Das ist sinnlos, wir wissen Bescheid.

COLLADAN Was?

BÉCHUT Ich werde einen Wagen bestellen, der Sie ins Depot bringt.

ALLE Ins Depot!

BÉCHUT Sie sind allesamt Pickpockets!

ALLE Pickpockets!

BÉCHUT Jawohl.

CHAMPBOURCY Was heißt das?

BLANCHE Das ist ein englisches Wort. Es bedeutet: Taschendiebe.

CHAMPBOURCY Taschendiebe? Wir? Ach du lieber Gott!

LÉONIDA Wie kann man sich nur so in den Menschen irren!?

CHAMPBOURCY Ja, da haben Sie wirklich kräftig danebengehauen, Herr Assistent.

COLLADAN Ein Polizist ohne Menschenkenntnis ist ein Verbrecher.

BÉCHUT *zum Polizisten* Abführen!

BENJAMIN Und ich?

BÉCHUT Sie werden als Zeuge genannt. Sie können jetzt gehen.

BENJAMIN Und meine Rechnung?

BÉCHUT Warten Sie den Prozeß ab. Gehen Sie dort hinaus.

Benjamin geht durch die erste Tür links ab. Béchut geht zur zweiten Tür links hinaus, gefolgt vom Polizisten.

5

Champbourcy, Colladan, Léonida, Blanche.

CHAMPBOURCY Wir sind verhaftet. Donnerwetter.

COLLADAN Er will uns ins Depot bringen. Was für ein Depot?

Man hört, wie die Tür doppelt von außen verschlossen wird.

CHAMPBOURCY Jetzt haben sie uns eingesperrt.

LÉONIDA Monsieur Cocarel erwartet mich heute abend. Meine Zukunft ist ruiniert.

COLLADAN Und Sylvain, mein lieber Junge, ganz allein in der großen Gesellschaft.

CHAMPBOURCY Wir müssen hier raus, und zwar sofort.

COLLADAN Wie denn? Die Tür ist verschlossen.

CHAMPBOURCY Sprechen Sie leise. Und jammern Sie nicht. Ich werde Ihnen einen sensationellen Vorschlag machen...

COLLADAN Was denn?

CHAMPBOURCY Es war einmal ein Mann, der hieß der Graf von Monte Christo...

COLLADAN Warum erzählen Sie jetzt ein Märchen?

CHAMPBOURCY Das ist kein Märchen, das ist historisch. Der Graf von Monte Christo bekam Streit mit seiner Geliebten. Sie haßte ihn so sehr, daß sie ihn in die Bastille sperren ließ. Dort blieb er fünfunddreißig Jahre.

BLANCHE Fünfunddreißig Jahre!

COLLADAN Das darf uns nicht passieren.

LÉONIDA Genau wie Latude.

CHAMPBOURCY Richtig – genau wie Latude... ich glaube, es war überhaupt Latude; es war gar nicht der Graf von Monte Christo. Kurz und gut, dort ist ein Fenster – ich schlage vor, wir unternehmen einen Fluchtversuch.

ALLE Oh!

LÉONIDA Und wir, die Damen?

CHAMPBOURCY *läuft zum Fenster.* Erster Stock. Unten ein Hof. Unter dem Fenster ein Misthaufen.

COLLADAN Dünger, kenne ich. Das reinste Federbett.

LÉONIDA Aber wir gehen heute abend auf eine Gesellschaft...

CHAMPBOURCY *stößt einen Schrei aus.* Oh – ein Seil! *Er zeigt es.*

ALLE *gehen nach hinten in die Nähe des Fensters.* Ein Seil!

CHAMPBOURCY Ich seile mich ab. Wenn ich unten bin, besorge ich eine Leiter. Warten Sie hier. *Er versucht sich an dem Seil hochzuziehen. Ein fürchterliches Geläute ertönt.* Verdammt. Da hängt eine Glocke dran.
Man hört das Quietschen des Schlosses. Colladan setzt sich auf den Platz von Béchut.

CHAMPBOURCY *geht vom Fenster weg.* Ruhig, ganz ruhig. Setzen Sie sich alle und lächeln Sie.
Alle vier sitzen auf der Bank.

6

Dieselben, der Polizist.

POLIZIST *tritt herein.* Was war das für ein Lärm?

COLLADAN Ich habe nichts gehört.

CHAMPBOURCY Ich glaube, es hat jemand auf dem Hof geläutet. Sehen Sie doch einmal nach!
Der Polizist geht zum Fenster und versperrt es mit einem Riegel und einem Vorhängeschloß.

COLLADAN Er macht ein Schloß ans Fenster.

CHAMPBOURCY Los, verschwinden wir schnell durch die Tür.
Alle stehen auf und bewegen sich leise zu der offenen Tür.

POLIZIST *dreht sich um.* Werden Sie nicht ungeduldig. Der Wagen kommt gleich.

Alle gehen auf ihren Platz zurück.
COLLADAN *gräbt in seinen Taschen.* Nichts, gar nichts, womit ich diesen Kerkermeister bestechen könnte. *Er steht auf.* Herr Polizist, ich bin zur Zeit leider völlig mittellos – man hat mir alles fortgenommen. Aber ich wohne in La Ferté-sous-Jouarre. Wenn Sie jemals dort vorbeikommen – mein Haus, mein Tisch...
POLIZIST Wie meinen Sie das?
COLLADAN Kommen Sie zu uns zum Abendessen. Wir werden ein feines Fläschchen zusammen trinken.
POLIZIST Das war ein Bestechungsversuch. Ich werde ihn im Protokoll vermerken müssen.
Er geht hinaus und schließt die Tür wieder ab.

7

Dieselben, außer dem Polizisten.

CHAMPBOURCY Aus der Traum.
COLLADAN *stößt einen Schrei aus* Ah!
ALLE Was haben Sie denn?
COLLADAN Meine Hacke. Sie haben meine Hacke vergessen!
ALLE Und?
COLLADAN Ich schlage ein Loch in die Mauer, und wir entwischen durchs Nachbarhaus.
BLANCHE Ein herrlicher Einfall!
CHAMPBOURCY Ich hatte denselben Einfall. Aber Monsieur Colladan ist ja neuerdings mit dem Mund immer vorneweg.
LÉONIDA Das finde ich viel besser als das Fenster.
CHAMPBOURCY Los! Beeilen wir uns.
COLLADAN *hebt die Hacke und hält inne.* Aber von dort wird man die Schläge hören. *Er zeigt nach rechts.*
CHAMPBOURCY Das ist wahr.
BLANCHE Was machen wir bloß?
COLLADAN Singen Sie, so laut Sie können. Das wird den Lärm übertönen.

LÉONIDA Wieder ein guter Einfall.

CHAMPBOURCY Los, singen wir!

BLANCHE Aber was?

LÉONIDA Meine Lieblingsarie aus dem Wilhelm Tell.

CHAMPBOURCY Nein, das macht nicht genug Krach. Wir singen das Lied, das ich zum letzten Feuerwehrfest komponiert habe. Habt ihrs im Kopf? *Zu Colladan* Schlagen Sie zu!

Colladan beginnt gegen die rechte Mauerwand zu schlagen. während die anderen drei links in einer Gruppe stehen und singen.

CHAMPBOURCY, LÉONIDA, BLANCHE *singen*

Ein Mann aus der Champagne, oje,
Der kam zu uns ins Haus, oje,
Er war so dick und schmutzig, oje
Er tat uns herzlich leid, oje.

Er schüttelte, er schüttelte
Sein altes Hemd, sein altes Hemd,
Er schüttelte, er schüttelte
Sein Hemd, soviel er konnte.

Am Ende des Lieds löst sich etwas Mauergips und fällt zu Boden.

COLLADAN Verdammt. Was machen wir jetzt damit?

CHAMPBOURCY Das stecken wir in unsere Taschen. Dort ist Platz genug.

Sie heben den Schutt auf und stecken ihn in ihre Taschen.

COLLADAN Gut. Jetzt machen wir weiter.

CHAMPBOURCY, LÉONIDA, BLANCHE *singen*

Und wo stecken wir ihn hin?
Hinab in unseren tiefen Keller.

BLANCHE *in der Nähe der Tür, hinten links.* Still! Die Tür wird aufgeschlossen.

CHAMPBOURCY Verdammt. Das Loch! Wir müssen es verdekken.

COLLADAN Großer Gott!

CHAMPBOURCY Léonida stell du dich davor und stopf es zu! *Er drängt sie an die Mauer, vor das Loch.*

COLLADAN Paßt genau.

CHAMPBOURCY Beweg dich nicht!

Dieselben, Béchut.

BÉCHUT *kommt mit einem Papier und einem Bleistift in der Hand.* Ich habe vergessen, Sie nach Ihren Namen zu fragen. Ich brauche sie für mein Protokoll.

CHAMPBOURCY Théophile-Athanase Champbourcy, aus La Ferté-sous-Jouarre, Aktienbesitzer und Rentier, Kommandant...

BÉCHUT *schreibt.* Das ist überflüssig. *Er zeigt auf Blanche.* Mademoiselle...

BLANCHE Blanche-Rosalie Champbourcy.

COLLADAN *verbringt die Hacke hinter seinem Rücken.* Jean-Cadet Colladan.

BÉCHUT *zu Champbourcy, auf Léonida deutend* Madame ist Ihre Frau?

LÉONIDA *bewegt sich.* Seine Schwester... ich bin ledig.

CHAMPBOURCY Rühr dich nicht vom Fleck!
Léonida drückt sich wieder gegen das Loch.

BÉCHUT Sie brauchen keine Angst vor mir zu haben. Kommen Sie näher. *Sie bewegt sich nicht.* Ich sage Ihnen, Sie sollen näher zu mir kommen. Verdammt nochmal, kommen Sie doch her... Ich bin in Eile. Seien Sie doch nicht so rücksichtslos. Ich habe für heute abend eine Einladung, ich möchte ein bißchen früher nach Hause...
Léonida verläßt ihren Platz und geht auf Béchut zu; Colladan stellt sich rasch vor das Mauerloch.

LÉONIDA Wir haben auch eine Einladung für heute abend.

CHAMPBOURCY Nehmen Sie etwa auf uns Rücksicht?

BÉCHUT Also, wie heißen Sie?

LÉONIDA Zémire-Léonida Champbourcy.

BÉCHUT Danke. Das ist alles. Der Wagen läßt auf sich warten. Die vielen Baustellen heutzutage. Aber es wird schon einer kommen. *Er geht hinaus.*

Dieselben, später der Polizist.

CHAMPBOURCY Er ist fort. Singen wir noch einmal.

Colladan schlägt wieder gegen die Mauer.

CHAMPBOURCY, LÉONIDA, BLANCHE *singen*
   Und wo stecken wir ihn hin?
   Hinab in unseren tiefen Keller.

COLLADAN Aufhören! Ich bin durch.

ALLE Wir sind gerettet.

CHAMPBOURCY Ich höre Stimmen.

COLLADAN Wir wollen einmal sehen, zu wem wir da in die gute
   Stube treten. *Er schnuppert.* Ah, es riecht nach gutem Tabak.
   Er sieht durch das Loch und fährt erschrocken zurück. Eine
   Polizeikaserne!

ALLE Oh!

CHAMPBOURCY Verdammt.

POLIZIST *kommt herein.* Der Wagen steht unten. Kommen Sie,
   vorwärts... Ein Loch in der Mauer?! Wer hat das gemacht?

COLLADAN Es waren die Mäuse.

POLIZIST Eine Hacke! Das war ein Fluchtversuch. Euer Konto
   sieht gut aus. Vorwärts.

CHAMPBOURCY Gehen wir. Es hat keinen Zweck, Widerstand zu
   leisten.

LÉONIDA Ich bin mit meinen Nerven am Ende.

BLANCHE Ich kann nicht mehr.

COLLADAN Kommen Sie, mein Kind. Ich bin sicher, wir werden
   das Gefängnis nicht von innen sehen. Ich habe da eine ganz besondere Idee...

Alle gehen ab.

I

In Paris bei Cocarel. Ein Salon. Drei Türen im Hintergrund führen zu einem zweiten Salon. Rechts und links eine Tür. Links ein Sekretär und ein Kamin. In der Mitte rechts ein großes Stehpult, darauf ein großes Buch, das mit einem riesigen Schloß versehen ist. Kandelaber usw. Ein Schreibtisch links vorne; Stühle, Sessel usw.
Joseph, Cocarel.
Wenn der Vorhang aufgeht, hat Joseph gerade die Kerzen des Leuchters angezündet.

COCAREL *kommt von links.* Beeilung, Joseph, Beeilung!

JOSEPH Ich bin fertig.

COCAREL Was? So wenig Kerzen?

JOSEPH Es sind nicht mehr im Haus.

COCAREL Warum hast du keine gekauft?

JOSEPH Von welchem Geld?

COCAREL Gut. Wir werden eine dezente Beleuchtung haben. Romantisch und verträumt. *Er bläst einige Kerzen aus und nimmt sie aus dem Leuchter.* Das wird der schönen Léonida gefallen. Für ein erstes Rendezvous: Unter allen Umständen intime Beleuchtung. Sie tritt hier herein – Hunderttausend Francs Mitgift! – und er kommt von dort... Hast du Anatole Bescheid gesagt?

JOSEPH Ja.

COCAREL Gut. Anatole ist mein Glücksstern.

JOSEPH Aber er kommt nicht.

COCAREL Was? Warum denn nicht?

JOSEPH Er arbeitet heute abend im Haus der Illusionen.

COCAREL Ist er nicht abscheulich?! Ein Verräter, ein Judas!

JOSEPH Das habe ich ihm auch gesagt.

COCAREL Wir brauchen einen zweiten Diener, Joseph!

JOSEPH Er will einen Freund zur Aushilfe schicken.

COCAREL Gut. Anatole im Haus der Illusionen… oh, das schmerzt!

JOSEPH Er roch immer so gut…

COCAREL Ein Junge mit seiner Figur gehört in meinen Salon.

JOSEPH Und wie stolz er war…

COCAREL Joseph, heute abend wirst du meine einzige Stütze sein.

JOSPHE Ich gebe mein Bestes. Es ist schließlich mein letzter Abend bei Ihnen.

COCAREL Was soll das heißen?

JOSEPH Ich kündige. Sie schulden mir noch drei volle Monatsgehälter.

COCAREL Wirst du den Mund halten!? Morgen bin ich ein reicher Mann. Ich bekomme zehn Prozent von der Mitgift.

JOSEPH Und ich verlange eine feste Gehaltserhöhung von fünfzehn Prozent.

COCAREL Oh!

JOSEPH Oder ich gehe zu Anatole ins Haus der Illusionen.

COCAREL Nein, du bleibst bei mir, Joseph. Ich brauche dich. Wenn du mich verläßt, werde ich den Salon schließen und aufs Land ziehen. Ohne dich macht mir das Geschäft keinen Spaß…
Es klingelt an der Tür.

JOSEPH Nun lassen Sie den Kopf nicht hängen, Monsieur Cocarel… *Er geht hinaus.*

2

Cocarel, Béchut.

COCAREL Viertel vor acht. Das wird sie sein, die schöne Léonida… *Joseph führt Béchut in den Salon.* Ah, Monsieur Béchut… Unerhört! Was für ein Anblick!

BÉCHUT Wie?

COCAREL Nein, bleiben Sie so… Ein junger Gott erscheint… Jupiter schwebt zu Alkmene herab…

BÉCHUT Ich habe das heute zum erstenmal an. Ich muß sagen, in der Uniform fühle ich mich wohler.

COCAREL Und Alkmene schwinden die Sinne...

BÉCHUT Wem? Wo ist sie denn?

COCAREL Sie wird in wenigen Augenblicken hier eintreffen. Sie hat mir eine Nachricht geschickt. *Er zieht ein Papier aus der Tasche und liest vor* Ich, kommen acht Uhr... ich, sehr aufgeregt... ich, nicht schlafen.

BÉCHUT Sie drückt sich etwas seltsam aus.

COCAREL Nun, es ist ein Telegramm...

BÉCHUT Hoffentlich ist es keine Ausländerin. Wie heißt sie?

COCAREL Oh, mein Herr, Namen werden in diesem Salon niemals genannt. Diskretion ist die Seele meines Berufs. Wenn Sie es wünschen, führen wir uns das Bild der Dame noch einmal vor Augen. *Er geht zu seinem Pult.* Es handelt sich um die Nummer zweitausendsiebenhundertdrei... *Er nimmt Papiere aus seinem Pult.* Hören Sie... Ich bin braun...

BÉCHUT Eine Negerin. Ich habe es geahnt.

COCAREL *liest weiter* Ich bin braunhaarig. Mein Antlitz ist bleich...

BÉCHUT Gott sei Dank. Sie scheint eine Zivilisierte zu sein.

COCAREL *liest* Ich bin ein sensibles Wesen, das über eine robuste Gesundheit verfügt. In meinen Augen strahlt zarte Melancholie, die von lieblicher Heiterkeit umspielt wird. Ich besitze untadelige Umgangsformen, bin indessen nicht affektiert...

BÉCHUT Alle Achtung. Sie hat Stil. Ich könnte mich nicht so gut ausdrücken.

COCAREL Keine Sorge. Die hübschen Formulierungen stammen von mir. *Er liest weiter* Es steht mir nicht zu, über mein Herz zu sprechen. Doch seit meiner Kindheit habe ich mich der Pflege meines Bruders hingegeben, der viel älter ist als ich. Er ist ein gichtkranker alter Mann, mürrisch, jähzornig, unangenehm, und dennoch ist niemals eine Klage oder ein Tadel über meine rosenfarbenen Lippen gekommen...

JOSEPH *erscheint links.* Draußen ist der Herr von heute morgen.

COCAREL Welcher Herr? *Joseph macht ein Zeichen, Béchut betreffend.* Gut. Bitte ihn herein. *Zu Béchut* Würden Sie sich jetzt in die Garderobe begeben – eine winzige Nachlässigkeit: Sie haben vergessen, sich zu frisieren...

BÉCHUT *faßt sich an die Haare.* Mein Gott, ich war so in Eile... Sagen Sie, bin ich eigentlich der einzige Bewerber für...

COCAREL Nun, wir haben da noch einen anderen Herrn. Den zweiten Mann, die Kontrastperson. Das ist bei mir immer so. Er hat von vornherein keine Chance. Er wird der Dame als erster vorgestellt, damit dann der Hauptkandidat, also Sie, einen um so besseren Eindruck macht.

BÉCHUT Raffiniert. *Er geht nach hinten.*

COCAREL *begleitet ihn.* Und verlegen Sie den Scheitel etwas nach rechts. Das verjüngt.

Beide gehen nach hinten ab.

3

Joseph, Cordenbois, Cocarel.

CORDENBOIS *wird von Joseph hereingeführt; er ist festlich gekleidet, enganliegender Mantel, Weste aus weißem Satin, Brustkrause, Klappzylinder.* Ist sie schon da?

JOSEPH Soviel ich weiß: nein.

CORDENBOIS Es ist aber schon acht Uhr.

JOSEPH Sie wird sich ein wenig verspäten. Wie es sich gehört.

CORDENBOIS So? Gehört sich das? Es heißt aber: Pünktlichkeit ist die Tugend der Könige.

JOSEPH Nun ja... *Er geht nach links ab.*

COCAREL *tritt von hinten auf.* Monsieur Cordenbois? Hinreißend! Was für ein Anblick!

CORDENBOIS Ich sehe großartig aus, wie?

COCAREL Bewegen Sie sich nicht – einen Augenblick. Lassen Sie mich staunen. Ein junger Gott erscheint. Jupiter schaut zu Alkmene herab...

CORDENBOIS Ich war im besten Leihhaus von Paris.

COCAREL Wunderbar. Aber, bitte – bauchen Sie nicht so sehr, Sie bauchen viel zu stark.

CORDENBOIS Ich? Ich bauche gar nicht besonders. Das ist alles Natur.

COCAREL *geht zu seinem Buch und schließt das Schloß auf, es quietscht fürchterlich.* Wir haben heute mittag vergessen, die geschäftlichen Angelegenheiten zu regeln... *Er schnuppert in der Luft.* Was für ein merkwürdiger Geruch? Riechen Sie es nicht?

CORDENBOIS *schnuppert ebenfalls.* Nein, ich rieche nichts.

COCAREL Sie müssen noch eine Bearbeitungsgebühr von hundert Francs entrichten.

CORDENBOIS Was? Bevor ich die Dame gesehen habe?

COCAREL Das ist so üblich bei mir.

CORDENBOIS Bei mir nicht. Erst die Ware, dann das Geld.

COCAREL Wie Sie wollen. *Er schließt das Buch wieder.* Eine Hunderttausend-Francs-Partie bekomme ich jederzeit los. Der zweite Bewerber ist bereits eingetroffen.

CORDENBOIS Wo ist er? Hat er schon bezahlt?

COCAREL Selbstverständlich.

CORDENBOIS Sieht er gut aus?

COCAREL Nicht schlecht.

CORDENBOIS Besser als ich?

COCAREL Er baucht nicht so stark.

CORDENBOIS Zeigen Sie ihn mir. Ich will ihn sehen.

COCAREL Unmöglich. Das entspricht nicht den Gepflogenheiten meines Hauses.

CORDENBOIS Was ist er von Beruf?

COCAREL Oh, es ist eine Persönlichkeit des öffentlichen Lebens.

CORDENBOIS Ist er dekoriert?

COCAREL Nein.

CORDENBOIS Sehr gut. Sie wissen, ich habe mich zuerst beworben. Mir gebührt der Vortritt.

COCAREL Den kann ich Ihnen erst garantieren, wenn Sie bezahlt haben.

CORDENBOIS *holt seine Brieftasche hervor.* Meinetwegen. Hier ist das Geld.

COCAREL Das sind neunundneunzig Francs.

CORDENBOIS *gräbt in seinen Taschen.* Hier sind noch zwanzig Centimes. Den Rest bezahlt meine Frau nachher.

JOSEPH *erscheint von links.* Da ist ein junger Mann. Er sucht seinen Vater.

COCAREL Sind Sie das?

CORDENBOIS Ich? Nein. Ich war immer Junggeselle.

COCAREL *steht auf, zu Joseph* Ich kümmere mich gleich um ihn. Ich muß noch schnell in den Kabinetten nach dem Rechten sehen. Entschuldigen Sie mich, Monsieur Cordenbois.
Er geht rechts ab, Joseph nach links.

CORDENBOIS Wahrscheinlich ist der andere Witwer, mit Kindern. Um so besser für mich.

4

Béchut, Cordenbois.

BÉCHUT *der einen Moment in der hinteren Tür gestanden hat, kommt vor zu Cordenbois.* Nein, Monsieur Cordenbois, ich habe keine Kinder. Ich war noch nie verheiratet. Genau wie Sie.

CORDENBOIS Ach! Sie sind das...? Belauschen Sie immer die Gespräche anderer Leute, Monsieur...

BÉCHUT Béchut, Emile Béchut. Ich habe nicht gelauscht. Ich bin zufällig in den Salon getreten und habe gehört, wie Sie über mich sprachen.

CORDENBOIS Sie hätten wieder gehen können.

BÉCHUT Aber ich habe hier ein Rendezvous mit einer Dame.

CORDENBOIS Ich auch. Und zwar bin ich als erster dran.

BÉCHUT Leider. Noch dazu sehen Sie blendend aus.

CORDENBOIS Ich hatte Sie mir stattlicher vorgestellt.

BÉCHUT Ich bin eher zierlich, nicht wahr?

CORDENBOIS Dürr sind Sie, spindeldürr.

BÉCHUT Es kommt ja darauf an, ob wir zueinander passen.

CORDENBOIS Wer?

BÉCHUT Sie und ich.

CORDENBOIS Wir?

BÉCHUT Nein, die Dame und ich.

CORDENBOIS Warum wollen Sie denn überhaupt heiraten?

BÉCHUT Ich möchte eine Familie haben, Kinder.

CORDENBOIS Ich nicht. Ich mag keine Kinder.

BÉCHUT Die Ferien sind schöner, wenn man mit einer Familie verreist.

CORDENBOIS Aber dafür brauchen Sie doch nicht ausgerechnet meine Hunderttausend-Francs-Frau?!

BÉCHUT Sie wollen sie wohl nur des Geldes wegen?

CORDENBOIS Ich bin Apotheker und verdiene genug. Allerdings könnten wir mit ihrem Geld eine kleine Parfümerie aufmachen. Dann hat sie etwas zu tun. Frauen müssen sich beschäftigen. Sonst werden sie unglücklich.

BÉCHUT Meine Frau soll sich nur mit mir beschäftigen.

CORDENBOIS Natürlich reizt mich auch das sogenannte Liebesleben...

BÉCHUT Ich bin Kriminalbeamter. Da braucht man abends ein bißchen Entspannung, menschliche Wärme.

CORDENBOIS Polizist sind Sie? Man hat mir gesagt, Sie seien eine höhergestellte Persönlichkeit.

BÉCHUT Es gibt genügend Menschen, für die ich eine Respektsperson bin.

CORDENBOIS Wenn Sie nicht als Heiratskandidat auftreten...

BÉCHUT Ich habe heute nachmittag eine Diebesbande komplett ausgehoben. Bis auf einen. Den haben wir nicht erwischt.

CORDENBOIS Was? Sie sitzen hier in aller Ruhe, und der Dieb läuft frei in Paris herum?

BÉCHUT Ich bin nicht im Dienst.

CORDENBOIS Auf diesen Standpunkt kann sich nur ein Beamter stellen.

BÉCHUT Es riecht so eigenartig, nicht wahr?

CORDENBOIS Nein. Ich rieche nichts.

BÉCHUT Merkwürdig. Je näher ich meinen Kopf zu Ihnen hinwende, um so stärker riecht es...

CORDENBOIS Was wollen Sie damit sagen?

BÉCHUT Ich glaube, Sie riechen schlecht.

CORDENBOIS Ach, Sie wollen mich wohl einschüchtern. Damit ich unsicher werde vor der Dame.

BÉCHUT Spiritus. Sie riechen nach Spiritus.

CORDENBOIS Tatsächlich? Das ist möglich. Ich habe vorhin zwei Fettflecken aus meinem Anzug gerieben, mit Spiritus. Riechen Sie mal dahin. *Er zeigt auf seinen Kragen hinter dem Kopf.*

BÉCHUT *riecht am Kragen.* Ja. Es kommt von da.

CORDENBOIS Verdammt. Was mache ich bloß?

BÉCHUT Warten Sie, ich habe ein Fläschchen Parfüm bei mir. Ich schütte es Ihnen über den Kragen.

CORDENBOIS Danke. Das ist sehr freundlich von Ihnen...

COCAREL *tritt von hinten auf.* Oh! Meine Herren! Auseinander, gehen Sie auseinander! Sie dürfen nicht miteinander sprechen. Was für ein Skandal! Wie können Sie mich nur so enttäuschen... Monsieur Béchut!

BÉCHUT Ich wußte nicht, daß das verboten ist.

COCAREL Kommen Sie, kommen Sie. Jeder geht in sein Kabinett. Sie warten dort, bis ich Sie rufe. *Er führt Cordenbois nach rechts ab.*

CORDENBOIS *zu Cocarel* Der Kerl ist ganz in Ordnung. Aber ich bin sicher, daß er keine Chance hat...

COCAREL Seien Sie still.

BÉCHUT *wird von Cocarel nach hinten begleitet.* Armer Teufel. Es tut mir leid, daß er umsonst hierher gekommen ist.

5

Joseph, Sylvain, Cocarel.

SYLVAIN *kommt hinter Joseph in den Salon.* Hier sieht es ja aus wie in einem Harem... Warum arbeiten Sie denn in einem Privathaushalt?

JOSEPH Hier herrscht eine sehr persönliche Atmosphäre.

SYLVAIN Ich habe eine Stelle im Boeuf à la Mode.

JOSEPH So? Sie sind Servierkellner...

SYLVAIN Ja. Dreihundert Francs im Monat. Und was bekommen Sie?

JOSEPH Darüber spreche ich nicht. *Er wendet sich zum Gehen.* Das Publikum wird immer schlechter hier. *Er geht nach links ab.*

COCAREL *tritt von hinten auf.* Junger Mann...

SYLVAIN Monsieur Cocarel?

COCAREL Sie wünschen?

SYLVAIN Ich komme wegen der Abendgesellschaft.

COCAREL Ah, Sie sind das... Kommen Sie, ich will Sie mir ein bißchen genauer ansehen.

SYLVAIN Hier kommt man wohl nicht ohne weiteres hinein, was?

COCAREL Drehen Sie sich langsam um... Nicht übel... Nicht übel. Die Weste ist in Ordnung, die Hose ist allerdings nicht mehr die neueste.

SYLVAIN Man zieht an, was man hat.

COCAREL Sie wissen, worauf ich Wert lege: einwandfreies Benehmen, Zurückhaltung, keine zweideutigen Reden...

SYLVAIN Ich weiß, Damen darf man keine Witze erzählen.

COCAREL Noch etwas – es werden ein paar Leckereien gereicht. Die rühren Sie nicht an.

SYLVAIN. Oh.

COCAREL Ihnen steht ein Biskuit und eine Tasse Tee zu.

SYLVAIN Tee finde ich fies.

COCAREL Fies! Dieses Wort nehmen wir aber nicht in den Mund. Wir sagen: Mein Arzt hat mir das Teetrinken verboten. *Er geht zum Tisch und nimmt ein Paar Handschuhe aus der Schublade.*

SYLVAIN Ein seltsames Haus. Leckereien werden gereicht, aber die Gäste dürfen nichts davon nehmen.

COCAREL *kommt mit einem Paar weißer Handschuhe.* Hier sind Ihre Handschuhe.

SYLVAIN *überrascht* Handschuhe...!

COCAREL Gehen Sie sorgfältig damit um. Sie müssen zweimal benutzt werden. Sie ziehen nur einen an, den anderen behalten Sie in der Hand. *Er gibt ihm Geld.* Und hier sind Ihre fünf Francs.

SYLVAIN Was? Fünf Francs?

COCAREL Bitte, keine Diskussionen. Fünf Francs, das ist so üblich bei mir.

SYLVAIN *steckt das Geld in seine Tasche.* Wenn es so üblich ist – ich kann sie gebrauchen.

COCAREL *schließt die Tischschublade.* Sagen Sie Anatole, daß er mich tief enttäuscht hat.

SYLVAIN Anatole? Wer ist das?

COCAREL Nun, Ihr Freund.

SYLVAIN Ich kenne keinen Anatole.

COCAREL Wie? Aber wer hat Sie denn hierher geschickt?

SYLVAIN Mein Vater. Er hat gesagt, ich soll zu Ihnen kommen. Und da bin ich gekommen.

COCAREL Ach? Ich verstehe. Ihr Vater wünscht Sie zu verheiraten.

SYLVAIN Ich weiß nicht...

COCAREL Aber natürlich... Ich bitte Sie vielmals um Vergebung. Ich habe Sie für einen meiner... Sie sind ein Klient... ein Sohn aus gutem Hause.

SYLVAIN Ja, ich bin Papas Sohn.

COCAREL *nimmt Sylvain den Handschuh weg, der er gerade anziehen will.* Ach, geben Sie mir doch die Handschuhe zurück und die fünf Francs. Es ist mir sehr peinlich...

SYLVAIN Jetzt muß man alles wieder zurückgeben. Eine sonderbare Einladung.

COCAREL Setzen Sie sich – ich werde Sie in mein Buch eintragen. Darin befinden sich die schönsten Partien Frankreichs! *Er öffnet das Schloß seines Geschäftsbuchs, es quietscht fürchterlich.*

SYLVAIN Das müßte mal geölt werden.

COCAREL Seien Sie so liebenswürdig und nennen Sie mir Ihren Familiennamen und ihre Vornamen.

SYLVAIN Na gut, es kostet ja nichts. Sylvain-Jérôme Colladan.

COCAREL *entzückt* Schön. Jetzt darf ich Sie bitten, mir hundert Francs zu erstatten.

SYLVAIN Oh Nein...

COCAREL Es ist für meine ersten Bemühungen.

SYLVAIN Papa wird gleich kommen. Ich bin mit ihm verabredet.

COCAREL Hier? Sehr gut. Dann werden wir die Angelegenheit gemeinsam erörtern. Haben Sie denn schon einen bestimmten Frauentyp im Auge?

SYLVAIN Ich habe da draußen eine kleine Dicke gesehen. So etwas hätte ich gern.

COCAREL Meine Garderobiere? Aha. Das bringt mich in Schwierigkeiten. Sind Sie sich ihrer Zuneigung ganz sicher?

SYLVAIN Vollkommen.

COCAREL Nun, sie gehört eigentlich nicht in mein Angebot. Aber ich werde sogleich ein diskretes Gespräch mit ihr führen.

Gehen Sie einstweilen dort ins Kabinett. Ich lasse Ihnen ein bißchen Gebäck bringen. *Er begleitet Sylvain nach rechts ins Kabinett und geht dann nach hinten ab.*

6

Champbourcy, Colladan, Léonida, Blanche.

CHAMPBOURCY *tritt durch die linke Tür.* Kommen Sie rein, schnell!

COLLADAN *kommt rasch herein, hinter ihm Léonida und Blanche, sie gehen an Champbourcy vorbei.* Mein Gott – sind wir gerannt!

CHAMPBOURCY Tür zu!

LÉONIDA Eine feine Art, eine Abendgesellschaft zu besuchen.

CHAMPBOURCY Dauernd murrst du. Sei froh, daß du überhaupt hier bist.

BLANCHE Diese fürchterliche Kälte, Papa...

CHAMPBOURCY Ein Glück, daß es friert. Sonst wären wir von oben bis unten mit Dreck bespritzt.

BLANCHE Mir wird schwarz vor Augen.

CHAMPBOURCY Dort sind Kerzen genug. Wärm dich auf, Töchterchen!

COLLADAN Sind Sie sicher, daß uns niemand gefolgt ist?

CHAMPBOURCY Natürlich. Ich habe genau den richtigen Fluchtweg eingeschlagen.

COLLADAN Ich habe Hunger wie ein Wolf.

BLANCHE Ich habe schon von ausgebrochenen Sträflingen gehört, die man geköpft hat.

CHAMPBOURCY Weil man sie erwischt hat, ja. Aber das wird uns nicht passieren.

LÉONIDA Ich darf nicht daran denken. Sonst bekomme ich einen Heulkrampf.

COLLADAN Vor lauter Hunger habe ich meine Angst fast vergessen.

CHAMPBOURCY Kameraden, wir sind frei! Freut euch doch!

COLLADAN Aber Monsieur Cordenbois fehlt immer noch.

LÉONIDA Er weiß nicht, daß wir hier sind.

CHAMPBOURCY Ich werde mit ihm abrechnen.

COLLADAN Wir müssen ihn erst einmal finden. Das ist nicht so einfach in Paris.

CHAMPBOURCY In La Ferté-sous-Jouarre treffen wir uns wieder!

BLANCHE Oje, wann kommen wir bloß wieder nach Hause!

CHAMPBOURCY Wieso? Es läuft alles, wie ich es geplant habe. Wir verleben einen gemütlichen Abend bei Monsieur Cocarel. Und anschließend fahren wir mit dem letzten Zug nach Hause.

COLLADAN Und wovon bezahlen wir die Eisenbahn? Wir haben noch unsere Taschentücher und sonst gar nichts.

CHAMPBOURCY Weshalb, glauben Sie, habe ich Sie hierher geführt? Weil wir uns hier unserer Sorgen entledigen werden... *Joseph kommt von rechts mit zwei Tabletts mit Gebäck und Tee.* Weil wir hier zu essen und zu trinken bekommen... *Alle stürzen sich auf Joseph. Im folgenden nimmt Champbourcy Gebäck vom Tablett und gibt es hinter seinem Rücken an Colladan weiter, der gibt etwas davon an Léonida weiter, Léonida gibt etwas an Blanche weiter. Colladan steckt Gebäck in eine Tasche. Alle essen.*

JOSEPH Meine Herrschaften! Was wünschen Sie?

CHAMPBOURCY Junger Freund, sagen Sie Monsieur Cocarel, daß Monsieur Champbourcy aus La Ferté-sous-Jouarre eingetroffen ist.

LÉONIDA Mit seiner Schwester Léonida.

COLLADAN Und Monsieur Colladan. Ebenfalls aus La Ferté-sous-Jouarre.

JOSEPH Ich werde Bescheid sagen. *Er will nach links abgehen.*

CHAMPBOURCY *hält sich am Tablett fest.* Das Tablett – lassen Sie das Tablett hier!

JOSEPH Aber mein Herr – ich muß es wieder auffüllen.

COLLADAN. Gut. Und dann bringen Sie es wieder her.

JOSEPH *geht nach links ab.* Eine Horde von Wilden...

LÉONIDA *zu Champbourcy* Gleich wird Monsieur Cocarel kommen.

CHAMPBOURCY Ich bin sehr neugierig. Der Kuppler scheint sein Geschäft zu verstehen. Es ist jedenfalls sehr schwül hier.

LÉONIDA Ich habe Angst, Théophile.

CHAMPBOURCY Das ist gut so. Dann bist du wenigstens nicht zänkisch.

Sylvain tritt von hinten auf.

COLLADAN Sylvain – mein lieber Junge! *Zu den anderen* Sagen Sie nichts von der Polizei! *Er umarmt Sylvain.*

SYLVAIN Sie haben sich verspätet, Papa.

COLLADAN Wenn du wüßtest, was wir erlebt haben.

SYLVAIN Was denn, Papa?

COLLADAN Ich erzählte es dir, wenn du älter bist.

BLANCHE Wir sind nicht mehr dieselben wie heute morgen.

SYLVAIN Ich finde Sie aber noch genauso hübsch, Mademoiselle Blanche.

BLANCHE Oh!

COLLADAN Was sind das für Redensarten?

SYLVAIN Wir sind doch hier in einem Haus, wo man so etwas sagt.

COLLADAN *zu Champbourcy* Was? Wo sind wir denn hier?

CHAMPBOURCY Seien Sie ruhig. Wir sind in einem gutbürgerlichen Haus zu Gast.

COLLADAN Aber ein richtiges Abendessen scheint es nicht zu geben.

LÉONIDA Sehe ich nicht fürchterlich aus?

CHAMPBOURCY Das fällt dir aber spät ein.

LÉONIDA Meine Haare sind bestimmt zerzaust…

CHAMPBOURCY Warte, ich lege sie ein bißchen zurecht. *Er ordnet Léonidas Frisur.*

LÉONIDA Danke, Bruder.

CHAMPBOURCY Deine Schuhe sind voller Staub. *Er kniet sich und zieht ein Taschentuch aus seiner Tasche. Dabei fällt ein Stück Mauergips heraus.*

LÉONIDA Was ist das?

CHAMPBOURCY Ein Mauerstück aus unserem Kerker. *Er stößt es mit dem Fuß weg und beginnt den Staub von Léonidas Schuhen zu wischen.*

SYLVAIN *zu Blanche* Haben Sie das Mädchen in der Garderobe gesehen?

BLANCHE Die kleine Dicke?

SYLVAIN Ja. Wahrscheinlich werde ich sie heiraten.

BLANCHE Sie wollen heiraten? Aber doch nicht so ein Trampel?

SYLVAIN Das ist wahr. Sie gefallen mir eigentlich viel besser.

BLANCHE Monsieur Sylvain, ich habe schon einen Bräutigam...

SYLVAIN Ich könnte Sie entführen. Wir fliehen ins Ausland, nach Österreich!

BLANCHE Nein, nein. Ich habe genug vom Reisen. Ich möchte nach...

CHAMPBOURCY Ach, es nützt doch nichts. Du bist einfach zu verwelkt.

COCAREL *erscheint hinten in der Tür.* Ah, da sind meine Glückskinder aus der Champagne! *Er wischt sich schnell mit einem Tuch übers Gesicht, um sich in eine gefaßte Haltung zu versetzen.* Man hat mich soeben von Ihrer Ankunft unterrichtet.

CHAMPBOURCY *stellt sich vor* Théophile Champbourcy...

COCAREL *grüßt* Die ganze Familie! Ich bin entzückt.

COLLADAN Jean Colladan. Mein Sohn Sylvain...

COCAREL Wir kennen uns bereits. Gedulden Sie sich einen Augenblick. Einer nach dem anderen. *Sein Blick fällt auf Léonida.* Die Mama! *Er geht auf Blanche zu.* Und die reizende Léonida...

LÉONIDA *tritt vor und schlägt die Augen nieder.* Das bin ich.

COCAREL *unwillkürlich* Ach was!?

LÉONIDA Wie?

COCAREL Nichts.

CHAMPBOURCY Aus. Du hast deine Wirkung getan. Wir können gehen, Schwester. *Er nimmt sie an der Hand und will gehen.*

LÉONIDA Was sagst du...?

CHAMPBOURCY Also – frei heraus: Man kann sie nicht verkaufen, oder?

LÉONIDA Théophile!

COCAREL Ich bitte Sie! Mademoiselle ist eine überwältigende Persönlichkeit. Sie ist zur Liebe geboren...

CHAMPBOURCY Sie? Aber sehen Sie sie doch an!

LÉONIDA *wütend* Halt den Mund, du... Bestie!

CHAMPBOURCY Nein... ich möchte dem Herrn erwidern: Würden Sie sie denn heiraten, wie?

COCAREL Aber gewiß. Wenn es die Umstände...

CHAMPBOURCY Ach, hören Sie doch auf.

LÉONIDA So gemein, so brutal wie du... Ich hasse dich!

CHAMPBOURCY Ruhig, Schwester, ruhig. Dein Liebster könnte dich hören.

LÉONIDA Verschwinde! Weg von mir!

COCAREL Meine Herrschaften, mäßigen Sie sich. Ich ertrage das nicht.

COLLADAN Was ist denn hier los?

LÉONIDA Alles muß er kaputt machen. Zerstören, zerstören... das war schon immer so.

COLLADAN Warum dreht sich denn alles nur um Mademoiselle Léonida?

BLANCHE Seien Sie still, Monsieur Colladan. Die Stimmung ist schlecht.

COLLADAN Dann werde ich jetzt den Burschen mit dem Gebäck suchen. *Er geht nach rechts ab.*

BLANCHE Ich komme mit.

SYLVAIN Nein, kommen Sie mit mir. Erzählen Sie mir, was Sie über die Liebe wissen.
Sie gehen beide nach hinten ab.

CHAMPBOURCY Aber bitte sehr, bringen Sie sie an den Mann. Ich wüßte nicht, was mir lieber wäre. Sie sehen ja, wie streitsüchtig sie ist, wie unangenehm, wie pervers...

LÉONIDA *zu Cocarel* Glauben Sie ihm nicht. Er ist krank im Kopf. Ein Choleriker.

CHAMPBOURCY Und etepetete bei den Mahlzeiten. Mademoiselle ißt durchaus kein Rindfleisch. Rindfleisch kann man gleich zum Abfall werfen.

COCAREL Nicht so laut. Man wird Sie hören.

CHAMPBOURCY Sei ruhig. Der Unglückliche steht schon hinter dem Vorhang.

COCAREL Es sind zwei...

LÉONIDA Zwei?

COCAREL Ich habe zwei Kandidaten für Sie.

LÉONIDA Oh, ich möchte sie sehen... *Sie geht nach hinten.*

COCAREL *hält sie zurück.* Einen Augenblick. Ich glaube Ihre Abendgarderobe...

LÉONIDA Wie?

COCAREL Ein hochgeschlossenes Kleid für ein Rendezvous?

LÉONIDA Es ist mein schönstes Kleid. Ich habe kein dekolliertes.

CHAMPBOURCY *klopft auf seine Brusttasche.* Und wenn ich etwa jetzt eins kaufen soll...

COCAREL Beruhigen Sie sich, Monsieur Champbourcy. In meinem Haus ist für alles gesorgt. Begleiten Sie Ihr Fräulein Schwester in die Garderobe. Mademoiselle Cléopatre wird sich um sie kümmern. Sie wird Sie verzaubern, und niemand wird Ihnen widerstehen.

CHAMPBOURCY Hören Sie, Cocarel – wenn sie unter die Haube kommt, bin ich geneigt, ein Opfer zu bringen. Ich steuere zwanzigtausend Francs zur Mitgift bei.

LÉONIDA Das ist lieb von dir, Théophile. Du kannst so charmant sein...

CHAMPBOURCY Nur wenn du unter die Haube kommst!

COCAREL Hundertzwanzigtausend Francs! Man wird sich um Sie reißen. *Zu Champbourcy* Im vergangenen Jahr habe ich eine Einäugige mit nur sechsundfünfzigtausend verheiratet. Nun gehen Sie zum Ankleiden...

CHAMPBOURCY *begleitet Léonida.* Ich werde meinen Anzug abbürsten lassen.

Sie gehen nach links ab.

7

Cocarel, Cordenbois.

COCAREL *sieht ihnen nach.* Ein Dragonerweib. Aber sehr sensibel. Und hundertzwanzigtausend Francs!

CORDENBOIS *tritt von hinten auf auf.* Ist sie da?

COCAREL Jawohl. Gleich ist es soweit. *Er findet den Stein, der aus Champbourcys Tasche gefallen ist.* Oh, ein Mauerstück. *Er hebt es auf und sieht beunruhigt zur Decke hinauf.* Es wird so liederlich gebaut heutzutage.

CORDENBOIS Sie haben sie gesehen?

COCAREL Das kommt wahrscheinlich vom Gesims.

CORDENBOIS Ist sie schön?

COCAREL Sie hat sich verbessert. Sie bringt nicht mehr hunderttausend, sie bringt hunderzwanzigtausend mit.

CORDENBOIS Donnerwetter! Meine Apotheke und diese Frau –
das bringt mehr als die Renten-Papiere von Champbourcy.

COCAREL Wie bitte?

CORDENBOIS Nichts. Stellen Sie mich vor.

COCAREL Es riecht so stark nach Moschus...

CORDENBOIS Ja, es riecht sehr gut. Spannen Sie mich nicht länger auf die Folter!

COCAREL Ich habe mir für Ihre erste Begegnung ein besonders
reizvolles Arrangement ausgedacht. Sie sitzen hier auf der
Bank. Mit dem Rücken zur Tür. Ihre Partnerin betritt den Salon. Sie sind allein. Sie beginnen ein Gespräch. Sie schließen die
Augen und lauschen ihrer Stimme. Sie werden sensibel, Sie
werden immer sensibler. Dann erst sehen Sie einander in die
Augen. Später wird ihre Familie erscheinen und Sie begrüßen.

CORDENBOIS Gut, machen Sie schnell.

COCAREL Ich verlasse mich darauf, daß Sie meine Anweisungen
genau befolgen, mein Herr. Und bitte – bauchen Sie nicht so.
Er geht nach hinten. Sie bauchen immer noch so stark. *Er
geht ab.*

8

Cordenbois, Léonida.

CORDENBOIS Mein Korsett – soll ich es abschnallen? Nein. Sie
könnte mich dabei überraschen. Ich bin aufgeregt wie ein
Kind. Wenn ich ihr nun nicht gefalle...? Ich höre Schritte...
Das ist sie. *Er setzt sich in Positur. Léonida erscheint in der hinteren Tür, sie geht zu Cordenbois und setzt sich hinter ihn, sie
sitzen Rücken an Rücken.* Mademoiselle, das ist der wichtigste Augenblick in meinem Leben.

LÉONIDA Wie vertraut mir Ihre Stimme klingt...

CORDENBOIS Auch ich spüre, wie eine Woge von Vertrauen uns
umfängt.

LÉONIDA Wie der Duft von tausend Orchideen.

CORDENBOIS. Ja.

LÉONIDA Lehnen Sie sich ein wenig zurück. *Cordenbois lehnt sich vorsichtig zurück, Léonida ebenfalls.* Spüren Sie es?

CORDENBOIS Ja.

LÉONIDA Unsere Rücken berühren sich.

CORDENBOIS Wenn es immer so bleiben könnte...

LÉONIDA Dann würden wir uns aber niemals sehen!

CORDENBOIS Das ist wahr.

LÉONIDA Wollen wir nicht aufstehen und unser Geheimnis lüften?

CORDENBOIS Unbedingt.

LÉONIDA Wie mein Herz schlägt... du lieber Gott! Spüren Sie es?

CORDENBOIS Am ganzen Leib. Ein gesundes Herz ist das.

LÉONIDA Wollen wir...? *Sie stehen langsam auf und drehen sich zueinander um.* Oh!

CORDENBOIS Léonida!?

LÉONIDA Der Apotheker. Sie will ich nicht.

CORDENBOIS Glauben Sie, ich will Sie?!

LÉONIDA Was für ein Schwindel! *Sie sinkt zurück auf die Bank.*

CORDENBOIS Ich bin richtig erschöpft vor Enttäuschung. *Er sinkt ebenfalls zurück auf die Bank.*

LÉONIDA Da sucht man jahrelang nach dem Mann seines Lebens und hofft und hofft – dann stehen Sie vor einem. *Sie sinkt an seine Seite.*

CORDENBOIS Sie brauchen gar nicht ohnmächtig zu werden. Einen besseren Mann als mich hätten Sie doch nicht gefunden.

COCAREL *kommt von hinten.* Ah, man ist sich bereits nähergekommen.

CORDENBOIS Geben Sie mir sofort meine neunundneunzig Francs und zwanzig Centimes zurück. Mit dieser Dame spiele ich jeden Montagabend Bouillotte. Und zwar seit zwanzig Jahren.

COCAREL Ach was?!

LÉONIDA Wegen dieses Menschen lassen Sie mich nach Paris kommen! Ich reise ab, sofort. Geben Sie mir mein Kleid zurück.

CORDENBOIS Ich will mein Geld wiederhaben. *Er zieht seine Jacke aus und schnallt sein Korsett ab.* Sie sind ein Betrüger.

COCAREL *zu Cordenbois* Nicht doch. Es war nur ein erster Versuch, eine Probe. Ich habe noch einige traumhaft schöne Partien...

CORDENBOIS Scheren Sie sich zum Teufel. *Er geht nach hinten.*

COCAREL *zu Léonida* Warten Sie. Der zählt nicht. Der andere, von dem ich Ihnen erzählt habe, der Herr in gehobener Position – er wird sich gleich vorstellen. Warten Sie einen Augenblick. *Er geht nach rechts ab.*

9

Champbourcy, Colladan, Blanche und Sylvain kommen durch die verschiedenen Eingänge herein.

CHAMPBOURCY Cordenbois!

CORDENBOIS Champbourcy!

CHAMPBOURCY Was machen Sie hier?

CORDENBOIS Man wollte mir ihre Schwester andrehen. Ein schlimmer Irrtum.

CHAMPBOURCY Was? Sie sind der –! Das geschieht Ihnen recht.

BLANCHE Oh, die arme Tante. *Sie geht zu Léonida, Sylvain folgt ihr.*

COLLADAN Wo waren Sie denn die ganze Zeit?

CORDENBOIS Ich? Ich habe mir Paris angesehen. Allein. Sie waren ja so freundlich, mich im Stich zu lassen.

CHAMPBOURCY Auch noch Vorwürfe! Ich muß sagen, mein Herr, das hätte ich nicht erwartet.

COLLADAN Eine Unverschämtheit ist das.

CORDENBOIS Wieso?

CHAMPBOURCY Gewisse Leute, mein Herr, haben ein bewundernswertes Talent, im Augenblick der Gefahr zu verschwinden.

COLLADAN Sie kriechen einfach unter den Tisch.

CORDENBOIS Sagen Sie doch nicht immer mein Herr zu mir...

BLANCHE *zu Léonida* Wir werden schon noch einen richtigen Mann für dich finden, Tante.

LÉONIDA Es soll ja gleich noch ein anderer kommen... ich muß mich zurechtmachen.

Joseph erscheint mit dem Tablett. Colladan läuft hinter ihm her und nimmt sich Gebäck. Er steckt etwas davon in die Tasche.

CHAMPBOURCY Stellen Sie sich vor, Napoléon wäre bei Leipzig einfach unter den Tisch gekrochen.

CORDENBOIS Wovon reden Sie nur?

CHAMPBOURCY Von Ihrem unbeschreiblichen Verrat, mein Herr.

CORDENBOIS Ich habe doch zwei Stunden lang auf dem Arc de Triomphe auf Sie gewartet...

COLLADAN Immerhin hat er was gesehen von Paris. Wir nicht.

CHAMPBOURCY Auf dem Arc de Triomphe! Dieses Bauwerk ist dem Ruhm und dem Heldenmut unseres Vaterlandes geweiht. Es hätte bei Ihnen weiß Gott andere Gefühle wecken müssen als Feigheit, Egoismus, Untreue, Fahnenflucht, Ehrlosigkeit...

CORDENBOIS Hören Sie auf! Ich ertrage das nicht.

LÉONIDA Théophile, laß ihn in Ruhe. Er kann doch auch nichts dafür.

CHAMPBOURCY Wofür kann er nichts?

LÉONIDA Es ist eben alles schiefgegangen.

CHAMPBOURCY Trotzdem hätte er mit aufs Revier kommen müssen.

CORDENBOIS Auf welches Revier?

COLLADAN Man hat uns alles weggenommen. Wir haben keinen Sou mehr in der Tasche.

SYLVAIN Was?

COLLADAN Ach, mein Junge. Das ist für dich nicht interessant.

SYLVAIN Doch. Sie wollten mir heute abend meinen Monatswechsel geben.

COLLADAN Verdammt. Das kann ich nicht. Ich habe nichts mehr. Ich könnte höchstens den Herrn Gastgeber bitten, mir etwas zu leihen...

SYLVAIN Monsieur Cocarel? Aber der bekommt doch noch hundert Francs von Ihnen, Papa.

COLLADAN Von mir? Wofür denn?

SYLVAIN Weil er eine Frau für mich sucht.

COLLADAN Du bist wohl verrückt geworden...

SYLVAIN Ich denke, Sie wollten mich verheiraten. Wir sind doch hier bei so einem Kuppler.

COLLADAN Was? Ich habe es geahnt. Wir sind in einem Sündenpfuhl gelandet. Sylvain, mein lieber Junge, du verschwindest von hier. Sofort. Du fährst zurück nach Grignon. Ich schicke dir das Geld, sobald ich wieder zu Hause bin.

SYLVAIN Dann bin ich ganz umsonst hierher gekommen...

BLANCHE Monsieur Sylvain!

SYLVAIN *zu Blanche* Ich gehe auf den Opernball. Wenn Sie Lust haben, kommen Sie später nach.

BLANCHE O ja, ich möchte gerne. Aber ich kann die Tante nicht allein lassen.

Sylvain geht nach links ab.

COLLADAN *zu Champbourcy* Sie haben mich in ein Bordell geführt. Das werden Sie noch bereuen!

CHAMPBOURCY Sie hätten ja in der Droschke bleiben können, dann säßen Sie jetzt im Gefängnis.

CORDENBOIS Im Gefängnis?

CHAMPBOURCY Natürlich. Sie haben uns in eine Droschke gesteckt, ein Polizist auf dem Bock, und ab ging die Fahrt ins Depot.

COLLADAN An allem ist nur das Sparschwein schuld.

CHAMPBOURCY Unsinn. Ihre verdammte Hacke war an allem schuld.

COLLADAN Und Ihre gestohlene Uhr?

CHAMPBOURCY *zu Cordenbois* Also – wie kommen wir raus aus der Klemme?

CORDENBOIS *verwirrt* Ich weiß es nicht.

COLLADAN Er begreift nichts. Lassen Sie mich erzählen. *Er nimmt etwas aus der Tasche und steckt es in den Mund.* Au, ein Stein. Wir haben nämlich ein Loch in die Mauer geschlagen.

CHAMPBOURCY Mit dem Seil hätten wir es geschafft. Aber es hing leider eine Glocke dran.

COLLADAN Ich hatte jedenfalls die Idee, daß wir aus dem Wagen fliehen.

CHAMPBOURCY Und ich habe im passenden Augenblick die Initiative ergriffen. Wir kommen an eine Baustelle. Es entsteht eine Verkehrsstauung. Die Pferde treten auf der Stelle. Ich sehe vier betrunkene Theaterbesucher, die eine Droschke suchen. Ich mache ihnen ein Zeichen, wir steigen aus dem Wagen. Die vier betrunkenen Theaterbesucher steigen ein. Niemand merkt etwas. Wir sind frei und laufen davon wie die Wilden.

COLLADAN Von nun an werden wir immer auf der Flucht sein. Unser Leben lang. Es sei denn, sie schnappen uns eines Tages.

CORDENBOIS Ich verstehe. Sie haben sich strafbar gemacht in meiner Abwesenheit. Gott sei Dank, damit habe ich nichts zu tun.

CHAMPBOURCY Und ob Sie etwas damit zu tun haben! Sie sind der fünfte Mann.

CORDENBOIS Ich?

CHAMPBOURCY Natürlich. Ganz Paris ist hinter Ihnen her.

COLLADAN Sie sind der Dieb, den man nicht erwischt hat.

Champbourcy und Colladan beginnen fürchterlich zu lachen.

CORDENBOIS Ich bin kein Dieb, ich bin kein Dieb. Ich will nach Hause.

CHAMPBOURCY Ruhe, Kameraden, Ruhe. Wir müssen jetzt alle fest zusammenhalten.

COCAREL *kommt mit Joseph von rechts.* Meine Herrschaften, der ideale Lebensgefährte...

COLLADAN Sie kommen mir gerade recht. Sie haben meinem Sohn den Kopf verdreht!

LÉONIDA Monsieur Colladan...!

COCAREL Nun, er hat sich lebhaft für meine kleine Garderobiere interessiert. Aber da gibt es Schwierigkeiten...

JOSEPH Ich bedaure, Mademoiselle Cléopatre ist meine Braut.

COLLADAN Ich lasse meinen Sylvain nicht verkuppeln, ich mache diese Schweinereien nicht mit.

LÉONIDA Halten Sie den Mund, Sie Grobian. Sie haben hier gar nichts verloren.

COLLADAN Richtig. Ich gehe!

CHAMPBOURCY Bleiben Sie doch. Es ist gleich alles vorüber.

COLLADAN Joseph, kümmere dich um ihn.

JOSEPH *zu Colladan* Kommen Sie, mein Herr, ich werde Ihnen frisches Gebäck servieren. *Er führt Colladan nach rechts ab.*

COCAREL Meine Herrschaften, der ideale Lebensgefährte für die reizende Léonida, ein Mann mit Herz und Verstand, ein vorbildlicher Bürger unseres Staates...

CHAMPBOURCY Aha.

CORDENBOIS Ich kenne ihn, er ist nicht übel.

COCAREL Er sehnt sich mit Ungeduld danach, der Dame seiner Wahl gegenüberzutreten. Darf ich Sie bitten, mir nach nebenan zu folgen...

BLANCHE Ich drücke dir die Daumen, Tante.

CHAMPBOURCY Wenn man das so hört – vielleicht sollte ich mich auch einmal als Heiratskandidat bewerben...

CORDENBOIS Sie? In Ihrem Alter?

CHAMPBOURCY Oh, es gibt Sonntage, da ist man noch ganz tüchtig... *Er macht eine Tanzbewegung, bei der er fast zu Boden fällt.*

CORDENBOIS Viel Glück, Mademoiselle Léonida.

LÉONIDA Danke, Monsieur Cordenbois.

Alle – außer Léonida – gehen nach rechts ab. Léonida steht auf, stellt sich vor den Spiegel am Kamin und macht sich zurecht.

10

Léonida, Cocarel, Béchut.

COCAREL *kommt mit Béchut durch die hintere Tür herein.* Da ist sie. Konzentrieren Sie sich.

BÉCHUT *sieht Léonidas Rücken.* Eine schöne Frau!

COCAREL Ich lasse Sie allein. Machen Sie den Mund auf. Erobern Sie sie mit betörenden Worten. *Er geht nach hinten ab.*

BÉCHUT *galant* Mademoiselle –

LÉONIDA *legt ihre Hand aufs Herz.* Ja?

BÉCHUT Das ist der wichtigste Augenblick in meinem Leben.

LÉONIDA *geziert* Wirklich? *Sie erkennt ihn.* Oh! *Sie wendet sich ab.*

BÉCHUT Was haben Sie denn?

LÉONIDA Ich? Nichts.

BÉCHUT Sie sind aufgeregt. Genau wie ich. Aber Ihre Schönheit strahlt Ruhe und Frieden aus. Mir ist, als wären Sie mir seit langem bekannt. Sie sind in meinen Träumen erschienen...

LÉONIDA Ach, wenn alles nur ein Traum wäre...

BÉCHUT Jetzt ist er Wirklichkeit geworden. Ich kenne Sie, Mademoiselle...

LÉONIDA Nein, Monsieur, Sie irren sich.

BÉCHUT Ich kenne Ihr Leben. Ich weiß, daß Sie Ihre schönsten Jahre einem alten verdrossenen Mann geopfert haben.

LÉONIDA Ich habe nur meine Pflicht getan.

BÉCHUT *nähert sich ihr.* Wir werden gemeinsam unsere Jugend wiederfinden. Jetzt gehören Sie mir... *Er umarmt sie und will sie küssen.*

LÉONIDA Hilfe!

Champbourcy, Colladan, Cordenbois und Blanche kommen hereingestürzt.

CHAMPBOURCY Der Kerl von der Polizei!

COLLADAN Der Vorsitzende. Verdammt!

CORDENBOIS Er tut ihr Gewalt an.

BÉCHUT Was? Meine Diebesbande – hier? Wieso sind Sie nicht im Gefängnis?

CHAMPBOURCY Wir müssen ihn unschädlich machen.

Er reißt eine Vorhangschnur ab. Sie stürzen sich alle auf Béchut und überwältigen ihn. Champbourcy und Colladan fesseln ihn, Blanche hält ihm den Mund zu. Cordenbois kümmert sich um Léonida.

BÉCHUT Hilfe! Wache! Wache!

BLANCHE Au, er beißt.

CHAMPBOURCY Wir stopfen ihm den Mund zu.

COLLADAN Mit unseren Taschentüchern.

CHAMPBOURCY Ein Glück, daß er sie nicht auch beschlagnahmt hat.

LÉONIDA *sieht auf den gefesselten und geknebelten Béchut.* Er wäre genau der Richtige gewesen. Ein Temperament hatte er...

CHAMPBOURCY Verschwinden wir! Schnell!

Sie gehen alle nach links ab.

11

Béchut, Cocarel.

COCAREL *tritt von hinten auf.* Nun, meine Lieben... *Er sieht Béchut.* Der Kandidat in Fesseln? Was hat das zu bedeuten? Wo ist Léonida?

Béchut grunzt unter dem Knebel. Cocarel macht seine Fesseln los und nimmt ihm den Knebel aus dem Mund.

BÉCHUT Diese Drecksbande!

COCAREL Was für eine Bande?

BÉCHUT Diebe und Heiratsschwindler. Ich habe sie heute nachmittag einlochen lassen. Offenbar sind sie entflohen.

COCAREL Verbrecher? In meinem Haus?

BÉCHUT Sie werden als Zeuge aussagen. Ich muß sofort mein Revier verständigen. *Er läuft nach links hinaus.*

COCAREL *sieht den Stein, den Colladan zu Boden fallen ließ, und hebt ihn auf.* Noch ein Stück vom Gesims. Was sind das für Zeiten... Die Häuser sind baufällig, und die Kunden sind Heiratsschwindler... *Er geht nach hinten.*

V

I

Eine Straße. Im Hintergrund ein im Bau befindliches Haus, das von einem Bretterzaun umgeben ist. Links ein Kolonialwarenladen, rechts ein Obstgeschäft. Eine Bank vor dem Fenster, im Mittelgrund der Bühne rechts. Im Vordergrund ein großer Korb mit Eiern.
Tricoche, Chalamel.
Wenn der Vorhang aufgeht, beginnt es Tag zu werden. Monsieur Tricoche öffnet seinen Laden. Madame Chalamel bringt ihre Auslagen in Ordnung. Von fern hört man den Lärm der Bauarbeiten.

CHALAMEL Guten Morgen, Herr Nachbar!

TRICOCHE Es ist sinnlos, so früh aufzustehen. Man sollte sich die Ohren zustopfen und den ganzen Tag über im Bett bleiben. Hier kommt niemand mehr vorbei...

CHALAMEL Das ist wahr. Seit vierzehn Tagen biete ich meine frischen Eier an...

TRICOCHE Soll ich sie Ihnen etwa abkaufen? Alles vollkommen sinnlos.

CHALAMEL Nächste Woche sind wir dran. Nächste Woche reißen sie in unserem Bezirk die Häuser ab.

TRICOCHE Natürlich. Alles reißen sie nieder. Eine Handvoll kaltblütiger Ingenieure, und ganz Paris sinkt in Schutt und Asche.

CHALAMEL Aber doch nur, weil alles viel schöner werden soll. Es müssen unbedingt breite Straßen gebaut werden.

TRICOCHE Sinnlos. Es gibt einfach zu viele Menschen. Die Menschen vermehren sich zu stark. Es ist bekannt, daß wir auf eine Menschheitskatastrophe zusteuern, Madame Chalamel.

CHALAMEL Wissen Sie, was ich mit der Entschädigung machen werde, Monsieur Tricoche? Ich miete mir einen Stand in den Hallen!

TRICOCHE Ja, ja, Sie sind eine Frau. Die Frauen gehen immer mit der Zeit. Sie kennen keine Treue, sie vergessen die alten Zeiten.

CHALAMEL Aber was wollen Sie denn tun, Monsieur Tricoche?

TRICOCHE Ich? Nichts. Es ist sowieso alles sinnlos.

CHALAMEL Ich komme heute mittag auf ein Gläschen zu Ihnen.

TRICOCHE Bringen Sie mir eine Zwiebel mit.

Beide gehen in ihren Laden.

2

Champbourcy, Colladan, Cordenbois.
Die Szene bleibt einen Augenblick leer. Dann wird ein Brett aus
dem Baustellenzaun weggehoben. Champbourcy steckt den Kopf
hervor.

CHAMPBOURCY *sieht sich nach allen Seiten um.* Niemand zu sehen. *Er klettert durch die Lücke hinaus. Er reckt sich und*
schüttelt den Mörtel von seinen Kleidern. Eine furchtbare
Nacht. Lieber Vater im Himmel, was hast du nur aus uns gemacht?! Ich habe in einer Schubkarre gelegen. Wie ein Land-
streicher...

CORDENBOIS *steckt seinen Kopf durch die Zaunlücke.* Pst! Pst!

CHAMPBOURCY Was?! Haben Sie mich erschreckt!

CORDENBOIS Niemand da?

CHAMPBOURCY Nein.

CORDENBOIS *tritt auf die Bühne, im Anzug, den er im Vierten*
Akt getragen hat. Oh, was für eine Reise! Mein Gott, was für
eine Reise!

CHAMPBOURCY Seit gestern abend leiern Sie immer denselben
Satz vor sich hin. Man könnte glauben, Sie seien schwachsinnig
geworden.

COLLADAN *hebt den Kopf über den Zaun und gibt ein Zeichen.*
Brrrritt! Brrrit!

CHAMPBOURCY Aha, der nächste!

COLLADAN Kann ich rauskommen?

CHAMPBOURCY Ja.

COLLADAN *kommt auf die Bühne, brüllt sofort* Schweinerei!
Unverschämtheit! So geht es nicht weiter! Ich protestiere!

CHAMPBOURCY Was haben Sie denn?

COLLADAN Ich lehne es ab, auf Trümmern zu schlafen. Ich habe es satt, von morgens bis abends nichts zu essen. Schluß! Ich mache nicht mehr mit!

CORDENBOIS Was für eine Reise! Mein Gott, was für eine Reise!

CHAMPBOURCY Ruhe jetzt! Sobald meine Schwester aufgestanden ist, fahren wir zurück nach La Ferté-sous-Jouarre.

COLLADAN Unverschämtheit! Sie wissen genau, daß wir keinen Sou mehr haben. Ich lasse mir das nicht gefallen!

CHAMPBOURCY Wir beide haben kein Geld, das ist wahr. Aber Cordenbois, er hat welches...

CORDENBOIS Ich?

CHAMPBOURCY Allerdings. Oder waren Sie etwa mit uns auf dem Polizeirevier, mein Herr?

COLLADAN Schweinerei!

CORDENBOIS Entschuldigen Sie – ich habe hundertvierzehn Francs für meinen persönlichen Bedarf mitgenommen...

CHAMPBOURCY Soviel brauchen wir gar nicht.

COLLADAN *streckt die Hand aus.* Her damit!

CORDENBOIS Aber ich habe nichts mehr!

CHAMPBOURCY UND COLLADAN Was?!

CORDENBOIS Ich mußte diesem Gauner Cocarel hundert Francs zahlen, damit er mir Ihre Schwester zeigt, die ich seit zwanzig Jahren umsonst sehe.

CHAMPBOURCY Und die restlichen vierzehn Francs?

CORDENBOIS Das Korsett...

COLLADAN Aber Sie hatten doch immer so eine goldene Uhr...

CORDENBOIS Dafür habe ich mir im Leihhaus diesen Anzug geborgt. Ich habe dort sogar noch zehn Francs Schulden. Ich hatte fest mit dem Sparschweingeld gerechnet, um mir meine Kleider wieder zu holen.

COLLADAN Idiot!

CHAMPBOURCY Ich glaube Ihnen einfach nicht. Sie haben bestimmt noch etwas. Ihr lächerlicher Anzug hat viele Taschen. Los, sehen Sie nach...

CORDENBOIS *sucht in allen Taschen nach Geld.* Oh.

CHAMPBOURCY Was haben Sie da?

CORDENBOIS Zehn Sous.

CHAMPBOURCY Sie sind ein Betrüger, Cordenbois.

COLLADAN Was wollen Sie denn in Dreiteufelsnamen mit zehn Sous machen – bei fünf Personen? Geben Sie mir das Geld, ich habe am meisten gelitten auf dieser Reise.

CHAMPBOURCY Kommt nicht in Frage. Das Geld gehört der Gemeinschaft. Und die Gemeinschaft entscheidet, was damit geschehen soll. Wir stimmen ab!

COLLADAN Nein. Ich protestiere! Das Abstimmen ist schuld daran, daß wir nach Paris gefahren sind. Ich stimme nie wieder ab.

CHAMPBOURCY Wie wollen Sie denn sonst eine gerechte Entscheidung herbeiführen?

COLLADAN Das Geld soll selber entscheiden, wofür es ausgegeben wird. Wir werfen die Münze in die Luft. Wenn sie auf die Zahl fällt, kaufen wir Brot und Wurst davon; wenn sie auf den Kopf fällt...

CORDENBOIS Bekomme ich sie zurück. Ich bin der rechtmäßige Besitzer.

CHAMPBOURCY Schwachsinn! Egoismus! Anarchie!

COLLADAN Geben Sie her. Ich werfe die Münze jetzt in die Luft. *Er wirft das Geldstück in die Luft, es fällt zu Boden und rollt in den Gulli.*

CHAMPBOURCY Colladan, Sie sind der größte Dummkopf, der mir begegnet ist.

CORDENBOIS Wir rufen die Feuerwehr! Die Feuerwehr muß es wieder rausholen.

COLLADAN Champbourcy, Sie sind Hauptmann der Feuerwehr. Sie steigen jetzt in den Abfluß und holen das Geld wieder raus!

CHAMPBOURCY Vollkommen sinnlos. Das Geld ist weg.

CORDENBOIS Was für eine Reise! Mein Gott, was für eine Reise!

COLLADAN Ah! Da ist ein Laden. Ich werde etwas zu essen organisieren. Dazu brauche ich kein Geld!

CHAMPBOURCY *hält ihn zurück.* Bleiben Sie hier. Wollen Sie der Polizei in die Arme laufen? Nur weil Sie sich nicht beherrschen können? Merken Sie nicht, wie Ihr Hirn immer mehr zusammenschrumpft?

COLLADAN Nein.

CORDENBOIS Lassen Sie mich, das Unglück hat mich zu Boden gestreckt.

BLANCHE *klettert aus der Zaunlücke, führt Léonida hinter sich her.* Geben Sie Obacht, liebe Tante.

LÉONIDA *erscheint im Abendkleid des Vierten Aktes, sie ist mit Mörtel übersät.* Wo sind wir? Wo komme ich her?

CHAMPBOURCY *führt sie behutsam.* Wir sind gestern abend ein bißchen schnell gelaufen. Da bist du plötzlich ohnmächtig geworden. Ich habe dich auf diese Baustelle getragen und dir ein Bett gebaut, aus Sägespänen und den Jacken der Maurer.

LÉONIDA Warum habe ich denn ein Ballkleid an? Und dieser Schleier? *Sie gähnt.*

COLLADAN Ich hätte Lust, ihr einen Eimer kaltes Wasser über den Kopf zu gießen.

CORDENBOIS Kneifen Sie ihr ins Ohr. Dann wird sie zu sich kommen.

CHAMPBOURCY *zupft Léonida am Ohrläppchen.* Was? Du hast ja deine Ohrringe noch! Her damit! *Er reißt ihr die Ohrringe ab.*

LÉONIDA *schreit* Au!

COLLADAN Verkaufen! Sofort verkaufen!

LÉONIDA Nein. Bitte nicht. Gib sie her!

CHAMPBOURCY Ich weiß, wie dir zumute ist. Sie sind schließlich eine Erinnerung an Cordenbois...

LÉONIDA Nein. Es ist nicht deshalb...

CHAMPBOURCY Es tut mir leid, Schwester. Wir brauchen sie. Ich laufe zum nächsten Juwelier...

CORDENBOIS Warten Sie! Das hat keinen Zweck...

ALLE Wieso?

CORDENBOIS *sehr verlegen* Mein Gott! Ich weiß nicht, wie ich es Ihnen sagen soll. Die Ohrringe... sind falsch... Imitation.

ALLE Falsch?

LÉONIDA Lump!

BLANCHE Sie Schwein!

CHAMPBOURCY Jetzt reichts mir – du falsches Aas!
Er stürzt sich auf Cordenbois, der zur Seite weicht; Champbourcy fällt in die Scheibe von Tricoches Geschäft.

BLANCHE *eilt ihrem Vater zu Hilfe.* Oh, Papa! Steh wieder auf! Lieber Papa, sag etwas!

LÉONIDA *geht auf Cordenbois zu und gibt ihm eine Ohrfeige.* Mörder!

CORDENBOIS *wimmert* Ich habe doch gar nichts getan... Mein Gott, was für eine Reise!

COLLADAN Unverschämtheit! Ich protestiere.

CHAMPBOURCY Danke, mein Töchterchen. Das Leben nimmt deinen alten Vater noch einmal hart ran... Aber es gibt eine Vorsehung – ich weiß es, sie wird uns nicht im Stich lassen.

TRICOCHE *kommt aus seinem Geschäft.* Feine Herrschaften! Sinnlos betrunken – und dann den kleinen Leuten ins Schaufenster springen. Der Spaß kostet Sie zehn Francs!

LÉONIDA Mein Herr – ein Unglücksfall. Haben Sie Mitleid mit uns!

TRICOCHE Mitleid? Vollkommen sinnlos. Geben Sie mir die zehn Francs und machen Sie, daß sie weiterkommen.

Alle wühlen in ihren Taschen und suchen nach Geld.

SYLVAIN kommt von hinten links; seine Kleidung ist in Unordnung; er ist stark angetrunken und singt aus Leibeskräften.

Du bist mein ganzes Herz, oh Mathilde!

Du bist mein ganzes Herz, oh Mathilde!

COLLADAN Mein Sohn – Sylvain! Wir sind gerettet!

CHAMPBOURCY Wie ich gesagt habe – es gibt eine Vorsehung. *Zu Tricoche* Warten Sie, gleich bekommen Sie Ihr Geld.

SYLVAIN *will Colladan umarmen.* Guten Morgen, lieber Papa!

COLLADAN Gib mir dein Portemonnaie!

Alle stürzen sich auf Sylvain und durchsuchen ihn nach Geld.

SYLVAIN Mademoiselle Blanche, was machen Sie da?

BLANCHE *holt eine Pappnase aus seiner Hosentasche.* Was ist das?

LÉONIDA Eine falsche Nase! Pfui!

SYLVAIN Ich war auf dem Opernball.

CHAMPBOURCY Ich habe sein Portemonnaie. *Er öffnet es.*

CORDENBOIS Zwei Sous!

COLLADAN Nicht mehr?

TRICOCHE Bekomme ich nun mein Geld, oder muß ich erst die Polizei rufen?

CHAMPBOURCY Seien Sie ruhig! Hier ist eine Anzahlung! *Er gibt ihm die zwei Sous.* Den Rest bekommen Sie gleich.

TRICOCHE Beeilen Sie sich. Ich kann nicht meine Zeit damit verschwenden, auf diese lächerlichen zehn Francs zu warten.

COLLADAN *zu Sylvain* Sag mal – warum bist du denn nicht in Grignon?

SYLVAIN Grignon? Kenne ich nicht. Ich bin Kellner im Boeuf à la Mode!

COLLADAN Er ist betrunken...

SYLVAIN Ja, ich war auf dem Opernball...

COLLADAN Jetzt schlage ich ihn zusammen!

SYLVAIN Ich habe immer noch Durst. *Zu Tricoche* Herr Ober, noch ein Glas!

Colladan packt Sylvain und schleudert ihn herum. Sylvain fällt in die Eierauslagen von Madame Chalamel.

ALLE Oh!

CORDENBOIS Das ist das Ende!

CHALAMEL *kommt aus ihrem Laden.* Meine Eier! Meine frischen Eier!

COLLADAN Ich lasse Ihnen neue schicken.

CHALAMEL Kommt nicht in Frage. Ich verlange eine Entschädigung. Fünfundzwanzig Francs, auf die Hand!

CORDENBOIS Wer soll denn das bezahlen?

CHAMPBOURCY Wer soll das bezahlen?

SYLVAIN Aber gnädige Frau, weinen Sie doch nicht... Kommen Sie mit mir nach Hause. Ich habe zwar kein Geld, aber ich werde Ihnen einen wunderschönen Sessel schenken.

Madame Chalamel geht zu Tricoche.

COLLADAN Nach Hause?

CHAMPBOURCY Er hat offenbar eine Wohnung in Paris.

COLLADAN Wir sind gerettet! Wir verkaufen seine Möbel! *Zu Sylvain* Wo wohnst du denn, mein Junge?

SYLVAIN *betrunken* In einem alten Haus... *er versucht sich zu erinnern* einen Augenblick... man geht über eine Brücke...

CHAMPBOURCY Über die Eiserne Brücke?

SYLVAIN Nein.

COLLADAN Die Stein-Brücke?

SYLVAIN Nein... Es ist die Nummer 118 – aber ich weiß nicht mehr, wie die Straße heißt.

COLLADAN *schüttelt Sylvain.* Säufer!

CHAMPBOURCY Tier!

SYLVAIN Mir ist schlecht...

BLANCHE Sie sind eine Enttäuschung, Monsieur Sylvain.

Sylvain legt sich auf die Bank vor Chalamels Laden.

CHALAMEL Zahlen, meine Herrschaften, los!

CHAMPBOURCY Warten Sie.

Alle beginnen in ihren Taschen zu wühlen.

TRICOCHE Ich kann nicht den ganzen Tag auf die lächerlichen zehn Francs warten. Ich verschwende meine Zeit.

CHALAMEL Das ist mir zu dumm. Ich hole die Polizei!

ALLE *erschrocken* Die Polizei?!

CHAMPBOURCY Nicht doch, liebe gute Frau, bleiben Sie hier.

Sie versuchen sie zurückzuhalten.

3

Dieselben, Félix.

FÉLIX *kommt von rechts.* Ah – endlich finde ich Sie!

ALLE Monsieur Félix!

COLLADAN Wir sind gerettet!

CHAMPBOURCY *lebhaft zu Félix* Lieber Freund – meine Tochter gehört Ihnen. Haben Sie Geld?

FÉLIX *bedankt sich.* Oh, Monsieur Champbourcy...

CHAMPBOURCY *energisch* Haben Sie Geld?

FÉLIX Ja.

ALLE Gott sei Dank!

CHAMPBOURCY Bezahlen Sie diese Krämer. Fünfundzwanzig Francs an sie, zehn Francs an ihn.

FÉLIX Ich verstehe nichts. Aber ich bezahle. *Er bezahlt Tricoche und Chalamel.*

CHALAMEL *geht mit Tricoche nach hinten in dessen Laden.* Wenn man bedenkt, daß wir sowieso abgerissen werden. Wir haben ein hübsches Geschäft gemacht, Monsieur Tricoche.

TRICOCHE Wieso? Ich lasse eine neue Scheibe einsetzen. Mein Geschäft soll anständig aussehen, wenn die Totengräber kommen.

CORDENBOIS *zu Felix* Da kann man ja von Glück sagen, daß wir Sie getroffen haben.

BLANCHE Wo kommen Sie denn her?

FÉLIX Vom Polizeirevier, Mademoiselle Blanche.

ALLE Wie?

CHAMPBOURCY Er auch!

FÉLIX Ja. Ich habe dort meinen Dieb abgeliefert.

ALLE Welchen Dieb?

FÉLIX Ein Taschendieb hatte meine Uhr gestohlen. Gestern mittag auf dem Boulevard.

CHAMPBOURCY *erstaunt* Aha.

FÉLIX Ich bin ihm auf den Fersen geblieben, die ganze Nacht über. Schließlich habe ich ihn erwischt. Allerdings konnte er mir die Uhr nicht wiedergeben. Er hatte sie irgendeinem Schafskopf in den Regenschirm fallen lassen.

CHAMPBOURCY In meinen! Ich war das!

COLLADAN Ach, jetzt sind wir wirklich gerettet.

CHAMPBOURCY Unsere Unschuld wird uns offiziell bescheinigt.

CORDENBOIS Und wir bekommen das Sparschweingeld zurück.

CHAMPBOURCY Lieber Freund, ich übergebe Ihnen meine Tochter...

FÉLIX Danke, Monsieur, danke.

BLANCHE Sie sind ja ein Held, Monsieur Félix, wer hätte das gedacht...

CHAMPBOURCY Haben Sie noch Geld?

FÉLIX Immerzu!

CHAMPBOURCY Sehr gut. Dann gehen wir jetzt erst einmal frühstücken.

COLLADAN *weckt Sylvain auf.* Sylvain, aufstehen, los! Frühstück. Ich nehme dich mit nach La Ferté-sous-Jouarre, und dann werde ich dir beibringen, wie man Schweine schlachtet und kranke Kühe kuriert. Steh auf, mein Junge.

CHAMPBOURCY Und nach dem Frühstück gehen wir ruhigen Gewissens zu Monsieur Béchut...

COLLADAN Ich werde meine Hacke zurückverlangen.

CHAMPBOURCY Er muß uns unser Geld zurückgeben, und diesmal werden wir es in La Ferté-sous-Jouarre auf den Kopf hauen.

CORDENBOIS Ja. Ich bin für eine getrüffelte Pute.

FÉLIX UND BLANCHE Nein, ein Ball, wir geben einen Ball!

COLLADAN Ich bin für den Jahrmarkt in Crépy.

SYLVAIN O ja, Papa, bravo!

CHAMPBOURCY Ruhe! Wir stimmen ab. Wer bittet ums Wort?

ALLE *außer Léonida* Ich... Ich.

CHAMPBOURCY Wir entscheiden das, wenn wir zu Hause sind. Gehen wir frühstücken. Meine Herrschaften!

Sie gehen langsam nach hinten. Cordenbois dreht sich um und sieht Léonida allein auf der Bank sitzen. Er geht zu ihr.

CORDENBOIS Mademoiselle Léonida, Sie freuen sich ja gar nicht... Es ist doch alles in Ordnung.

LÉONIDA So?

CORDENBOIS Nun... die Ohrringe... Es tut mir leid.

LÉONIDA Ach, lassen wir das.

CORDENBOIS *setzt sich zu ihr.* Wissen Sie übrigens, daß Ihre Eisenbahnobligationen zusammen mit meiner Apotheke jährlich ungefähr zehntausend Francs bringen würden? Ja. Man könnte ein lustiges Leben führen... zu zweit... meine ich.

LÉONIDA In einer günstig gelegenen Kleinstadt?

CORDENBOIS Ja.

LÉONIDA Mit einem Herrn von Format?

CORDENBOIS Nun ja...

LÉONIDA Gehen wir, Monsieur Cordenbois. Wir werden das zu Hause einmal genau durchrechnen...

Sie gehen hinter den anderen her, alle gehen ab.

Zur Bearbeitung

Das besondere Interesse an der Vaudeville-Komödie *La cagnotte*, an gerade diesem Labiche-Stück aus dem Jahre 1864, entwickelte sich aus den folgenden Beobachtungen, die auch die Richtlinien der Bearbeitung bestimmen.

ERSTENS. *La cagnotte* ist keine Salon-Komödie, die sich ausschließlich auf eine amouröse Verwicklungsgeschichte konzentriert. (Zu diesem Genre, mit dem der Name des Autors am engsten verknüpft ist, dem er seinen Ruhm verdankt, gehören etwa Stücke wie *Das Glück zu dritt, Célimare, Der Vielgeliebte* oder *Der Prix Martin.*) *La cagnotte* erzählt dagegen eine sich offen und vorwärts entwickelnde Geschichte, die sich über mehrere Stationen und Schauplätze erstreckt (und erinnert dabei eher an die dramaturgische Struktur des *Florentinerhuts*). Konstruktion und Mechanik der Farce stehen nicht im Vordergrund und sind nicht so hermetisch und perfekt, als daß sie nicht Eingriffe und Akzentverschiebungen gestatteten. Statt dessen gibt es eine Reihe von großen realistischen Situationen und Tableaus (die Kartenspieler-Runde, das Mittagessen in einem Pariser Lokal, eine Baustelle als letzter Fluchtort), die sehr viel reichhaltigere und anschaulichere Eindrücke von der gesellschaftlichen Wirklichkeit des Autors und seiner Zeit vermitteln, als es die erotischen Salon-Komödien vermögen (von deren Frivolität ist im übrigen in der *Cagnotte* nahezu nichts zu spüren). Dementsprechend stellte sich die Bearbeitung die Aufgabe: die Mittel und Techniken des Vaudeville vernachlässigen oder sogar eliminieren, die Ansätze zur ›sozialen Komödie‹ verstärken und ausbauen.
Der französische Surrealist Philippe Soupault erinnert in einem Essay über Labiche daran, daß ›zu keiner Zeit... eine so zahlreiche Klasse soviel Geld gehäuft und angesammelt [hat] wie die Bourgeoisie des Second Empire‹ in Frankreich zwischen 1851 und 1870. Dieser Epoche und dieser Klasse, zumindest ihren mittleren und unteren Schichten, entstammt das Personal von *La cagnotte*, was, wörtlich übersetzt, etwa heißt: die Spielkasse, der Pott. Für die deutsche Bearbeitung wurde der Titel *Das Spar-*

schwein gewählt. Dies häuslich-banale Ding-Symbol beschirmt die Existenz einer Gruppe von honorigen Provinzbürgern: ihre auf kleine, private Formen begrenzte Geldakkumulation mit dem Ziel größtmöglicher finanzieller Sicherheit. Allerdings leben diese Herrschaften in Wirklichkeit keineswegs vom Spargroschen – sie sind allesamt recht wohlhabend, beziehen auskömmliche Renten aus Aktien oder Staatsanleihen, aus verpachteten Landgütern usw.

Aber das Abenteuer der Komödie wird doch ausschließlich von diesem Sonderfonds, dem Sparschwein-Kapital, das sich aus Abgaben beim Kartenspiel angesammelt hat, in Bewegung gesetzt. Eine Vergnügungsreise nach Paris, in die ›Hauptstadt der Welt‹, wird mit diesen Mitteln bestritten – und sie endet mit der Schrekkens-Vision eines finanziellen Ruins von katastrophalen Ausmaßen... Dabei hebt die Bearbeitung gen Schluß die potentiellen Kräfte zu Kriminalität und Anarchie hervor, die in den rechtschaffenen Bürgern geweckt werden, wenn sie sich im Zustand der vollkommenen Mittellosigkeit befinden.

ZWEITENS. Held des *Sparschweins* ist nicht eine Einzelperson, sondern eine Gruppe – die Bouillotte-Spieler aus La Ferté-sous-Jouarre. Sechs Personen, ein Teil davon verwandtschaftlich, allesamt durch regelmäßiges jahrzehntelanges Beisammensein untereinander verbunden. Die Bearbeitung dankt dieser dramaturgischen Vorgabe die stärkste Anregung; es erschien besonders reizvoll, einen Theaterabend lang die äußere und innere Erlebnisgeschichte einer merkwürdigen Gruppe vorzuführen, einer Gruppe von sehr eigensinnigen, bornierten, vitalen und doch sehr zusammengehörigen Individuen. Gegenüber dem Original wurden dabei die psychologischen Binnenbeziehungen, die unterschiedlichen Animositäten, Streit- und Zuneigungsverhältnisse, die dauernd wechselnden ›Bündnisse‹ und ›Fronten‹ innerhalb der Gruppe stärker herausgearbeitet und zum Teil um hinzuerfundene Dialoge und kleine Szenen erweitert.

Die Bemühungen um eine psychologische Einrichtung dieser Gruppen-Totale, die sich durch das ganze Stück bewegt, hatte zur Folge, daß das Gemütsleben dieser Figuren mit uneingeschränktem, gewichtigem Ernst zu behandeln war. Auf der Grundlage ihrer heiligen, unantastbaren Borniertheit entwickeln sie eine

bewundernswerte Willensstärke und eine große Leidenschaft-
lichkeit; inmitten der nichtigsten Zänkereien ereifern sie sich mit
pathetischem Zorn, und wenn ihre trivialen Sehnsüchte fehlschla-
gen, so erleiden sie es mit tragödienhaftem Schmerz. Es sind Klein-
bürger, jedoch in ihrem urtümlichsten, gleichsam naturhaften
Zustand, als sie noch Original-Figuren der Geschichte waren...

DRITTENS. Es konnte selbstverständlich nicht das Ziel der Bearbeitung sein, *La cagnotte* in ein gehobenes Drama des psychologischen Realismus zu stilisieren. (Immerhin hat die gleichzeitige
Lektüre von Flaubert, insbesondere der *Education sentimentale*,
die Annäherung an das Stück, den Autor und seine Zeit sehr befördert.) Auch wenn Francisque Sarcey, der verständige zeitgenös-
sische Kritiker, gleich nach dem Erscheinen der *Cagnotte* ihre
außergewöhnliche ästhetische ›Modernität‹ gepriesen hat – »*La
cagnotte*, das ist zwar immer noch der *Florentinerhut*, aber es ist
der *Florentinerhut* nach der *Kameliendame*, nach der *Madame
Bovary*, nach den experimentellen Studien Taines...‹ – Labiche
bleibt trotz allem der konventionsbewußte Vaudeville-Autor, der
für einen hübschen Witz, ein geschicktes Beiseite oder einen far-
cenhaften Szeneneinfall bereitwillig auf psychologische Plausibilität und realistische Wahrscheinlichkeit verzichtet. Das hatte die
Bearbeitung zu berücksichtigen. Da durch den bloßen Verzicht
auf einige typische, aber schwer übertragbare Mittel des französischen Vaudeville nicht nur am spielerischen Instrumentarium,
sondern auch an der notwendigen Unvernunft der Komödie Schaden entstanden wäre, wurde der Versuch unternommen, diesen
Mangel mit einem andersartigen Zeichen von Irrationalität auszu-
gleichen: mit der – pointiert eingesetzten – grotesken, überlebens-
großen Metapher. Ein Beispiel dafür gibt die Figur des jungen,
von Labiche nicht besonders stark profilierten Notars Félix. Er
wurde, gleichsam die Wortbedeutung des Namens verkörpernd,
zu einer Emblem-Figur der Komödie, denn nur so ein unwahr-
scheinlicher Wunderknabe kann die zerrütteten Bürger am Ende
aus ihrem grenzenlosen finanziellen Bankrott erlösen, aus dem sie
mit eigenen Kräften niemals wieder herausgefunden hätten.

Botho Strauß
Aus dem Programmheft
der Schaubühnen-Aufführung 1973

Sommergäste

nach Maxim Gorkij

Fassung
der Schaubühne am Halleschen Ufer
von Peter Stein und
Botho Strauß

Personen

SERGEJ BASOW, Rechtsanwalt
WARWARA, seine Frau
KALERIJA, Basows Schwester
WLAS TSCHERNOW, Warwaras Bruder
PJOTR SUSLOW, Ingenieur
JULIJA, seine Frau
KIRILL DUDAKOW, Arzt
OLGA, seine Frau
JAKOW SCHALIMOW, Schriftsteller
PAWEL RJUMIN
MARJA LWOWNA, Ärztin
DOPPELPUNKT, Suslows Onkel
ZAMYSLOW, Basows Stellvertreter
PUSTOBAJKA, Wächter
KROPILKIN, Wächter
SASCHA, Basows Kinderfrau

Textfassung

Gorki hat die ›Sommergäste‹ nicht Drama oder Schauspiel oder
Komödie genannt, sondern ›Szenen‹. Von dieser Bezeichnung
ließ sich die Bearbeitung anregen. Szenen – nicht so sehr im Sinne
einer dramaturgischen Kompositionstechnik, lose aufeinander-
folgende, nicht zu einem Ganzen gefügte Fragmente – sondern
Szenen als Synonym für ein komplexes Gebilde der Beziehungen
und Begegnungen einer Schar von Leuten auf einem begrenzten
Schauplatz; weniger ein Nacheinander, eine Fabelentfaltung,
sondern eher eine Involvierung von inneren und äußeren Zustän-
den...
Viele verschiedenartige und auch einander ähnliche Menschen
auf einem Theaterplatz zusammenlaufen und es wimmeln lassen
von Biografien, Verhältnissen, Ansichten, Gefühlen, und von
alledem nur ein paar Splitter, wie im Vorübergehen, erwischen...

Dies ist das eine. Aber ›Sommergäste‹ breitet sich nicht aus in einer einzigen statischen Spielsituation. Es wird eine Emanzipationsgeschichte motiviert und zu einem Ende geführt. Beide Bewegungen, die deskriptive und die prozessive, greifen ineinander.

Die Bearbeitung versucht nun, zuerst die Gruppe, die ›Verhältnisse‹ in ihrer Gesamtheit zu situieren, aus der sich dann der Entwicklungsprozeß herauslösen wird und muß. Das erfordert, dramaturgisch gesprochen, eine andere Art der Exposition als sie Gorki vorsieht. Alle Personen des Stücks sollen zu Beginn der Handlung am verabredeten Ort versammelt sein. Bei Gorki hingegen gibt es eine allmähliche Einführung der Figuren im ersten Akt, der mit dem coupartigen Auftritt des Dichters Schalimow endet, und erst im zweiten Akt erscheint eine so wichtige Figur wie Doppelpunkt, und eine zusammengehörige Gruppe bildet sich eigentlich erst im dritten, dem Picknick-Akt. Die Handlung, zumal im zweiten Akt, ist voll von Kommen und Gehen, voll von angeschnittenen Szenen, die auftauchen und wieder verschwinden. In der Bearbeitung aber entstehen die kleinen Szenen und lösen sich wieder auf inmitten eines dauerhaften Beisammenseins; manchmal genügt ein bohrender Blick, ein Hustenanfall, und eine Szene beginnt.

Die Entscheidung für eine solche Eröffnungstotale zieht eine Reihe von notwendigen Veränderungen nach sich: Umstellungen, Verschnitte, Hinzufügungen, die die Szenen von Akt I und II in eine neue Struktur ordnen. (Einzelne Eingriffe werden an den Randspalten des Textabdrucks erläutert.)

Im wesentlichen sieht es so aus, daß große Teile des zweiten Akts, der bei Tageslicht und draußen spielt, an den Anfang rücken und sich zu einer großen Gemeinschaftsszene ausbreiten, und daß die nächtlichen Zweier-Szenen, mit denen Gorki das Stück beginnt, erst darauf folgen.

Die Akte III und IV nehmen ungefähr denselben Verlauf wie bei Gorki.

Zur Textgestalt. Die ausführlichen Wünsche und Absichten, die das Stück zu Anfang aufgestachelt hat, bei den Schauspielern und allen übrigen Beteiligten, das auf den Proben entstandene Bedürfnis, die von Gorki entworfenen Figuren tiefer zu erforschen, aus neuen Situationen, unwillkürlichen Begegnungen heraus zu sprechen, haben allmählich eine Textfassung heranwachsen lassen, die sich gewiß nicht mehr getreu zum Original verhält und doch ebenso gewiß die natürliche Ausgeburt einer langwierigen Beschäftigung mit den ›Sommergästen‹ darstellt. Die Grundlage der Bearbeitung bildet eine für die Schaubühne angefertigte Rohübersetzung von Helene Immendörfer. Über das Stück in seiner ursprünglichen Gestalt wird man am besten und korrektesten informiert, wenn man die Übersetzung von Andrea Clemen, erschienen im Verlag der Autoren, Frankfurt/Main, liest. Im Vergleich dazu ist die ältere Übertragung von August Scholz (S. Fischer Verlag) stilistisch entschiedener ausgeprägt, aber in einem Stil mit etlichen Schnörkeln und falschen Verharmlosungen. Außerdem gibt es hier eine Reihe von offenkundigen Fehlern und Mißverständnissen. Die neuerlich vom Henschel Verlag (Berlin) vertriebene Übersetzung von Georg Schwartz lag uns nur in einer unredigierten Fassung vor.

I
Früher Nachmittag

I

Ruhe, Trägheit, schwerfälliges Zu-Wort-Kommen an einem Nachmittag im Spätsommer.

Alle Sommergäste sitzen, ohne sich zu rühren, auf der Terrasse.
Kropilkin und Pustobajka säubern den verschmutzten Garten.

KROPILKIN Weißt du, wer dieses Jahr gemietet hat?

PUSTOBAJKA Weiß nicht. Wills auch gar nicht wissen.

KROPILKIN Willst es nicht wissen, was?

PUSTOBAJKA Nein. Einer wie der andere. Sommergäste. Lassen überall ihren Dreck liegen. Kommen her und langweilen sich und lassen überall ihren Dreck liegen.

KROPILKIN Lassen überall ihren Dreck liegen, was?

PUSTOBAJKA Genau. Wenn wir nicht aufpassen, gibts bald keinen Wald mehr. Nur noch einen Riesenhaufen Abfall.

KROPILKIN Weißt wirklich nicht, wer die große Datscha gemietet hat, was?

PUSTOBAJKA Natürlich weiß ichs. Rechtsanwalt Basow. In der großen.

KROPILKIN Basow, was?

PUSTOBAJKA Ja.

KROPILKIN Und in der kleinen, dahinter?

PUSTOBAJKA In der kleinen Ingenieur Suslow.

KROPILKIN Kennst du sie?

PUSTOBAJKA Natürlich kenn ich sie. Will sie aber gar nicht kennen. Sommergäste. Einer wie der andere. Alles Herrschaften.

KROPILKIN Alles Herrschaften, was?

PUSTOBAJKA Genau.

WARWARA Sascha!... Sascha!... Sascha!... Wlas, sei so lieb und sag Sascha Bescheid. Sie möchte uns Tee bringen.

WLAS *ruft* Sascha!

Nach einiger Zeit kommt Sascha.

WLAS Die Herrschaften wünschen den Tee.

SASCHA Mach ihn gleich, den Tee, ich bring euch den Tee.

Zamyslow flirtet neben dem schlafenden Suslow mit Julija. Suslow wacht auf. Julija tanzt auf dem Rasen.

ZAMYSLOW Schade, daß Sie nicht auf unserer Theaterprobe waren, Herr Suslow. Ihre Frau hat wunderbar gespielt, ganz bezaubernd.

SUSLOW Nehmen Sie sich in acht, Zamyslow... Verdammt nochmal!

ZAMYSLOW Sie ist wirklich ein großes Talent. Ich lasse mir den Kopf abreißen, wenn das nicht stimmt.

SUSLOW Ihr Leichtsinn kann Ihnen eines Tages den Kopf kosten, da haben Sie recht.

ZAMYSLOW Leicht im Herzen, leicht im Portemonnaie, überhaupt ein leichtes Leben...

SUSLOW Leicht im Portemonnaie? Da habe ich meine Zweifel...

Ein berühmter Schriftsteller ist zu Gast. Wie spricht man mit ihm?

3

Kalerija und Schalimow im Garten an einem Tisch.

KALERIJA Herr Schalimow?

SCHALIMOW Ja?

KALERIJA Ihre letzten Erzählungen haben mir sehr gut gefallen. Sie sind so sanft, so schwermütig.

SCHALIMOW Ich danke Ihnen.

KALERIJA Früher haben Sie ganz anders geschrieben. Viel realistischer. Das sinnlich Effektvolle –

SCHALIMOW Ja.

KALERIJA Ich glaube, jetzt interessieren Sie sich stärker für die Gefühle der Menschen, ihre geheimen Wünsche und Schmerzen. Sie verzichten jetzt auf alle oberflächlichen Beschreibungen, auf eindeutige Klischees –

SCHALIMOW Wie gut Sie mich verstehen.

DOPPELPUNKT *ist hinzugetreten und hat zugehört.* Wissen Sie, warum ich niemals ›Auferstehung‹ von Tolstoi lesen werde? In meiner Fabrik hatte ich nämlich einen Angestellten, einen hochbegabten Prokuristen. Eines Tages las er ›Auferstehung‹ von Tolstoi und wurde auf der Stelle verrückt. Er kündigte mir, verließ Frau und Kinder und begann selbst einen Roman zu schreiben. Vier Jahre lang schrieb er besessen an seinem Roman, und am Ende stellte sich heraus, daß er nichts anderes geschrieben hatte als das, was ihm von ›Auferstehung‹ in Erinnerung geblieben war. Ja, er hatte ganz einfach ›Auferstehung‹ von Tolstoi noch einmal geschrieben, natürlich in einem sehr viel schlechteren Stil und mit weniger Inhalt, natürlich. Aber er stand unter einem dämonischen Zwang, meine ich... Nun, ja. *Kalerija und Schalimow reagieren nicht. Kalerija geht an ihre Staffelei. Sascha bringt den Samowar.*

Die Anekdote vom Prokuristen und seiner ›Auferstehungs‹-Lektüre ist hinzuerfunden. Aus dem Bedürfnis: jemand möge einmal eine beiläufige Geschichte erzählen, die nichts erklärt und nichts verändert.

4

Olga und Dudakow an einem Schreibtisch auf der Terrasse.

DUDAKOW Willst du nicht mal nach den Kindern sehen?

OLGA Das Mädchen ist bei ihnen.

DUDAKOW Ich denke, das Mädchen hat seinen freien Tag.

OLGA Was? Ach, morgen hat sie den. Du hast eine Art, mich zu erschrecken.

DUDAKOW Heute morgen hast du gesagt: heute.

OLGA ›Morgen‹ habe ich heute morgen gesagt.

DUDAKOW Mein Gott! Jedenfalls ist das Mädchen eine Schlampe. Hast du gesehen, wie Wolka herumläuft?

OLGA Huch, mir ist etwas ins Auge geflogen. Kirill, bitte, sieh mal!

›Sommergäste‹ ist eine nicht recht zutreffende Übersetzung von ›Datschniki‹. Es geht ja nicht um Sommerfrische, Urlaub. Das Berufsleben findet statt, doch wohnt man im Sommer draußen, in der Datschenkolonie. Es ist nicht sehr einsam, ein Haus reiht sich ans andere. Es ist eher ein campinghafter Naturgenuß.

227

Ein älterer Herr namens Doppelpunkt, ehemals Fabrikbesitzer, ein sympathischer Kapitalist. Ein berühmtes Vorbild war zur Gorki-Zeit der Unternehmer Morosow, der u. a. mit seinem Geld die bolschewistische Partei unterstützte.

5

Wlas liegt auf dem Boden. Doppelpunkt tritt zu ihm.

DOPPELPUNKT Und Sie? Sie sehen aus, als seien Sie nie ein Freund von Arbeit gewesen. Stimmts?

WLAS Arbeit? Hm. Soviel ich weiß, verstehen Sie unter dem Wort ›Arbeit‹ die Ausbeutung und Auspressung Ihrer Mitmenschen. Arbeit in diesem Sinne leiste ich allerdings nicht.

DOPPELPUNKT Ach, mein Lieber. Warten Sie nur. Werden Sie erstmal älter. Wenn sie statt rosa Grütze Hirn in Ihren Kopf kriegen, dann werden Sies schon merken: auf dem Nacken der anderen kommst du am schnellsten zu Wohlstand. Glaub mirs.

WLAS Mein dicker Bruder Stanislaus
Der rückt nicht gerne Bargeld raus
Er schläft des Nachts im Armenhaus
Und deshalb stinkt der Millionär
Gewöhnlich ordinär.
Wlas steht auf und setzt sich zu Marja Lwowna.

DOPPELPUNKT Donnerwetter, jetzt hat er mirs aber gegeben. Na, geschieht mir ganz recht.

6

Sascha bringt Basow Tee.

SASCHA Sergej, dummer Kerl, warum ziehst du deine Jacke nicht an? Die Luft ist kühl. Wirst dich noch erkälten. Ich werde die Jacke holen.

BASOW Ich friere nicht. Ich will keine Jacke haben. Ich friere nicht.

Warwara lesend im Schaukelstuhl, Rjumin lehnt am Klavier.

RJUMIN Ich hätte vorhin gerne etwas Überzeugenderes gesagt. Leider war ich wieder viel zu aufgeregt... Sie haben sich bestimmt geärgert –
WARWARA Nicht weil Sie aufgeregt waren –
RJUMIN Nein? Aber –? *Er nähert sich Warwara.*
WARWARA Was für ein seltsamer Tag... Worte können uns viel stärker beunruhigen als Menschen. Finden Sie nicht?
Sie streicht ihm ohne Aufmerksamkeit über das Haar; Rjumin versucht, ihre Hand zu küssen.
RJUMIN Seit ich am Meer gewesen bin, habe ich häufig Lust zu schweigen. Ich höre diese Geräusche der Unendlichkeit in meinem Kopf... und in dieser unendlichen Musik vergehen alle Wörter der Menschen wie Regentropfen im Meer.
WARWARA Sie reden aber doch recht schön –
BASOW *im Hintergrund* Ich sah das Meer,
Und mit den Augen, den gierigen,
Maß ich die Grenze des Sehens,
Müde die Stirn gelehnt ans Undenkbare,
Sah ich das Meer... ja.
RJUMIN Warja, glauben Sie mir, es heilt unsere Wunden der Anblick der ewigen Wellen... Sie sind schließlich auch ein kranker, verwundeter Mensch.
WARWARA Verwundet? Ja – vielleicht. Aber nicht krank.

8

Sascha kommt mit der Jacke zu Basow.

SASCHA Komm! Zieh deine Jacke an! Aufstehen!
BASOW Ich möchte meine Jacke nicht anziehen. Ich friere nicht!

SASCHA Das ist ganz egal, ob du frierst oder nicht. Frisch ist
es heute nachmittag. Und du brauchst deine Jacke. Hörst
du!
Sascha zieht Basow die Jacke an.

9

Doppelpunkt und Suslow stehen im Garten.

SUSLOW Was haben Sie denn jetzt so vor, wenn ich fragen darf?
DOPPELPUNKT Ich weiß es nicht. Ich warte auf deinen Ratschlag,
mein lieber Neffe.
SUSLOW Ja, das läßt sich nicht so ohne weiteres sagen. Man
müßte gemeinsam darüber nachdenken.
DOPPELPUNKT Mit anderen Worten: du willst deinen Onkel
nicht zu dir ins Haus nehmen, was?
SUSLOW Das habe ich nicht gesagt.
DOPPELPUNKT Nein. Hast du nicht gesagt. Sagst überhaupt
nichts... Herrgott! Was seid ihr bloß für langweilige Leute
hier! Keine Kraft! Keine Lebensfreude, kein Unternehmens-
geist, nichts –
SUSLOW Ich weiß gar nicht, warum Sie sich derart ereifern müssen.
DOPPELPUNKT Ja, das wirkt lächerlich, richtig. Ich bin ja auch
nur ein überflüssiges Stück Materie. Ich hatte schon immer ein
anderes Temperament als du.

Was können
die Sommer-
gäste tun,
wenn sie sich
langweilen?
Im Stück gibt
es eine Viel-
zahl von Ge-
selligkeiten
und Liebha-
bereien: Tee-
trinken, Ma-
len, Lesen,
Klavierspie-
len, Laien-
theater, Pick-
nick, Schach-
spielen, An-
geln, Singen,
Schwimmen
usw.

10

Zamyslow und Julija spielen vierhändig Klavier. Warwara tritt zu ihnen.

WARWARA Sie machen ja viel von sich reden, Herr Zamyslow, außergewöhnlich viel.

ZAMYSLOW Oh! Ich glaube, das war schon immer das Kennzeichen eines außergewöhnlichen Mannes, Warwara Michajlowna.

WARWARA Immer wieder sorgen Sie für kleine Sensationen...

ZAMYSLOW Entschuldigen Sie – sprechen Sie von meiner Eigenschaft als Advokat oder als Künstler oder gar...

WARWARA Und obendrein sollen Sie auch noch Glück im Spiel haben. Stimmt das?

SUSLOW Jawohl. Gestern nacht im Club hat er einen betrunkenen Kaufmann geschröpft.

ZAMYSLOW Geschröpft sagt man von Falschspielern. Von mir muß es heißen ›gewonnen‹. Ich habe schlicht und einfach gewonnen. Allerdings nur zweiundvierzig Rubel.

WARWARA Ach, und ich hatte schon gehofft, Sie spendieren uns Champagner.

ZAMYSLOW Das werde ich auch. Am nächsten Sonntag, nach unserer Theateraufführung, verlassen Sie sich darauf.

11

Marja Lwowna und Wlas auf der Terrasse, in Korbstühlen.

WLAS Warum starren Sie mich so an?

MARJA LWOWNA Sie sind schmal geworden, Wlas. Wovon?

WLAS Vom Grimassenschneiden.

MARJA LWOWNA Sie reden immer nur in Witzen mit mir. Seit ich Sie kenne. Liegt das an mir?

WLAS Das ist so meine Natur.

MARJA LWOWNA Schauen Sie mich einmal an. So! Ohne zu grin-
sen! – Mal sehen, wie lange Sie es aushalten.
Wlas bekommt einen Lachkrampf.

I 2

Warwara, Kalerija und Doppelpunkt an der Staffelei.

WARWARA Ich bewundere dich, Kalerija. Deine Bilder werden
immer phantasievoller.
KALERIJA Ich male nur, was ich vor mir sehe.
WARWARA Aber diesen Garten, den du da malst, den gibt es
doch bei uns gar nicht zu sehen.
KALERIJA Das ist kein Garten.
DOPPELPUNKT Nein? Na, ich hätte geschworen, daß das ein al-
ter, verwilderter Garten ist.
KALERIJA Ich male keine Motive nach der Natur. Ich male das,
was ich in den Gesichtern der Menschen sehe, was sich hinter
ihren oberflächlichen Grimassen verbirgt.
DOPPELPUNKT Ach so.
KALERIJA Das Bild heißt: ›Die Angst vor dem Taifun‹.
DOPPELPUNKT Ich verstehe, der Garten ist also nur ein Gleich-
nis für etwas anderes, Tieferes –
KALERIJA Ich habe Ihnen doch gesagt: das ist kein Garten...
DOPPELPUNKT Na dann eben nicht... Merkwürdige Person...

Dudakow,
Arzt am
Städtischen
Krankenhaus,
kommt mit
nichts zuran-
de, weder mit
seiner Familie
noch mit der
Arbeit. Er hat
ein Heim für

I 3

Dudakow holt Rjumin zum Schreibtisch.

DUDAKOW Hören Sie, Pawel Sergejewitsch, im Heim ist der Teufel los. Sie prügeln wieder, die Bestien.
RJUMIN In welchem Heim?

DUDAKOW In welchem Heim! In unserem Heim natürlich!

RJUMIN Ach so. Ich war schon lange nicht mehr dort.

DUDAKOW Die Zeitungen lesen Sie wohl nicht! ›Unruhe im Heim für Schwererziehbare‹. – Unsere Jungens haben randaliert. Der Teufel soll sie holen. Jedenfalls zieht die Zeitung ganz schön über uns beide her. Seit heute früh prügeln die Lehrer wieder.

RJUMIN Das ist schrecklich. Das ist widerwärtig. Pfui Teufel! Überall gewinnt die Gemeinheit und die Rohheit die Überhand. Und wir sind viel zu schwach, um ihr Einhalt zu gebieten. Kirill Akimowitsch, ich habe jetzt einfach nicht die nötige Kraft, um mich darum zu kümmern. Das müssen Sie verstehen.

DUDAKOW Ja, wir haben alle keine Kraft mehr. Wir sind alle etwas müde geworden. ›Soziale Reformen‹ – herrlich, wunderbar! Aber jetzt, wo es heißt: Arbeiten! Arbeiten!, bin ich der einzige, der arbeitet... Ich bin auch müde, verdammt noch mal!

OLGA Ich glaube, du übertreibst ein bißchen, Kirill. Komm, schreib deinen Bericht.

DUDAKOW Natürlich schreibe ich den Bericht. Wer soll den Bericht denn sonst schreiben! Hier tut doch keiner was.

DOPPELPUNKT *lehnt sich über das Terrassengeländer.* Da hat er recht. Aber schließlich ist er Arzt, und ein Arzt darf sich niemals über zuviel Arbeit beklagen. Das gehört sich einfach nicht.

Schwererziehbare Kinder mitbegründet – ähnlich haben Gorki und Tschechow den Bauern Schulen und Krankenhäuser finanziert. ›Auf den Weg ins Volk‹ – die sozialen Unternehmungen der russischen Intelligenz hatten einen programmatischen Charakter.

14

Basow ruft Warwara zu sich.

BASOW Ach, mein Liebes... ach, ach, ach. Was ist doch die Politik für ein schmutziges Geschäft. Erinnerst du dich an Zwertlikoff, ein Klient von mir –? *Er zeigt ihr das Zeitungsblatt.* Lies nur, in Petersburg hat man ihn verhaftet. Fünfhunderttausend Rubel soll er unterschlagen haben. Man stelle sich das vor: ein

Rechtsanwalt Basow ist ein wohlhabender Mann. Er hat sich hochgearbeitet und dabei auch manche Gaunereien nicht gescheut. In Gorkis ursprünglicher Fassung nahm die Geschichte seiner zweifelhaften Geschäfte und Intrigen einen vorrangigen Platz ein. In der späteren Umarbeitung sind von diesem Motiv nur noch splitterhafte Andeutungen geblieben.

hoher Regierungsbeamter, und macht eine solche Schweinerei. Ein tolles Ding, alle Achtung. Kein Wunder, wenn immer mehr Menschen diesen Staat beschimpfen, nicht wahr?... Ich muß das unbedingt Zamyslow zeigen. Wo ist er denn eigentlich, mein Stellvertreter? Oder besser gesagt: der Stellvertreter von Julijas Mann –?

WARWARA Halt den Mund, Basow! *Sie geht weg.*

BASOW Was hast du denn? Aber das ist doch allgemein bekannt, Warja. Ich weiß nicht, warum du dich darüber so aufregst.

JULIJA *sitzt im Schaukelstuhl, lacht.* Sehen Sie, das liebe ich so an unserem Sommerleben: diese Ungezwungenheit. Herrlich! Nein, das ist wirklich angenehm.

15

Warwara geht an Suslow vorbei.

SUSLOW Trauen Sie diesem Zamyslow nicht. Ich rate Ihnen gut. Er wird Ihren Mann eines schönen Tages ins Gefängnis bringen. Er ist ein Halunke. Glauben Sie mir nicht?

WARWARA Wie Sie immer reden...!

SUSLOW Wie?

WARWARA Ich möchte nicht mit Ihnen über Zamyslow sprechen.

SUSLOW Na gut. Wie Sie wollen. Finden Sie nicht, daß Sie sich ein bißchen wichtig tun mit Ihrer unantastbaren Aufrichtigkeit? Passen Sie auf, die Rolle des vollkommen aufrichtigen Menschen ist verdammt schwer zu spielen; dazu gehört ein starker Charakter, viel Mut, viel Klugheit... Habe ich Sie beleidigt?

WARWARA Nein.

SUSLOW Sie wollen nicht mit mir streiten? Oder denken Sie insgeheim, ich habe recht?

WARWARA Ich kann nicht streiten... ich kann nicht so reden...

SUSLOW Entschuldigen Sie... Ich kann einfach keinen Menschen in meiner Nähe ertragen, der es wagt, vollkommen aufrichtig zu sein. Entschuldigen Sie.

DUDAKOW Ich glaube, ich bin jetzt mit meinen Nerven völlig am Ende. Ich kann nicht mehr. Aus. Ich bin erschöpft, total erschöpft. Wie soll einer das alles schaffen? Der Bürgermeister, dieser Schwachkopf, schreit mich an: Die Kranken essen zu viel! Wirft mir Verschwendung vor: eine Unmenge Chinin! Idiot! Erstens geht es dich nichts an, und dann sorg du erst mal für trockene Straßen im Armenviertel! Schließlich fresse ich den Chinin nicht selbst... Ich kann es nicht ausstehen, dieses Chinin. Das ist ein unverschämter Idiot!

OLGA Nimm dich bitte zusammen, Kirill. Wir sind hier nicht zu Hause. Warum regst du dich eigentlich so darüber auf? Es ist doch immer dasselbe. Du solltest dich langsam daran gewöhnen.

DUDAKOW Ich bitte dich, liebe Olga. Was tue ich denn? Ich gewöhne mich ja. Man befiehlt mir: du mußt sparen. Also spare ich. Das ist zwar ein Verbrechen an den Kranken, aber ich gewöhne mich ja. Ich habe eben leider keine Privatpraxis wie Marja Lwowna, ich kann es mir nicht erlauben, diesen jämmerlichen Posten einfach hinzuwerfen.

OLGA Weil du so eine große Familie hast, nicht wahr? Das sagst du ja nicht zum ersten Mal! Aber hier, vor allen Leuten, hättest du nicht davon zu sprechen brauchen. Gemein und taktlos bist du!

DUDAKOW Olga, was ist denn?

OLGA Ich bin doch wieder an allem schuld.

DUDAKOW Ich habs nicht so gemeint!

OLGA Ich habe dich schon verstanden.

DUDAKOW Ich hab es doch gar nicht so gemeint!

OLGA Bitte, laß mich! *Sie läuft weg.*

DUDAKOW Entschuldigen Sie, Pawel Sergejewitsch. Olga! Das kam völlig unerwartet. Ich habs nicht so gemeint, Olga!... Ich bin ganz durcheinander...
Er läuft ihr nach.

RJUMIN Irgendwann einmal wird er sich eine Kugel durch den Kopf jagen.

WARWARA Das sagen Sie so gleichgültig...

Die ›Streit-
Szene‹ – Mar-
ja Lwowna
verteidigt ihre
Ansichten
über Litera-
tur und Enga-
gement. Die
Szene befin-
det sich in die-
ser Form
nicht im
Stück. Dort
werden die
Auseinander-
setzungen mit
ihr meist indi-
rekt bekannt
gegeben. Es
erschien hin-
gegen reiz-
voll, offen zu
zeigen, was an
ihr so skanda-
lös wirkt.

*Schalimow, Kalerija, Marja Lwowna im Garten am Tisch. Nach
und nach kommen die anderen hinzu.*

KALERIJA Sie müssen sich schrecklich langweilen hier bei uns.
Wenn man das Leben in Petersburg gewöhnt ist... Oh, es ist so
quälend, so erniedrigend, unter all diesen hoffnungslosen
Menschen zu leben!

MARJA LWOWNA Aber wohltuend ist es immerhin, sich beklagen
zu dürfen. Nicht wahr, Kalerija. Wir lernen es von unseren
Schriftstellern, schön und geduldig zu klagen. Das können sie.
Die Schönheit ihrer Verzweiflung ist für uns alle ein Trost.

JULIJA Die traurigen Bücher sind schließlich die schönsten. Und
die beliebtesten. Was haben Sie dagegen?

MARJA LWOWNA Ich finde dieses Sich-Beklagen unwichtig und
sinnlos. Ein Schriftsteller muß vor allem seine besondere Stellung in der Öffentlichkeit nutzen, und zwar, indem er die er-
bärmlichen Mißstände in unserem Land aufgreift und nach ihren Ursachen fragt. Er allein kann das tun, und er muß es auch.
Er muß sich für die Interessen des notleidenden Volkes einsetzen. Er muß kämpfen, jawohl, schreiben heißt für ihn: kämpfen.

BASOW Also dann müßte ja Ihrer Meinung nach jeder Schriftsteller zugleich auch ein Revolutionär sein. Na, wissen Sie, das
liegt aber wirklich nicht jedem.

WLAS Ach, Marja Lwowna, Sie lieben die Poesie wohl nicht? In
Ihrem Kopf herrscht eine schreckliche Ordnung. Man möchte
einen Löffel hineinstecken und einmal kräftig umrühren.

MARJA LWOWNA Bitte, Wlas, ich meine es ernst –

KALERIJA Wahrscheinlich haben Sie noch nie ein Buch von
Herrn Schalimow gelesen...

MARJA LWOWNA Ich habe viele seiner Bücher gelesen, Kalerija.
Und es gibt einige Stellen, die ich immer wieder lese, weil ich
sie sehr schön finde... Und doch muß ich Sie fragen: Warum
schreiben Sie? Aus Ihren Büchern erfahre ich nicht, wen Sie lieben, wen Sie hassen... Wer sind Sie? Mein Freund? Mein
Feind? Ich weiß es nicht.

SCHALIMOW Es fällt mir schwer, Ihnen zu antworten. Ich weiß es nicht. Ich bin zu meinem Freund aufs Land gefahren, um ein paar Wochen Ferien zu machen von der Literatur und vom Schreiben. Ich bitte um Ihr Verständnis, meine Gnädigste. *Er entfernt sich von den anderen.*

KALERIJA *zu Marja Lwowna* Ich glaube, Sie stellen vollkommen falsche Ansprüche an die Literatur. Der Dichter spricht immer indirekt, in poetischen Bildern. Wenn Sie für Poesie keinen Sinn haben, dann ist es besser, Sie lesen nur die Zeitung.

ZAMYSLOW Entschuldigen Sie – aber der Durst nach Schönheit – scheint mir – ist ein urmenschliches Bedürfnis. Warum sollten da gerade wir eine Ausnahme bilden und auf alles Schöne verzichten?

MARJA LWOWNA Ich spreche nicht von Verzicht. Im Gegenteil, ich meine, daß die Poesie nur gewinnt, wenn der Schriftsteller die Verlogenheiten der Gesellschaft, in der er lebt, anklagt, ihre Ungerechtigkeiten entlarvt. Er muß die Tatsachen rücksichtslos beim Namen nennen, er muß Partei ergreifen!

RJUMIN Nein, es ist falsch, die Tatsachen beim Namen zu nennen. Falsch. Lächerlich. Grausam. Und lebensgefährlich! Ich wehre mich gegen diese sinnlosen Entlarvungen. Man muß das Leben verschönen. Es ist Wahnsinn, dem Leben die schützende Hülle der Illusion abzureißen, bevor man etwas Neues gefunden hat.

MARJA LWOWNA Wovon sprechen Sie? Ich verstehe Sie nicht.

DOPPELPUNKT Ich verstehe schon lange nichts mehr. Absolut nichts. Schade. Worum geht es denn überhaupt?

RJUMIN Ich spreche von dem Recht des Menschen auf Selbsttäuschung. Wo ist im Leben ein Sinn, wenn es keine Schönheit bietet? Wenn der Mensch erbärmlich und kraftlos ist, wenn sein höchster Ehrgeiz darin besteht, alle Menschen gleich satt zu sehen.

MARJA LWOWNA Finden Sie es denn schön, daß das Volk hungert?

RJUMIN Entschuldigen Sie, Marja Lwowna, das habe ich nicht gesagt! Ich glaube, daß der Mensch, je klüger er wird, es um so schwerer auf Erden hat. Je länger die Menschheit existiert, um so mehr Schmutz, Gemeinheit, Grobheit und Verlogenheit häuft sie rings um sich – und der einzelne Mensch sehnt sich

Marja Lwowna ist weder ein Blaustrumpf noch eine kalte Fanatikerin. Bei aller Standfestigkeit ihrer Argumentation spürt man doch ein inneres Zittern, welches verrät, daß ihre Überzeugungen eine Lebenserrungenschaft sind und kein nachgebetetes Geschwätz.

um so stärker nach Schönheit und Reinheit. Glück war nur in vergangenen Zeiten möglich – als der Mensch noch über größere Kräfte verfügte – als alle Menschen noch prächtige, farbige Gewänder trugen. In unserer Zeit hat der Einzelne nicht mehr die Kraft, die Widersprüche des Lebens zu lösen, er hat nicht die Kraft, das Böse und den Schmutz zu vernichten. Also nehmen Sie ihm nicht das Recht, die Augen vor all den Scheußlichkeiten zu verschließen, die ihn schmerzen und quälen.

MARJA LWOWNA Aber welchen Menschen meinen Sie denn nur? Vermutlich in erster Linie sich selbst.

RJUMIN Sehen Sie sich doch um. Immer mehr Menschen spüren immer klarer und deutlicher, wie unerträglich das Leben ist, vollkommen unerträglich.

MARJA LWOWNA Und immer mehr Menschen fühlen eine Kraft in sich wachsen, ihre Lebensverhältnisse zu ändern.

DUDAKOW Sie als Ärztin müßten doch wissen, daß die Kräfte des Menschen mit dem Alter abnehmen. Genauso verhält es sich mit der gesamten Menschheit.

MARJA LWOWNA Je höher die Anforderungen sind, die der Einzelne an sich stellt, um so stärker wird er werden.

SUSLOW Unerträgliches Geschwätz. *Er geht schimpfend weg.*

BASOW Höhere Anforderungen. Jawohl, sehr gut. Doch immer in den Grenzen des Möglichen – Evolution, ich sage nur: Evolution – die Menschheit entwickelt sich unendlich langsam.

Wie suchend Warwara spricht… Von Marja Lwowna, die so ungewohnt redet, fühlt sie sich angezogen, auf dem Weg einer sinnlichen Zuneigung, der zugleich einer der Aufklärung ist. Und darin hat das Stück etwas Verheißendes: sich

WARWARA Ich weiß nicht… ich kann mich schlecht ausdrükken… doch ich fühle ganz stark, daß sich die Menschen verändern müssen… ich bin überzeugt, daß man in allen Menschen das Bewußtsein ihrer eigenen Würde wecken muß, ja, in allen Menschen, in allen. Dann wird niemand mehr den anderen erniedrigen und kränken… Selbst wir sind ja nicht fähig, Achtung voreinander zu empfinden.

KALERIJA Du stehst wohl auf der Seite von Marja Lwowna? Diese kalten, unpoetischen Träume von der allgemeinen Sattheit, die findest du groß und schön, wie?

WARWARA Ihr seid alle so feindselig zu ihr. Warum eigentlich?

RJUMIN Aber sie ist es doch, sie greift einen doch an. Wenn ich höre, wie jemand den Sinn des Lebens definiert, habe ich das Gefühl, ich werde erwürgt… Das Leben hat keinen Sinn. Es ist die Summe meiner Empfindungen, nicht mehr und nicht weniger: Zufall, ohne Ziel und ohne Absicht…

MARJA LWOWNA Versuchen Sie die zufällige Tatsache, daß Sie leben, zu einer gesellschaftlichen Notwendigkeit zu erheben. Dann wird Ihr Leben einen Sinn bekommen.

RJUMIN Hören Sie – sie fängt schon wieder an. *Entfernt sich.*

DOPPELPUNKT Es hat Kraft, was sie sagt. Es ist nicht neu, aber erfrischend.

KALERIJA Oh mein Gott, sind das Phrasen. Alles so abgedroschen. Ich halte das nicht länger aus.

Sie geht ans Klavier und spielt. Olga, Warwara und Marja Lwowna sind allein zurückgeblieben.

OLGA *zu Warwara* Wenn jemand so streng redet, läuft es mir kalt über den Rücken. Ich glaube immer, das richtet sich gegen mich persönlich… Ich muß nach Hause… Wie wenig Zärtlichkeit gibt es im Leben… Warja, bei dir ist es schön. Es gibt immer etwas zu hören, das einen innerlich bereichert.

WARWARA Bleib doch noch ein bißchen, Olga. Komm, setz dich.

OLGA Ja, vielleicht bleibe ich noch ein paar Minuten. *Sie setzt sich in den Schaukelstuhl.*

MARJA LWOWNA *zu Warwara* Das Streiten macht mich rauh und hart. Wollen wir ein bißchen Musik hören, Warja?

BASOW *ruft* Warja, laß uns doch ein Fläschchen Bier bringen oder besser gleich zwei.

Warwara geht ins Haus.

18

Kropilkin und Pustobajka im Garten. Sie schlagen das Theaterpodest auf.

KROPILKIN Hast du's schon mal gesehen?

PUSTOBAJKA Hab alles gesehen, was es hier zu sehen gibt.

KROPILKIN Hast schon alles gesehen, nicht? Und wie ist das? Herrschaften, wenn sie Theater spielen?

verlieben und zu politischer Vernunft erwachen, das müßte ein und derselbe Vorgang sein.

Ein unbequemes politisches Vokabular für überholte Phrasen zu erklären, ist offenbar ein Topos des kleinbürgerlichen Konservatismus'. Revolutionäre Parolen um 1900 in Rußland, darin wollte man vor allem den Jargon der längst gescheiterten Volkstümlerbewegung wiederaufklingen hören.

PUSTOBAJKA Wie solls schon sein, sie ziehen sich unordentlich an und reden in komischen Tönen. Jeder sagt, was ihm gerade einfällt. Sie schreien, rennen hin und her, tun so, als ob sie was tun würden oder als ob sie eine Wut im Bauch haben. Sie machen eben alles nur so-als ob. Der eine sagt: ich bin der Ehrliche, der andere sagt: ich bin der Gescheite, und wieder einer sagt: ich bin der Unglückliche... Na ja, sie spielen eben.

KROPILKIN Warum?

PUSTOBAJKA Was sollen sie sonst tun? Satt sind sie.

19

Warwara steht neben Marja Lwowna am Klavier.

WARWARA Merkwürdig, unser Leben –! Wir reden, reden, und das ist alles. Wir haben zu allem und jedem eine Meinung, nehmen immer wieder neue an und verwerfen andere. Das geht so schnell. Und doch, einen festen Willen, eine klare, starke Sehnsucht haben wir nicht.

20

Basow und Schalimow sitzen im Garten. Basow stellt Schachfiguren auf. Sascha kommt mit dem Bier.

SASCHA Trink das Bier nicht zu hastig, Sergej.

BASOW Spielst du Schach, Jaska?

SCHALIMOW Recht und schlecht.

SASCHA Du mußt nicht so schnell gewinnen wollen, das macht keinen Spaß. Gewinnen tust du ja sowieso.

BASOW Die Alte spielt viel besser als ich. Ein Naturtalent... abnorm.

Doppelpunkt und Marja Lwowna spazieren im Garten.

DOPPELPUNKT Früher bin ich öfter in diese Gegend gekommen.
Meine zweite Frau stammte aus Nishnij. Und weil es sehr gut
ging mit ihr, habe ich mir die dritte auch von dort geholt. Es ist
überhaupt gut gegangen mit den Frauen, ich hatte immer
Glück. Na, das ist alles vorbei. Jetzt habe ich niemanden mehr,
nichts und niemanden.
Sie setzen sich an einen Tisch.
MARJA LWOWNA Warum haben Sie denn Ihre Fabrik aufgegeben?
DOPPELPUNKT Sie war alt, meine Maschinen waren Schrott, und
die Deutschen mit ihren modernen Anlagen haben viel besser
produziert als ich, viel billiger. Ich merke, meine Geschäfte gehen flau, ich überlege kurz und schon hab ich mein ganzes Ge-
rümpel an die Deutschen verkauft. Jetzt hab ich nichts mehr.
MARJA LWOWNA Aber reich sind Sie!
DOPPELPUNKT Ja, über eine Million Rubel, und ein Haus habe
ich noch in der Stadt, ein großes, altes Haus.
MARJA LWOWNA Und was wollen Sie jetzt machen?
DOPPELPUNKT Ich weiß nicht. Immer zu Hause sitzen und mein
Geld zählen? Ich langweile mich zu Tode. Ich kann mich nicht
ausstehen. Diese Arme zum Beispiel: – früher habe ich gar
nicht auf sie geachtet – jetzt sehe ich da auf einmal an meinem
Körper zwei überflüssige Werkzeuge herumbaumeln.

22

Basow und Schalimow spielen Schach.

SCHALIMOW Was tut eigentlich diese Marja Lwowna?
BASOW Ärztin ist sie.
SCHALIMOW Ist sie oft bei euch?

BASOW Nein. Das heißt: ja. Eine Freundin von Warja. Gerade wie ein Stock. Ich glaube, sie hat keinen guten Einfluß auf meine Frau. Sie setzt ihr allerhand Flausen in den Kopf…

Warwara ist auf die Terrasse getreten.

Ach Warja, da bist du ja…

WARWARA Wie du siehst.

BASOW Eine couragierte Person, das muß man sagen. Sie hat dir mächtig zugesetzt, Jaska, – sowas erlebst du bestimmt nicht alle Tage, wie?

SCHALIMOW Fast jeden Tag, Sergej. Ich brauche nur die Petersburger Abendblätter aufzuschlagen, es steht bestimmt immer etwas Beleidigendes über mich drin. In letzter Zeit ist es vielleicht etwas ruhiger geworden…

BASOW Ja, ein Schriftsteller muß sich doch allerhand gefallen lassen. Andererseits wird er auch viel leidenschaftlicher geliebt als ein Mensch mit normalem Beruf.

SCHALIMOW Fürchtest du dich eigentlich vor deiner Frau?

BASOW Was? Ach nein, sie ist doch sehr lieb.

SCHALIMOW Das sagst du so traurig –

BASOW Du – der Suslow hat eine Frau, die mußt du dir einmal näher ansehen. Eine tolle Frau! Sie hat ein Verhältnis mit meinem Stellvertreter…

SCHALIMOW Ja? Nun, man wird sehen. Wenn ich an diese Marja Lwowna denke –

BASOW Julija ist ganz anders – die… oh! Na, du wirst schon sehen.

23

Wlas kommt durch den Garten gelaufen.

WLAS Den Pfirsich und die Ananas
Schuf die Natur nicht uns zum Spaß.
Drum lieber Wlas die Finger laß
Vom Pfirsich und der Ananas.
Warja, wie findest du das?

WARWARA Bitte nicht –, sei still.

WLAS Was hast du? Du weinst ja... Warum? Ist es – wegen Schalimow?

Warwara schüttelt den Kopf.

Das ist er also, der große Verführer, der gefeierte Poet. Da sitzt er nun, trinkt sein Bier und fürchtet sich vor dem nächsten Rheumaanfall.

WARWARA Ich hab ihn einmal gesehen, als er seine Gedichte vortrug. Ich erinnere mich, wie er die Bühne betrat, so kraftvoll und sicher, seine dichten Locken fielen ihm in die Stirn. Das Gesicht war offen, ernst, mutig – das Gesicht eines Menschen, der weiß, was er liebt und was er haßt. Ich habe hinaufgeblickt zu ihm, und ich zitterte vor Freude, daß es solche Menschen gibt – sechs oder sieben Jahre ist das jetzt her...

WLAS Arme Warja, du schwärmst ja immer noch.

WARWARA Ich habe ihn so sehr geliebt. Ich habe an alles geglaubt, was er geschrieben hat. Wenn ich es nicht mehr aushielt, wenn das banale Leben mich ersticken wollte, habe ich in seinen Büchern gelesen. Ich habe gehofft, er würde eines Tages zu mir kommen und mich herausführen aus dieser qualvollen Enge –

WLAS Und jetzt? Auf wen willst du jetzt warten, Schwesterlein?

WARWARA Ich weiß es nicht. Ich weiß es nicht.

WLAS Ach, ich möchte dir so gern etwas Liebes sagen... Mir fällt einfach nichts ein.

WARWARA Laß mich, bitte...

In der sowjetischen Verfilmung von ›Sommergäste‹ sah man den Darsteller des Wlas in Gorki-Maske spielen. Am Schluß, in einer wildbewegten Gedichtdeklamation, schleudert er, im Namen des Autors sozusagen, Hohn und Verachtung in die verkniffenen Kleinbürger-Gesichter.

24

Basow und Schalimow beim Schach.

BASOW *ruft* Warja, willst du dich nicht ein bißchen zu uns setzen?

Warwara geht wortlos ins Haus.

Hör mal, Jaska – ich wollte dich bitten – na, du hast schon recht: Warja ist ein bißchen sonderbar, in letzter Zeit. Ach, alle Welt leidet jetzt an diesen Stimmungen. Das ist modern. Ekelhaft ist es. Nein, versteh mich nicht falsch – sie ist sehr lieb, wirklich... Vielleicht könntest du mal für sie ein bißchen die Federn spreizen?

SCHALIMOW Welche Federn? Was meinst du?

BASOW Ich meine – in aller Freundschaft – ein bißchen den Pfau spielen! Sie hat so eine unruhige Sehnsucht, weißt du? Und ich glaube eben, das hat ganz besonders etwas mit dir zu tun...

SCHALIMOW Mit mir?

BASOW Ja, ja. Sie hat dich einmal auf einer Lesung erlebt. Ich weiß ganz genau: sie träumt heute noch davon.

SCHALIMOW Wann hat sie mich gehört?

BASOW Vor zehn Jahren.

SCHALIMOW Ach ja.

BASOW Du könntest sie doch ein wenig unterhalten, etwas aufmuntern, ihr Interesse wecken. Ich meine, in aller Freundschaft –

SCHALIMOW Schon gut, Sergej... Grotesk, nicht?

25

Rjumin und Kalerija an der Staffelei.

RJUMIN Wie sie sich verändert hat, seit dieser Schalimow hier ist. Mit uns redet sie nur noch von oben herab. Lächerlich. Was ist das schon für ein Dichter – ausgeschrieben ist er, passé. Jawohl, genauso sehen sie aus, wenn ihnen nichts mehr einfällt, faul und verzweifelt. Nur sie – sie merkt nichts.

KALERIJA Ach Sie... mit Ihren verschimmelten Augen! Sie merken nichts!

RJUMIN Nicht. Schreien Sie bitte nicht.

KALERIJA Haben Sie denn nicht ihr verheultes Gesicht gesehen? Sie haben überhaupt keine Aufmerksamkeit für andere Menschen... Sie hat auf ihn gewartet wie auf den Frühling, sie hat gehofft, er würde etwas Neues, etwas Wichtiges in ihr ödes Leben bringen...

Wlas kommt hinzu und posiert vor der Staffelei.

WLAS Abstraktia Wasiljewna – wie wärs denn mal mit einem Portrait von mir?

KALERIJA Weißt du was – du hast einen Buckel!

WLAS Wie?

KALERIJA Du hast einen Buckel auf deiner Seele, ja.

WLAS Das tut aber meiner guten Figur keinen Schaden, oder?

KALERIJA Grobe Menschen sehen aus wie Krüppel.

WLAS Du trainierst wohl für eine Aphorismensammlung.

KALERIJA ›Trainierst‹! Uaah! Widerlich. Nur Dummköpfe benutzen solche Fremdwörter.

RJUMIN Bitte, Kalerija, spielen Sie etwas auf dem Klavier. Ich kann das alles nicht mehr hören. Ich brauche jetzt Musik.

WLAS Jawohl: haltet die Poesie sauber!... Vor allem von falschen Gefühlen.

KALERIJA Banale Menschen kommen mir vor wie Pockennarbige. Und fast immer sind sie blond.

WLAS Richtig. Alle alten Jungfern schreiben schlechte Gedichte und kauen Tabak.

Kalerija wirft ihre Staffelei auf Wlas, geht zum Klavier und weint.

Kalerija hat den poetischen Blick: sie sieht das Inwendige eines Menschen in unmittelbar sinnlicher Gestalt. Sie kann gar nicht anders.

26

Suslow, Doppelpunkt, Olga begegnen sich im Garten.

DOPPELPUNKT Wo gehst du hin, Pjotr?

SUSLOW Ich gehe nirgendwohin. Ich rauche.

OLGA Haben Sie meinen Mann nicht getroffen, Pjotr Iwanowitsch?

SUSLOW Nein... Schwül, nicht?

OLGA Schwül? Nein, finde ich nicht.

SUSLOW Ich ersticke fast. Kein Wunder, wenn man unter lauter Schwätzern und Halunken lebt...

OLGA Was haben Sie? Sind sie überarbeitet? Ihre Hände zittern.

SUSLOW Ich habe gestern abend zu viel getrunken. Schlecht geschlafen.

OLGA Warum trinken Sie?

SUSLOW Um mich aufzuheitern.

DOPPELPUNKT Ein seltsamer Vogel, mein Neffe. Ich wußte gar nicht, daß er so seltsam ist.

WARWARA *kommt hinzu.* Warum sind Sie denn vorhin so schnell davongeflattert, Pjotr Iwanowitsch?

SUSLOW Ich laufe immer noch auf dem Erdboden herum... Ich hatte es satt, mir die Reden der verehrten Marja Lwowna anzuhören.

WARWARA Ach? Das interessiert Sie nicht? Ich höre ihr gern zu.

SUSLOW Viel Vergnügen weiterhin. *Er entfernt sich.*

27

Warwara führt Olga auf die Terrasse.

OLGA Ich möchte am liebsten gar nicht mehr von dir fortgehen, Warja. Immer, wenn ich nach Hause komme, muß ich mich so furchtbar aufregen... die Kinder – du weißt ja nicht, wie schwer es ist mit ihnen, wie schwer.

WARWARA Komm setz dich. Möchtest du Tee?

OLGA Wolka ist krank, er hat Fieber... Nadja war furchtbar ungezogen, wahrscheinlich ist sie auch nicht ganz gesund – und dann kommt Kirill aus der Stadt und ist schlecht gelaunt – ich bin ganz durcheinander.

WARWARA Ach, meine Arme, meine Liebe, das ist alles auch zuviel für dich.

WLAS *aus dem Garten* Familienglück... Familienglück!

OLGA Euch kommt das natürlich lächerlich vor, ich weiß. Aber die Kinder, wenn ich nur an sie denke, es läutet in meiner Brust wie eine Glocke: Kinder... Kinder.

WARWARA Verzeih, aber ich habe das Gefühl, du übertreibst ein bißchen –

OLGA Nein, sag das nicht! Du kannst das nicht beurteilen. Du weißt nicht, was das für ein bedrückendes Gefühl ist, die Verantwortung für die Kinder... Sie werden mich doch eines Tages fragen, wie man leben muß.

WLAS Warum machen Sie sich jetzt schon Gedanken darüber, Mamaska? Vielleicht fragen sie gar nicht. Vielleicht kommen sie ganz von alleine drauf, wie man leben muß.

KALERIJA Ach, du verstehst gar nichts, überhaupt nichts!

OLGA Sie fragen jetzt schon! Sie fragen und fragen. Und das sind schreckliche Fragen: weder Sie noch ich noch irgendjemand kann sie beantworten. Es ist furchtbar schwer, eine Frau zu sein. Ich glaube, früher war das Leben viel einfacher als heute.

WLAS Früher bissen die Hechte an, und heute ist kaum eine Plötze dran.

WARWARA Hör auf, Wlas!

KALERIJA *am Klavier.* Die Sonne geht auf, die Sonne geht unter, aber in den Herzen der Menschen bleibt immer die Dämmerung.

OLGA Was sagen Sie da?

KALERIJA Nichts. Ich rede mit mir selbst.

OLGA Ich verbreite hier eine düstere Stimmung, nicht? wie eine Eule. Ich kann doch nichts dafür... ich bin ja schon still –. Warum bist du denn weggegangen, Warja? Ich bin dir wohl auch schon lästig?

WARWARA Olga!

OLGA Manchmal bin ich mir selbst so zuwider... wahrscheinlich ist meine Seele schon ganz runzelig... ich bin ein häßliches Hündchen, nicht? Es gibt solche Schoßhündchen, böse Tiere, sie lieben niemand und wollen immer beißen... Julija wird sich wieder über mich lustig machen... ich mag sie nicht, diese Provinzmondäne, diese Modepuppe; sie kümmert sich überhaupt nicht um ihre Kinder, und trotzdem sind sie immer gesund, merkwürdig... Sieh mal, wie komisch dein Rjumin mit den Armen fuchtelt!

WARWARA Wieso ›mein‹ Rjumin, Olga?

Olgas Selbsthaß ist ein äußerstes Flehen um Aufmerksamkeit und Liebeszuwendung und doch zugleich das sicherste Mittel, um jede Verbindung zu zerstören. Unvermeidlich teilt man schließlich den Ekel, den so jemand vor sich selbst empfindet.

247

Zamyslow und Julija kommen auf die Terrasse.

WARWARA Haben Sie einen Spaziergang gemacht?

JULIJA Ja. Es war sehr amüsant.

ZAMYSLOW Ich habe vergeblich versucht, die stolze Marja Lwowna ein wenig zu demoralisieren.

JULIJA Schaun Sie, Olga, was für einen hübschen Strauß ich für Sie gepflückt habe... Anemonen... ich finde, die passen ganz besonders gut zu Ihnen.

ZAMYSLOW Dafür hat sie mir gründlich die Leviten gelesen: ›Gott hat dich in die Welt gesetzt, damit du Tag für Tag an der Lösung der verschiedenen sozialen und moralischen Aufgaben arbeitest.‹ Das will mir einfach nicht in den Kopf! Wenn ich es ihr doch nur beweisen könnte: das Leben ist eine Kunst, die Kunst, alles mit eigenen Augen zu sehen, mit eigenen Ohren zu hören. Essen und Trinken – Kunst, sich lieben – Kunst!

JULIJA Erstaunlich, wie banal Sie sein können –

Zamyslow, eine vielseitige Begabung: Freizeitspezialist, Laientheaterregisseur, Liebhaber, Kompagnon in Basows Anwaltskanzlei, und dort vor allem für Intrigen und Schiebungen zuständig.

ZAMYSLOW Es ist mir alles eben erst eingefallen. Aber ich glaube, es wird zu meiner festen Überzeugung. Es muß sich lohnen, das Leben, man muß etwas tun, etwas unternehmen, sich etwas einfallen lassen.

JULIJA Kalerija, machen Sie dem Geschwätz ein Ende. Spielen Sie!

ZAMYSLOW Vielleicht machen wir morgen ein Picknick, meine Damen. Wir fahren hinaus ins Freie... Was meinen Sie, Kalerija?... Ich weiß, Sie lieben alles Schöne... Warum lieben Sie mich eigentlich nicht?

KALERIJA Sie sind mir viel zu laut, so buntscheckig, ein Harlekin!

ZAMYSLOW Danke, aber darum geht es jetzt nicht. Wir haben ein Attentat auf Sie vor. Unserer Theateraufführung fehlt noch das gewisse Etwas... Wir haben uns gedacht, wir könnten heute abend vielleicht eine kleine literarische Soirée geben.

JULIJA Wir wollten Sie ganz einfach fragen, ob Sie nicht ein paar Gedichte vortragen möchten.

ZAMYSLOW Nein... Warten Sie... Ich habe mir vorgestellt, zu

Beginn unserer Aufführung – ich meine jetzt die Benefiz-
vorstellung am nächsten Sonntag – also bevor das Stück beginnt, treten Sie auf in einem fliederfarbenen Kostüm und
rezitieren ein Gedicht – Sie haben doch sicher etwas Neues,
nicht?

KALERIJA Ja.

ZAMYSLOW Wunderbar. Ich schlage vor, wir veranstalten jetzt
gleich so eine Art Probelesung.

KALERIJA Ich weiß nicht, ich bin gar nicht vorbereitet –

JULIJA Oh bitte, Kalerija, lesen Sie. Ich liebe Ihre traurigen Gedichte. Kommen Sie, gehen wir in Ihr hübsches reines Zimmer-
chen, ich mag es so gern. Ich möchte mich ein bißchen erholen
von diesem Lebenskünstler.

Julija, Kalerija und Zamyslow gehen ins Haus.

Das große
Verlangen,
nachdem man
eine Weile mit
dem Stück
umgegangen
ist: die Perso-
nen, wie im-
mer sie zuein-
ander stehen,
möchten sich
plötzlich und
unverhofft et-
was Liebes,
Freundliches
tun. Das
Kleinsinnige
und Miese,
das Häßliche
und Gemeine
wirkt manch-
mal erdrük-
kend.

29

*Rjumin, Marja Lwowna, Doppelpunkt und Dudakow diskutie-
ren im Garten.*

RJUMIN Jetzt möchte ich aber wirklich wissen, wie Sie als Mutter
– mit solchen Überzeugungen! – ihre Kinder erziehen...

MARJA LWOWNA Wieso? Ich habe ein sehr freundschaftliches
Verhältnis zu meiner Tochter. Man muß einfach ehrlich sein zu
den Kindern. Man darf ihnen nichts verheimlichen. Man muß
ihnen immer die Wahrheit sagen.

RJUMIN Die Wahrheit sagen? Na, wissen Sie, das ist wirklich ris-
kant! Die Wahrheit ist kalt und gemein, in der Wahrheit verbirgt sich das schleichende Gift der Selbstzerstörung. Sie können ein Kind auf der Stelle vergiften, wenn Sie ihm das Schrek-
kensgesicht der Wahrheit enthüllen...!

MARJA LWOWNA Sie ziehen es wohl vor, die Kinder nach und
nach mit Lügen zu vergiften?

RJUMIN Erlauben Sie! Das habe ich nicht gesagt! Davon kann
überhaupt keine Rede sein. Sie halten mich also für einen Lüg-
ner, Marja Lwowna?

MARJA LWOWNA Ich? Nein... ich sehe, Sie schreien... Hysterie ist für mich kein Argument.

RJUMIN Ich kann nicht ruhig darüber sprechen. Das ist wichtig. Das muß unbedingt geklärt werden.

MARJA LWOWNA Ich glaube, irgendetwas hat Sie sehr erschreckt... Lassen Sie uns aufhören mit Streiten.

Sie gehen auseinander.

30

Warwara allein. Doppelpunkt kommt hinzu.

DOPPELPUNKT Der hübsche Herr Rjumin hat mich ganz konfus gemacht mit seinem philosophischen Gerede. Für die höheren Weisheiten bin ich wohl nicht gescheit genug. Aber ich habe ihnen auch nichts entgegenzusetzen. Ich bleibe einfach stecken in seinem Redebrei, wie die Kakerlake im Sirup. Schließlich bin ich weggelaufen, ja. Soll ihn doch der Kuckuck holen. Sie gefallen mir... Donnerwetter, sind Sie schön!

WARWARA Wie?

DOPPELPUNKT Ach, gnädige Frau, ich seh's Ihnen an: Sie fühlen sich nicht wohl hier, stimmt's?

WARWARA Was wollen Sie von mir? Wer gibt Ihnen eigentlich das Recht, sich in meine Angelegenheiten einzumischen?

DOPPELPUNKT *lacht.* Hören Sie auf! Ich mische mich nirgendwo ein. Ich sehe, Sie fühlen sich fremd hier – und ich bin auch ein Fremder. Ich wollte Ihnen etwas Freundliches sagen. Habs vielleicht falsch angefangen, zum Teufel.

WARWARA Entschuldigen Sie, ich wollte nicht grob zu Ihnen sein. Ich bin es nicht gewöhnt, daß man so zu mir spricht –

DOPPELPUNKT Ich sehe, daß Sie's nicht gewöhnt sind. Wie sollten Sie's auch gewöhnt sein. Gehen wir doch ein bißchen spazieren. Tun Sie mir den Gefallen.

Warwara ist ins Haus gegangen. Doppelpunkt bleibt zurück.

31

Basow und Dudakow kommen vom Schwimmen.

BASOW Diese Marja Lwowna hat unserem Dichter gehörig die Stimmung verdorben. Es fehlt nicht viel, und er reist ab ... Na, dann kann sie aber was erleben! Was sie auch immer für Gemeinplätze daherbetet: der Schriftsteller muß aufrichtig sein, er muß den Interessen des Volkes dienen ... Mein Gott, das weiß doch jedes Kind! Genauso wie der Soldat tapfer sein muß und der Rechtsanwalt schlau – nicht wahr?

DUDAKOW Die hat gut reden, ja, hat eine eigene Praxis, die Tochter hat sie ins Internat gesteckt ...

BASOW Aber weißt du, der Jaska ist natürlich auch ein Filou. Seine erste Frau hat er sitzen lassen, schon nach drei Monaten, und jetzt, wo sie gestorben ist, will er an ihre Erbschaft heran. Nicht schlecht, wie?

32

Doppelpunkt und Suslow kommen hinzu.

DOPPELPUNKT Ah, Herr Basow – gehen Sie mit mir spazieren?

BASOW Ich komme gerade vom Schwimmen ...

DOPPELPUNKT Ach so. War's kalt?

BASOW Nicht besonders.

DOPPELPUNKT Vielleicht sollte ich auch eine Runde schwimmen. Kommst du mit, Pjotr? Kann sein, ich saufe ab, dann kommst du schneller an die Erbschaft.

SUSLOW Nein, ich habe zu arbeiten.

DOPPELPUNKT Scheinst dich gar nicht zu interessieren für mein Geld, wie? Denkst wohl, der Alte stirbt sowieso – was soll ich noch freundlich sein. Na, dann geh ich eben allein. *Er geht weg.*

SUSLOW Reichlich unsympathisch, dieser Onkel.

Marja Lwownas Tochter befindet sich bei Gorki nicht im Internat, sondern spielt mit im Stück. Sie heißt Sonja, ist 18 Jahre alt und gibt ein Beispiel ab für aufgeklärte Kindererziehung – sie hat zu ihrer Mutter ein betont kameradschaftliches Verhältnis. Nun hatte Gorki stets große Mühe, Geschöpfe der Bejahung und Vorbildlichkeit glaubwürdig zu gestalten. So ist diese Sonja nur ein unerträglich altkluger Backfisch, keine Figur, die unter den anderen Selbstän-

251

BASOW Na, alte Leute sind ja nie besonders amüsant.

SUSLOW Er will offensichtlich bei mir seinen Lebensabend verbringen.

BASOW Dein Onkel? Ach, und was meinst du dazu?

SUSLOW Der Teufel soll ihn holen... es wird schon so kommen, wie er will. *Er geht weg.*

DUDAKOW Sagen Sie – finden Sie es nicht auch seltsam?

BASOW Was?

DUDAKOW Ich meine, erstaunt es Sie nicht, daß wir uns nicht zuwider sind, daß wir uns noch nicht längst alle gegenseitig an den Kragen gegangen sind?

BASOW Wie bitte? Ist das Ihr Ernst?

DUDAKOW Absolut. Wir sind zweifellos schrecklich öde Menschen. Finden Sie nicht?

BASOW Nein, finde ich nicht. Ich bin gesund, ich bin ein ganz normaler Mensch. Entschuldigen Sie –

DUDAKOW Nein, ich mache keinen Spaß...

BASOW Also hören Sie, Doktor, da kann ich nur sagen: Arzt, kurier dich selbst. Das ist ja wirklich toll... Tragen Sie etwa eine Pistole bei sich?

DUDAKOW Nein. Wieso?

BASOW Nur so. Bei ihrer seltsamen Gemütsverfassung muß man auf das Schlimmste gefaßt sein.

DUDAKOW Es ist wirklich schwer, ernsthaft mit Ihnen zu reden.

BASOW Dann lassen Sie es doch.

33

Basow sitzt am Schreibtisch. Sascha neben ihm, sie strickt.

SASCHA Jetzt könnt ich endlich deiner Mutter beweisen, daß du nichts wert bist. Nichts mehr tu ich für dich... Basta!

BASOW Stör mich nicht, Sascha.

SASCHA Baden geht er mit seinem schwachen Herzen! Badet im eiskalten Fluß!

BASOW Was denn? Mitten im Sommer...

SASCHA Jawohl, mitten im Sommer, und das Wasser im Fluß ist eisigkalt.

BASOW Komm, jetzt ists gut, alte Hexe. Nimm dein Strickzeug und mach mir irgendetwas Warmes für den Winter.

34

Julija und Zamyslow am Theaterpodest.

JULIJA Warum kommt denn niemand? Die Probe hätte längst beginnen sollen.

ZAMYSLOW Ich fürchte fast, die Herrschaften haben keine Lust mehr.

JULIJA Keine Lust? Zum Theaterspielen? Aber das macht doch Riesenspaß.

ZAMYSLOW Gewiß. Vor allem, wenn man eine Hauptrolle hat, nicht? Weißt du, du hast manchmal eine Art, die anderen an die Wand zu spielen –

JULIJA Soll das etwa ein Vorwurf sein?

ZAMYSLOW Aber nein, ein Kompliment, meine Liebe; ich verneige mich vor deinem überragenden Talent.

JULIJA Was nützt mir die Hauptrolle, wenn die anderen nicht mitmachen...

Suslow kommt hinzu.

ZAMYSLOW Entschuldigen Sie mich. Ich muß noch etwas mit meinem Chef besprechen –

JULIJA Beeilen Sie sich. Und bringen Sie mit, wen Sie finden. Damit wir endlich anfangen können... *zu Suslow* Verstehst du das? Kein Mensch kommt mehr auf die Proben.

SUSLOW Seltsam, was?

JULIJA Ja.

SUSLOW Wo warst du die ganze Zeit, Julija?

JULIJA Mal hier, mal dort.

Probleme mit
Wlas. Seine
gekünstelten
Witzeleien
sind nicht be-
sonders wit-
zig, für einen
25 jährigen
ziemlich al-
bern, infantil.
Ebenso steckt
in seiner ›Ge-
brochenheit‹
– im Sinne
von ›rauhe
Schale, wei-
cher Kern‹ –
viel Klischee.
Die Bearbei-
tung ver-
sucht, seinen
frechen Nar-
zißmus, mit
dem er sich
ringsum un-
beliebt
macht, ernst-
zunehmen als
bedrohliche
Exaltation
und Gefähr-
dung seiner
selbst. Er soll
ein Unbere-
chenbarer
sein, ein stetig
lauernder
Skandal.

*Wlas sitzt an der Staffelei. Er bemalt sein Gesicht. Doppelpunkt
schaut zu.*

DOPPELPUNKT Sie gefallen mir, Wlas.

WLAS Wie bitte?

DOPPELPUNKT Ja, Sie gefallen mir, wirklich.

WLAS Das freut mich – für Sie.

DOPPELPUNKT Aber Ihnen wird es noch mal schlecht gehen.

WLAS Und wann?

DOPPELPUNKT Jederzeit.

WLAS Wieso?

DOPPELPUNKT Weil Sie ein gerader Kerl sind. Jedem wird es in
den Fingern jucken: will doch sehen, ob ich den nicht krumm
kriege.

WLAS Krumm oder gerade, um Wlas ist's schade.

DOPPELPUNKT Reden Sie doch nicht. Was haben Sie denn eigentlich gelernt?

WLAS Ich wollte stets was Besseres werden als mein Vater jeweils
war. Verstehen Sie? Aber das war ein Fehler. Denn mein Vater
war ein Mensch mit Phantasie. Er hat mich geliebt wie seine
Pfeife und geprügelt wie einen Hund. *Er schaut in einen kleinen Spiegel.* Ich ging auf die Kochschule, denn mein Vater war
mal ein Küchenjunge. Ich ging auf die Priesterschule, denn
mein Vater war mal ein Meßdiener. Ich ging auf die Ingenieur-
schule, denn mein Vater war mal bei der Eisenbahn. Ich ging
auf die Landwirtschaftsschule, denn mein Vater war mal ein
Futterknecht. Ich ging auf die Handelsschule, denn mein Vater
war mal ein Lumpenhändler. Ich ging auf die Baumschule,
denn mein Vater war mal ein Baum.

36

Marja Lwowna und Wlas begegnen sich.

WLAS Ach, liebe, liebe Marja Lwowna... halten Sie mir doch einen Augenblick meinen Kopf – ich kann ihn nicht mehr tragen.
MARJA LWOWNA Was sollen wir nur mit Ihnen machen, Wlas?
WLAS *sieht in den Spiegel.* Ja, Wlas, was machen wir nur mit dir?
MARJA LWOWNA Verschmiert hat er sein Gesicht wie ein Clown.
WLAS Nein, wie eine Hure! Pfui Teufel!
MARJA LWOWNA Ich möchte wissen, warum er sich dauernd vor sich selber versteckt, dieser sonderbare Mensch. Das möchte ich wirklich wissen... Sagen Sie mir, wie möchten Sie gerne leben?
WLAS Richtig möchte ich leben, richtig!
MARJA LWOWNA Und was tun Sie dafür?
WLAS Nichts. Gar nichts.
MARJA LWOWNA Ich sehe schon, Sie werden noch mit sechzig hier sitzen und solche dummen Grimassen schneiden.
WLAS Jawohl! Die Leute sollen lachen über mich, lachen, bis sie platzen... Marja Lwowna, mir ist speiübel... Es ist alles so absurd... diese Leute hier, ich hasse sie... sie sind weniger als die Mücken über dem Sumpf. Ich kann nicht ernsthaft mit ihnen reden... sie wecken in mir die obszöne Lust, Grimassen zu schneiden, und meine Grimassen sind ehrlicher als ihre! Mein Kopf ist vollgestopft mit Gespenstern... Hören Sie? Ich möchte stöhnen, schreien, drauflosschlagen... Ich glaube, ich werde anfangen zu trinken. Ich kann nicht, ich kann unter ihnen nicht anders leben als sie – das macht mich wahnsinnig... Ich bin sehr froh, daß Sie hier sind –
MARJA LWOWNA Und ich bin sehr froh, daß Sie so zu mir sprechen –

Julija, Warwara und Schalimow kommen aus dem Haus.

JULIJA Glauben Sie, daß der Kampf zwischen den Geschlechtern unvermeidlich ist? Was meinen Sie: ist Freundschaft zwischen Mann und Frau möglich oder nicht?

SCHALIMOW Schon wieder diese strengen Fragen. Schonen Sie mich. Ich bin einfach überfordert. Ich möchte meine Nerven ein wenig beruhigen, ich möchte spazierengehen und mit den Damen flirten.

JULIJA Flirten wollen Sie und dabei Ihre Nerven schonen? Na, das ist originell. Das sollten Sie mal bei mir versuchen.

SCHALIMOW Ich werde nicht versäumen, von Ihrer liebenswürdigen Erlaubnis Gebrauch zu machen.

JULIJA Ich erlaube überhaupt nichts. Ich möchte gerne, daß sie mir meine Frage beantworten.

SCHALIMOW Nun, ich bin kein Philosoph, aber ich glaube, bloße Freundschaft zwischen Mann und Frau ist durchaus möglich, wenn auch nur für einen beschränkten Zeitraum. Die Natur läßt sich nicht betrügen, meine Damen.

JULIJA Sie sind also der Meinung, eine Freundschaft zwischen Mann und Frau kann immer nur die Vorstufe zur Liebe sein.

SCHALIMOW Liebe... Liebe. Wissen Sie, ich habe eine ernste Auffassung von der Liebe –. Warum schauen Sie mich so seltsam an, Warwara Michajlowna?

WARWARA Ihr Schnurrbart steht Ihnen sehr gut.

SCHALIMOW Finden Sie? Danke... Wenn ich eine Frau liebe, so will ich sie hegen und pflegen wie eine kostbare Blume. Ich will sie über alles Irdische emporheben – *zu Warwara* Mein Ton scheint Ihnen nicht zu gefallen?

WARWARA Ich glaube, Sie würden auch ohne Schnurrbart sehr gut aussehen.

SCHALIMOW Ach, lassen Sie doch meinen Schnurrbart in Frieden!

ZAMYSLOW *geht vorbei.* Julija Filippowna, kommen Sie, bitte sehr.

JULIJA Ich komme. Auf Wiedersehen, Herr Blumenzüchter. Bringen Sie Ihre Orangerie in Ordnung.

Schalimow, der Dichter, redet entsetzlichen Schwachsinn. Schreibt er auch so platt? Wahrscheinlich nicht. Er redet ›in Gesellschaft‹, und er haßt sich für jedes Wort, das er lächelnd von sich gibt. Der Wunsch, sich verborgen, unscheinbar zu machen, führt zu diesem fadenscheinigen, unbestimmten Plauderton.

SCHALIMOW Unverzüglich! Eine reizende Person. Sie wundern sich vielleicht über meine Art zu sprechen –

WARWARA Ich bin gar nicht mehr fähig, mich zu wundern.

SCHALIMOW Wissen Sie, es ist nicht jedermanns Sache, sein Innenleben vor anderen Leuten zu entblößen. Sie kennen das Sprichwort: Wer mit den Wölfen lebt, muß mit den Wölfen heulen. Das ist gar nicht so dumm. Man versteht es, wenn man weiß, wie weh die Einsamkeit tut – aber damit sind Sie wohl noch nicht in Berührung gekommen. Es muß Ihnen also schwer fallen, einen Menschen zu verstehen, der –... übrigens, ich möchte Sie nicht länger aufhalten.

Er geht weg.

38

Basow setzt sich neben Warwara.

BASOW Du solltest einmal mit deinem Bruder sprechen, Warja. Ich glaube, er hat etwas mit Marja Lwowna. Stell dir vor, – ich bitte dich, das geht doch nicht. Sie ist fünfzehn Jahre älter als er! Das ist ja peinlich.

WARWARA Sergej, nein... hör zu: das hast du falsch verstanden. Da ist nichts. Rede das bloß nicht überall herum. Ist es möglich, daß du das begreifst? Bitte rede nicht darüber!

BASOW Wie du dich aufregst! Ich muß ja nicht darüber reden, bitte, dann rede ich eben nicht darüber. Aber das ist wirklich ein tolles Ding...

WARWARA Gibt mir dein Ehrenwort, daß du es vergißt.

BASOW Mein Ehrenwort... na gut. Aber kannst du mir erklären –

WARWARA Ich kann nichts erklären. Ich weiß nur, daß es nicht so ist, wie du denkst. Es ist kein Verhältnis.

BASOW Kein Verhältnis? Ach so. Was denn sonst?... Schon gut. Ich bin ja still... Aber weißt du, dieser Jaska, das ist wirklich ein Schwein...

WARWARA Was ist, Sergej? Noch was?

Im 2. Akt läßt Gorki einige fremde, eigenartige Leute den bis dahin bekannten Personenkreis des Stückes durchkreuzen. Es sind Laienschauspieler, die zur Vorbereitung einer Theateraufführung herbeieilen, Bewohner benachbarter Datschen. Es kommt zu sehr reizvollen Interventionen, welche die bewegte Auf- und Abtrittsdramaturgie dieses Aktes pointieren, und man hätte große Lust, sie zu spielen. Und doch – irgendwie passen sie in diese Bearbeitung nicht hinein, weil diese, anders als bei Gorki, eine Gruppe von Anfang an geschlossen vorführt und zusammenhält bis zum Ende.

Die Melodeklamation – ein ausgestorbenes Genre

BASOW Du bist unmöglich. Du mußt mal etwas für deine Nerven tun. Es ist beleidigend für mich, wie du dich aufführst! *Alle Sommergäste laufen zum Theaterpodest. Sie probieren an ihrer Aufführung. Schalimow und Doppelpunkt sehen ihnen zu.*

39

Zamyslow unterbricht die Probe.

ZAMYSLOW Kalerija hat ein neues Gedicht geschrieben. Sie hat mir versprochen, daß sie es vor unserer Theateraufführung vorlesen wird.

JULIJA Wollen wir es uns nicht einmal anhören?

ALLE Ja. *Alle stellen Stühle vor das Theaterpodest. Sie setzen sich.*

RJUMIN Lesen Sie es. Ich liebe Ihre zärtlichen Verse.

WARWARA Hast du wirklich etwas Neues, Kalerija?

KALERIJA Ja. Prosa. Langweilig.

ZAMYSLOW Meine Liebe, spannen Sie uns nicht länger auf die Folter. *Er stellt Kalerija einen Stuhl auf das Podest. Sie setzt sich.* Sitzen sie bequem?

KALERIJA Danke.

WLAS Ruhe, Ruhe, hier findet eine Dichterlesung statt.

KALERIJA Wenn Sie zuhören wollen, müssen Sie schweigen.

WLAS Ich habe doch nur um Ruhe gebeten.

MARJA LWOWNA Wir sind ja schon still, ganz still.

KALERIJA Danke. Ich beginne. Ein Gedicht in Prosa. Die Musik dazu wird noch geschrieben.

SCHALIMOW Eine Melodeklamation.

JULIJA Wie schön. Das mag ich besonders gern.

BASOW Lies, Schwester, nun lies schon.

KALERIJA Ja. Ich lese jetzt… Obwohl es eigentlich gar keinen Sinn hat. Meine Worte werden ohnehin versinken im abgrundtiefen Sumpf der allgemeinen Banalität.

DOPPELPUNKT Scheint ein pessimistisches Gedicht zu sein, wie?

WARWARA Pst!

KALERIJA Das Gedicht heißt: Die einsame Blume.
Ewig umhüllen Eis und Schnee die Gipfel der Berge
Mit unverweslichem Leichengewand.
Höher ist nichts als das kalte Schweigen, das wissende
                                     Schweigen
Der unendlichen Himmel.
Rjumin setzt sich ans Klavier und begleitet sie.
Am Fuße der Berge, hienieden, in den engen Tälern der Erde
Wächst das Lebende, unruhig sich regend,
Es leidet der müde Herrscher der Täler – der Mensch.
In den dunklen Höhlen der Erde: Stöhnen und Lachen,
Schreie der Rasenden, Geflüster der Liebenden,
Vielstimmig tönt der düstere Chor des Erdenlebens.
Doch die schweren Seufzer der Menschen erweichen das
                                     Schweigen
Der Berge nicht und nicht die gleichgültigen Sterne.
Ewig umhüllen Eis und Schnee die Gipfel der Berge
Mit unverweslichem Leichengewand.
Höher ist nichts als das kalte Schweigen, das wissende
                                     Schweigen
Der unendlichen Himmel.
Doch dann, wie um zu künden vom Unheil des Erdenlebens
                                und von den
Qualen der müden Menschen,
Wächst und erblüht am Rande des unvergänglichen Eises
Traurig-stolz die einsame Blume des Berges: das Edelweiß.
Über ihr in der grenzenlosen Wüste des Firmaments
Schwebt schweigend die fahle Sonne,
Glänzt trauernd der stumme Mond,
Brennen lautlos und zitternd die Sterne,
Und der Eisschleier der Stille, aus den Himmeln sinkend,
Umfängt bei Tag und bei Nacht
Die einsame Blume des Berges: das Edelweiß.

SCHALIMOW Bravo.

RJUMIN ›Wie um zu künden vom Unglück der Erde und den
Qualen der müden Menschen...‹

JULIJA Wie schön, wie rein... *zu Zamyslow* Sehen Sie, so tief
kann nur eine Frau empfinden...

der Vortrags-
kunst. Gorki
hat ihr ver-
mutlich eines
seiner frühen
Gedichte zu-
grunde ge-
legt, und so
ist der Ton,
wenn man die
Rohüberset-
zung liest,
keineswegs
auf Veralbe-
rung ge-
stimmt. Den-
noch ist die
Skepsis zu
spüren, mit
der Gorki auf
sich als ge-
scheiterten
Lyriker zu-
rückblickt.
Immerhin,
noch 1911
wurde dieses
Gedicht als
Liedverto-
nung in russi-
schen Kon-
zertsälen vor-
getragen.

ZAMYSLOW Hören Sie – großartig, fantastisch. Ich möchte das im Kostüm sehen – Sie müssen es unbedingt im Kostüm vortragen – Weiß! In einem weißen, weiten Umhang, wie ein Edelweiß, verstehen Sie? Das wird wunderschön, hinreißend!

WLAS Auch mir gefällt es sehr gut. Wirklich. Wie eiskalter Fruchtsaft an einem heißen Sommertag.

KALERIJA Gehen Sie, verschwinden Sie... Sie... Sie Humorist! Satirenschreiber!

WLAS Aber ich meine es doch ernst, ganz ehrlich. Sei doch nicht so böse zu mir.

40

Suslow nimmt Julija beiseite.

SUSLOW Wenigstens wenn wir in Gesellschaft sind, könntest du dich ein bißchen zurückhalten. Die Leute lachen schon über mich.

JULIJA Die Leute lachen schon? Wie abscheulich!

SUSLOW Wir müssen zu einer Entscheidung kommen – ich erlaube dir nicht –

JULIJA Wie peinlich für mich, die Frau eines Mannes zu sein, über den die Leute lachen.

SUSLOW Nimm dich in acht, Julija. Ich bin imstande...

JULIJA Grob zu werden wie ein Droschkenkutscher. Ich weiß das.

SUSLOW Laß deine Frechheiten, du Miststück.

JULIJA Wir wollen diese Szene zu Hause weiterspielen, ja?

SUSLOW Ich erschieße dich noch einmal!...

JULIJA Aber heute doch nicht mehr – wie? *Singt.*

Des Tags letztes Glühen verschwand
in purpurfarbenen Wogen,
schon dunkelt der Himmelsbogen,
und Schatten deckt schon das Land...

II
Abend

41

Abend. Basow und Wlas sitzen am Schreibtisch und arbeiten.
Sascha bringt eine Lampe.

SASCHA Verdirb dir nicht die Augen, Sergej.

BASOW Schon gut, Sascha. Na, geh schon.
Im Dunkeln tritt Warwara auf.
Bist du's, Warja.

WARWARA Ja.

BASOW *zu Wlas* Das muß bis morgen früh abgeschrieben werden. Hast du gehört, Wlas? Es ist diese Erbschaftsgeschichte von Schalimow. Ein Biest, dieser Jaska, ein Biest! Kaum ist seine erste Frau unter der Erde – er war überhaupt nur zwei Monate mit ihr zusammen, dann hat er sie nämlich sitzen lassen... später hat er sich wieder verheiratet und ist wieder davongelaufen und hat sich noch ein drittes Mal verheiratet und so fort – ach, das ist ein Weiberheld! Jetzt ist die erste Frau gestorben, und sofort geht er auf ihre Schwester los und versucht, ihr das Gut abzuprozessieren. Eine beispiellose Gaunerei, das muß ich sagen.

WARWARA Sascha, bring mir bitte die Lampe.

WLAS Mich wundert gar nichts mehr. Seitdem ich für Sie arbeite, besteht für mich die Welt aus Intrigen, Verleumdungen und Betrügerei. Selbst ein schlichter Schreiber muß sich dabei den Charakter verderben.

BASOW Beruf ist Beruf. Du solltest es mit deiner Arbeit etwas genauer nehmen, lieber Wlas. Ich vermisse dich jetzt öfter in der Kanzlei...

WLAS Tatsächlich? Ich hoffe, Sie werden sich ohne mich nicht langweilen, mein Gebieter.
Sascha bringt eine Lampe für Warwara.

Am Abend, im Inneren des Hauses. Warwara liest beim Schein einer Petroleumlampe. Ihr Mann und ihr Bruder arbeiten im Nebenzimmer. Ein Gefühl von stillvertrauter Gemeinschaft...

Gorkis Stück beginnt mit dieser Szene zwischen Basow und seiner Frau. In der Aufführung, wo sie zu einem späteren Zeitpunkt stattfindet, ist zwischen beiden schon mancherlei vorgefallen, und die Szene bekommt dadurch eine etwas andere Ausrichtung. Basow möchte sich eigentlich aussprechen mit seiner Frau, doch es kommt nicht dazu, statt dessen wächst das Befremden voreinander.

BASOW Also ich verlasse mich darauf: bis morgen früh ist die Schalimow-Akte kopiert.

WLAS Stets Verlaß auf Wlas. Ich wünsche einen angenehmen Abend.

42

Basow kommt zu Warwara. Sascha hilft ihm in die Jacke.

BASOW Warwara, bist du noch da?

WARWARA Ja.

BASOW Zieht es bei dir im Zimmer?

WARWARA Ja.

BASOW Dies blöde Haus. Überall Ritzen, der Boden knarrt.

WARWARA Möchtest du Tee?

BASOW Danke. Ich bin mit Suslow verabredet.

WARWARA Sascha, bitte geh zu Marja Lwowna und frag, ob sie nicht mit mir Tee trinken möchte.

Sascha geht ab.

BASOW Dies Sommerleben ist im Grunde genommen reichlich unbequem. Nicht wahr? Die Häuser, in denen wir wohnen, haben keinen Komfort, nachts pfeift der Wind durch die Wände, man kommt kaum zum Arbeiten, immer ist Besuch da, und wenn man in die Stadt fahren muß, dann braucht man dazu fast einen halben Tag. Ungemütlich ist es hier, findest du nicht?... Willst du nicht mit mir sprechen, Warja? Also dann – ich muß jetzt gehen.

WARWARA Du hast es wohl sehr eilig, zu Suslow zu kommen?

BASOW Nein... Wie? Du ziehst ein Gesicht –? Hab ich wieder etwas falsch gemacht, ja?

WARWARA Nein, Sergej, geh nur.

BASOW Ja. Ich habe Suslow eine Partie Schach versprochen... Ich weiß nicht, wie lang hab ich dich nicht mehr in die Arme genommen, Warja? Manchmal möchte ich dich küssen – vor allen Leuten!... Du bist doch meine Frau... Was hast du nur? Was fehlt dir?

WARWARA Laß uns ein andermal sprechen. Wenn du mehr Zeit hast. Es ist ja auch nicht so wichtig – oder?

BASOW Wie kalt du zu mir bist, ich verstehe das nicht... Ich werde jetzt gehen... Sag mal, krank bist du doch nicht, nein? Ich meine, ernstlich?

WARWARA Nein. Ich bin bestimmt nicht krank.

BASOW Ich glaube, du solltest dich mit irgendetwas beschäftigen. Du liest einfach zu viel. Allzuviel ist ungesund.

WARWARA Vergiß das nicht, wenn du mit Suslow Rotwein trinkst.

BASOW So böse, Warja?... Es gibt gewisse Bücher, die sind noch schädlicher als Wein. Sie haben etwas Narkotisierendes. Die modernen Schriftsteller sind zum größten Teil nervlich zerrüttete Menschen. Das fängt ja schon mit meiner Schwester an – Kalerija ist doch im Grunde genommen verrückt; dabei hat sie noch gar nichts veröffentlicht. Dagegen ist ein Mann wie Schalimow eigentlich erstaunlich normal. Trotz seiner großen öffentlichen Erfolge. Er ist ruhig und bescheiden. Fast ein wenig zu ruhig für meinen Geschmack... Oder nicht?... Weißt du, Kalerija sollte Schalimow heiraten... das wäre doch was! Sie wird langsam alt, und ihre Schönheit nimmt auch nicht gerade zu...

WARWARA Wieviel überflüssiges Zeug du wieder schwätzt, Sergej!

BASOW Ja? Na, macht nichts. Wir sind ja unter uns. Ich schwätze eben gern mal ein bißchen. *Er geht ab.*

Basow ist nicht so unempfindlich, wie es scheint. Sein Schwätzen ist ein Annäherungsversuch. Er hat Angst vor seiner Frau, und das Reden bietet ihm Schutz.

43

Warwara steht auf und geht zu Wlas.

WLAS Ich schaffs nicht. Ich schaffe es einfach nicht. Beim besten Willen nicht. Gnädige Frau – ich habe Ihnen eine traurige Mitteilung zu machen: trotz innigster Befleißigung sehe ich mich leider vollkommen außerstande, in der von Ihrem Herrn Gemahl gesetzten Frist der mir von ihm auferlegten unangenehmen Pflicht nachkommen sollen zu können... puh!

WARWARA Ich werde dir nachher helfen. Warum bist du immer so schnell erschöpft?

WLAS So schnell? Ich habe den ganzen Tag gearbeitet, von zehn bis drei habe ich im Gericht gesessen, von drei bis sieben bin ich in der Stadt herumgelaufen...

WARWARA Sieben Jahre Schreiber bei einem Advokaten – das ist doch unter deiner Würde, Wlas.

WLAS Du meinst, ich sollte nach etwas Höherem streben, ja? Vielleicht: Kirchturmspitzenverzierer. Oder noch höher hinaus: Kellner in einen Freiballon!

WARWARA Laß den Unsinn. Warum suchst du dir nicht eine andere Arbeit? Etwas Nützlicheres, Sinnvolleres.

WLAS Aber erlauben Sie, meine Gnädigste! Schließlich nehme ich, wenn auch nur indirekt, so doch um so wachsamer, teil am Schutz und an der Pflege der heiligsten Kuh unserer Staatsordnung: des privaten Eigentums. Und das nennen Sie eine unnütze Tätigkeit. Was für ein perverser Gedanke!

WARWARA Manchmal habe ich ganz plötzlich das Gefühl, ich stecke in einem Gefängnis. Es ist alles ringsum zugemauert, niemand hört mich, niemand versteht mich. Ich werde ersticken... Alle leben wir hier ohne Ernst, ohne Würde... Du auch, Wlas.

WLAS Schwester, du bist ungerecht. Den ganzen Tag schufte ich zum höheren Wohl deines Gatten, dann will ich wenigstens am Abend ein bißchen lustig sein.

WARWARA Ich möchte fortgehen – irgendwohin, wo man anders lebt, anders redet, wo man etwas Nützliches, etwas Vernünftiges tun kann, verstehst du?

WLAS Ja. Ich verstehe dich. Aber du wirst nirgendwohin gehen, Warja.

WARWARA Vielleicht gehe ich weg, vielleicht gehe ich weg...

Kalerija kommt von draußen auf die Terrasse.

KALERIJA Eine wundervolle Nacht. Der Mond ist zart. Der Schatten dicht und warm. Der Tag kann niemals schöner sein als die Nacht.

WLAS Die Nacht – die Nacht – äh.

KALERIJA Ist niemand für mich dagewesen?

WLAS Niemand ist nie da. Niemand existiert überhaupt nicht.

KALERIJA Ich habe Rjumin getroffen. Er sitzt unten am Fluß

Marginal notes (left column):

Manche Aussprüche der Warwara sind abschreckend kalt, dünkelhaft, den borniertenn Moralbegriffen einer höheren Tochter nachempfunden.

Was liegt Warwara an Rjumin? Sie liebt ihn nicht, sie achtet ihn nicht besonders, sie läßt sich seine Gegenwart gefallen. Vielleicht genießt sie es ein bißchen, verehrt und geliebt zu werden und zugleich stets mit der Macht der Zurückweisung zu spielen. Das gehört zu den Gepflogenheiten ihrer gesellschaftlichen Umgebung, und sie nimmt teil daran, beherrscht sie sogar vorbild-

und wirft Steine in die Wellen. Er hat viel von dir gespro- ^{lich. Noch}
chen.

lich. Noch
bieten sie ihr
einen Halt.

WARWARA Was hat er denn gesagt? *Geht zu Kalerija.*

KALERIJA Du weißt ja...

WARWARA Eine traurige Geschichte.

KALERIJA Für ihn?

WARWARA Ein ungeschickter Mensch. Er tut immer das Falsche.

KALERIJA Früher wart ihr enger zusammen, nicht?

WARWARA Ja. Das hat sich geändert... Willst du mir Vorwürfe
machen?

KALERIJA Oh nein, Warja, nein!

WARWARA Zuerst habe ich mich bemüht, seine Traurigkeit zu
vertreiben... ich habe mich wirklich sehr um ihn geküm-
mert... bis ich merkte, wohin das führen mußte... Dann ist er
weggefahren.

KALERIJA Habt ihr euch denn nie augesprochen?

Warwara Nein.

KALERIJA Seine Liebe ist gewiß wie sein Händedruck: weich
und kraftlos. Ohne Leidenschaft. Liebe ohne Leidenschaft ist
eine Beleidigung für eine Frau. *Sie geht zum Klavier und
spielt.* Kommt es dir nicht auch so vor, als wäre er verwachsen?

WARWARA Nein. Das habe ich nicht bemerkt... Ich glaube, du
irrst dich.

44

Sascha kommt zu Warwara.

SASCHA Ich bin bei Marja Lwowna gewesen. Sie wird gleich
kommen. Soll ich den Samowar heizen?

WARWARA Ja, bitte, schnell.

Sascha geht ab.

45

*Pustobajka und Kropilkin gehen durch den Garten. Sie warnen
mit ihren Pfeifen und Klappern.*

PUSTOBAJKA Wir sind zu früh. Die Herrschaften schlafen noch
   nicht.
KROPILKIN Wir sind zu früh, ich sags ja, schläft noch niemand.
   Und was machen wir jetzt?
PUSTOBAJKA Ich gehe hier vorbei, und du gehst da lang.
KROPILKIN Warum? Wir sind doch viel zu früh.
PUSTOBAJKA Es ist nur, damit wir uns mal zeigen. Nur zum
   Schein. Dann gehen wir wieder zu Sascha in die Küche und
   trinken ein Gläschen.

46

Olga kommt schnell herein.

OLGA Guten Abend, Kalerija. Oh, spielen Sie, spielen Sie – es
   geht ja auch mal ohne Händeschütteln. Guten Abend, Wlas.
WLAS N' Abend.
OLGA Draußen ist es unheimlich. Ich glaube, es hat sich jemand
   im Wald versteckt. Das Pfeifen der Wächter klingt so gefährlich. Warum pfeifen sie?
WLAS Tja, sehr verdächtig. Vielleicht pfeifen sie uns aus.
OLGA *setzt sich.* Kirill läuft von mir davon, und von den Kindern. Ich weiß, er ist überarbeitet, er muß ausspannen. Ja. Aber
   ich bin auch müde!
   Kalerija geht ab.
   Nichts gelingt mir. Alles, was ich anfange, geht schief. Das
   macht mich rasend. Mein Gott, Warja, was ist bloß aus mir geworden? Ich war doch früher auch einmal fröhlich und mutig
   und begehrenswert… Alle meine Kräfte habe ich ihm geopfert… Das muß er sich doch klarmachen…

WARWARA Aber, Liebe – glaubst du, das ewige Jammern nützt etwas?

OLGA Ich weiß nicht, vielleicht. Ich werde ihm sagen, ich reise ab, mit den Kindern.

WARWARA Ja, tu das. Ihr müßt euch voneinander erholen, Kirill und du. Mach eine Reise, fahr ans Meer mit den Kindern. Ich besorge dir das Geld.

OLGA Ich habe schon genug Schulden bei dir.

WARWARA Das ist nicht der Rede wert, Olga.

OLGA Ich schäme mich, daß ich ohne deine Hilfe nicht leben kann. Ich verachte mich. Glaubst du, es fällt mir leicht, Geld von dir zu borgen – von deinem Mann? Ohne Stolz bin ich, lebensuntüchtig, immer auf die Hilfe anderer angewiesen... Wenn die Kinder nicht wären, hätte ich schon längst ein Ende gemacht. Merkwürdig, manchmal empfinde ich auch auf dich einen Haß – ja, auf dich. Du gibst dich immer so gelassen, so überlegen... du bist kalt, du fühlst nichts.

WARWARA Du... was sagst du da? Vielleicht solltest du deine Gefühle nicht allzu hemmungslos verströmen... Das könnte dich mit einemmal sehr weit von uns entfernen, meine Liebe.

OLGA Das ist mir egal! Es ist mir egal, ob ich mich von euch entferne. Ich will raus aus dieser Qual. Ich will leben. Ich bin nicht schlechter als du. Ich bin nicht dumm – ich begreife alles. Ja, du hast ein angenehmes Leben. Dein Mann ist wohlhabend, er ist ja auch nicht pingelig in seinen Geschäften, das weiß jeder. Du doch auch... du bist auch so, du hast es irgendwie eingerichtet, daß du keine Kinder bekommst –

WARWARA Ich habe was eingerichtet? Erklär mir, was du meinst!

OLGA Ich meine nichts Besonderes. Ich wollte nur sagen... Mein Mann hat mir gesagt, daß viele Frauen keine Kinder haben wollen.

WARWARA Wenn ich nicht wüßte, wie schwer du es hast! Wenn ich nicht wüßte, daß wir beide einmal von einem besseren Leben geträumt haben... Du hast mir weh getan. Wolltest du das?

OLGA Bitte sprich nicht so. Verzeih mir, Warja, verzeih.

WARWARA Laß mich. Es nützt nichts.

Warwaras entschiedene Abkehr von Olga, ihre gleichzeitige Zuwendung zu Marja Lwowna bedeuten eine einschneidende Veränderung im Ensemble der Beziehungen. Es bewegt sich etwas voran, es bleibt nicht alles so, wie es zu Anfang war.

OLGA Für immer, Warja? Für immer?

WARWARA Sei still. Ich begreife nicht, womit ich das verdient habe.

Marja Lwowna kommt von draußen.

MARJA LWOWNA Guten Abend. Guten Abend, Olga. Was machen die Kinder? Ist Wolka noch krank?

OLGA Soll ich gehen, Warja?

WARWARA Ja.

Olga geht ab.

MARJA LWOWNA Dein Mann sagt, du fühlst dich nicht wohl. Was fehlt dir denn?

WARWARA Ich freue mich, daß du da bist. Ich bin vollkommen gesund.

MARJA LWOWNA Gott sein Dank –

WARWARA Nein, nein, nein – man darf doch das alles nicht einfach so über sich ergehen lassen.

MARJA LWOWNA Wovon sprichst du?

WARWARA Entschuldige, ich bin in Gedanken –

MARJA LWOWNA Hast du dich mit Olga gestritten?

WARWARA Sie hat entsetzlich viel Ärger zu Hause. Es fällt mir immer schwerer mit ihr.

Lwowna und Wlas und Warwara – ein Bündnis in Liebe und Widerstand wird geschlossen.

MARJA LWOWNA Ich würde gerne deinem Bruder Guten Abend sagen.

WARWARA Ja, das wird ihn freuen.

MARJA LWOWNA Glaubst du, ich darf ihn stören? Es sieht ja so aus, als hätte er viel zu tun.

WARWARA Er muß die ganze Nacht für Basow Kopien schreiben. Die Finger schreibt er sich wund, aber sein Kopf bekommt überhaupt nichts zu tun bei dieser sinnlosen Tätigkeit. Magst du ihn eigentlich?

MARJA LWOWNA Ja... ich glaube. Doch, er gefällt mir, ein bißchen. Manchmal ist er furchtbar albern.

WARWARA Oh, das ist schrecklich, ja. Aber das kann man ändern. Das weiß ich. Er ist unsicher. Die Menschen haben immer an ihm herumgezogen, aber niemand hat ihn wirklich geliebt.

Kalerija tritt auf. Sie geht ans Klavier und spielt.

MARJA LWOWNA Ich will ihm Guten Abend sagen, Warja.

Warwara geht zum Klavier. Marja Lwowna geht zu Wlas,

beugt sich über ihn. Er küßt sie. Draußen geht Schalimow durch den Garten. Warwara setzt sich zu Marja Lwowna und Wlas. Schalimow tritt auf die Terrasse.

III
Später Nachmittag

Eine Wiese im
Wald. Ein Tag
im Grünen
geht zu En-
de... Die Un-
terhaltung
zwischen Ba-
sow und Scha-
limow gehört
in einen aus-
führlichen
Dialog, den
die beiden bei
Gorki zu Be-
ginn des zwei-
ten Akts füh-
ren. Davon
wurde das
Gespräch
über den
›neuen Leser‹
abgetrennt
und in den
dritten Akt
eingefügt, wo
die Schali-
mow-Figur
im Original
ein wenig ver-
nachlässigt
wird.

*Julija, Warwara und Kalerija mit Picknickkörben auf Teppichen.
Weinflaschen, Gläser. Sie singen.*

KALERIJA Jedesmal, wenn ich fortgehe von zu Hause, treibt
mich eine ungewisse Hoffnung. Aber dann, wenn ich ange-
kommen bin, habe ich alle Hoffnung verloren... Sie wissen sicher nicht, wovon ich spreche –

JULIJA Glauben Sie, mir ist zum Lachen zumute? Ich habe erst
ein Gläschen getrunken, und schon werde ich depressiv... Ich
möchte irgendetwas Verrücktes anstellen...

KALERIJA Alles ist verworren... unklar... beängstigend.

WARWARA Was ist beängstigend?

KALERIJA Alles... Unzuverlässig sind die Leute...

WARWARA Unzuverlässig... Ja, genau... ich verstehe dich.

KALERIJA Nein, nichts verstehst du. Und ich versteh dich nicht.
Keiner versteht den anderen. Wir reden alle aneinander vorbei.

JULIJA Ja, es ist besser, wir singen etwas zusammen.

KALERIJA In mir wächst eine graue Wut – eine graue Wolke von
Wut umhüllt mein Herz. Ich liebe niemanden, ich will niemanden lieben...

WARWARA Hör auf, das ist mir zu traurig.

JULIJA An Ihrer Stelle würde ich Rjumin heiraten. Er spinnt ein
bißchen, aber immerhin...

KALERIJA Er ist wie Gummi.

Schalimow und Basow spielen Krocket.

BASOW Es ist schon seit längerem nichts mehr von dir erschienen, Jakow. Schreibst du an etwas Größerem?

SCHALIMOW Nichts schreibe ich, offen gesagt. Was sollst du denn auch schreiben, wenn du nichts mehr verstehst? Die Menschen sind so kompliziert, so undurchsichtig. Sie sind kaum zu beschreiben.

BASOW Dann schreib das doch! Schreib: ich verstehe nichts mehr. Worauf es bei einem Schriftsteller ankommt, ist, daß er ehrlich ist. Das ist die Hauptsache.

SCHALIMOW Wenn ich ehrlich wäre, könnte ich wahrscheinlich nur eins tun: Die Feder wegwerfen, aufs Land ziehen und Kohl anbauen. Aber – will ich essen, muß ich schreiben. Nur – für wen? Ich weiß es nicht... Man muß sich den Leser deutlich vorstellen: Wie sieht er aus? Was ist das für ein Mensch? Vor fünf Jahren war ich überzeugt, ich kenne meinen Leser und weiß, was er von mir erwartet... Und plötzlich, unmerklich, habe ich ihn verloren... verloren. Jawohl.

BASOW Was soll das heißen: den Leser verloren? Ich – wir – die Intelligenz des Landes – wir lesen dich doch. Verstehe ich nicht. Wie soll man uns denn verlieren?

SCHALIMOW Natürlich – die Intelligenz... die meine ich nicht. Aber da gibt es jetzt diesen neuen Leser. Der ›neue Leser‹, heißt es überall... Wer ist das?

BASOW Weiß ich nicht.

SCHALIMOW Ich weiß es auch nicht. Aber ich spüre es... Wenn ich durch die Straßen gehe, sehe ich Menschen mit ganz besonderen Gesichtern – und Augen. Ich blicke sie an und weiß: die werden mich nicht lesen. Das interessiert sie nicht. Sie brauchen mich nicht – so wenig wie die lateinische Sprache – ich bin zu alt für sie – und ich begreife sie nicht. Wen mögen sie? Was brauchen sie?

BASOW Ja – das ist interessant. Nur, ich glaube, du solltest dich erstmal eine Zeitlang ausruhen und entspannen. Dann wirst du deinen Leser schon finden. Die Hauptsache im Leben ist Ruhe und Fassung bewahren – finde ich!

Sie gehen zum großen Picknickplatz.

Warwara, Julija und Kalerija liegen auf dem Picknickteppich und singen.

WARWARA Als kleines Mädchen, wenn ich aus der Schule kam, ging ich in die Waschanstalt meiner Mutter und sah den Wäscherinnen zu. Sie standen halbnackt in dem grauen, erstickenden Dampf und sangen ganz leise und erschöpft... Diese Frauen haben mich geliebt... Ich weiß gar nicht, warum mir das plötzlich in den Sinn kommt –

KALERIJA Mein Gott, wie sentimental, wie langweilig. ›Die einfachen Leute‹...

JULIJA Meine Damen, unser Leben ist eine Blamage!

WARWARA Ja, eine Blamage, wahrhaftig. Meine Mutter hat ihr ganzes Leben lang gearbeitet. Was für eine gütige Frau sie gewesen ist. Ihr Leben hatte mehr Sinn als meins. Ich begreife nichts von meinem Leben, nichts. Ich glaube, ich bin unter die falschen Leute geraten. ›Kulturmenschen‹ nennen wir uns, aber je länger ich lebe, um so fremder, unsinniger kommen mir unsere Tätigkeiten vor. Wir machen überhaupt nichts mit Geduld. Wir bauen nichts auf, alles spielen wir rasch herunter, flüchtig, lieblos, eitel, wie Possenreißer auf dem Jahrmarktstheater.

KALERIJA Warum gehst du nicht fort von deinem Mann? Er ist so vulgär. Ein Banause. Was hast du schon an ihm? Du solltest ihn verlassen. Geh weg, irgendwohin, sieh zu, daß du etwas lernst. Verlieb dich. Aber geh, geh weg!

WARWARA Wie brutal du bist!

KALERIJA Du kannst doch überall leben. Ekelst dich nicht vor Schmutz, liebst die Waschfrauen.

JULIJA Sie sprechen ja sehr schmeichelhaft über Ihren Bruder.

KALERIJA Wollen Sie über Ihren Mann auch etwas Nettes hören?

JULIJA Nur zu. Wahrscheinlich werde ich nicht beleidigt sein. Ich sage ihm selbst oft so manches liebe Wort. Und er läßt sich auch nicht lumpen. Vorhin hat er mich eine ›dreckige Hurensau‹ genannt.

WARWARA Und Sie? Was haben Sie gemacht?

JULIJA Ich habe keine Einwände erhoben. Ich weiß gar nicht, was das ist: eine Hurensau. Aber ich habe ein heimtückisches Verlangen, es zu erfahren. Sehen Sie, und das habe ich meinem Mann zu verdanken – er hat in mir das Interesse für Männer geweckt. So eine spitze Wißbegierde...

KALERIJA Uaaah! Der Abschaum der Gefühle. Bei Tieren gibt es so etwas nicht.

JULIJA Er hat mich verletzt, und ihn muß ich wieder verletzen. Davon kommt man nicht los. Schon in der sechsten Klasse des Gymnasiums haben die Lehrer mich derart gierig angeschaut, daß ich schamrot wurde. Da haben sie genüßlich gegrinst, wie Feinschmecker vor einem Delikateßgeschäft.

Rjumin kommt hastig zu Warwara.

RJUMIN Darf ich Sie einen Augenblick sprechen, Warwara Michajlowna? Ich werde Sie nicht lange aufhalten.

WARWARA Was haben Sie denn auf dem Herzen, lieber Pawel Sergejewitsch?

RJUMIN Gleich... ich werde es Ihnen gleich sagen.

WARWARA Warum tun Sie so geheimnisvoll?

RJUMIN Ich muß mit Ihnen sprechen.

Warwara und Rjumin entfernen sich.

JULIJA Hat sie immer noch etwas mit ihm? Ich dachte, das wäre längst vorbei.

KALERIJA Rjumin, diese Mißgeburt, diese Schnecke, sehen Sie – überall ist Schleim im Gras, wo er gegangen ist.

JULIJA Warja ist eine Fremde unter uns. Wie durchbohrend sie uns alle anschaut. Was will sie erforschen? Ich mag sie sehr gern, aber ich habe Angst vor ihr. Sie ist eine Reine, Strenge...

50

Rjumin und Warwara im Wald.

RJUMIN Ich... einen Augenblick, bitte!... Ich – wir kennen uns jetzt schon sehr lange.

WARWARA Vier Jahre, nicht? Ja, so lange ist es her...

Den dritten Akt durchzieht ein Reigen von Liebesbegegnungen. Klima und Stimmung des naturfreudigen Ausflugs scheinen zu

RJUMIN Vier Jahre, in denen – vier Jahre, ja.

WARWARA Und?

RJUMIN Sehen Sie, ich bin furchtbar aufgeregt... Ich kann mich nicht entschließen, es einfach zu sagen... Ich wünschte, Sie würden mir helfen... Verstehen Sie mich?

WARWARA Ich soll Ihnen helfen, wobei?

RJUMIN Damit ich endlich frei reden kann... es ist etwas, das ich Ihnen schon immer sagen wollte – Und jetzt? Haben Sie mich verstanden?

WARWARA Nein... was für ein schöner, warmer Tag!

RJUMIN Ja. Mir scheint, mein ganzes Leben habe ich Sie geliebt. Lange bevor ich Ihnen zum ersten Mal begegnete – ich habe Sie immer schon geliebt. Sie sind die wunderbare Traumgestalt, wie man sie sein ganzes Leben lang sucht und niemals findet. Aber ich, ich habe sie gefunden: ich bin Ihnen begegnet.

WARWARA Pawel Sergejewitsch, lassen Sie uns nicht so miteinander sprechen. Es wird alles noch schwieriger dadurch... Ich liebe Sie nicht. Nein. Ich liebe Sie nicht.

RJUMIN Doch!... Sie müssen mir erlauben, Ihnen zu sagen –

WARWARA Ich bitte Sie, nicht!

RJUMIN Ja... nicht... Und jetzt? Was mache ich jetzt? Alles schon vorbei. Aus. Wie schnell das ging! Und ich habe so lange darauf hingelebt, mit mir gerungen, Ihnen das zu sagen... ja, und nun habe ich es bereits gesagt.

WARWARA Sie hätten es doch ein wenig ahnen können...

RJUMIN Ja, natürlich, aber die Hoffnung! Verstehen Sie? Diese gewaltige Hoffnung. Glauben Sie mir, ich habe die Zukunft meines Lebens abhängig gemacht von diesem Augenblick, ich habe alle meine Hoffnungen in Sie gesetzt, in Ihre Beziehung zu mir. Und jetzt – habe ich keine Zukunft mehr.

WARWARA Man darf nicht so zu mir sprechen. Man darf mir nicht weh tun. Ich bin doch nicht schuld daran...

RJUMIN Und wie weh tun Sie mir!... Es lastet ein großes Versprechen auf meiner Seele, das ich nicht erfüllt habe. In meiner Jugend habe ich mir geschworen, mein Leben lang zu kämpfen für alles, was mir gut und ehrenhaft erschien. Und jetzt habe ich die besten Jahre meines Lebens hinter mir, und getan habe ich nichts, nichts. Zuerst habe ich es mir vorgenommen, ich habe gewartet und alles sorgfältig abgewogen. Ohne es recht

gewissen Überschreitungen der gewohnten Umgangsformen zu ermuntern. Rjumins Liebesgeständnis ist z. B. eine solche erstmalige Tat, der eine größere Verzweiflung folgt als ihr vorausging.

zu merken, habe ich mich daran gewöhnt, in Ruhe dahinzule-
ben. Dann fing ich an, diese Ruhe zu schätzen, ja, um sie zu
fürchten... Spüren Sie, wie furchtbar aufrichtig ich bin?
WARWARA Aber ich – was kann ich denn tun für Sie?
RJUMIN Sie müssen mir helfen.
WARWARA Ich kann Ihnen nicht helfen.

51

Olga und Dudakow liegen hinter einem Gebüsch.

DUDAKOW Natürlich machen wir alles falsch. Und dann, immer
wieder, diese Versöhnungen. Wir haben uns abgerackert, uns
aufgerieben und so alle Achtung voreinander verloren. Ja, wie
solltest du mich auch achten, mich?
OLGA Kirill, mein Liebster – mein lieber, dummer Kirill, willst
du wohl still sein. Ich liebe dich doch – ich achte dich doch!
DUDAKOW Ich bin erschöpft – ich lasse mich gehen, verliere bei
jeder Kleinigkeit die Nerven...
OLGA Jetzt komm aber – komm, komm – ja... ja. Ich liebe dich –
DUDAKOW Und deine Hysterie macht alles nur noch schlimmer.
OLGA Ich habe doch niemanden als dich. Dich und die Kinder.
DUDAKOW Die Kinder – ja. Haben wir uns das so vorgestellt,
Olga? Haben wir davon geträumt? Ist es das?
OLGA Aber was sollen wir denn machen?
DUDAKOW Ja, was soll ich tun? Was?

Dudakow
umarmt seine
Frau, ohne
seine Klagen
und Vorwürfe
einzustellen.
Man weiß
nicht recht:
stöhnt er nun
vor Lust oder
unter der Last
seiner Sor-
gen?

52

Julija und Zamyslow begegnen sich im Wald.

ZAMYSLOW Wir sollten ein bißchen vorsichtiger sein, meinst du
nicht?
JULIJA Hast du Angst?

ZAMYSLOW Angst – ich? Ich habe ein Leben voller Entbehrungen und Erniedrigungen hinter mir. Jetzt geht es mir einigermaßen anständig, ich bin mein eigener Herr. Wenn ich ernstlich Scherereien mit deinem Mann bekomme, riskiere ich meine Stelle...

Zamyslow und Julija: ein interesseloser Verkehr und doch kein unbefangenes Vergnügen. Für ihn bloß ein Nebenmotiv der allgemeinen Lebenslust, für sie vor allem eine Gelegenheit, ihren Mann zu provozieren und zu quälen.

JULIJA Du bist heute übertrieben galant, mein Lieber. *Sie entdecken Olga und Dudakow.* Wie feierlich, wie ergreifend...! Ein Liebespaar, nach so vielen Ehejahren. Daran sollte ich mir ein Beispiel nehmen.

ZAMYSLOW Die machen gerade ihr fünftes Kind – oder ist es schon das sechste? Ich fürchte, so weit wirst du es nicht bringen, mein Schatz.

JULIJA Wer weiß? Im Grunde meines Herzens bin ich eine moralische Person. Wenn ich sehe, wie lieb die beiden zueinander sind, frage ich mich, ob ich nicht auf den Pfad der Tugend zurückkehren soll...

ZAMYSLOW Jetzt schon? Mir scheint, du überschätzt das Ausmaß deiner Verfehlungen. Es ist doch recht bescheiden – bis jetzt.

JULIJA Oh, da spricht die Stimme der Verführung – also gut. Soll unsere Sommerromanze also eines natürlichen Todes sterben, soll sie dahinschmelzen in der Gluthitze unserer Leidenschaft...

53

Die Liebesbegegnung zwischen Marja Lwowna und Wlas ist bei Gorki eine ›angeschnittene‹ Szene. Die beiden kommen von einem Spaziergang, auf dem Wlas offenbar sein Geständnis gewagt hat. Die ganze Verbindung wird eigentlich recht

Marja Lwowna liegt in einer Hängematte. Wlas kommt zu ihr.

WLAS Sie sind traurig?

MARJA LWOWNA Nein, nicht besonders. Müde, ein bißchen.

WLAS Müde? Müde? Wenn man verliebt ist, gähnt man nicht!

MARJA LWOWNA Ich gähne doch nicht.

WLAS Aber verliebt sind Sie auch nicht, nein. Verliebt... verliebt...

MARJA LWOWNA Wlas, ich glaube, dieses Wort muß man ganz anders aussprechen... *Wlas küßt sie.* Nicht... Bitte!... Nicht... Ich kann nicht, steh auf!

WLAS Was ist? Warum sind Sie auf einmal so kalt?

MARJA LWOWNA Ich bin nicht kalt. Ich bin schutzlos, schwach...
Sie sind leichtsinnig, Wlas. Sie sind ein dummer Junge.

WLAS Wie?... Nein!... Ich begreife Sie nicht... Ich will fort, ich
will mit Ihnen gehen, fort von diesen rotweinschlürfenden
Fröschen, fort von meinen ekelhaften Witzen und Fratzen –
aber ich bin doch schon so ernst gewesen zu Ihnen... haben Sie
das alles gar nicht verstanden?

MARJA LWOWNA Sie müssen weggehen! Lernen Sie ein anderes
Leben kennen. Sie können so viel Wichtiges tun in unserem
Land, und ich will Ihnen helfen dabei. Sie dürfen sich nicht abhängig machen von einem anderen Menschen, von niemandem, auch nicht von mir. Sie müssen Ihren eigenen Willen haben, Ihre eigenen Entscheidungen treffen.

WLAS Pssst! Ruhig!... Ich liebe Sie. Reden Sie nicht zu mir wie
auf einer Abiturfeier... Sie reden ja bloß, um nicht zu weinen...! Schämen Sie sich... Ich glaube, eine ganz, ganz große
Liebe ist die einzige Kraft, die einen Menschen wirklich verändern kann.

MARJA LWOWNA Ja, vielleicht – Wlas. Vielleicht. Ich habe so
etwa noch nicht erlebt. Ich habe noch nie jemanden erlebt –
wie dich... *Wlas umarmt sie.* Nein... du mußt mich jetzt lassen. Es ist nötig, daß du gehst. Geh, bitte!

WLAS Verrückt werde ich – wahnsinnig! Ich falle über sie her, ich
reiße dieses Gesindel wie ein wundgeschossener Wolf.

MARJA LWOWNA Sei still, bitte, beruhige dich...

Wlas stürzt davon.

54

Warwara setzt sich neben Marja Lwowna in die Hängematte.

MARJA LWOWNA Warja, liebe, komm her zu mir...

WARWARA Was hast du? Hat er dich gekränkt?

MARJA LWOWNA Nein... das heißt, ja... gekränkt? Nein. Ach,
ich weiß es nicht.

unvorber· i-
tet, nur in er-
streuten An-
deutungen
etabliert, und
was dann tat-
sächlich auf
der Bühne
passiert, ist
bereits die
Zurückwei-
sung, die eine
ältere Frau ei-
nem Jüngling
erteilt. Die
Dramaturgie
der Bearbei-
tung verlangt
hingegen, daß
alle Entwick-
lungen und
Veränderun-
gen in den Be-
ziehungen
der handeln-
den Personen
offen darge-
legt werden.
Außerhalb
des überblick-
baren Büh-
nengebiets
gibt es keine
oder kaum
Handlung.
Dementspre-
chend mußte
diese Szene
um jene Mo-
mente erwei-
tert werden,
in denen Mar-
ja Lwowna
zwischen
zärtlicher
Hinwendung
und ängstli-
chem Wider-
streben um ei-
ne Entschei-
dung ringt.

WARWARA Erzähl mir: was ist geschehen?

MARJA LWOWNA Er hat mir gesagt – Er hat mir gesagt, daß er mich liebt. Mich! Ich bin doch kein junges Mädchen... die Haare werden schon grau – Das sieht er wohl gar nicht?... Meine Tochter wird im Oktober fünfzehn, mein Gott!

WARWARA Ich liebe die kleinen Falten unter deinen Augen. Du bist eine kluge, schöne Frau. Und ich bewundere dich.

MARJA LWOWNA Ich bin genauso wie alle anderen – ich bin auch nur ein kläglicher Mensch. Ich habe Angst, ich habe schreckliche Angst...

WARWARA Wovor?

MARJA LWOWNA Ich liebe ihn... Lach mich nicht aus... Warja, ich liebe ihn. Ich habe noch nie jemanden geliebt. Meine Ehe war eine Qual von Anfang bis Ende... Und jetzt – ich schäme mich – ich habe solches Verlangen nach Zärtlichkeit, und auch nach Leidenschaft, ja... wie lächerlich, in meinem Alter! Hilf mir! Sag ihm, es hat sich geirrt... Ich will keine Erniedrigungen. Ich bin lange genug unglücklich gewesen.

WARWARA Meine Liebe, ich verstehe dich nicht – wenn du ihn doch liebst... du brauchst dich doch nicht zu fürchten.

MARJA LWOWNA Aber er ist doch so schrecklich jung. Nach einem Jahr hat er mich satt und schickt mich fort.

WARWARA Nein. Wlas braucht dich. Nur du kannst ihm helfen. Du wirst einen nützlichen, ernsten Menschen aus ihm machen. Ihr werdet zusammen arbeiten.

MARJA LWOWNA Ach, Warja, was du mir einreden willst! Es dreht sich sowieso schon alles in meinem Kopf.

WARWARA Wir leben alle viel zu vorsichtig. Wie feige wir sind... Immer haben wir Bedenken, fürchten uns vor einer ungewissen Zukunft... Ich weiß nicht genau, was ich meine... Vielleicht habe ich kein Recht, so zu dir zu sprechen. Ich bin doch nur eine dicke, dumme Fliege, die hinaus in die Freiheit möchte und immer wieder gegen die Fensterscheibe stößt... Ich wünsche mir so sehr, ganz nah bei dir zu sein, wenn du glücklich bist.

Warwara entfernt sich von Marja Lwowna.

55

Auf der Wiese. Rjumin tritt Warwara in den Weg.

RJUMIN Sie müssen mir helfen. Helfen Sie mir, mein Lebensversprechen zu erfüllen. Sie müssen mir die Kraft und den Willen geben zu arbeiten, etwas Wichtiges zu tun!

WARWARA Das kann ich nicht. Ich kann es nicht. Sehen Sie nicht – ich weiß doch selbst nicht, wie man leben soll. So wie ich dahintreibe, ziellos, Jahr um Jahr, dieses hastige Nichtstun, das soll mein Leben sein? Erbärmlich, widerwärtig. Alle haben wir eine furchtbare Angst, einer klammert sich an den anderen, wir stöhnen und schreien um Hilfe –

RJUMIN Ja, ich schreie um Hilfe. Ich bin ein schwacher, verwundeter Mensch. Aber Sie können mir helfen. Sie brauchen ja nur zu wollen.

WARWARA Nein. Das ist nicht wahr. Selbst wenn ich ein starker, kräftiger Mensch wäre. Ich glaube, daß ein Mensch sich nur durch seine eigenen Kräfte ändern kann. Entweder er hat diese Kraft, oder er hat sie nicht. Ich will nicht mehr reden – mein Ekel wird immer größer.

RJUMIN Sie ekeln sich vor mir?

WARWARA Nein... nein. Ich meine nicht Sie, ich meine uns alle. Wir sind unnütze, überflüssige Menschen. Aber ich fühle ganz sicher, bald, vielleicht schon morgen, werden andere Menschen kommen, mutige, kräftige Menschen, die uns wegfegen werden von dieser Erde wie Müll... Pawel Sergejewitsch, ich kann doch überhaupt nichts tun für Sie...

RJUMIN Sie können mich nicht lieben, Sie wollen mir nicht helfen, aber um eines flehe ich Sie an: teilen Sie mit mir die Qualen und die Wollust des Leidens!

WARWARA Nein! Still!... Entblößen Sie nicht Ihre kranke Seele vor mir!

RJUMIN Seien Sie nicht so grausam. Ich bin schließlich noch ein Mensch.

WARWARA Und ich? Bin ich etwa kein Mensch? Für Sie bin ich wohl nur irgendetwas, das man gut gebrauchen kann, um zufrieden zu leben. Ist das nicht grausam? Glauben Sie mir, nicht

Warwara lernt Schritt für Schritt, unerbittlich zu werden, unduldsam. Nach Olga ist Rjumin nun ihr zweites Opfer in ihrem Kampf gegen selbstsüchtige Schwächlinge, die sich an sie klammern und sie niederdrücken.

279

Sie allein haben in Ihrer Jugend Schwüre abgelegt... Tausende
haben das getan wie Sie und sind ihren Schwüren untreu geworden –

RJUMIN Verzeihen Sie. Ich begreife jetzt. Ich bin einfach zu
spät gekommen. Natürlich. Nur, wissen Sie –: Schalimow, oh
Gott, Schalimow! Ist das etwa kein überflüssiger Mensch,
wie?

WARWARA Bitte, lassen Sie uns nicht weitersprechen, Pawel Sergejewitsch. Jetzt nicht. Ein andermal, wenn Sie etwas ruhiger
sind. *Warwara läßt Rjumin stehen.*

56

*Suslow tritt auf Rjumin zu. Er hat eine Weinflasche und ein
Glas.*

SUSLOW Alles Lüge. Alles Geschwätz. Zum Wohlsein, Herr Philosoph. Kenn ich alles. Ich habe früher selbst einmal philoso-
phiert. Intelligentia, Konservatismus, Demokratie... Alles Lügen... Der Mensch ist vor allem ein zoologisches Wesen. Da
können Sie noch so viele Grimassen schneiden und Brimbo-
rium veranstalten... sie wollen essen und trinken, mit einer
Frau... Jawohl! Das ist die ganze Wahrheit, schlicht, aber
herzlich. Wenn ich das schon höre, Schalimow, ein Dichter,
naja, der muß viele Worte machen, dafür wird er bezahlt. Und
Wlas, verstehe ich auch, jung, dumm, grün. Aber dieser Zamyslow, dieser Hai, dieser miese Gauner, dem möchte ich die
Zähne aus dem Maul schlagen. Hat den Basow in schmutzige
Geschäfte gezogen, 20000 Rubel schaffen sie auf die Seite.
Seine Frau ahnt natürlich nichts, die stolze, die aufrichtige Warwara, die sich nicht entschließen kann, wen sie zum Liebhaber
nehmen soll...

RJUMIN Sie sind ein Schwein, Suslow. *Er läuft weg.*

SUSLOW Mach, daß du wegkommst, du Schlappschwanz...
Kropilkin und Pustobajka kommen vorbei. Was glotzt du?
Hast du noch nie einen Menschen gesehen? Haut ab!

PUSTOBAJKA Ich geh ja schon.

SUSLOW Geld regiert die Welt. Blödsinn, Geld ist nichts, wenn man es hat. – Alle Menschen dieser Welt – alles Schufte – aber die Angst, was die anderen denken …

57

Suslow ist eingeschlafen. Julija kommt und weckt ihn auf.

SUSLOW Julija!

JULIJA Was gibts?

SUSLOW Setz dich zu mir.

JULIJA Ach ja, es ist Zeit für die gewissen Gefühle, nach der zweiten Flasche, wie? Du wirst dich noch ruinieren mit dem teuren Wein.

SUSLOW Komm näher zu mir.

JULIJA Möchtest du mich jetzt umarmen, ja? Möchtest du das?

SUSLOW Julija – es ist schon so lange her …

JULIJA Hör zu, mein Freund – willst du mir nicht etwas Liebes tun?

SUSLOW Was willst du?

JULIJA Versprichst du es mir?

SUSLOW Ich tue alles für dich, Liebe.

JULIJA So lob ich mir den liebenden Ehemann.

SUSLOW Sag, was willst du?

JULIJA *holt einen Revolver aus ihrer Handtasche.* Erschießen wir uns, mein Lieber – erst du, dann ich.

SUSLOW Mach keine schlechten Witze. Wirf das Ding weg!

JULIJA Faß mich nicht an! Na, was ist? Ich würde mich gern zuerst erschießen, aber ich habe Angst, du betrügst mich und bleibst am Leben. Nein, ich möchte auf ewig vereint sein mit dir.

SUSLOW Nicht, Julija, so darfst du nicht mit mir reden.

JULIJA Soll ich dir zum Abschied noch etwas Liebes sagen?

SUSLOW Hör auf!

JULIJA Willst du, daß ich jetzt abdrücke?

Die Begegnungen zwischen Julija und ihrem Mann sind die am stärksten dramatisch skizzierten Szenen des Stücks. In ihrer sprachlichen Fügung wirken sie, im Vergleich zu der rhetorischen Breite vieler anderer Passagen, so gedrängt und zielbewußt wie ein sehr guter Filmdialog.

SUSLOW Du bist der Teufel. Ich halte das nicht aus – ich gehe…
JULIJA Geh nur, dann schieße ich dir in den Rücken.
SUSLOW Du machst mich wahnsinnig. Warum haßt du mich so?
JULIJA Dich kann man nicht hassen.

58

Am großen Picknick-Platz.

ZAMYSLOW Meine Herrschaften, wir müssen aufbrechen. Es ist
  Zeit.
BASOW Na, Jaska, war das nicht ein wunderschöner Ausflug?
  Eine ganz besonders schöne Stelle. Wir fahren jedes Jahr hier-
  her. Ich liebe mein armes, unermeßliches, verrücktes Land. Ich
  liebe seine Menschen. Ich bin Pantheist, Jaska. Ich liebe alles
  und jeden. Meine Seele ist tief und grenzenlos wie das Meer…
  Schreib das auf: die Seele, tief und grenzenlos wie das Meer…
  Wein, bitte gebt mir Wein.

SCHALIMOW Du redest einen Schwachsinn! Paß auf, daß du nicht
  ersäufst in deinem Seelenmeer.
BASOW Richte nicht, auf daß du nicht gerichtet werdest! Ich rede
  nicht schlechter als du, und du bist immerhin ein Schriftsteller.
  Sieh mal, Marja Lwowna, was für eine großartige Frau… ich
  verehre sie.
SCHALIMOW Du bist ein trauriger Kleingeist geworden, Sergej.
  Hast du überhaupt eine Ahnung, was das heißt: eine Frau verehren?
BASOW Schon gut, du hast ja recht. Frauen, die man nicht unbedingt verehren muß, sind mir auch lieber. Sie sind mehr Frau,
  nicht so – so hochgestochen.
DOPPELPUNKT Was schwätzt der da? Und dabei ist er verheiratet
  mit einer, na, man muß schon sagen: mit einer Königin.
BASOW Meine Frau? Warja? Oh! Das ist eine Puristin. Eine Puri-
  tanerin. Eine ganz erstaunliche Frau, eine Heilige. Aber sie liest
  zu viel, mein Gott, wie langweilig. Na, sie braucht eben immer
  irgendwelche Vorbilder, nicht? Trinken wir auf ihre Gesundheit.

Basow, aufge-
weicht vom
übermäßigen
Portweintrin-
ken, tief ge-
rührt über die
eigene Gut-
mütigkeit, so
daß er alles er-
trägt und ver-
steht, den
Spott seines
Dichterfreun-
des ebenso
wie die Hy-
sterie seiner
Schwester –
die Stimmung
einer ›russi-
schen Szene‹.

KALERIJA Ich bin gekommen, Sergej, auch wenn du dich ärgerst, ich muß dich bitten, das Trinken sofort einzustellen! Du weißt, ich kann es nicht ertragen, wenn du betrunken bist.

BASOW Aber Schwester, du beschämst mich hier vor meinen Freunden. Ich habe überhaupt erst ein Gläschen getrunken…

ZAMYSLOW Aus dieser Flasche!

BASOW *zu Schalimow* Siehst du, das ist meine Schwester. Ein lieber Kerl, nicht? Du mußt sie mal näher kennenlernen.

KALERIJA Aber du bist ja schon betrunken…!

BASOW Nein, bin ich nicht, still!… Du mußt dir alle ihre Gedichte ansehen, eins schöner als das andere.

SCHALIMOW Ihre ›Weiße Blume‹ hat mich stark beeindruckt. Ich würde gerne mehr von Ihnen hören.

KALERIJA Passen Sie auf, ich nehme Sie beim Wort. Ich habe noch vier dicke Hefte voll…

SCHALIMOW Sie können mich gar nicht schrecken, ganz im Gegenteil…

KALERIJA Wir werden ja sehen.

DOPPELPUNKT *zu Julija* Irgend jemand hat sich auf meinen Hut gesetzt. Sehen Sie, er ist ganz zerknautscht. Herrgott, ich kann es nicht ausstehen, wenn man nicht achtgibt auf anderer Leute Sachen.

JULIJA Aber Onkelchen, regen Sie sich doch nicht auf. Sie können sich bestimmt einen neuen Hut leisten.

DOPPELPUNKT Ich will keinen neuen Hut, ich hänge an diesem alten Ding.

JULIJA Kommen Sie, ich werde ihn wieder zurechtdrücken.

DOPPELPUNKT Vorsicht, vorsichtig… Du liebst deinen Mann nicht, stimmts?

JULIJA Glauben Sie, daß man ihn lieben kann?

DOPPELPUNKT Warum hast du ihn dann geheiratet?

JULIJA Er hat verstanden, sich interessant zu machen.

DOPPELPUNKT Und darauf bist du hereingefallen, was?

JULIJA Bei manchen Wilden soll es den Brauch geben, daß ein Mann, bevor er sich eine Frau nimmt, ihr mit dem Knüppel über den Kopf schlägt. Bei uns Kulturmenschen geschieht das nach der Hochzeit… Hat man Sie auch auf den Kopf geschlagen, Marja Lwowna?

MARJA LWOWNA Ja.

JULIJA Die Wilden sind ehrlicher, nicht wahr? *Sie geht weg.*

MARJA LWOWNA Bleiben Sie noch lange hier?

DOPPELPUNKT Ja – das wollte ich eigentlich –

MARJA LWOWNA Aber?

DOPPELPUNKT Ich wollte mich bei meinem Neffen niederlassen. Aber ich spüre auf seiner Seite keine Begeisterung für meinen Plan. Er mag mich nicht. Er ist überhaupt so lustlos. Ich verstehe ihn nicht. Wenn ich daran denke, daß er mein ganzes Vermögen bekommt, da kann ich mich schwarz ärgern.

MARJA LWOWNA Sie Armer! Wenn es Sie ärgert, dann machen Sie doch etwas Vernünftiges mit dem Geld.

DOPPELPUNKT Etwas Vernünftiges?

MARJA LWOWNA Verwenden Sie das Geld für einen sozialen Zweck. Das wäre doch sinnvoll.

DOPPELPUNKT Ach, das hat mir schon einmal jemand geraten – aber das war ein fuchsroter Spitzbube, ein Liberaler... Wofür wollen Sie mein Geld denn haben?

MARJA LWOWNA Wir brauchen dringend Schulen. Gymnasien. Gymnasien für Mädchen, Gymnasien für Jungen.

DOPPELPUNKT ›Armer‹ haben Sie zu mir gesagt... die ganze Zeit heißt es, ich bin stinkreich, und jetzt stellt sich heraus, arm bin ich, ein Armer... Ich danke Ihnen, daß Sie mir das gesagt haben.

59

Für das Gespräch zwischen Schalimow und Warwara hat die Bearbeitung die Haltung und das Selbstverständnis des Schriftstellers etwas anders bewerten wollen als das Original. Gegenüber Warwara eröffnet sich Schalimow tatsäch-

Warwara und Schalimow gehen spazieren.

SCHALIMOW Sie haben ganz kleine Augen bekommen. Sind Sie erschöpft?

WARWARA Ein bißchen, ja.

SCHALIMOW Und ich bin sehr müde. Sehr müde. Es kostet mich viel Kraft, mit diesen Leuten zusammen zu sein... Ich beobachte Sie manchmal, inmitten der geräuschvollen Schar Ihrer Freunde. Sie schweigen viel, aber Ihre Blicke stellen dringende Fragen... Mir sagt Ihr Schweigen mehr als Worte... Verzeihen Sie.

284

WARWARA Warum?

SCHALIMOW Vielleicht ist es Ihnen unangenehm, wenn ich so zu Ihnen spreche.

WARWARA Ich würde Ihnen das sagen. *Sie reicht ihm eine Blume.* Nehmen Sie die?

SCHALIMOW Ich danke Ihnen. Ich will diese Blume bewahren als Erinnerung an eine schöne, unwillkürliche Geste. Ich werde sie zu Hause in ein Buch legen, und eines Tages werde ich das Buch aufschlagen und die Blume darin finden. Und dann werde ich an Sie denken... Finden Sie das sentimental?

WARWARA Sprechen Sie.

SCHALIMOW Darf ich Ihnen meinen Arm reichen?

WARWARA Danke. Ich möchte nicht.

SCHALIMOW Sie müssen sehr bitter werden unter diesen Menschen, die auf so tragische Weise ihr Leben vergeuden.

WARWARA Lehren Sie sie richtig zu leben!

SCHALIMOW Das kann ich nicht. Ich besitze weder die Überzeugungskraft noch die Selbstüberschätzung eines Lehrers... Ich bin ein Einzelgänger; ich bin unfähig, anderen Menschen meine Ansichten und Empfindungen aufzuzwingen. Ich bin unfähig, laut zu sprechen. Ich darf mich nicht einmischen. Je weiter ich mich von den Menschen entferne, um so durchsichtiger werden sie für mich.

WARWARA Ich verstehe Sie –, und doch macht es mich sehr traurig. Es ist, als verschwinde jemand, der mir sehr nahe stand, unaufhaltsam aus meinen Gefühlen.

SCHALIMOW Seltsam.

WARWARA Was?

SCHALIMOW Ich spüre ein starkes Verlangen, offen und ungeschützt zu reden. Das muß wohl an Ihnen liegen. Sie zwingen mich, vollkommen aufrichtig zu sein.

WARWARA Tut Ihnen das leid?

SCHALIMOW *küßt ihre Hand.* Es ist mir, wenn ich in Ihrer Nähe bin, als stünde ich vor dem Bannkreis eines tiefen Glücks, das mir unbekannt ist. Eine große Kraft geht von Ihnen aus, und diese Kraft überträgt sich auf mich... ich spüre etwas von einer großen, neuen, einzigartigen Erfahrung, die ich nur mit Ihnen machen könnte... Wenn Sie –

WARWARA Wenn ich? Was?

lich rückhaltloser als je zuvor im Stück. Er riskiert eine spontane aufrichtige Annäherung, und später, wenn er sich mißverstanden fühlt, darf er glaubwürdig gegen Warwaras Klischeevorstellungen vom vorbildlichen Dichterleben argumentieren. In der Bearbeitung wird folglich am Ende der Warwara eine Lehre erteilt: Schalimow reicht ihr die Blume zurück, die sie ihm ›unwillkürlich‹ geschenkt hatte. Im Original ist sie es, die die Blume zurückfordert und sich verabschiedet, und Schalimow zischt ihr darauf seine Flüche nach.

285

SCHALIMOW Sie werden nicht lachen über mich? Wollen Sie, daß ich es sage?

WARWARA Lassen Sie nur. Ich weiß schon. Sie sind kein geschickter Verführer.

SCHALIMOW Sie haben nichts begriffen.

WARWARA Wie hab ich Sie geliebt, als ich Ihre Bücher las! Wie hab ich auf Sie gewartet. Sie – Sie waren für mich jemand, der alles versteht, der weiß, was man zu tun hat, um richtig zu leben... So sind Sie mir erschienen. Und dann, eines Tages, habe ich Sie gehört, ich habe Sie gesehen, wie Sie Ihre Gedichte vortrugen – ich war damals erst siebzehn – aber seit diesem Abend hat Ihr Bild in meinem Gedächtnis geleuchtet wie ein Stern, wie ein Stern!

SCHALIMOW Hören Sie, ich muß mich entschuldigen...

WARWARA Wenn mir alles zu schwer wurde, habe ich an Sie gedacht, und es wurde ein bißchen leichter – ich habe gehofft...

SCHALIMOW Das ist nicht vernünftig, Warja, liebe, das ist nicht vernünftig.

WARWARA Ihre Anwesenheit hier schmerzt mich, sie tut mir körperlich weh. Was ist nur geschehen mit Ihnen? Sagen Sie mir: ist es nicht möglich, die Kraft seiner Seele zu bewahren, da draußen, in dem freien Leben?

SCHALIMOW Sie sind wie alle anderen... Alle haben sie diese dummen, anmaßenden Vorstellungen vom Leben eines Schriftstellers... sie wissen genau, wie er sich benehmen muß, wie er reden muß... Warum – warum stellen Sie besondere Ansprüche an mich? Wen zum Teufel soll ich Ihnen vorspielen? Ich bin ein ganz normaler Mensch, der arbeitet, um sein Brot zu verdienen. Nicht mit den Händen, sondern mit der Phantasie. Ihr lebt alle, wie es euch gefällt, und ich, weil ich ein Geschichtenschreiber bin, ich allein soll leben, wie es euch genehm ist, wie es euren Wünschen und Träumen entspricht... Verzeihen Sie, Warwara Michajlowna, ich werde Ihnen diese Blume zurückgeben. Ich habe das Gefühl, ich verdiene dieses Zeichen Ihrer Anerkennung nicht.

Warwara bleibt allein zurück.

60

Am großen Picknickplatz. Alle versammeln sich zum Aufbruch.

KALERIJA Ich möchte nach Hause. Kommen Sie, kommen Sie! Es zieht ein Unwetter auf... wir müssen uns beeilen.

SUSLOW Unwetter? Keine Spur.

KALERIJA Sie fühlen natürlich nichts. Sie sind einer, der mit offenen Augen in den Abgrund rennt.

DOPPELPUNKT Ja, da muß man genau hinhören, wenn die etwas sagt. Das hat alles eine tiefere Bedeutung, mein Lieber. Wie kann man sich nur so furchtbar betrinken...

OLGA Ich bin entsetzlich müde. Lieber Kirill, trägst du mich?

DUDAKOW Noch was?

OLGA Es war wunder-, wunderschön. Du darfst diesen Tag nie vergessen.

DUDAKOW Und denk du an deine guten Vorsätze.

OLGA Ich bin so froh. Mein Liebster, es ist ein helles Licht in unser Leben gekommen. Und es wird nie wieder dunkel sein in unseren Herzen.

DUDAKOW Du, bitte, gewöhn dir das nicht an. Rede, wie dir der Schnabel gewachsen ist.

ZAMYSLOW Nein, hören wir auf zu singen. *Zu Kropilkin* Los, spiel etwas, du Faulpelz. Spiel uns was zum Aufbruch! *Zu Rjumin* Na, hats Ihnen gefallen, unser Picknick?

RJUMIN Picknick?... Ich habe das Gefühl, ich komme von einem Hexensabbat... die Natur ist verflucht! ›Hinaus in die freie Natur‹... Alles Lug und Trug... wir sind Gefangene unserer selbst –

SCHALIMOW Nichts gegen die Natur, mein Freund.

RJUMIN Ach Sie – Sie!

SCHALIMOW Aber alles gegen diese ekelhaften Mücken... Irgendwo habe ich mein Plaid liegengelassen...

WARWARA Wlas, bitte trag dein Grammophon selbst. Sascha ist nicht dazu da, dein Grammophon zu schleppen.

MARJA LWOWNA *zu Warwara* Kannst du mir helfen – ich bekomme diese Hängematte nicht los...

PUSTOBAJKA *räumt auf* Ojeoje – wie habt ihr alles versaut. Das

Nach den mehr oder minder heftigen, hochangesetzten Zusammenstößen, die dieser Akt vorgeführt hat, löst sich am Ende, beim Aufbruch, alles in beiläufiges Vorsichhinschwätzen auf. Es ist eine Art kollektiver Entspannungsübung, ähnlich wie am Ende des ersten Akts alle abrupt ihre Konfliktbereiche verlassen und sich auf dem Theaterpodest versammeln, in völlig problemloser, selbstvergessener Gemeinsamkeit.

schöne Plätzchen! Alles versaut. Müll, überall Müll, wo ihr
hinkommt. Die ganze Erde werdet ihr versauen –

BASOW Schade, schade, schade, schade...

JULIJA Nachhause... nachhause... ›Mit den Waffen einer Frau‹ –
Ha! Was sind das nur für Waffen?

SUSLOW Gib mir deinen Arm, Julija!

JULIJA Heb sofort die Zigarette auf! Ich möchte nicht in einem
Waldbrand umkommen.

KALERIJA Wo ist mein Püppchen? Wlas, hast du mein Püppchen
weggenommen? *Rjumin gibt ihr das Püppchen.* Sie? Geben
Sie her!

RJUMIN Es lag da im Gras.

KALERIJA Es ist nicht gut, wenn fremde Leute es anfassen. Das
bringt Unglück.

RJUMIN Und wenn Sies verloren hätten, für immer?

DOPPELPUNKT Kommen Sie mit, Wlas. Ich reise ab.

WLAS Was? Wohin?

DOPPELPUNKT Ich werde Schulen bauen. Gymnasien. Eins für
Jungens und eins für Mädchen. Ich tue mich mit einem Archi-
tekten zusammen und gründe eine Baufirma. Was halten Sie
davon?

WLAS Was reden Sie da? Sie meinen...

DOPPELPUNKT Genau. Lassen Sie sichs mal durch den Kopf gehen. Ich bin natürlich nicht von selber auf die Idee gekommen.
Sie können sich denken, wer mich darauf gebracht hat. Na, wer
schon. Wir brauchen Schulen.

WLAS Ah, das ist gut.

Alle warten auf den Aufbruch.

Warwara am
Ende des drit-
ten Akts – sie
hat viel hinter
sich gebracht,
Klärungen er-
zwungen,
Aussichten
gewonnen.
Gäbe es ge-
radlinige psy-

61

Basow ist allein zurückgeblieben. Warwara kommt zu ihm.

BASOW Na, meine liebe Warja. Sieh mal, ich bin auch ganz allein.
Haben mich ganz allein gelassen und sind alle schon fortgegangen. Ja, sie brechen auf.

WARWARA Du hast wohl ein bißchen zu viel getrunken – schon wieder, Sergej?

BASOW Komm, setz dich zu mir... Hast du gefragt, ob ich etwas zu trinken habe...? Da, nimm ein Schlückchen.

WARWARA Mein Gott – Cognac! Du weißt doch, wie schädlich das für dich ist. Nachher wirst du wieder über Herzbeschwerden klagen.

BASOW Na, in erster Linie habe ich Portwein getrunken... Sei nicht böse mit mir, meine Liebe... War doch wieder ein schönes Picknick, nicht? Eigentlich müßten wir uns doch mal richtig aussprechen, meinst du nicht? Ein schönes Fleckchen Erde. Ich liebe unser Land, ich liebe die Leute – Ich glaube, ich werde immer weicher, ich habe fast ein zu weiches Gemüt... ich liebe alles und hasse nichts, merkwürdig.

WARWARA Aber mich – mich mußt du doch hassen.

BASOW Nein, warum? Manchmal bist du ein bißchen schroff zu mir, ja. Aber meine Gutmütigkeit geht einem schon auf die Nerven, das weiß ich doch...

WARWARA Wir müssen gehen, Sergej.

BASOW Schade. Ich hätte gern noch ein bißchen mit dir gesessen.

WARWARA Steh auf, komm nur...

BASOW Man muß dem Leben mit freundlichen Kinderaugen ins Gesicht sehen. Dann gelingt alles. Wohin?... Dorthin, gut.

Die Sommergäste begeben sich auf den Heimweg.

chologische Entwicklungen, so müßte sie nun besonders unnachgiebig mit dem betrunkenen Basow umgehen. Die Bearbeitung versucht, das genaue Gegenteil plausibel zu machen: aus einer Erschöpfung heraus, vielleicht auch infolge ihrer Niederlage im Schalimow-Gespräch, wendet sie sich ihrem Mann weicher, verzeihender zu als in allen Begegnungen zuvor. Der Prozeß ihrer Loslösung sollte sich so schwerfällig und widersprüchlich wie möglich vollziehen.

62

Für Kropilkin
und Pustobaj-
ka, die beiden
Wächter, sind
ein paar Sze-
nen zusätz-
lich geschrie-
ben worden.
Im Original
kreuzen sie
zwar auch in
allen Akten
auf (mit Aus-
nahme des er-
sten), doch
haben sie nur
eine größere
Szene zu Be-
ginn des zwei-
ten Akts.
Ebenso wur-
de Sascha –
bei Gorki ei-
ne Dienst-
magd – etwas
stärker einbe-
zogen in den
szenischen
Diskurs. Sie
ist zu Basows
Amme er-
nannt wor-
den.

Lampions im Garten. Kropilkin und Pustubajka stellen Tische auf. Sascha deckt.

SASCHA Gerade, stell ihn gerade hin, den Tisch. Sonst hab ich die doppelte Arbeit.

PUSTOBAJKA Laß dir nichts sagen. Gibt keinen Grund, daß wir hier arbeiten.

KROPILKIN Das stimmt. Es gibt gar keinen Grund, daß wir hier arbeiten.

PUSTOBAJKA Es ist sogar verboten, daß wir hier arbeiten. Erstens ist ein Wächter nur für draußen da –

SASCHA Nur den Wodka nimmst du lieber drinnen als draußen.

PUSTOBAJKA Und zweitens, wenn ein Wächter nicht draußen ist zu seiner Zeit, und draußen passiert etwas...

KROPILKIN Genau. Und deshalb müßte es eigentlich verboten werden, daß ein Wächter drinnen arbeitet, wenn er gerade draußen sein muß.

PUSTOBAJKA Ist auch verboten.

KROPILKIN Ist schon verboten, was? Siehst du... Wer hat denn das verboten?

Die beiden Wächter ziehen sich zurück.

63

Wlas und Kalerija bringen Stühle.

KALERIJA Mit beiden Beinen fest im Leben stehen – ha! das heißt doch: bis zu den Knien im Schmutz stecken!

WLAS Und du? Du willst wohl mit beiden Beinen fest in der Luft stehen, wie? Daraus wird nichts, glaub mir, ich habs oft genug probiert. Und wozu? Den Rocksaum sauber halten, eine reine, kalte Seele bewahren – wem nützt das?

KALERIJA Mir. Ich nütze mir selbst.

WLAS Irrtum. Du nützt dir gar nichts. Du bist dir nur selbst im Weg.

KALERIJA Ach, Wlas, hören wir auf. Wir können uns nicht verstehen.

64

Warwara deckt den Tisch, Olga kommt dazu.

OLGA Bist du noch böse?

WARWARA Böse? Nein.

OLGA *zu Basow und anderen, die das Fest vorbereiten* Ihr flattert alle herum wie die Tauben am Himmelfahrtstag! *Zu Warwara* Warja, ich seh doch, du bist böse. Es war ja nur ein dummes Wörtchen, das sich losgerissen hat und über die Zunge sprang. Ich war so erhitzt...

WARWARA Bitte, laß. Ich mag nichts Geflicktes. Ich mag keine geflickte Freundschaft.

OLGA Du bist nachtragend. Wie grausam! Man muß doch verzeihen können!

WARWARA Wir verzeihen viel zu viel. Nur aus Schwäche...

Der gesamte vierte Akt wurde zu einer einzigen großen Szene zusammengefaßt, die sich ohne Halt auf das Stückende zubewegt. Alle Szenen stehen in Verbindung mit den Vorbereitungen für ein Festessen und ereignen sich an einem einzigen Ort, neben und an der Festtafel. Um diese Coda-Wirkung zu ermöglichen, wurden einige Szenen verkürzt, en passant und nebeneinander her geführt.

65

Dudakow kommt.

DUDAKOW Hier bist du – ich suche dich überall. Zu Hause ist das Chaos ausgebrochen. Alles brüllt und heult. Mischa hat das Kindermädchen geschlagen. Er behauptet, sie hätte ihn am Ohr gezogen. Es ist unerträglich. Die Kinder gehen nicht zu Bett... Du mußt dich um sie kümmern, Olga.

OLGA Ach, die Kinder, die Kinder! Und du? Warum kümmerst du dich nicht um sie? Du läufst immer nur weg!

DUDAKOW Ich? Wieso denn ich? Ich habe doch weiß Gott genug Ärger. Ich weiß doch sowieso nicht, wo mir der Kopf steht. Warum hängen hier überall diese blöden Lampions herum?

ZAMYSLOW Ruhig, lieber Doktor, ruhig. Ich lade Sie ein zu einem rauschenden Sommerfest. Amüsieren Sie sich, vergessen Sie Ihre kleinen Alltagssorgen. Der Chef gibt ein Abschiedsessen für Suslows Onkel. Er reist morgen ab.

DUDAKOW Tatsächlich? Er reist ab. Warum denn? Na, ich bin leider nicht in der Stimmung. Gibt es denn etwas Besonderes zu essen?

ZAMYSLOW Wird nicht verraten. Lassen Sie sich überraschen.
Kalerija sitzt allein an einem Tisch.

KALERIJA Ein Mensch, der glaubt, er hat die Wahrheit entdeckt, ist für mich gestorben.

66

Marja Lwowna spricht leise mit Wlas.

MARJA LWOWNA Wann fährst du?

WLAS Gar nicht. Ich bleibe hier.

MARJA LWOWNA Nein. Das wirst du nicht! Du wirst abreisen, du wirst schnell abreisen. Nicht feige sein, bitte, nicht kleinmütig. Du wirst arbeiten und deinen eigenen Weg finden. Du bist ein starker, kluger Mensch, und ich liebe dich, ja, ich liebe dich.

WLAS Ich begreife das nicht, ich begreife es nicht! Warum schikken Sie mich fort?

MARJA LWOWNA Ich schicke dich nicht fort. Laß mir Zeit, Wlas... Ich muß wieder zur Besinnung kommen... ich muß mich um meine Arbeit kümmern, meine Patienten, meine Schüler, meine Kampfgefährten... ich kann nicht nur für mich selber leben, verstehst du?

WLAS Ich bin Ihnen doch nicht im Weg. Ich kann Ihnen helfen bei der Arbeit...

MARJA LWOWNA Nein. Ich würde dich immer mehr, immer stärker lieben... mein Herz, mein Geliebter... Ich würde alles rings um mich vergessen. Und das darf ich doch nicht...

WLAS Was soll ich bloß tun? Ich habe Angst wie ein kleines Kind: Ich will Sie nicht verlieren, ich habe Angst!

MARJA LWOWNA Es wird schnell vorübergehen. Ein kurzer Schmerz, das ist nicht so schlimm. Nicht so schlimm wie die Qualen, später, wenn alles in Erniedrigung und Lächerlichkeit endet... Es ist gut, daß du abreist, Wlas.

WLAS Meine Liebe, meine wunderbare Liebe.

Marja Lwowna läuft weg von Wlas. Basow, der die Szene beobachtet hat, tritt zu ihm.

BASOW Na?

WLAS Schweigen Sie! Schweigen Sie! Kein Wort. Wagen Sie es nicht – *Er stürzt davon.*

Was geht in Marja Lwowna vor? Sie hat offenbar Angst, daß ihre Liebesgefühle übermächtig werden und ihre politische Arbeit beeinträchtigen könnten. Muß das aber so sein? Warum verzichtet sie so schnell? Man stellt dieselben Fragen wie Wlas.

67

Suslow, mit Flasche und Gläsern, kommt zu Basow.

BASOW Mein Gott, der hat mich erschreckt! Dieser Komiker...

SUSLOW Der ist ja völlig aus dem Häuschen –

BASOW Pervers, übergeschnappt. Aber diese Damen im zweiten Frühling, au, die sind auch nicht ohne. Jetzt hat sie ihm offenbar den Laufpaß gegeben.

Diese beiden Männer sind gute Freunde...

293

SUSLOW Ach, ach, das macht sie doch bloß, um ihn noch fester
an die Kandare zu kriegen. Gerade die – ein ausgesuchtes Aas.
Stell dir vor, sie hat meinen Onkel überredet, sein ganzes Geld
für ihre sozialen Schnapsideen herzugeben.
BASOW Tatsächlich? Ein tolles Ding.
SUSLOW Das brauch ich mir doch nicht gefallen zu lassen, Sergej,
oder?
BASOW Willst du klagen? Wir könnten es versuchen, warum
nicht? *Julija kommt lachend angelaufen.*
JULIJA Pjotr – rat mal, was passiert ist!
SUSLOW Was denn?
JULIJA Ein Mann von deiner Baustelle sitzt bei dir zu Hause. Er
zittert am ganzen Leib. Irgendwo soll irgendwas eingestürzt
sein.
SUSLOW Ach, dummes Zeug. *Er geht weg.*
BASOW Beeil dich, Pjotr. Sei pünktlich zum Essen. Also, meine
verehrte Julija, ich muß Ihnen sagen, unser braves Sommerhaus
ist inzwischen zu einem dunklen Liebesnest geworden, eine
wahre Brutstätte von Leidenschaften. Da kommen wir seelen-
ruhig hier hereinspaziert, Ihr Mann und ich, und plötzlich sehen wir, wie Marja Lwowna und Wlas, dieser Komiker –
WARWARA Sergej, entschuldige, komm doch bitte mal zu mir.

*Basow bleibt
wahrhaftig
ahnungslos
bis zum bitte-
ren Ende.*

68

Warwara nimmt Basow beiseite.

WARWARA Was faselst du schon wieder? Du hast mir geschworen, den Mund zu halten.
BASOW Und du hast mir gesagt, das sei kein Verhältnis. Na, wenn
das kein Verhältnis ist…
WARWARA Wie gemein du bist, wie abscheulich!
BASOW Ach, laß mich doch in Ruhe. Man sollte sich überhaupt
nicht mehr abgeben mit dir. Jedes Wort ist überflüssig.
WARWARA Ja, du solltest weniger reden. Hör lieber mal, was andere Leute über dich erzählen.

BASOW Über mich? Was denn? Nein, ich stehe über solchem Klatsch. Sollen sie doch reden, was sie wollen. Es wundert mich allerdings, daß gerade du, meine Frau –

WARWARA Die Ehre, deine Frau zu sein, ist nicht so groß, wie du denkst –

BASOW Was soll das heißen, Warja?

WARWARA Ich sage nur, was ich denke und fühle...

BASOW Ich möchte dich bitten, mir klipp und klar zu sagen, was du meinst.

WARWARA Ja. Später.

69

Alle sind um die Tische versammelt. Doppelpunkt kommt mit Geschenken.

DOPPELPUNKT Gott segne euer Gespräch, meine Lieben. Guten Abend.

ZAMYSLOW Endlich kommen Sie. Wir geben Ihnen zu Ehren ein Fest, und Sie verspäten sich!

BASOW Ein kleines Abschiedsessen, lieber Semjon Semjonowitsch. Ganz bescheiden. Aber ein willkommener Vorwand für ein Gläschen Sekt, wie?... Sascha, Sekt!... Und dann werde ich Ihnen eine Wurst servieren lassen, meine Herrschaften! Eine Wurst, sage ich Ihnen. Ein Klient aus der Ukraine hat sie mir geschickt... Prost!

DOPPELPUNKT Ich bin sehr gerührt. Ich danke... Warwara Michajlowna, ich habe Ihnen Konfekt mitgebracht.

WARWARA Danke.

DOPPELPUNKT Ich hätte so gern ein Bild von Ihnen. Haben Sie nicht irgendeine Fotografie?

WARWARA Warten Sie, ich werde nachsehen. *Im Abgehen zu Wlas* Was hast du, Wlas? Du bist so nervös...

WLAS Mir geht es nicht gut, Schwester, gar nicht gut.

DOPPELPUNKL *verteilt Konfekt.* Ich habe allen Damen Konfekt mitgebracht. Damit sie mich nicht in schlechter Erinnerung

Doppelpunkts Abreise, der beginnende Herbst, die Angst vor der Einsamkeit in der Stadt – das klingt hier alles noch wie ein Tschechow-Motiv. Allmählich aber schwillt es an zu einer lauten, zerrissenen Dissonanz.

behalten. Ich will mich doch ein bißchen beliebt machen bei den verehrten Damen. Morgen fahre ich weg, und übermorgen werden Sie den alten Schwachkopf schon wieder vergessen haben.

JULIJA Ach nein, ich werde Sie nicht vergessen. Sie haben so einen komischen Familiennamen.

DOPPELPUNKT Und sonst habe ich nichts? Na, auch dafür danke ich.

Der Dichter erinnert sich an ein Kompliment, daß man ihm im ersten Akt gemacht hat. Es beschäftigt ihn, daß seinen letzten Veröffentlichungen nicht die gewohnte Aufmerksamkeit zuteil wurde. Sollten seine Erzählungen wirklich schlechter geworden sein? Es tut ihm wohl, daß hier jemand vom Gegenteil überzeugt ist. Indem er sich Kalerija zuwendet, kommt es ihm vor, als sei ihr Urteil gar nicht so bedeutungslos…

70

Kalerija und Schalimow haben sich an den Tisch gesetzt.

KALERIJA Das Leben eines jeden denkenden Menschen ist eine Katastrophe. Oder finden Sie das nicht?

SCHALIMOW Heiter ist es ganz gewiß nicht. Und die Zeiten sind auch nicht gerade heiter, nein.

OLGA *geht vorüber.* Jetzt wird es schnell Herbst. Wir werden wieder in die Stadt ziehen und uns einsperren in unsere dicken Steinmauern. Dann werden wir uns noch fremder sein.

SCHALIMOW Sagen Sie –

KALERIJA Ja?

SCHALIMOW Sagen Sie es mir ganz offen: haben Ihnen meine letzten Erzählungen wirklich gefallen?

KALERIJA Oh ja! Glauben Sie mir! Sie sind weich und warm und hüllen die Seele ein wie Wolken die sinkende Sonne. Nur wenige Menschen werden Sie richtig verstehen, aber diese wenigen werden den Dichter um so leidenschaftlicher lieben.

SCHALIMOW Danke… Sie sind sehr gütig. Wollten Sie mir nicht Ihre Gedichte zeigen?

KALERIJA Ja. Später.

Julija flüstert mit Wlas.

JULIJA Passen Sie auf, Wlas, Ihr Chef erzählt Geschichten über Sie und Marja Lwowna...
WLAS Dieser Schmierfink! Diese Cognac-Blase! Wenn er nicht der Mann meiner Schwester wäre –
JULIJA Psst! Ruhig!
DOPPELPUNKT *kommt dazu.* Na, Onkel Wlas, wie stehts? Fahren wir?
WLAS So schnell wie möglich.
DOPPELPUNKT Eine Nacht noch, dann gehts los. Wenn wir nur Ihre Schwester mitlocken könnten, hm? Hier hat sie doch überhaupt nichts verloren.
WLAS Hier hat niemand etwas verloren.

Schalimow und Kalerija, nach einer Gesprächspause.

KALERIJA Oder wollen Sie jetzt gleich?
SCHALIMOW Was – jetzt gleich?
KALERIJA Haben Sie es schon vergessen? Wie schnell...
SCHALIMOW Entschuldigen Sie... was?
KALERIJA Sie wollten meine Gedichte sehen. Jetzt gleich?
SCHALIMOW Oh ja, bitte. Sie irren sich. Ich hatte es nicht vergessen. Ich habe Ihre Frage nicht verstanden.
KALERIJA Gut. Ich werde sie holen. Obwohl es gar nicht interessant für Sie ist.
Kalerija geht ins Haus. Wlas pfeift vor sich hin.
SCHALIMOW Das ist nicht wahr! Glauben Sie mir! *Er geht zu Wlas.* Träumen Sie?
WLAS Ich pfeife!

Warwara bringt Doppelpunkt ihre Fotografie.

WARWARA Hier haben Sie ein Bild von mir. Wann fahren Sie?

DOPPELPUNKT Morgen in der Frühe. Danke für die Widmung.
Ach, liebe, gnädige Frau, ich habe Sie sehr liebgewonnen.

WARWARA Wofür sollte man mich liebgewinnen?

DOPPELPUNKT Wofür? Man liebt jemanden eben, einfach so.
Die wahre Liebe ist wie die Sonne am Himmel. Kein Mensch
weiß, worauf sie sich stützt.

WARWARA Davon weiß ich nichts.

DOPPELPUNKT Nein, davon wissen Sie nichts... Ihr Bruder hat
sich übrigens entschlossen, mit mir in die Stadt zu ziehen.

WARWARA Er hat sich entschlossen...? Oh, ich freue mich! Ja,
nehmen Sie ihn mit. Ich habe schon so viel auf ihn eingere-
det... ach, ich danke Ihnen.

Ein behagli-
ches Zu-
kunftsbild:
Doppel-
punkts gro-
ßes altes
Haus, und al-
le, die sich
mögen, unter
einem Dach –
Marja Lwow-
na und Wlas,
Warwara und
Doppelpunkt
selber. Doch
so harmo-
nisch wird es
sich nicht ein-
richten las-
sen, das neue
Leben...

Rjumin hat
sich verän-
dert. Bei Gor-
ki ist er nach
dem Ende des
dritten Akts
abgereist und

DOPPELPUNKT Kommen Sie doch auch mit, Warwara Michajlowna. Ich habe ein großes, altes Haus, zehn riesige Zimmer,
alle leer. Wenn du mal hustest, hallt es durchs ganze Haus. Und
im Winter, wenn der Schneesturm heult, huh, dann ist es richtig unheimlich. Allein ist es gar nicht schön in dem Haus.

WARWARA Aber was soll ich denn in der Stadt? Ich kann nichts,
ich habe nichts gelernt.

DOPPELPUNKT Dann lernen Sie was. Wlas und ich werden Gymnasien bauen.

RJUMIN Ah, Schulen wollen Sie bauen? Sehr gut. Das macht Ihr
Leben für ein, zwei Jahre wichtig. Ich habe auch einmal geglaubt, es sei mein Lebensziel, der Jugend zu einer vernünftigen Erziehung zu verhelfen. Ja, gehen Sie und bauen Sie Schulen – damit Sie lernen, daß es auf den Schulen nichts zu lernen
gibt, nichts von den wahren Geheimnissen des Lebens.

DOPPELPUNKT Ach, Sie sind ein Miesepeter. Nun lassen Sie mich
doch erstmal etwas auf die Beine stellen!

SUSLOW *kommt heran.* Julija – kann ich dich einen Augenblick
sprechen?

JULIJA Was gibts denn? *Suslow nimmt sie beiseite.*

RJUMIN Damit das Leben einen Sinn bekommt, muß man ein ge-

waltiges Werk schaffen, etwas, das unser irdisches Dasein über-
dauert, dessen Spuren noch nach Jahrhunderten zu finden
sind. Irgendeinen Tempel muß man bauen!

WARWARA Pawel Sergejewitsch, das ist doch Unsinn, was Sie da
reden.

RJUMIN Ja, ich weiß, es ist Unsinn, Phrasen, tote Worte. Ich spreche nur so vor mich hin, aus Gewohnheit. Ich weiß auch nicht,
warum... Vielleicht, weil es nun Herbst geworden ist... Gehen Sie fort, Warwara Michajlowna, verlassen Sie uns und weinen Sie nicht beim Abschied, es lohnt sich nicht.

WARWARA Sie sind aber in einer merkwürdigen Stimmung. Was
ist denn los mit Ihnen?

RJUMIN Nichts. Glauben Sie mir, gar nichts.

kommt zu-
rück von ei-
nem Urlaub
am Meer in
den vierten
Akt, der etwa
drei Wochen
später spielt.
Dieser Zeit-
sprung ist au-
ßer für die Fi-
gur des Rju-
min und den
Jahreszeiten-
wechsel für
niemanden
sonst von Be-
deutung. Die
Bearbeitung
hat deshalb
darauf ver-
zichtet, das
Gefühl für die
›Einheit der
Zeit‹ zu irri-
tieren.

74

Alle sind um die Tische versammelt. Julija kommt dazu.

JULIJA Stellen Sie sich vor: dem Pjotr ist bei seinem Gefängnis-
bau eine Wand eingestürzt. Zwei Arbeiter sind verschüttet.

SUSLOW Darüber freuen sie sich nun!

WARWARA Was? Wo ist das passiert?

DOPPELPUNKT Gratuliere! Du Idiot! Warst du überhaupt mal
auf der Baustelle?

SUSLOW Natürlich war ich. Aber der Bauleiter ist ein Versager –

JULIJA Er lügt. Nicht einmal war er dort. Er hat ja nie Zeit.

DOPPELPUNKT Auspeitschen sollte man dich... Was sind das für
Menschen? Langweilen sich und tun einfach nichts!

SUSLOW Na gut. Ich werde mich erschießen. Dann habe ich was
getan.

RJUMIN Sie werden sich bestimmt nicht erschießen.

SUSLOW Vielleicht doch. Plötzlich... Peng!

MARJA LWOWNA Aber, Pjotr Iwanowitsch, was ist denn mit den
Verschütteten?

WARWARA Sind sie tot?

SUSLOW Weiß nicht... Ich fahre morgen hin.

WLAS Verdammte Sauerei!

SUSLOW Still, Jüngelchen, still!

WARWARA Mein Gott, was sind wir für gleichgültige Menschen. Wie abgestumpft und gleichgültig. *Zu Marja Lwowna* Manchmal glaube ich, alle Gefühle sind in mir abgestorben. Nur mein Verstand sagt mir noch, daß ich lebe.

ZAMYSLOW Wir sind alle komplizierte Menschen, Warwara Michajlowna. Wir haben eine vielschichtige Psyche, gerade weil wir in erster Linie Verstandesmenschen sind. Doch diese Kompliziertheit war immer ein Kennzeichen der Intelligenz, der führenden Schicht unseres Landes...

WARWARA Die Intelligenz? Das sind nicht wir! Wir sind etwas anderes. Wir sind Sommergäste in unserem Land... wir gehören nirgendwohin... wir rennen hin und her und jagen überall kleinen Erfolgen nach... wir tun nichts, wir reden nur entsetzlich viel.

BASOW Du selbst bist der beste Beweis für die Richtigkeit deiner Worte.

WARWARA Und in unseren Gesprächen wimmelt es von Lügen. Wir versuchen unsere geistige Armut voreinander zu verbergen und schmücken uns mit schönen Phrasen und billigen Bücherweisheiten. Wir reden von der Tragik des Lebens und kennen das Leben gar nicht. Wir jammern und klagen und stöhnen...

RJUMIN Oh, Warja, zweifeln Sie nicht an der Aufrichtigkeit des klagenden Menschen... Wollen Sie denn, daß ich ersticke an meinen unterdrückten Seufzern?

Warwara weiß auf einmal, wie sie reden muß. Sie findet einfache Bilder, greifbare Vergleiche, mit denen sie ihre Empörung ausdrücken kann. Und doch wirken ihre Worte nicht deshalb beunruhi-

WARWARA Wir haben doch alle schon genug geseufzt, Pawel Sergejewitsch. Jetzt müssen wir den Mut finden zu schweigen. Wenn wir zufrieden sind, fällt es uns leicht, den Mund zu halten. Sein bißchen Glück genießt jeder für sich allein, aber mit unserem Kummer, mit der winzigen Schramme des Herzens laufen wir hinaus auf die Straße und entblößen uns vor allen Leuten. Genauso wie wir unsere Abfälle hinaus auf die Straße werfen und damit die Luft verpesten, genauso werfen wir den Schmutz unserer Seele anderen Leuten vor die Füße. Ich bin sicher, Hunderte, Tausende von gesunden Menschen werden krank, weil wir sie vergiften mit unseren Klagen und Seufzern. Aber wer gibt uns das Recht, andere Menschen mit dem

Anblick unserer offenen Geschwüre zu ekeln und zu quälen?

WLAS Bravo, Warja!

DOPPELPUNKT Eine blitzgescheite Frau!

RJUMIN Ich muß noch einmal ums Wort bitten. Gestatten Sie mir – es soll mein letztes Wort sein...

KALERIJA Man muß den Mut haben zu schweigen.

OLGA Wie scharf sie auf einmal redet, wie mutig! Puh –!

BASOW ›Da tat der Herr der Eselin den Mund auf, und sie sprach zu Bileam...‹

Basow hält sich den Mund zu und blickt um sich. Alle erstarren.

gend, weil sie treffend formuliert sind, sondern weil sie spüren lassen, daß es nun mit Worten allein nicht mehr sein Bewenden haben wird...

75

Pustobajka und Kropilkin auf ihrem Wachgang.

KROPILKIN Was machen die denn da?

PUSTOBAJKA Sie streiten sich. Streiten sich immer vor dem Essen.

KROPILKIN Kriegt doch jeder genug zu essen. Brauchen sich doch nicht zu streiten.

PUSTOBAJKA Sie streiten sich nicht ums Essen, sie streiten sich vorm Essen.

KROPILKIN Au, au, au – und beim Essen?

PUSTOBAJKA Beim Essen nie.

KROPILKIN Na ja, klar. Genau wie wir. Aber vor dem Essen streiten, für nichts und wieder nichts –

PUSTOBAJKA Nun hör schon auf. Das ist doch mehr oder weniger nichts Besonderes. Tu doch nicht so.

KROPILKIN Ich tu doch gar nichts. Was tu ich denn?

PUSTOBAJKA Gar nichts tust du. Redest dummes Zeug.

KROPILKIN Nicht mehr als du.

PUSTOBAJKA Halts Maul.

KROPILKIN Nein. *Sie gehen weiter.*

76

Die Erstarrung beginnt, sich zu lösen.

WARWARA Ich habe da, scheint mir, etwas gesagt ... ich bin wohl zu grob geworden ... Ihr seid alle so seltsam.

WLAS Du bist nicht grob geworden ...

Marja Lwowna redet zunächst nur, um den peinlichen Ausfall Basows, den Warwara überhört hat, zu vertuschen. Im Reden aber festigen sich, ordnen sich ihre Worte zu einer systematischen Erklärung. Es ist keine polemische Rede, sie erschreckt ihre Zuhörer lediglich, indem sie die einfachen, unleugbaren Ursachen für das allgemeine Unbehagen an sich selbst offen beim Namen nennt.

MARJA LWOWNA Wlas, bitte nicht – *Sie nimmt Warjas Hand.* Ich glaube, Warwara hat etwas sehr Richtiges gesagt. Wir müssen ganz andere Menschen werden, jawohl. Wir alle – wer sind wir? Kinder von Waschfrauen, Köchinnen, Arbeitern. Und was tun wir? Wir sterben vor Langeweile, vor Überdruß ... Das darf doch nicht sein. Nie zuvor hat es in unserem Land so viele gebildete Menschen gegeben, die aus der Masse des Volkes hervorgegangen sind. Haben wir vergessen, wie diese Menschen sich abrackern, Tag für Tag, fast ersticken in Dunkelheit und Schmutz – und das sind unsere Blutsverwandten! Wir sind mit Fleisch und Blut verbunden mit ihnen, und diese Verwandtschaft muß lebendig bleiben in uns. Wir müssen ein ganz natürliches Bedürfnis empfinden, ihnen zu helfen, ihr verschlossenes Leben zu öffnen, es weit und hell zu machen. Ja, wir müssen ihnen helfen, aber nicht aus Mitleid, nicht, weil wir sie bedauern –, um unserer selbst willen müssen wir es tun! Damit wir nicht in dieser verfluchten Einsamkeit zu Tode erstarren, damit uns nicht länger vor dem Abgrund schwindelt, der uns von ihnen trennt – wir, hier oben auf den kalten, klaren Höhen unserer weisen Erkenntnisse, und sie in der dumpfen Tiefe, wo sie hinaufschauen zu uns wie zu Feinden, die von ihrer Hände Arbeit leben. Sie haben uns vorausgeschickt, damit wir für sie den Weg zu einem besseren Leben finden. Doch wir haben uns von ihnen entfernt, wir haben sie verloren und uns in eine Einsamkeit verirrt, in der wir nur noch uns selbst beobachten, voller Nervosität und innerer Zerrissenheit. Ja, ich glaube, das ist der Grund für alle unsere Seelendramen. Wir haben sie selbst verschuldet, und wir verdienen, was uns quält. Wir haben kein Recht, uns zu beklagen, ja, Warja, kein Recht zu stöhnen, überhaupt kein Recht ...

SCHALIMOW Sind Sie fertig, Marja Lwowna?

MARJA LWOWNA Ja.

DUDAKOW Ja... Jawohl. So ist das. Das ist die Wahrheit.

OLGA Misch dich nicht ein, Kirill... hast du das gehört? Der Basow ist ein Kamel!

DUDAKOW Basow? Wieso denn Basow? Ach, du weißt ja gar nicht, worum es hier geht.

OLGA Psst! Natürlich weiß ich das. Warwara hat etwas Böses gesagt, und da hat er sie eine Eselin genannt.

DUDAKOW Nun ja, er ist eben ein Grobian.

OLGA Nein, das war schon richtig. Warwara ist so hochmütig geworden.

SCHALIMOW Kalerija, wollen Sie nicht ein paar Gedichte vortragen? Ich meine, ein bißchen Poesie täte uns allen jetzt gut...

RJUMIN Sehr richtig.

DUDAKOW Du solltest lieber nach Hause gehen, Olga.

OLGA Nein. Ich warte noch. Kalerija liest Gedichte vor.

ZAMYSLOW Darf ich Sie am Klavier begleiten?

KALERIJA Ich bin gar nicht vorbereitet für eine Lesung. Ich glaube, das plötzliche Interesse an meinen Gedichten ist nicht ganz aufrichtig. Ich verzichte lieber.

BASOW Nun lies doch schon! Zier dich nicht!

KALERIJA Nein!

WLAS Meine Herrschaften! Dann werde ich etwas aus meinen Gesammelten Werken vortragen. Ich werde Ihnen beweisen, wie leicht und einfach es ist, den Leuten mit Hilfe der Poesie den Kopf zu verdrehen. Ich bitte um Ihre geschätzte Aufmerksamkeit.

MARJA LWOWNA Wlas, bitte! Nicht mehr den Narren spielen!

DOPPELPUNKT Nun mal los, mein Junge!

WARWARA Muß das sein, Wlas?

ZAMYSLOW Unbedingt. Wenn es amüsant ist, unbedingt.

WLAS Ekelhafte kleine Jammerlappen
Leben unter meines Landes Wappen,
Suchen überall sich ein Versteck,
Laufen ängstlich vor dem Leben weg.
Sie schleichen sich in stille Ämter ein,
Und möchten abends melancholisch sein,
Gestohlene Gedanken, eitel, aufgeblasen,
Im Mund immer dieselben Modephrasen,
Sattheit, Ruhe ist ihr Lebensziel,

Bei Gorki trägt Kalerija an dieser Stelle ein Gedicht vor. Es ist den Bemühungen um eine beschleunigte Schlußdramaturgie geopfert worden.

In einer Zeit, wo eine Rede wie die von Marja Lwowna, ein satirisches Gedicht wie das von Wlas eine Tischgesellschaft aufsprengen konnten, waren wohl auch die Attackierten, die ›Jammerlappen‹ noch unschuldiger, weniger abgebrüht als heute. Suslow wehrt sich mit kämpferischem Zorn, er verteidigt seine Position, die doch eigentlich weniger eine Position als ein Zerfallsstadium ist. Sein Heroismus erreicht sogar eine gewisse rührende Größe – niemand pflichtet ihm bei, einer nach dem anderen distanziert sich –, und er hält schließlich seine öffentliche Rede ganz für sich allein.

Sie schlafen schlecht und sie verdienen viel.
Man hört sie unablässig lamentieren,
Feiges Pack, man muß sie abservieren.

DUDAKOW Ei, das hat aber ins Schwarze getroffen! Wissen Sie, das ist die ganze schreckliche Wahrheit!

JULIJA Jawohl, bravo, das gefällt mir.

DOPPELPUNKT Na, der hat uns aber kräftig eins reingelangt! Ach du lieber Gott!

KALERIJA Wie kann man nur so böse sein, warum? wozu?

SCHALIMOW Hat dir das gefallen, Sergej?

BASOW Mir? Naja, warum nicht? Doch... Im Rhythmus war es etwas unsauber, nicht? Aber für ein Scherzgedicht –

JULIJA *zu Schalimow* Wie geschickt Sie heucheln können!

ZAMYSLOW Für ein Scherzgedicht war es vielleicht eine Spur zu ernst.

SUSLOW Vielleicht gestatten Sie nun einem Jammerlappen, auf diese... dieses, entschuldigen Sie, ich weiß nicht, wie man diese Art Poesie nennt – zu antworten... Und zwar wende ich mich direkt an die Quelle Ihrer Inspiration – an Sie, Marja Lwowna.

MARJA LWOWNA An mich? Seltsam. Ja, ich höre?

WLAS Werden Sie bloß nicht ordinär!

JULIJA Er kann doch nun mal nicht anders!

SUSLOW Sie, Marja Lwowna, sind eine Frau mit einem sogenannten sozialen Engagement. Irgendwo betreiben Sie irgendetwas Geheimnisvolles, mag sein, es ist etwas Heroisches, Epochemachendes. Es geht mich jedenfalls nichts an. Offenbar glauben Sie, daß diese Ihre Tätigkeit Ihnen das Recht gibt, auf andere Leute herabzusehen und an ihnen herumzumäkeln. Sie sind bestrebt, auf jedermann Einfluß zu nehmen –

MARJA LWOWNA Unsinn. Das ist nicht wahr.

SUSLOW Und was haben Sie mit diesem armen Burschen angestellt?

WLAS Das geht Sie überhaupt nichts an!

SUSLOW Ruhe, mein Junge, Ruhe. Bis zum heutigen Tag habe ich Ihre Unverschämtheiten stillschweigend über mich ergehen lassen. Ich will Ihnen mal etwas sagen: Wenn wir nicht so leben, wie es Ihnen paßt, verehrte Marja Lwowna, dann werden wir wohl dafür unsere Gründe haben. Wir alle sind Kinder von

Kleinbürgern, von armen Leuten, wir haben gehungert und opponiert, als wir jung waren. Da ist es wohl natürlich, daß wir jetzt, im reiferen Lebensalter, Wert darauf legen, gut und ausgiebig zu essen und zu trinken und unsere Ruhe zu haben...

SCHALIMOW Entschuldigen Sie – wer ist ›wir‹?

SUSLOW Wir, das sind Sie und ich, er und er, wir alle... Zuerst kommt der Mensch, verehrte Marja Lwowna, und dann all der andere Unfug. Jedenfalls, indem Sie uns beschimpfen und junge Leute gegen uns aufwiegeln, werden Sie niemanden von uns für Ihre sozialen Ideen gewinnen.

DUDAKOW Was für ein Zynismus! Hören Sie doch auf!

SUSLOW Gut, dann rede ich für mich allein. Ich bin ein durchschnittlicher Mensch, Marja Lwowna, ein durchschnittlicher Bürger und sonst gar nichts. Und ich sage Ihnen, ich bin gern ein durchschnittlicher Bürger. Ich lebe, wie ich will. Ich pfeife auf Ihr Geschwätz, auf Ihre Aufrufe... Ihre Ideale!

WLAS *greift sich an den Kopf.* Der Teufel soll mich holen! Der Teufel soll mich holen!

RJUMIN Sehen Sie, jetzt sehen Sie, wie schrecklich es ist, die Wahrheit zu hören!

JULIJA Mein Gott, das ist ja die pure Hysterie. Liebste Marja Lwowna, hat er Sie beleidigt?

MARJA LWOWNA Nein. Ich glaube, er hat sich selbst beleidigt.

DOPPELPUNKT Na, ich muß schon sagen, bei euch ist es wirklich nett. Richtig nett!

ZAMYSLOW Ist Ihnen das nicht an die Nieren gegangen?

JULIJA Keine Spur.

ZAMYSLOW Schade, schade – auf die ukrainische Wurst müssen wir jetzt wohl verzichten.

DUDAKOW Die Eiterbeule ist geplatzt! Das Geschwür in der Seele ist aufgebrochen! Das mußte ja kommen. Einmal ist es bei jedem von uns so weit... einmal muß er raus, der Giftschmutz.

OLGA Ach, Kirill, wir beide müssen fest zusammenhalten. Das ist ja richtig gefährlich hier –

DUDAKOW Du solltest doch längst zu Hause sein.

OLGA Ich geh ja gleich. Es passiert sicher noch irgendetwas. Sieh mal, Warwara ist kreideweiß im Gesicht –

SCHALIMOW *zu Kalerija* Amüsieren Sie sich?

KALERIJA Ich halte das nicht aus... Sehen Sie, überall Schling-
pflanzen, die aus dem Sumpf steigen – sie werden mich erdros-
seln!

RJUMIN *zu Warwara* Warwara Michajlowna, dieser Orkan von
Brutalität und Gemeinheit hat meine Seele zertrümmert... ich
kann nicht mehr... ich muß gehen... Ich wollte einen stillen
Abend mit Ihnen verbringen – meinen letzten Abend... Aber
ich gehe jetzt, für immer. Leben Sie wohl!

WARWARA *überhört ihn.* Wissen Sie, was ich denke? Ich denke,
Suslow ist aufrichtiger als alle anderen. Ja, aufrichtig. Er ist unverschämt geworden, ja, aber er hat schonungslos die Wahrheit
gesagt...

RJUMIN Ist das Ihr letztes Wort? Mehr haben Sie mir nicht zu sagen... Mein Gott! *Er rennt in den Garten.*

BASOW Na, mein Bester, das war ja eine Glanzleistung. Nun
müßtest du dich aber entschuldigen, nicht wahr?

WLAS Was? Ich? Mich entschuldigen – bei denen?

BASOW Was ist schon dabei? Sag einfach: ich wollte ja nur einen
Scherz machen... Es weiß doch jeder, daß du ein Komiker bist.

WLAS Gehen Sie doch zum Teufel! Sie sind ein Komiker, ein Erbsenclown sind Sie!

BASOW Was erlaubst du dir, du Lümmel?!

WARWARA Sergej, bitte! Wlas!

BASOW Ich laß mich doch nicht Erbsenclown nennen von diesem Rotzbengel.

WLAS Nur der Respekt vor meiner Schwester hält mich zurück...

MARJA LWOWNA Wlas, nimm dich zusammen!

BASOW Aha, aha. Jetzt habe ich aber genug...

WLAS Halunke!

Man wird mit
Überra-
schung zur
Kenntnis neh-
men, daß der
weiche Basow
über eine ge-
waltige bra-
chiale Kraft
verfügt. *Es entsteht ein Handgemenge. Tische fallen um.*

SASCHA *kommt.* Soll ich auftragen?

WARWARA Geh, Sascha, bitte, geh!

SASCHA Es wäre besser, ich würde auftragen. Wenn Sergej sein
Essen sieht, beruhigt er sich wieder.

Man hört einen Schuß aus dem Wald.

ZAMYSLOW *zu Sascha* Kommen Sie, stellen Sie die Tische wieder
auf.

SASCHA Sergej, mein Dummerchen, soll ich dir dein Essen bringen?

BASOW Frag mich nicht, frag mich nicht. Ich habe hier nichts zu sagen, in meinem eigenen Haus!

SCHALIMOW Reg dich doch nicht so auf, alter Junge. Nimms ein bißchen philosophisch.

BASOW Hab ich eine Wut. Ein frecher Rotzbengel ist er.

77

Basow, Schalimow und Suslow ziehen sich an einen Tisch zurück.

SUSLOW Ich glaube, ich muß mich bei dir entschuldigen. Ich habe mich vorhin nicht ganz in der Gewalt gehabt... Aber dieses Weibsbild hat mich derart in Rage gebracht.

BASOW Versteh ich doch. Versteh ich sehr gut. Ein Mensch muß Taktgefühl haben, sonst ist er eben keiner.

SCHALIMOW Sie sind allerdings etwas weit gegangen in Ihrer Charakterstudie –

BASOW Laß ihn nur. Ich unterschreibe jedes Wort, das er gesagt hat. Und was diese reizende Dame angeht, so würde ich ihr am liebsten...

SUSLOW Die Frauen – die spielen sich auf! Das hat es früher nicht gegeben, dieses Affentheater. Sie brauchen sich wirklich nicht zu wundern, wenn einem mal der Kragen platzt!

BASOW Ja, es ist leider nicht so einfach, in Frieden mit einer Frau zusammenzuleben.

Warwara und Marja Lwowna kommen unbemerkt dazu und hören das Gespräch der Männer.

SCHALIMOW Eine Frau ist ein unschuldiges und wildes Geschöpf. Man muß sie sorgfältig erziehen. Man muß ihr allmählich beibringen, wie sie reden soll, wie sie sich benehmen soll...

BASOW Ja, da hast du recht. Die Frau steht im Grunde dem Tier näher als der Mann. Und wenn eine Frau zu einer richtigen Frau werden soll, dann muß der Mann einen sanften, aber auch kräftigen und in seiner Kraft schönen, unwiderstehlich schönen Despotismus walten lassen.

Ein Männergespräch über Frauen. Es steckt eine erhebliche Gefahr in dieser Szene. Was die drei Herren sich da zusammenphilosophieren, ist derart ordinär und gemein, daß es die Figuren unverhältnismäßig zu erniedrigen droht. Zum anderen müssen ihre Ansichten außergewöhnlich niedrige sein, damit Warwara, die das Gespräch mitanhört, davon in außergewöhnlich hohe Erregung versetzt wird. Dieser Augenblick löst schließlich den unmittelbaren emotionalen Alarm zum Aufbruch aus.

307

SUSLOW Man muß sie einfach öfter schwanger machen. Dann hat man sie fest in der Hand.

WARWARA Ihr Schweine!... Ihr verdammten Schweine!

BASOW Was ist denn los? Also, Pjotr, jetzt hast du wirklich übertrieben...

MARJA LWOWNA Warja, laß uns gehen. Laß uns weggehen von hier.

BASOW Pjotr! Dich hat wohl der Teufel geritten. Wie kann man nur so unvorsichtig daherschwätzen!

SCHALIMOW Morgen werde ich abreisen. Es ist etwas kühl geworden und feucht.

78

Pustobajka und Kropilkin schleppen Rjumin herbei. Er wird auf einen Tisch gelegt, Marja Lwowna und Dudakow behandeln seine Wunde.

RJUMIN Einen Arzt, einen Arzt – um Himmelswillen, schnell!

KALERIJA Sind Sie verletzt? Wer hat das getan?

PUSTOBAJKA Wer soll hier jemand etwas tun? Er selbst hats getan.

RJUMIN Ich schäme mich – ich schäme mich so. Verzeihen Sie mir... Ich hätte besser zielen sollen. Aber wenn der Mensch nur ein kleines Herz hat, und das schlägt so aufgeregt, dann ist es nicht leicht, richtig zu treffen.

MARJA LWOWNA Na, das ist nicht weiter schlimm. Nur eine Fleischwunde.

DUDAKOW Wie kann man sich in den Arm schießen? Hierhin, hier links oder in den Schädel muß man schießen, wenns ernst sein soll.

RJUMIN Kein Erfolg im Leben, und kein Erfolg beim Sterben... Ich bin ein erbärmlicher Mensch.

JULIJA Da hat er recht.

ZAMYSLOW Ein trauriges Vaudeville.

RJUMIN *zu Warwara* Geben Sie mir Ihre Hand. Ich liebe Sie – ich kann nicht leben ohne Sie.

WLAS Ach, fahr doch zur Hölle mit deiner Liebe!

KALERIJA Wie kannst du es wagen, einem Sterbenden ins Gesicht zu schlagen?!

BASOW Sollen wir ihn auf dein Zimmer tragen, Warja?

RJUMIN Nicht nötig. Ich kann gehen.

BASOW Tatsächlich? Sehr gut.

PUSTOBAJKA *zu Doppelpunkt* Also, ich bin das gewesen, der den Herrn da gefunden hat –

DOPPELPUNKT *gibt ihm Geld.* Hau ab, du – Kreatur.

KALERIJA Er wird sterben. Ich wünschte, ich wäre an seiner Stelle.

SCHALIMOW *zu Warwara* Ein peinlicher Zwischenfall, nicht?... Erlauben Sie, ich wollte – Sie haben eben zufällig gehört –

WARWARA Schweigen Sie. Es ekelt mich. Ich will nichts mehr hören. Ich hasse euch...

WLAS Laß nur, Schwester, ich übernehme das – Ihr mit euren falschen Fratzen auf dem Gesicht – ich schwöre: solange ich lebe, werde ich euch diese Masken herunterreißen, hinter denen ihr eure Lügen und Gemeinheiten versteckt, eure kalten Herzen und euren leeren Verstand!

MARJA LWOWNA Wlas, nicht, es hat keinen Zweck!

WARWARA Doch. Diese Herrschaften sollen mich hören... Ich habe teuer genug bezahlt für das Recht, jetzt alles zu sagen, alles! Sie haben mein Leben zerstört, sie haben mich ausgelöscht... Bin ich nicht früher eine andere gewesen? Ich habe keine Kraft mehr, ich habe nichts mehr zum Leben... bin ich nicht früher ganz anders gewesen?

JULIJA Ja, das muß ich auch mich fragen – bin ich nicht früher ganz anders gewesen?

BASOW Jetzt ist es aber genug, Warja. Was ist denn nur los? Alles nur wegen diesem Rjumin, diesem Idioten!

WARWARA Laß mich!

BASOW Meine Freundin –

WARWARA Ich war nie deine Freundin. Und du warst nie mein Freund. Wir sind immer nur Mann und Frau gewesen. Und jetzt gehören wir nicht mehr zueinander. Wir sind Fremde... Ich gehe fort.

BASOW Wohin denn? Schäm dich, Warja. Vor allen Leuten, in aller Öffentlichkeit –

Kalerija spürt vielleicht am allerschmerzhaftesten, daß etwas für immer auseinanderbricht. Sie steht da wie gelähmt.

Wlas, zum Schluß, ist schon ein anderer geworden: ruhig, ernst, ohne Gebärde, Bedrohung aus leisem, durchdachtem Haß.

Warwara spricht mit letzter Kraft, und mit letzter Kraft streicht sie dabei ein Tischtuch glatt, hebt einen umgestürzten Stuhl auf. Das wird kein starker, stolzer Abgang sein, nach dieser langen erschöpfenden Überwindung...

WARWARA Ich gehe weg. Ich werde leben. Etwas tun! Gegen euch!

DOPPELPUNKT *zu Basow* Sie sind ein Halunke. Aber Sie haben ja keine Ahnung...

KALERIJA Was heißt denn das? Was geschieht denn jetzt?

MARJA LWOWNA Kommen Sie. Helfen Sie mir.

WLAS Komm mit uns, Kalerija, komm nur.

KALERIJA Wohin? Wohin denn?

Kalerija, Wlas, Doppelpunkt und Marja Lwowna stützen Warwara. Sie brechen auf.

JULIJA Wenn ich nur auch weggehen könnte. Wenn ich nur könnte!

DUDAKOW Komm jetzt, Olga, wir gehen.

OLGA Wird er sterben?

DUDAKOW Nein. Niemand wird sterben. *Sie gehen weg.*

BASOW Hilf mir doch – die sind alle verrückt geworden...

SCHALIMOW Was soll man da machen? Beruhige dich, mein Lieber. Setz dich.

BASOW Du glaubst wohl, die meinen es nicht ernst, was? Warum lachst du?

JULIJA Na, Pjotr, wollen wir noch ein bißchen weiterleben? Na, komm –

Sie gehen weg. Zwischen den umgestürzten Tischen sitzen Basow und Schalimow. Sie sind allein zurückgeblieben.

SCHALIMOW Das ist alles so bedeutungslos – die Menschen und was mit ihnen geschieht, das bedeutet alles nichts... Gieß mir Wein ins Glas... das ist alles vollkommen gleichgültig, mein Lieber.

Was ist Gleichgültigkeit? Zynismus? Niedertracht? Oder: Nervenlähmung? Oder: Schmerzenstrost? Es ist schwer zu sagen.

Trilogie des Wiedersehens

Theaterstück

Wenn ich im Herzen der Angst
eine befremdliche Absurdität leise wachrufe,
so öffnet sich ganz oben in der Mitte
meines Schädels ein Auge.
Georges Bataille

Personen

SUSANNE, 42
MORITZ, 37, Direktor des Kunstvereins
FRANZ, 68, Schauspieler
ANSWALD, 30, sein Sohn, Schauspieler
ELFRIEDE, 35, Kieperts geschiedene Frau
KLÄUSCHEN, 11, ihr Sohn
LOTHAR, 40, Arzt
RUTH, 31, seine Frau
MARLIES, 29, Malerin
FELIX, 35, ihr Freund, Verkaufsleiter
JOHANNA, 29
RICHARD, 39, Drucker
MARTIN, 64, Drogist
VIVIANE, 61, seine Frau
PETER, 26, Schrifsteller
WÄRTER
KIEPERT

Ein Ausstellungsraum im Kunstverein. Mittagslicht fällt von oben
durch eine Glasüberdachung. Zwei Durchgänge rechts und links
hinten zu angrenzenden Sälen. Im Vordergrund Mitte eine Rundbank mit dunklem Lederbezug. Auf der Rückwand ein großes Ta-
felgemälde im Stile des fotografischen Realismus. Eine flache
norddeutsche Landschaft mit einer darin laufenden und sich ver-
laufenden Landstraße. An den Wänden rechts und links verschiedene kleinere Bilder, die man nicht genau erkennt.
In der Nähe des linken Durchgangs ein Wärter auf einem Stuhl.
Bevor noch die Handlung beginnt, erscheinen die Schauspieler in
diesem Raum wie Besucher einer Ausstellung. Einzeln oder zu
mehreren halten sie sich dort auf, kommen und gehen ohne Eile.
Wenn sich jemand allein weiß, so wird er sich dementsprechend
verhalten. Er wird sich kratzen, Notizen machen, ausruhen usw.
Ebenso wird ein anderer sich die Schuhe schnüren oder wieder ein
anderer wird sich neben eine Dame stellen und sie, während sie
ein Bild betrachtet, beobachten.
Hin und wieder läuft ein etwa elfjähriger Junge herein und fotografiert mit seiner Polaroidkamera.
Oft ist niemand im Raum, nur der auf seinem Stuhl schlum-
mernde Wärter. Das Kind kommt und fotografiert ihn. Das entwickelte Bild steckt es dem Wärter in die immer griffbereite Hand
seiner rechten Armprothese. Unterdessen läuft eine Frau durch
den Raum und ruft nach ihrem Mann. Das Kind hinterher. Dunkel. (Schwarze Blende für wenige Sekunden.) Wenn das Licht
wieder anspringt, wird sich der Wärter sein Bild ansehen. Zwei
Herren passieren, man sieht sie eben noch, kurz vor dem rechten
Durchgang, während der eine zum anderen, nach einem kurzen
Seufzer, sagt: ›Ja… Zwangsläufig.‹ Dann wieder ist niemand da.
Nur das Gemurmel aus den anderen Räumen. Der Wärter steckt
das Foto in seine Jackentasche und geht nach links ab. Von rechts
kommt jemand, sieht auf die Uhr und kehrt schleunigst wieder
um. Und so weiter, bis schließlich der Vorhang fällt.

I
Kleine Gesellschaft

Mittags

I

Wenn der Vorhang aufgeht, fällt starkes Licht von rechts und links aus den Durchgängen. Im Raum selber, nach vorne zu, ist es halbdunkel. Der Wärter hat seinen Stuhl auf die andere Seite, in die Nähe des rechten Durchgangs, gestellt.
Von links kommt Susanne und lehnt sich sofort mit dem Rücken an die Wand, wie nach überstandener Flucht. Nach kurzer Zeit erscheint Moritz. Susanne löst sich von der Wand und geht nach vorne. Moritz hinterher.

MORITZ Entschuldigen Sie – ich glaube, Sie haben sich weiß gemacht...
SUSANNE Fassen Sie mich nicht an! Kscht! Finger weg! Mein Gott – kann man mich denn nicht in Ruhe lassen?! Was wollen Sie? Was?!
Moritz wendet sich langsam um. Susanne geht zur Sitzbank und läßt sich niederfallen. Moritz geht nach links ab.

Dunkel / Hell. Blende

Susanne sitzt auf der Bank. Zu ihren Füßen ein umgestürztes Weinglas, auf dem hellgrauen Spannteppich eine Lache. Moritz steht im linken Durchgang, an die Wand gelehnt.
SUSANNE Hören Sie mich? Sind Sie stolz? Ja?
Wieder haben Sie mich eingeladen zu Ihrer großen Sommerausstellung. Wieder haben Sie in diesen Hundstagen die breiten und die hohen Bilder aufgeschlagen. Unter günstigen klimatischen Bedingungen, so daß wir von hier oft schöner ins Weite blicken als draußen irgendwo in der Hitze der Natur. Neben den großen die unzähligen mittelgroßen, die kleinen,

316

die niedlichen, die winzigen und die nichtigen Kunstwerke. Verstreut über alle Wände. In unvergleichlicher Fülle. In Grabeshülle und -fülle, möchte ich fast sagen. Zuviel für den lebenden Kunstfreund! Zuviel für den Zeitgenossen! Zuviel für mich!

Moritz geht nach links ab.

Eine bewunderungswürdige Ausstellung, vielleicht eine, für die Kunst des Realismus, vielleicht eine Jahrhundertausstellung – falls sich nichts Umwerfendes mehr ereignet in diesem Jahrhundert. Oh, Moritz, wären Sie selbst ein Künstler, so unter allen Umständen ein furchtloser Künstler, ein furchtloses Temperament... Es ist, als sähe ich nichts...

Liebster?

Das Gesicht ist mir schwer. Als wäre es Stein. Es möchte fallen, fallen. Dorthin, wo Sie gegangen sind.

Die Reste Ihrer Schritte... eine Perle aus Erde im zerschlissenen Gewebe des Teppichs, ein Streifen Schuhwichse an der Bodenleiste, da unten, wo alles schwer zu sehen ist, schwer zu erkennen, schwer zu verstehen, da unten.

Das wissen Sie doch, Moritz, das machen wir mühsam und da beugen wir tagelang den Nacken über dieselbe Erinnerung. Zu Tränen betäubt, wenn wir den Fußstapfen finden, nicht die ganze Erinnerung, beileibe nicht, vielleicht eine Haarschuppe, ein Zündholzstielchen, ein Speichelfleck, ein Faden Gewand. Hören Sie mich? Ja?

Kläuschen kommt von links und hört Susanne eine Weile zu.

Was wir nicht schwerfällig tun, das haben wir ganz so wie nicht getan. Ich erinnere Sie, Moritz, an Ihre eigenen Worte. Sie haben die Mühe gelobt und immer wieder die Mühe. Und nun dürfen wir nicht so tun, als verstünden wir nicht schwer. Als müßten nicht erst Wochen vergehen, bis ich den seltsamen Einwand von heute, Ihr schnellgeflüstertes Versprechen plötzlich richtig begreife... Hinter den hastigen Faxen und Sprüchen, hinter den blendenden Geistesgeschäften trifft langsam, langsam ein stures Gedächtnis die Wahl... Wir wissen nicht, was wir uns merken können, voneinander... Wir kommen nur langsam voran... Doch in der Ferne, Moritz, dort, wo wir nicht sind, gehen laut die schweren Tore auf – hören Sie? – es poltert, es rasselt, es quietscht –

KLÄUSCHEN Bist du betrunken?

SUSANNE Wäre ich betrunken, mein Junge, dann solltest du mir helfen und nicht über mich lachen. Hilfe brauchen Betrunkene.

KLÄUSCHEN Ich will dich schießen. Gibst du mir Geld?

SUSANNE Nein. Geh weg.

KLÄUSCHEN Wenn du kein Foto willst, zeig ich dir was. Gibst du mir dann Geld?

SUSANNE Kommt drauf an, was du mir zeigst.

KLÄUSCHEN Meine Wunden. Auf der Stirn habe ich eine Narbe. Alex hat mit der Schleuder hingeschossen. Hier ist mein Mittelfinger. Den habe ich gequetscht, als mein Vater die Tür zuschlug.

SUSANNE Nichts zu sehen.

KLÄUSCHEN Doch. Gib mir Geld.

Susanne nimmt eine Münze aus ihrem Handbeutel und gibt sie Kläuschen.

KLÄUSCHEN Sieh mal unter meinen Kopf. Da ist ein roter Riß. Ich bin in ein Drahtseil gelaufen, als meine Mutter mich zum Essen gerufen hat. Gib mir Geld.

SUSANNE Geh jetzt.

KLÄUSCHEN Gib mir Geld.

SUSANNE Nein.

KLÄUSCHEN Gib mir Geld! Gib mir Geld!

Susanne nimmt eine Handvoll Münzen aus dem Beutel und wirft sie nach dem Kind. Kläuschen läuft heulend weg. Susanne wirft weiter Münzen hinter ihm her...

SUSANNE Da hast du Geld!... Geld!... Pinkelkind!

Moritz kommt von links und nimmt den Jungen, der sich an ihn schmiegt.

SUSANNE Moritz? Hören Sie mich?

Blende

Susanne allein. Der Wärter auf seinem Stuhl.

SUSANNE Sagen Sie mir: woran erkennen Sie mich eigentlich? Wie kommt es, daß Sie mich, mich Ununterscheidbare, von Mal zu Mal wiederfinden, ohne sich zu irren? Was sagt Ihnen: da ist sie ja, ... meine Susanne? Wenn ich in den Spiegel sehe, so finde ich nichts, was nicht auch in tausend anderen Gesichtern zu finden ist. Kann mir nicht vorstellen, daß Sie mich sehen! Unter all Ihren Freunden, den Freundesfreunden und den Freunden der Freundesfreunde; zwischen uns beiden wimmelt es immer von Menschen und menschenleeren Menschen –. Hören Sie, falls Sie mich einmal nicht gleich erkennen: ich bin diese große, etwas zu lang geratene Frau, auf deren Wangen die roten Flecken glühen, sobald Sie in der Nähe sind...

Viviane und Martin gehen im Hintergrund vorbei. Eingehakt, im Gleichschritt. Sie bleiben vor dem großen Gemälde an der Rückwand stehen.

VIVIANE Oh nein –! Dort bin ich niemals gewesen... Wie schön!

MARTIN Ja. Wie aus einem Fenster.

Sie gehen nach einer Weile nach links ab. Unterdessen hat Susanne weitergesprochen.

SUSANNE Nein. Lassen wir die kleinen koketten Bemerkungen. Sparen wir uns das Verliebttun. Vermeiden wir bei Gott jene Zärtlichkeiten, in denen die großen Gefühle allzu leicht Zerstreuung finden. Gar Entkräftung. Halten wir auch die Tränen zurück, damit sie später, wenn wir uns freuen, nicht zu dürftig fließen. Nur – sehen Sie –, so wie ich alles sammle, hüte, pflege und erziehe, was ich für Sie verschwenden will, wenn's nur erst soweit ist – so bin ich doch schon auch ein wenig krumm geworden unter diesem harten Aufschub. Aufrechtgehen, in Erwartung, tut mir weh. Ich möchte hocken, liegen, schleichen, fallen, bis Sie kommen und mich heben. Der gerade Rücken ist ein schweres Erbe der Natur, wenn der Kopf dich ewig niederzieht...

Hören Sie mich?

Sie sieht sich zum ersten Mal um und bemerkt, daß Moritz nicht anwesend ist.

Hörst du mich?

Nun will ich dir auch sagen: du bist mir nicht nur lieb, du bist mir auch verhaßt in meiner Liebe.

Du gibst mir kein Gefühl für mich. Du hast mich weit entfernt von mir. Vor dir stehen heißt, im Rücken gegen eine leere rohe Wand gestoßen. Dahinter verfällt das eigene Schicksal wie ein nie bewohntes Haus. Du achtest nicht, nein, ahnst nicht einmal, woher ich komme, wer mich geführt und wer mich umgestoßen hat, wer mich verlassen, wer mich aufgenommen hat. Wie ich erzogen worden bin, ein Kind, und wie es sich die Grundausstattung seiner Furcht erwarb. Wie ich viel zu früh den Mann fürs Leben fand, ein halbes Dutzend Mädchenjahre Ehe, die zweite Wiege meiner Schrecken.

Davon weißt du nichts und willst davon nichts wissen. Ich sag es nur, damit ich's selber nicht vergesse. Es ist mir schon passiert, daß ich zusammenzucke und meinen Mädchennamen plötzlich nicht mehr weiß... Du hast mich nie gefragt, wie ich mit meinem richtigen Namen heiße... Nein, Moritz, du gibst mir kein Gefühl für mich –

Blende

Alle Besucher der Ausstellung, also alle Freunde von Moritz, außer ihm selbst, stehen, wie ein Chor, im Hintergrund und hören Susanne zu. Helles Licht.

Kein Gefühl für mein Alter. Für die Geschichte meines Gesichts. Für die Laufbahn meiner guten, meiner schlechten Seiten. Alles an mir, Moritz, ist einmal geworden, wie es ist und viele, viele haben das aus mir gemacht, was ich dir heute scheine ganz allein durch dich zu sein. Warum also, warum stehe ich vor dir und bin auf einmal nicht mehr als nur ein Durchblick, nur eine bessere Aussicht auf dich selbst, als vielleicht der Spiegel sie gewährt? Eine Frau mit Durchzug im Kopf, offene Augen, offener Mund. Ein Maskottchen von euch Kunstgängern, Anhängsel, bezahlt fürs regelmäßige Dabeisein. Müde und einfühlsam. Wißbegierig gleichgültig, erstaunt erschöpft, nachdenklich dumm...

Moritz kommt, ohne vom Boden aufzusehen, von links. Alle, außer Susanne, sehen zu ihm. Er bleibt stehen, sieht die anderen und dann Susanne an.

Warum sagst du mir nicht, was ich tun soll, um aus dieser trägen Qual herauszukommen? Aus dieser ewig unentschiedenen Gegenwart mit dir?

Moritz. Wir von Augenblick zu Augenblick, und sonst gar nichts. Wir Geschiedene. Wir Rücken an Rücken Vereinte. Wir Wiederkehrende –

MORITZ Ja. So ist es.

Susanne und Moritz sitzen nebeneinander auf der Bank. Alle anderen sind verschwunden.

SUSANNE Kann man denn verachten, was ein Mensch träumt?... Nein. Kann man nicht.

MORITZ Wollen Sie gewisse Dinge offen aussprechen – oder?

SUSANNE Bleiben Sie, bleiben Sie... Was haben die anderen in der Zwischenzeit gemacht?

MORITZ Die anderen... Sie haben nun nach und nach alle Bilder gesehen. Manch einer beginnt sein Lieblingsbild zu wählen. Ruth steht unruhig wartend vor einem Bild von Midgette, wie vor einem Bankschalter, der noch nicht geöffnet hat. Answald hat sich abgewendet, als er Schäfers ›Schlachthof‹ sah. Es ist ihm technisch nicht solide genug. Behauptet er. Aber sein Vater, den wir ja alle noch nicht kennen, ist stehengeblieben. Es schien ihm zu gefallen. Er ist übrigens Schauspieler wie sein Sohn. Noch bevor man ihn recht kennengelernt hat, erzählt er aus seinem Leben. Erzählt jedem, daß er eine ähnliche Biographie habe wie der französische Dichter Jean Genet. Diebstahl und Prostitution. Bis zu einem gewissen Zeitpunkt, fügt er lächelnd hinzu. Elfriede probiert wieder einmal, wie sie am besten in die beiden Spiegelbilder von Pistoletto hineinpaßt. Richard überströmt den stillen Hofkunst mit ungeeigneter Phantasie. Martin, selber Drogist, schüttelt natürlich den Kopf vor Tripps Gemälde ›Drogisten ziehen niemals um‹. Alles in allem scheinen sie zufrieden zu sein. Wenn auch niemand bis jetzt ein demütiges oder originelles Verhältnis zu einem der Werke gefunden hat. Trotzdem, ich glaube, wir hängen alle, auch wenn wir einmal nur im Vorübergehen hinschielen, mit ganzem Herzen an unseren Bildern. Oft sehen wir ja, ohne zu sehen, nur um zu fühlen. Oft sind uns ja jene Werke die liebsten, die nicht angestarrt werden wollen und uns erlauben, an ganz etwas anderes zu denken. Elfriede hat zu ihrem Sohn gesagt, einem Kind, wohlverstanden, es möge sich jetzt schon an den Genoves erinnern. Sie wissen, die großen dunklen Bilder mit den geschlagenen, niederpurzelnden Demonstranten. Erinnere dich so früh wie möglich daran, hat sie zu Kläuschen gesagt. So früh wie möglich sich zu erinnern lernen. Sich zu erinnern so früh wie möglich im Leben beginnen. Das war, selbstverständlich, über den Kopf des Kindes hinweggesprochen, zu Peter, wie Sie sich denken können. Peter hat es, ebenfalls über den Kopf des Kindes hinweg, bestätigt und etwas sehr Schönes hinzugefügt: man müsse das Gedächtnis einer Begierde besitzen, einer behinderten Begierde – so wie wir zum Beispiel, meint er, jedes Wort erinnern, das wir mit einer weit entfernten Geliebten am Telefon gewechselt haben – ein solches Gedächtnis für die Bilder, für eine gewisse Literatur. Ja, das leuchtet mir ein. Lothar, der nicht bei bester Laune zu sein scheint, hat später erzählt, im Beisein von Richard, daß er Richard wegen einer Gürtelrose zu einem Neurologen geschickt habe. Die andern fanden seine Bemerkung taktlos. So als habe sich Lothar, der Arzt, in aller Öffentlichkeit über seinen Patienten lustig gemacht. Nun ja, was heißt da ›Öffentlichkeit‹? Wir sind ja doch unter uns, eine so kleine Gesellschaft... Rede ich zuviel, zu dumm, zu laut?

SUSANNE Nein. Reden Sie nur.

MORITZ Ja, sehen Sie, seltsam. Mit Ihnen ist es seltsam, Susanne. Alles, was mir in den Sinn kommt, ist so gut wie ausgesprochen. Ich meine: es gibt eigentlich nichts, was in einem Gespräch zwischen uns nicht gesagt werden könnte. Ich wollte fragen, ob wir miteinander schlafen –

SUSANNE Wie?!... Moritz!... Sind Sie verrückt?

MORITZ Nicht. Lassen Sie nur. Schon vorbei. Manchmal, wenn ich getrunken habe, überschlägt sich mein Herz. Hoppla. Ohne daß es eine wirkliche Freude aufgestachelt hätte. Answald hat nun ausgerechnet heute Geburtstag. Gestern ist ihm seine Freundin davongelaufen. Elfa oder Elfi – sie ist angeblich auch schon mal hier gewesen. Felix hat erzählt, daß sie zu Hause in der Badewanne unter Wasser taucht, um durch die Leitungsrohre die Gespräche in anderen Wohnungen zu belauschen. Jetzt hat Answald extra seinen alten Vater herkommen lassen, aus Bamberg, wo er schon seit zwanzig Jahren Theater spielt. Er wollte ihm natürlich seine Freundin vorstellen, und ausgerechnet heute, an seinem Ehrentag, steht er mit leeren Händen da.

Johanna erscheint im linken Durchgang.

JOHANNA Kommt ihr? Es gibt Kaffee und Brötchen. Marlies läßt fragen, wo denn der Pflaumenschnaps ist, den sie dir mitgebracht hat.

MORITZ In meinem Büro. Ich komme gleich.

Johanna geht wieder. Moritz ruft hinter ihr her. Johanna!...

Mit Felix und Marlies geht es gar nicht gut. Sie wollen sich wieder einmal trennen. Das heißt: er will, sie wohl nicht. Fast vor jedem Bild haben sie sich gezankt. Eine Malerin und ein Kaufhofverkäufer, da gibt es eben doch eine Art Klassenunterschied in der ganzen Mentalität. Obwohl Felix ein durchaus eigenwilliges Geschmacksurteil besitzt. Ich will nicht sagen, er versteht etwas von Bildern, aber er hat seinen Dickschädel. Stilleben zum Beispiel sieht er sich prinzipiell nicht an. Egal aus welcher Epoche, von welchem Meister. Er ist gegen das ganze Genre. Ich will Menschen sehen, sagt er, und über Menschen hinweg ins Weite. Ein Gemälde mit leblosen Dingen im Vordergrund ist nicht mythisch. Mythisch ist leider seit neuestem sein Lieblingswort.

Susanne steht gerade neben Moritz auf und sieht verwundert zu ihm hinunter.

Häßliche Angewohnheit. Es kommt noch so weit, daß er sagt: Danke, das ist mythisch nett von Ihnen, wenn man ihm eine Tasse Tee einschenkt. Soweit kommt es noch.

Susanne setzt sich wieder neben ihn und nimmt seine rechte Hand.

Tja, was soll ich sagen –? Es gab noch dies und das. Das meiste unscheinbar und im Vorübergehen, so daß es sich gut ertragen läßt. Im Grunde wird sich nichts geändert haben... Kommen Sie, Susanne. Gehen wir.

SUSANNE Ja.

Sie stehen auf. Nach wenigen Schritten bleibt Susanne stehen und blickt zurück auf ihren Sitzplatz.

SUSANNE War da nicht noch irgend etwas Beunruhigendes?

MORITZ Kommen Sie.

Susanne folgt ihm. Im linken Durchgang begegnen sie Elfriede und Kläuschen. Elfriede dreht sich um, wenn Susanne bereits verschwunden ist.

ELFRIEDE Ein Kind mit Geld bewerfen. Das sieht dir ähnlich. Ich möchte nicht wissen, wie du dein Geld verdienst.

Zu Kläuschen, der die Münzen vom Boden aufhebt.

Laß das liegen. Du sollst dieses Drecksgeld liegen lassen, verstehst du?! Hast du denn überhaupt nichts anderes im Kopf?

Dunkel

2

Elfriede und Kläuschen. Franz kommt vorbei.

FRANZ Guten Tag. Ich bin der Vater von Answald. Wir haben uns noch nicht begrüßt.

ELFRIEDE Guten Tag. Ich heiße Elfriede.

FRANZ Na, und du? Kleiner Mann – ganz groß?

KLÄUSCHEN Kläuschen.

Kläuschen fotografiert Franz.

FRANZ Ach, lieber Klaus, in unserm Haus, da lebt die Maus, in Saus und Braus... Na bitte... *Zu Elfriede* Ich höre, es gibt Brötchen mit Kaffee. Tja. Gerade gestern hat mir mein Arzt erlaubt, endlich wieder nach Herzenslust zu essen und zu trinken. Ich hatte eine kleine Auseinandersetzung mit meiner Galle... Na, und nun wollte ich heute üppig tafeln gehen, in großem Stil, mit meinem Sohn, zu seinem dreißigsten Geburtstag. Aber so furchtbar deprimiert wie er ist – hat er leider überhaupt keinen Appetit, der Ärmste. Also, belegte Brötchen. Das wird wohl kein Festtag mehr... Haben Sie sein Mädchen gekannt, ja?
War wohl kein sehr wertvoller Mensch, nein?

ELFRIEDE Elfriede? Ja. Sie hieß auch Elfriede. War aber nicht so der Typ Elfriede wie ich.

FRANZ Ach, das würde ich nicht sagen.

ELFRIEDE Sie kannten sie doch nicht.

FRANZ Nein –

ELFRIEDE Eben.

FRANZ An sich, natürlich, es ist kein Beinbruch, in seinem Alter, wenn ihm heute die Freundin Ade sagt. Soll sie! Morgen kommt bestimmt die nächste um die Ecke.

ELFRIEDE Das sagen Sie so.

FRANZ Stimmt's nicht, nein?... Tja, also dann, ich werde wohl mal ein bißchen an den Brötchen schnuppern...

Er betrachtet das Bild im Hintergrund.

Seltsames Gemälde. Naturgetreu. Perfekt nach der Natur. Und doch hat es etwas Geheimnisvolles. Beseeltes. Finden Sie nicht?

ELFRIEDE Nein.

FRANZ Nein? Na, vielleicht täusche ich mich. Vielleicht ist es nur mein höchstpersönlicher Eindruck...

Kläuschen tritt ihm in den Weg und hält ihm das entwickelte Foto hin.

ELFRIEDE Kläuschen! Ich bitte dich: laß es sein!

FRANZ *zückt seine Börse.* Aha. Der Herr Foto-Graf haben sich einen Schnappschuß gestattet, was? Und das Bild schon fertig? Ganz famos. Jetzt mußt du mir altem Greenhorn aber erklären, wie dieser Teufelskasten funktioniert, mein Junge.

KLÄUSCHEN Ist kein Teufelskasten. Polaroid SX – 70. Land Camera Model Two.

Blende

Außer dem Wärter ist niemand im Raum. Ruth läuft von rechts nach links.

RUTH Viviane ist schlecht geworden... Martin!... Martin! Viviane ist schlecht –

Sie verschwindet links. Der Wärter steht auf und geht durch den rechten Durchgang ab. Answald kommt von rechts, sieht, daß niemand da ist und geht wieder ab. Nach einer Weile kommt Lothar von links, nimmt den Stuhl des Wärters und verschwindet wieder. Geräusche aus dem links angrenzenden Raum, wo gegessen, getrunken und geredet wird.

Johanna kommt von links und geht auf die Rundbank zu. Sie hebt seitlich ihren Rock und holt einen Brief hervor, den sie sich auf die Hüfte gesteckt hat. Es ist ein langer, dicker, viele, viele handgeschriebene Seiten umfassender Brief, den sie nun zu lesen beginnt.

JOHANNA Johanna – meine liebe Liebste...

Nun liest sie stumm mit allen inneren und äußeren Bewegungen, die das Lesen eines Liebesbriefs begleiten. Sie nickt, lächelt, kichert, sinnt nach, streift die Schuhe von den Füßen, kratzt die Fußsohle, wirft Haare aus dem Gesicht, flucht, schüttelt den Kopf, bohrt in der Nase, ruckt auf dem Sitz, ruft ›Oh!‹ oder ›Scheißkerl!‹ usw. Die gelesenen Seiten läßt sie an sich hinunter auf den Boden fallen.

Nach einer Weile kommt der Wärter und bemerkt, daß sein Stuhl verschwunden ist.

WÄRTER Entschuldigen Sie – mein Stuhl – ich meine, Sie wissen nicht zufällig – Sie kennen ihn vielleicht – der kleine braune Stuhl für den Aufseher – es ist lächerlich, ich will Sie nicht stören – aber er ist nicht mehr da...

JOHANNA Der Stuhl?

WÄRTER Ja. Genau. Sie haben gewiß bemerkt, daß ich dort, aber manchmal auch dort sitze oder daß jedenfalls, auch wenn ich gerade einmal nicht sitze, trotzdem die ganze Zeit über ein Stühlchen oder kleiner Stuhl für mich bereitsteht.

JOHANNA *beim Lesen* Ihr Stühlchen ist weg?

WÄRTER Ja... Na ja, Gott, was heißt ›Stühlchen‹...! In erster Linie ein ganz normaler Stuhl. Für einen normal gewachsenen Menschen, praktisch nichts Besonderes. Wenn Sie sich überzeugen wollen... *Er zeigt das Foto, das Kläuschen gemacht hat.* Praktisch kann jeder darauf sitzen, sollte es aber nicht. Sehen Sie, runde Lehne, runder Sitz. Angenehm.

JOHANNA *gibt das Foto zurück.* Ich weiß. Ich kenne ihn.

WÄRTER Alles was recht ist: man kann mir doch nicht einfach meinen Stuhl fortschleppen!

JOHANNA Fragen Sie die andern. Die sitzen dahinten und trinken Kaffee.

WÄRTER Man nimmt doch keinem Menschen den Stuhl weg, der hier seinen Platz hat. Das gibt's doch gar nicht! Ich hänge doch auch niemandem ein Bild vor der Nase ab, wenn er sich gerade diese Bilder da anschaut.

Er setzt sich auf die hintere Fläche der Rundbank, so daß er Einblick in den linken Durchgang hat.

Ich bin heute eigens herbestellt, damit nicht geraucht wird. Weiter ist auf nichts zu achten. Die Herrschaften sind alle persönlich befreundet mit dem Herrn Direktor. Ich möchte wissen, warum ausgerechnet die sich so schlecht gegen mich benehmen. Ach, es ist nur Nonchalance. Sonst gar nichts. Die pure Nonchalance. Schlimm... Lesen Sie noch, Fräulein?

JOHANNA } *gleichzeitig* Ja.
WÄRTER } Keine Antwort.

WÄRTER Tja... ich werde mal schaun, was ich sage, damit ich ihn wiederkriege...

Er bleibt noch eine Weile sitzen. Dunkel.

3

Johanna sitzt allein auf der Bank und liest an ihrem Brief. Felix kommt von links. Er ißt ein halbes Brötchen – Roastbeef mit Remouladensauce. Die Sauce tropft herunter und befleckt sein hellblaues Hemd. Er wischt mit dem Handrücken und vergrößert den Flecken. Dabei fällt die Scheibe Roastbeef zu Boden. Er hebt sie auf, sie ist schmutzverklebt. Er weiß nicht, wohin damit, behält den Essensrest unruhig die ganze Zeit über in der Hand... Richard folgt ihm von links.

RICHARD Felix?

FELIX Ja...

RICHARD Oh, darf ich Ihnen jetzt erzählen, wie es in dem Roman zuging, den ich heute nacht gelesen habe? Es wird Sie interessieren. Der Roman handelt nämlich von Massenarbeitslosigkeit. Obwohl es dem ganzen Charakter nach ein Kriminalroman ist, aber eben ein Kriminalroman im Milieu der kolossalen Arbeitslosigkeit in den zwanziger Jahren – oder sagt man: dreißiger Jahren? Jedenfalls kurz vor Hitler, kurz vor den Nazis. Sechs Millionen Arbeitslose, das ist bekannt. Genauso wie sechs Millionen Juden hinterher. Das kann man sich leicht merken. Aber damit ist nichts gesagt. Das Faktum selber können wir uns gar nicht vorstellen. Das schleppt das Menschenhirn als unvorstellbar mit durch die Geschichte. Soweit, so schlimm. Was aber fängt nun der einzelne Stellungslose mit seiner vielfältigen Untätigkeit an? Diese Frage steht am Anfang der spannenden Geschichte vom entlassenen Kürschnergesellen Josef Alias, dem Helden unseres Romans. Verstehen Sie? ›Alias‹... so hat er sich später genannt. Das ist ja üblicherweise ein Name zwischen zwei Namen, wie etwa in der Verbrecherkartei zu lesen steht: Adolf Eichmann alias Ricardo Klement. Nicht wahr?
Aber der Josef hat sich Alias genannt, nicht weil er Verbrecher werden wollte – er hat durchaus kein Verbrecher werden wollen und hieß außerdem im Roman ursprünglich anders... wie hieß er noch?... ist mir momentan entfallen. Nun, er nennt sich also später, das heißt eigentlich schon recht bald nach Be-

ginn des Romans, nach gewissen Voraussetzungen, die ich noch schildern werde, nennt er sich Alias, ja. Weil er nämlich herausgefunden hat, über sich selbst herausgefunden hat, daß er jemand ist, der erst noch jemand werden könnte, also, der nicht mehr er selbst, aber auch noch kein anderer ist. Na, das ist nicht leicht zu verstehen, wie? Ich will es mal so sagen: jemand, der auf dem Sprung ist, aus seiner Haut hinaus und in eine andere hinein zu fahren. Jemand dazwischen, eben. Passen Sie auf, das führt uns sofort zum Brandherd des Verbrechens. Einen Augenblick Geduld. Alias in seinen verbohrten Gedankengängen stößt auf die Frage, was ihn eigentlich am Leben hält, wo es das Geld nicht mehr ist oder kaum noch. Und er kommt zu dem Schluß, zu dem für sein Leben revolutionären Schluß: ich bin ein Vorfahre Gottes. Ja. Er sagt sich: Gott, der Herr, hat nie geherrscht und er herrscht auch jetzt nicht, ganz offensichtlich nicht, sondern er muß vielmehr erst gezeugt werden. Wir sind Gottes Ahnen, Gott seinerseits wird unser Erbe sein. Punktum. Aha... das ist interessant! Jetzt gerade, wo ich es Ihnen erzähle, fällt mir auf, daß diese Überzeugungen, Josefs Bekenntnisse, daß die in einer gewissen Beziehung zur Ideenwelt des Dritten Reichs – die glaubten ja auch... na, das ist ja –! Ich habe es beim direkten Lesen überhaupt nicht bemerkt! Es handelt sich zweifellos um eine politische Anspielung in verschlüsselter Form... Donnerwetter! Das bringt mich jetzt ganz durcheinander... Entschuldigen Sie – ich werde unverzüglich auf den spannenden Kern der Handlung zu sprechen kommen. Indem ich nun den Mord schildere, der ziemlich früh, ziemlich zu Anfang des Buches geschieht. Und zwar – ja, es ist zu diesem Zeitpunkt nicht ganz sicher, ob Josef Alias der Mörder ist. Das bleibt bewußt im Zwielicht. Zunächst, ja... warten Sie mal – sicher ist: eine Prostituierte wird erdrosselt aufgefunden... Aber wo?... Ach, gottverdammter Mist, wie kommt es denn zu diesem allesentscheidenden Mord?!... Moment, Moment... Also, ich erinnere mich: Josef Alias lernt in einer Kneipe einen groben, verkommenen Menschen kennen. Marke Zuhälter. Josef spricht natürlich über sein Lieblingsthema: wir sind Gottes Vorfahren, Gott kommt, wenn wir nicht mehr sind. Und so weiter. Ich brauche das jetzt nicht im einzelnen zu wiederholen... Selbstverständlich wirken solche religiösen oder, wenn Sie wollen, geradezu antireligiösen Schwärmereien auf einen realistisch denkenden und betrunkenen Menschen nervtötend und provozierend. Noch dazu kommt – und da erlaubt sich der Autor einen kleinen Witz, also, ohne auf die Pointe zu drücken, nichts Großartiges, verstehen Sie, – also der Zuhälter mißversteht das Wort ›prophetisch‹, das Josef hin und wieder im Munde führt, er hält es für das Eigenschaftswort von ›Profit‹. Nun ja. Das nur am Rande. Es kommt zu weiteren hartnäckigen Mißverständnissen, und Josef wird schließlich von dem Kerl zusammengeschlagen...

Felix niest drei-, viermal konvulsivisch.

Der moralische Trick – der moralische Trick – der moralische Trick ist doch, jedenfalls am Anfang des Buches, daß der Autor unser Interesse vor allem auf die Frage lenkt: wie verhält sich ein Mensch, ein an sich gläubiger Mensch, der plötzlich von der Idee durchdrungen wird: Gott ist nach uns. Was macht der nun aus seinem Leben?

... Eine Kleinigkeit ist Ihnen im Schnurrbart hängengeblieben –

FELIX Entschuldigen Sie. Ich gehe rasch auf die Toilette.

RICHARD Nein. Bleiben Sie. Nicht der Rede wert. Ich glaube, es sind nur ein paar Krümel von Ihrem Papiertaschentuch.

FELIX Zum ersten Mal in diesem Sommer. Ich fahre schon seit Wochen nicht mehr ins Grüne. Noch nie gehört, daß jemand Heuschnupfen im Museum kriegt. Ich brauche nur Getreide auf einem Bild zu sehen, schon geht's los.

RICHARD Nein, nein. Das bilden Sie sich ein.

FELIX Einbildung, mag sein. Aber der Effekt ist derselbe. Ich muß niesen.

RICHARD Na gut. Doch zurück zum Roman. Es geht weiter. *Er zieht seine braune Wildlederjacke aus.* Der Mord an Regine. Tja. Führt nichts dran vorbei. Es ist unumgänglich, daß ich Ihnen jetzt die Umstände schildere, die zu dem Mord führen – Sie müssen das wissen, verstehen Sie! Sonst kapieren Sie später, wenn sich die Verbrechen häufen, überhaupt nichts mehr. Deshalb... ja... nun... was geht voraus? Herrgott –

Ein Anfall von Jähzorn. Er schmeißt die Jacke auf den Boden.

Nein!... Schluß!... Aus!... Ich weiß es nicht mehr... Ich weiß

es nicht! Gottverdammte Scheiße!... Und an wem liegt es?! An dieser Maschine. An dieser Mördermaschine. Ich bin jetzt neununddreißig Jahre alt, das sage ich Ihnen, ich arbeite bei Helferich Hagen seit nunmehr fünfzehn Jahren, kleiner Betrieb. Seit zwei Jahren hat der Chef diese neue Offsetmaschine aufgestellt, seither bin ich ein Krüppel. Diese Maschine ist ein erstklassiges Werkzeug, dan können Sie mir glauben. Aber. Diese Maschine macht ein Geräusch – nicht das Hauptgeräusch, das meine ich nicht. Sondern irgendein geheimer, in der Luft drohender Nebenton, den ich nicht aushalte, ein spezieller gemeiner Oberton, Satellitenton, sage ich. Der alles in mir ausmerzt, alles ausmerzt, was mir zu bewahren lieb und teuer ist, zerstört, zerfräst, zerfetzt, durchlöchert. Ich leide an Schlaflosigkeit. Schlaflosigkeit, gut. Lese ich eben nachts. Ich lese in der Nacht – aber wozu? Ich lese das Zeug umsonst, es fällt ins Leere. Sie sehen es ja, ich kann Ihnen nicht einmal erzählen, was mir auf den Nägeln brennt. Aber, warten Sie, kurz vor dem Mord, da gibt es einen grandiosen Augenblick – als nämlich dem Mörder eine Maske aus Gelatine, die er sich notdürftig angefertigt hat, in der Hitze eines Scheinwerfers auf dem Gesicht schmilzt... Ja, das kommt mir gerade noch in den Sinn. Momentan das letzte, woran ich mich deutlich erinnere... Ich geh da nicht mehr hin! Ich gehe einfach nicht mehr hin! Die Maschine werden sie nicht wieder abschaffen können, aber auf mich müssen sie verzichten. Ich kann nicht mehr... ein Mensch mit ausgemerztem Gedächtnis, ein Psychopath... lebendig begraben in diesem Loch im Kopf!
Johanna steht von der Bank auf und geht nach rechts.
RICHARD Wo kommen Sie denn her? Waren Sie etwa die ganze Zeit anwesend? Sie haben da auf der Bank gesessen und in aller Ruhe zugehört, wie?! Na, das ist stark! Nun können Sie Ihrer Freundin aber erzählen, was ich für ein verrücktes Licht bin... Viele Grüße von Haile Selassie!... Oh, mein Gott, mein Gott!
Johanna geht nach rechts ab.
FELIX Richard, es hat doch keinen Zweck, daß Sie sich so furchtbar aufregen. Sagen Sie mir, wie der kleine Roman heißt, und ich werde ihn bei Gelegenheit selber lesen.
RICHARD Es hat doch keinen Zweck, daß ich Ihnen erzähle, worauf es ankommt in diesem Buch, solange Sie keinen Überblick

über die elementaren Schachzüge der Handlung gewonnen haben.

FELIX Ich sage Ihnen ja, ich werde das Buch selber lesen.

RICHARD Ach, lesen, lesen... dann lesen Sie's doch, in Dreiteufelsnamen!... Sie hätten mir ruhig mal eine Zwischenfrage stellen können... ein flüchtiger Einwurf, der ein wenig Interesse bezeugt... ein kleines ›Aha‹ oder ›Wieso‹ oder ›Sieh an‹... ein Fünkchen Beteiligung! Sie wissen doch, wie gut das tut. Wie hilfreich das sein kann.

Er setzt sich auf die Bank und vergräbt sein Gesicht in den Händen.

Was für ein Reinfall! Was für eine Blamage!

FELIX Tja. So unglücklich wie Sie bin ich nicht. Was soll man da machen?

Er geht nach links ab.

4

Richard sitzt auf der Bank und hebt die Briefblätter auf, die Johanna, ringsum verstreut, liegen gelassen hat. Von rechts kommen Elfriede und Answald. Answald mit einer gelben Rose im Knopfloch seiner Jacke. Sie gehen auf die Bank zu.

ELFRIEDE Hat dir nicht gefallen, was mein Mann dir geschenkt hat, nein?

ANSWALD Doch, schon. Ein Wandlämpchen. Warum schenkt er mir sowas? Ich weiß nicht, ist das ein Scherzgeschenk oder nicht?

ELFRIEDE Gott, man muß Fatalist sein. Schenken geht ja meistens daneben. Und Kiepert, das muß ich sagen, er schenkt furchtbar ungeschickt. Er geniert sich nicht für seine Gabe, im Gegenteil, er lobt sie noch und gafft ihr gierig nach, ob sie auch ja gefällt. Ich sage dir –

Richard steht auf, nimmt seine Jacke vom Boden und geht nach links ab.

ANSWALD Alle möglichen Leute schenken mir neuerdings diese Zierlämpchen. Ist das in Mode oder liegt es an mir?

ELFRIEDE Ich sage dir: wen ich nicht lieben kann, den werde ich beschenken. So ist es doch. Und deshalb kommt er auch mit dem Kind nicht zurecht… Erzähl es bitte nicht weiter – Kiepert wird heute nachmittag die Ausstellung verbieten…
In dem Augenblick, da sie sich setzen wollen: Dunkel.

Blende

Elfriede ist verschwunden. Franz und Answald sitzen nebeneinander auf der Bank.

ANSWALD Eine Gestalt, Vater, die du nicht fassen kannst, die sich biegt und dehnt wie Wasser, und geradeso lockend träge bereit, da zur Berührung wie Wasser. Eine Gestalt, die dich nicht fassen kann, Arme, Hände, die nicht greifen und nicht klammern, nur aufliegen, streifen, fallen, dulden. Das Handinnere aufgeschlagen, ihre unerschöpfliche tiefe Geduld, in der dein eigener Wille sich löst und sinkt und sinkt. Ihr aufhorchendes Lächeln, einmal, nach einem langen Kuß, den sie abbrach, weil er keine neue Wendung nahm. Jetzt erst, Vater, da ich in Fiebereile hinter ihr herdenke, weiß ich, ich hätte sie halten können, ich hätte es versuchen müssen mit allen Mitteln –
Lothar kommt und trägt dem Wärter seinen Stuhl in die Nähe des rechten Durchgangs. Der Wärter dankt und setzt sich. Lothar rechts ab.

FRANZ Ach, das glaube ich nicht. Man kann die Liebe nicht erzwingen, Answald. Nur in besonderen Fällen, wo es sich aber letztlich dann wiederum auch als nicht lohnend erweist. Ich meine, wo dann von der großen Liebe zu guter Letzt nicht mehr viel übrig bleibt. Oder – genau genommen – es geht überhaupt nicht, wenn auf beiden Seiten nicht mindestens ein ausgewogenes Interesse füreinander vorhanden ist. Und Vergnügen natürlich auch. Aber wahrscheinlich ist sogar ein solches Interesse letztlich nicht ausschlaggebend… Ja, schwer zu beschreiben, Liebe, Nicht-Liebe. Da spielt oft eins ins andere. Na, ich sage dir nichts Neues. Vielleicht bin ich selbst innerlich schon ein bißchen zu ausgeglichen, um der Sache noch einmal ganz auf den Grund zu kommen… Deine Mutter und ich sprechen übrigens häufig darüber, daß du so leicht unglücklich wirst, mein Junge.

ANSWALD Es tut mir leid, daß du die weite Reise nun eigentlich umsonst gemacht hast –

FRANZ Aber was sagst du da! Ich bin doch so froh, daß ich dich einmal wiedersehe. Wie lange haben wir unsere beiden Dickköpfe nicht mehr zusammengesteckt, was! Und deine Freunde hier, durchweg interessant, sehr aufgeschlossen –

ANSWALD Ich wollte dir Elfi vorstellen heute. Richtig nach altem Brauch. Früher hätte man Verlobung gefeiert an einem solchen Tag.

FRANZ Ah, so weit ging es immerhin, ja? Hm. Dann war es allerdings ein sehr kurzer Entschluß von ihr... Weißt du, wo sie sich gegenwärtig aufhält, Elfi?

ANSWALD Sie ist gestern abend abgereist. Zu Freunden nach Südfrankreich. Sie will versuchen, mich heute nacht nach der Vorstellung anzurufen.

FRANZ So? Ihr bleibt in Verbindung? Das letzte Wort ist noch nicht gefallen, nein?

ANSWALD Ich weiß es nicht. Sie will mich nicht haben, sie will mich nicht lassen. Es ist alles so unendlich undeutlich...

FRANZ Vielleicht –

ANSWALD Sie ist abgereist. Das ist eine Tatsache. Ich bin ganz auf mich zurückgeschüttet. Jetzt werde ich morgens lange aus dem Fenster starren und mittags im Schutz der fremden Leute durch die Straßen gehen und so ein bißchen weiterleben, ohne es zu merken.

FRANZ Wie schön du dich ausdrücken kannst, Answald. Wie frei, wie selbständig... Ich habe schon immer gesagt, daß du in dieser Hinsicht mehr aus dir machen sollst. Selten ein junger Schauspieler, der so tief empfindet wie du, so ausgeprägt. Ich kenne nicht einen einzigen. Es ist möglicherweise sogar ein gewisses Handicap in unserem Beruf, wenn jemand so kraftvoll seine eigene Sprache spricht. Ja – und in diesem Sinne, ganz in diesem Sinne, habe ich mir erlaubt, ein kleines Geschenk für dich auszusuchen, mein Junge.

Er holt ein flaches, in Seidenpapier gewickeltes Büchlein aus seiner Anzugtasche.

Es ist eine kleine Kostbarkeit – und kommt von Herzen. Ich geb's sogar ein wenig blutenden Herzens von mir... da! *Er gibt ihm das Geschenk.*

333

ANSWALD *öffnet es.* Richard Dehmel ›Schöne wilde Welt‹...

FRANZ Ja. Erstausgabe, mein Lieber, 1913. Mit persönlicher Widmung des Autors. Eine Tante von mir war eine Jugendgeliebte des Dichters. Wir beide haben ihn, ich war damals acht oder neun, hin und wieder in seinem Haus in Blankenese besucht.

ANSWALD Ich danke dir. Das ist gewiß etwas sehr Wertvolles.

FRANZ Ja, es hat seinen Wert. Vorausgesetzt – du weißt überhaupt, wer Richard Dehmel war! Was? Na –: ›Leih mir noch einmal die leichte Sandale; / Sage, wer bist du, holde Gestalt? / Reich mir die volle, die funkelnde Schale, / Die du mir fülltest so viele Male! Bist du die Jugend? Werde ich alt?‹... Das ist Dehmel. Ein Schwärmgeist, ein guter Poet und ein feuriger Rezitator. Du hättest das Bändchen natürlich sowieso bekommen, früher oder später. Hättest es ja geerbt. Aber ich wollte es dir jetzt schon geben, damit es dich ermuntert zu eigenen Herzensergießungen. Ich wünsche dir, mein Sohn, zu deinem dreißigsten Geburtstag – ach, ich wünsche dir Glück, recht viel Glück... *Er küßt ihn auf die Schläfe.* Sag mal, hättest du sie auch geheiratet, obwohl du doch wußtest – angenommen, sie hätte dich gewollt –, daß sie, wenn ich dich richtig verstanden habe, frigide war?

ANSWALD Vater, frigide...! Was heißt das? Weißt du, was es bedeutet, eine Unberührbare zu berühren? Gibt es etwas Verlockenderes als den verbotenen Zutritt? Ist es nicht die innerste Verweigerung, die uns nicht wieder losläßt? Ich habe ihren nachgiebigen Mund geküßt und dahinter ein Kind gespürt, das dastand, steif, mit geballten Fäusten, erstarrt in einem frühen Schmerz, einmal geschlagen, niemals wieder zu bewegen... Ich liebe sie, ich liebe sie...

FRANZ Komm, es ist ja gut. Komm her und laß dich trösten. Du lieber Gott, du schnaufst ja richtig vor Kummer... In der menschlichen Gefühlsküche wird eben so mancher Brei gekocht, den man besser nicht anrührt. Das ist schon wahr. Wenn man bedenkt, worüber ich insgesamt so hinweggekommen bin... und ich sage dir, von dem ursprünglichen Tohuwabohu, dem Kesseltreiben und dem aufgespritzten Dreck, es ist nichts geblieben, absolut nichts. Meine Diebstähle, meine Prostitution, meine Gefängnisse: alles mein – und doch wie von fremder Feder hinterlassen. Zu Hause zwischen Versicherungspolicen, Wertpapieren und Ehrenurkunden heb ich einen vergilbten Steckbrief auf von mir. Das soll ich gewesen sein? Der Kerl, der betrog und stahl, verraten und sich verkauft hat? Kann mich nicht erinnern. Schöne Bekehrung, wie? Nein, im Grunde nur das sture gottergebene Älterwerden, innere Verjährung, ausgewachsen. Manchmal, muß ich sagen, erschrecke ich ein wenig bei dem Gedanken, daß diese Ausgeglichenheit jetzt sozusagen mein letztes beherrschendes Lebensgefühl ist. Sie wird mich ja vermutlich nicht wieder verlassen – bis zu meinem Tod. Wie lange dauert denn die Vorstellung heute abend?

ANSWALD Bis kurz nach elf.

FRANZ Bis elf! Oh!... Ich bin doch ein bißchen mitgenommen von der Nachtfahrt... Was spielt ihr eigentlich?

ANSWALD Ionesco. Nashörner. Das fehlt mir gerade heute. Dieser schäbige Krampf.

FRANZ Die Nashörner?! Ist das möglich? Aber nein, das ist doch kein Krampf. Ich habe das sehr, sehr gerne gespielt. Ich war der Behringer vor vierzehn Jahren in Marburg, als Gast. Daß sie die Nashörner wieder ausgraben... Spielst du den Behringer?

ANSWALD Nein. Den Dudard.

FRANZ Wer ist das gleich?

ANSWALD Eine Nebenfigur. Der Bürovorsteher.

FRANZ Ich dachte, sie würden den Behringer heutzutage jung besetzen.

ANSWALD Das tun sie auch. Aber nicht mit mir.

FRANZ Ach so... Schade, daß du dich nicht richtig durchsetzen kannst –

ANSWALD Vater, bitte... ich komme schon zurecht.

FRANZ In Bamberg lief übrigens vor kurzem der Film, in dem du diesen Eisenbahner – oder was war der von Beruf?

ANSWALD Ja.

FRANZ Mutter sagt, du hättest so leberkrank ausgesehen in einer Großaufnahme. Sie hat sich Sorgen gemacht... *Er sieht auf seine Taschenuhr.* Viertel nach zwei... Was ich dich fragen wollte, Answald – ob du's mir sehr übel nimmst, wenn ich heute abend unter Umständen die Vorstellung schwänze...? Ich weiß, es ist nicht recht, wenn ich nicht hingehe, heute an deinem Geburtstag –

ANSWALD Darauf kommt es jetzt auch nicht mehr an.

FRANZ Nein, dann gehe ich selbstverständlich hin. Ich will deinen Kummer ja nicht noch größer machen.

ANSWALD Nein?

FRANZ Nein... Wieso? Was meinst du?

ANSWALD Du tust mit einen großen Gefallen, wenn du nicht ins Theater kommst.

FRANZ Ach was. Natürlich gehe ich hin.

ANSWALD Nein. Ich verbiete es dir.

FRANZ Ist das dein Ernst?

ANSWALD Ja.

FRANZ Also gut... wie du willst... *Er steht auf.* Dann werde ich jetzt Elfi Bescheid sagen –

ANSWALD Wie?

FRANZ Nein, entschuldige. Die andere. Elfriede mit dem Kind. Die Frau des Bankkaufmanns meine ich. Ich würde gern mit ihr zu Abend essen.

ANSWALD Ja, mach das Vater.

FRANZ Gut. Dann werde ich schnell eine Verabredung treffen. Hoffentlich hat sie noch nichts anderes vor –

Er geht eilig nach links ab. Kurze Zeit später kommt Susanne von rechts.

SUSANNE *mit Entzücken* ›Wenn mir das einer erzählen würde, daß hier richtige Soldaten vorbeikommen, richtig grüne Soldaten...!‹

ANSWALD Susanne, was haben Sie?

SUSANNE Was haben S i e? Erinnern Sie sich nicht? Ihr erster Auftritt in Peters Stück... Sie haben in die Hände geklatscht und schwupp! waren Sie wieder weg von der Bühne. – *Answald steht auf. Sie gehen sich entgegen.*

ANSWALD Susanne... ich möchte, daß wir du sagen –

SUSANNE Ob das noch geht, nach so vielen Sies?

ANSWALD Ich habe heute Geburtstag. Ich wünsch's mir.

Sie stehen einen Augenblick leicht aneinander geschmiegt.

Blende

Answald sitzt wieder allein auf der Bank. Von links kommt Franz zurück.

FRANZ So. Geht in Ordnung. Elfriede möchte gern ins ›Augenlicht‹ gehen. Kennst du das? ›Augenlicht‹, origineller Name für ein Restaurant.

ANSWALD Ja. Da bekommst du eine erstklassige Seezunge in Wacholdercreme.

FRANZ Ich mache mir so gut wie nichts aus Fisch.

ANSWALD Im ›Augenlicht‹ gibt es nur Fisch.

FRANZ Tatsächlich? Das hatte ich mir nun gerade nicht vorgestellt. Aber sie scheint ganz spitz darauf zu sein... Da kann ich schlecht protestieren. Mist.

Moritz kommt von links.

MORITZ Entschuldigen Sie – ich suche unsere Susanne überall. Sie haben Sie nicht gesehen?

FRANZ Nein.

ANSWALD Doch. Sie ist gerade eben noch hier gewesen.

FRANZ Susanne? Wann denn? Hätte ich doch gesehen –!

Dunkel

5

Außer Susanne und Kläuschen haben sich alle im Raum versammelt. Zunächst in folgender Gruppierung: Peter, Richard und Ruth; Answald und Moritz; Johanna, Marlies, Viviane und Martin; Felix und Elfriede; Franz und Lothar. Alle Gespräche werden mehr oder weniger gleichzeitig geführt. Der Wärter sitzt auf seinem Stuhl, in der Nähe des linken Durchgangs.

Richard. Peter. Ruth

RICHARD Wenn Sie, wie Sie selbst sagen, als Schriftsteller das Gefühl haben, unablässig ins Leere zu schreiben, wie bringen Sie es dann fertig, überhaupt noch zu schreiben?

PETER Sehen Sie, ich schreibe, weil ich festgestellt habe, daß ich, indem ich schreibe, auf hervorragende Weise mein Gedächtnis, meine Kombinationsgabe und meine Menschenkenntnis trainieren kann.

RICHARD Nun, nun – was Sie da trainieren, das gebrauchen Sie schließlich für nichts anderes als wiederum weiter – und möglicherweise gar besser schreiben zu können. Darin liegt vermutlich gerade die ganze Leere.

PETER Iwo. Was ich da trainiere, das gebrauche ich im täglichen Leben. Damit mich niemand so schnell aufs Kreuz legt... Im übrigen, merke: Der beste Autor wird der sein, welcher sich schämt, Schriftsteller zu werden. Nietzsche.

Peter geht zu Moritz und Answald.

Blende

Richard. Ruth

RICHARD Ich allein bin gewiß nicht der Grund, weshalb Peter so kühl zu mir ist. Wahrscheinlich wundert er sich, daß Sie immer dabeistehn...

RUTH Mein Gott – ich wollte Sie kennenlernen. Mein Mann hat so oft von Ihnen erzählt.

RICHARD Immer wenn Sie glücklich jemandes Nähe gefunden haben, sagen Sie denselben Spruch auf. Spüren Sie nicht, wie beleidigend das für den einzelnen ist?

RUTH Was soll ich denn tun? Wie kann ich's richtig machen? Beschweren Sie sich bei meinem Mann – warum hat er mich überhaupt hierher gebracht? Ich komme nicht mehr zurecht mit fremden Leuten...

Answald. Moritz

MORITZ *sieht sich öfter nach beiden Durchgängen um.* Es scheint, als habe sich Susanne in Luft aufgelöst. Ihre Neigung, die Verlorengegangene zu spielen... weißt du, oft ist da jetzt ein bekanntes Geräusch, wo sie gegangen ist, und man hat sie nicht gesehen. Eines schönen Tages wird sie spurlos verschwunden sein, ohne freilich abzureisen, ohne sich wirklich von uns zu entfernen. Es wird so ähnlich sein, wenn du dich erinnerst, wie auf dem Bild von Oelze, so ähnlich stehen wir da in Erwartung und irgend jemand in unserem Rücken, hinter uns, da wird es immer jemanden geben, der uns warten sieht.

Und dann ist es vielleicht sie, auf die wir warten, sie steht in unserem Rücken und sieht uns still beim Warten zu...

ANSWALD Ich verstehe dich. Oh ja, ich würde es gern sehen jetzt, das Gemälde, von dem du sprichst. Hättest du nur eine Oelze-Ausstellung gemacht!

MORITZ Dir gefällt's nicht, was ich hier gemacht habe, nein?... Warum lachst du?

Peter kommt hinzu.

Blende

ANSWALD Irgend jemand hat mich heute schon einmal so verdreht gefragt. Was soll ich sagen? Doch, schon. Viele Bilder gefallen mir sehr gut. Was mich stört sind die fetten Begriffe: Superrealismus, fotografischer Realismus, sensibler und kapitalistischer, Blow up- und Post Pop-Realismus...

PETER Wo ist Susanne?

ANSWALD Die guten Bilder kommen mir alle gleichermaßen unwirklich vor.

MORITZ Lieber – sag mir keine Binsenwahrheit.

PETER Wo ein Bild ist, hat die Wirklichkeit ein Loch. Wo ein Zeichen herrscht, hat das bezeichnete Ding nicht auch noch Platz.

MORITZ Aber das weiß er doch selber, Peter.

PETER Und wo ist Susanne?

ANSWALD Nein, was ich sagen wollte, ist... jedes große Bild schafft sich sozusagen seinen eigenen Realismus-Begriff...

Sie gehen zum rechten Durchgang.

Felix. Elfriede

FELIX Welche Verpflichtungen? Ich habe Marlies gegenüber aber auch nicht die geringsten Verpflichtungen... Sie ist ein ebenso selbständiger Mensch wie ich. Alle Welt verläßt sich, wenn es nun mal nicht anders geht.

ELFRIEDE Dein brutales, selbstgerechtes Geschwätz...

FELIX Elfriede!... Marlies und ich, wir stehen uns gegenseitig im Weg. Mein Beruf ist kein Steckenpferd, wie ihre Malerei. Was sie tut, damit füllen andere Leute ihre Freizeit aus. Ich habe einen großen, mythischen Respekt vor den schönen Dingen,

Kunst, ja, Kunst, die mich motiviert, Kunst, im Sinne einer dynamischen Tiefenausdehnung der eigenen Person –

ELFRIEDE Plantagen! Plantagen! Oh, Plantagen, landauf, landab – Felix' einsame Ausdehnung!

FELIX Hör doch auf! Unsinn. Kreativität, darauf kommt es an. Kreativ, in jedem Beruf, in jedem Lebensbereich, auf jeder Ebene der Produktion. Die Beziehung zu Marlies ist für mich das Musterbeispiel einer antischöpferischen Beziehung.

ELFRIEDE Antischöpferisch!... Mach dich bloß nicht naß!... Antischöpferisch... D u bist doch der stupide Teil –

FELIX Du stellst dich an – also mir scheint, du tust gerade so, als wollte ich d i c h verlassen?

ELFRIEDE Ja. Geh doch. Hau ab. Ich will nichts mehr hören. Ihr seid alle dieselben Affen!

Blende

Elfriede geht nach links ab. Franz folgt ihr später. Felix geht zu Marlies und Martin.

Martin. Viviane. Marlies. Johanna

MARTIN Glauben Sie mir – in meinen Drogerien habe ich früher, na, ich möchte meinen, rund ein Dutzend verschiedene Mittelchen gegen Haarausfall verkauft. Nützt alles nichts. Gerade die Vielzahl der Präparate auf einem bestimmten Markt beweist, daß keines von ihnen Erfolg verspricht. Die Hersteller konkurrieren sozusagen auf der Basis eines garantierten Null-Effekts – keines darf wirksamer sein als das andere, sonst würde es ja alle übrigen vom Markt vertreiben.

VIVIANE Und mir fallen inzwischen auch die Haare aus, ganze Büschel lösen sich beim Kämmen. Wenn man schon zusammen alt wird, sollte man darauf achten, daß man immer dieselben Wehwehchen hat.

MARLIES *sieht sich hin und wieder nach Felix um.* Ich habe gehört, Kiepert droht mit seinem Austritt aus dem Kunstverein, falls Moritz diese Ausstellung herausbringt –?

MARTIN Ach, mein Freund Ernst Kiepert ist ein alter Stänker...

Während Martin weiterspricht, wendet sich Viviane an Johanna –

VIVIANE Johanna, kommen Sie, ich zeige Ihnen, wo wir uns ein Sommerhäuschen bauen wollen –

JOHANNA Noch ein Sommerhäuschen?

VIVIANE Oh ja. Sehen Sie, genau dort, in diesem herrlichen norddeutschen Tiefland, wie es dahinten auf dem Bild gemalt ist...
Sie gehen beide zu dem großen Bild im Hintergrund.

MARTIN *hat inzwischen weitergesprochen.* ... Er ist es gewöhnt – ein Mann, der in der Hochfinanz verkehrt, daß man seinen Rat sucht, seine Vorschläge hört. Aber Moritz ist ja in dieser Beziehung leider etwas ungeschickt –
Felix kommt hinzu.

Blende

Felix. Marlies

FELIX Kommst du, Marlies?

MARLIES Ja, mein Liebster. *Sie läßt Martin stehen.*

FELIX Du hast mich vorhin offenbar nicht richtig verstanden: es ist ein klares Ende zu machen!

MARLIES Ich kann dich nicht verstehen... Ich liebe dich... Ich versteh nix.

Franz. Lothar

FRANZ Als Arzt kommen Sie bekanntlich zu einem dicken Geldbeutel, aber zu sonst kommen Sie nicht viel, hab ich recht? Ich meine, man hat nicht die Freizeit –

LOTHAR Kennen Sie Ärzte?

FRANZ Wie? Ja, und ob! Ich bin gerade in den letzten Wochen wieder in fester Behandlung gewesen.

LOTHAR Und Ärzte sind Ihrer Meinung nach: was für Menschen?

FRANZ Na, also zunächst ist mir häufig etwas mulmig – warum fragen Sie?

LOTHAR Aber dann finden Sie schnell Vertrauen zu Ihrem Arzt?

FRANZ Ja, immer. Ich besonders. Ich lasse mich buchstäblich gehen in meinem Vertrauen. Ich würde mich selbst sogar als zu vertrauensselig bezeichnen... Fragen Sie aus persönlichem Interesse?

LOTHAR Nein. Ich frage nur so.

FRANZ Ach so. *Es entsteht eine Pause zwischen ihnen.*

LOTHAR Entschuldigen Sie mich – *Er geht zu Martin.*

Blende

Martin. Lothar

LOTHAR Was war denn vorhin mit Viviane?

MARTIN Nichts, gar nichts, Lieber. Wenn sie unter Leute geht, bekommt sie's immer ein wenig mit der Schilddrüse zu tun. Ich wollte dir noch sagen: der Scherz mit Richards Gürtelrose, das war nicht fein. Das mußt du nicht machen.

LOTHAR Entschuldige. Es geht mir nicht besonders gut in den letzten Tagen...

Während des Streits zwischen Felix und Marlies gehen alle anderen nach und nach durch beide Durchgänge in die Nebenräume.

FELIX Es macht mir keinen Spaß, dich hier vor dem versammelten Verein zu demütigen –

MARLIES Plötzlicher Tod durch Demütigung. Trifft jetzt häufig die oberen Führungskräfte der Wirtschaft. Schon davon gehört?

FELIX Ich lege Wert auf eine partnerschaftliche Trennung.

MARLIES Felix und Marlies. Lebensgemeinschaft mit beschränkter Haftung.

FELIX Entschuldige, ich weiß, warum ich das sage. Ich verlange, daß du mit an Eid grenzender Verbindlichkeit in meine Abschiedworte einwilligst –

MARLIES Ja, mein Liebster... Hast du gehört? Ich habe Ja gesagt zu deinem Nein.

FELIX Ich will, zum Teufel, nicht mehr mitten in der Nacht ans Telefon rennen und am anderen Ende nur Schluchzen und Zähneklappern, weil im Finstern, wieder einmal, wie du es nennst, die Kehrseite des Übermuts zugeschlagen hat.

MARLIES ›Kehrseite des Übermuts‹... Nein, du bist lieb. Nein –

bist du lieb! Ich habe doch gesagt: ich hätt' im Übermut ver-
kehrte Saiten angeschlagen... Ich wollte mich entschuldigen –

FELIX Egal. Worte hin, Worte her –

MARLIES Rundherum, das ist nicht schwer.

FELIX Worte hin, Worte her –

MARLIES Ach, ist doch alles vor den Kuckuck gehustet.

FELIX Weil zwischen uns nie etwas so gemeint ist, wie es gesagt
wird. Und die Meinungen selber wechseln im Galopp. Heute
Beschuldigung, morgen Entschuldigung. Heute Zusage, morgen Absage. Heute Trennungsstrich, morgen Bindestrich. Fazit:

MARLIES Liebe.

FELIX Fazit: –; ich dachte einmal, bei dir, bei einer Kunstschaf-
fenden würde mich das mythische Interesse an schönen Dingen, das ich verspüre, auch an einen Menschen fesseln können.

MARLIES Samt und sonders vor den Kuckuck gehustet.

FELIX Das war aber letztlich ein Irrtum. Letztlich kam man
durch dich mit den schönen Dingen im strengen Sinne gar
nicht in nähere Berührung. Die Objekte, die du machst, die
finde ich – und auch ewig diese Bilder mit den aufgeklebten
Haaren... schwer zu verstehen für mich, geht mir nicht so richtig an den Puls. Ich habe mich infolgedessen mehr und mehr zu
einem kritischen Beobachter entwickelt. Und meine eigentli-
chen Träume konnten sich nicht emanzipieren...

MARLIES Du sollst nicht über meine Sachen sprechen!... Du!...
Du, der kurze Inbegriff der großen Null!... ›Meine eigentli-
chen Träume‹, ha!... Dämlack!... Im Reich der Träume,
scheint mir, habt ihr Ignoranten und Mitläufer euer neues Asyl
gefunden, Fettsäcke, Menschenfeinde, Hinkefuße der Phantasie, Parkwächter und Kritiker, die dürfen nun alle träumen...
Du und dein unbelesener Kopf, ein Ding wie ein Schrund, wo's
schallt und echoruft vom Hörensagen, ein Loch, aus dem die
Lügen schlüpfen und die Seufzer anderer Leute...

Johanna ist zurückgekommen, um Marlies etwas zu sagen. Sie
steht neben ihr und versucht sie anzusprechen, findet jedoch
keine Lücke. Obwohl Marlies in ihrer Aufregung nach Johan-
nas Arm greift und sich einen Augenblick festhält. Johanna geht
wieder nach links ab.

Du bist bei Gott eine große Seele, Felix, und darin findet jede
Meinung ihren Ehrenplatz. So stehst du glänzend da in dieser

Pracht und Fülle reifer Urteilsfrüchte und drehst dich doch am Ende ohne jede eigene Ansicht täglich einmal mit der Erde um dich selbst. Und was du zu sagen hast, geplappert und verkündet, wenn nur der liebe Tag lang wird, das ist so überflüssig und schnellvergänglich wie die Sonderangebote in deinem Kaufhof, die spendablen Ausschüttungen nicht ganz fehlerfreier Ware, Woche für Woche, hundert unsinnige Gelegenheiten, deine beliebten Füllhörner mit dem gelben Alarmpfeil, jawohl – fünftausend Pappteller zum Nikolaustag, das Stück im Einkauf für Nullkommaacht-Pfennig, weil die Falzmaschine zwei Rillen ungleichmäßig prägte... oh wie ich mich freue, wenn die berauschte Meute, Frauen und Rentner, über deine Stände herfallen, mit einer Lüsternheit, die so enthemmt in ihrer Welt sonst nicht gestattet ist... wie ich jubeln möchte, im Mitgefühl für deinen Stolz, über die Preise, die du gemacht hast, das Warenmeer, das du auf- und abwogen läßt. Ja, du veränderst über Nacht das Wertempfinden für ein Ding, machst übersehene, nicht benötigte, nicht zu gebrauchende und nie verlangte Güter zum Bedarf und populär... Der Käufer kauft die Preise, nicht die Waren... Du errichtest Tempel für den Überschuß und schaffst Symbole der Verschwendung und alles dies, mein Heißgeliebter, geschieht durch dich, indem du nichts schaffst, nichts bist, nichts sagst, ein Nichts und Abernichts in meinen Armen...

Dunkel

FELIX *während der Dunkelphase* Eine schöne Auffassung, zeigt sich, hast du von meiner Tätigkeit. Eine mehr als verschwommene Vorstellung. Sonderangebote sind durchaus nicht mein Stolz... Laß mich!... Preisschleuderei ist ein Kunststück, das ein Kaufmann schnell verachten lernt... Du sollst mich bitte nicht anfassen!... Zwischen Kopf und Beinen braucht es einen fairen menschlichen Zwischenbereich, in dem man sich verständigen kann... Ich möchte gehn. Bitte!... So. Jetzt schlage ich zu –

MARLIES Felix!

6

Felix geht gerade im linken Durchgang ab. Marlies kniet am Boden, ihr Slip hängt an ihren Waden. Johanna sitzt auf der Rundbank, hält sich eine Hand vor die Augen und schielt unter der Hand manchmal zu Marlies hin.

MARLIES Pfui! Pfui!... Großraumseele!... Tortenschieber!... Manichäer!... Kamillenbeutel!
Sie steht auf und zieht ihr Höschen hoch.

JOHANNA *leise* Schrumpfhode.

MARLIES Sandalenarsch!... Hering!

JOHANNA *lauter* Fußpilz! Lockenwickler! Indonesier! Ladenschwengel!

MARLIES *setzt sich neben Johanna auf die Bank.* Ach, weißt du, so was, puh...! Idiot!

JOHANNA Pittsbourgh ist wieder sauber. Triumph für Pittsbourgh!

MARLIES Vom Giftgaskessel zum Luftkurort.

JOHANNA Los! Schönes ausdenken!

MARLIES Bibel lesen.

JOHANNA Seepferdchen trockenpressen zwischen zwei Seiten der Schöpfungsgeschichte.

MARLIES Ich habe alle Bücher wieder zugeschlagen –

JOHANNA Nach kürzester Zeit die Bücher zugeschlagen –

MARLIES Unter dem Schock des Nachsinnens alle Bücher wieder zugeschlagen.

JOHANNA Nach kürzester Zeit geschlossen und so feste zugeschlagen, daß die Blätter aufstieben und durch die Luft segeln. Wie ein Mensch zerflattert in eines anderen Auge.

MARLIES Denn alles dies können wir nicht wissen.

JOHANNA Nein, dies alles können wir beim besten Willen nicht wissen.

MARLIES Ich glaube, ich kann mir das Ausmaß meiner Verzweiflung noch gar nicht vorstellen.

JOHANNA Gut so.

MARLIES Mein Gott, Frauen sind wir –! Frauen –, mein Gott!

JOHANNA Wie – dein Gott? Haben wir etwa Sorgen, sorgen wir uns? Nein. Nicht?

MARLIES Nein. Gott bewahre.

JOHANNA Schön sind wir nicht, klug sind wir nicht, aber gute Freundinnen, das sind wir.

MARLIES Klug sind wir nicht, letztlich nicht klug. Wenn auch wiederum nicht allzu weit entfernt von jener Intelligenz, die so glücklich macht –

JOHANNA Sagt das Köpfchen zu dem Bauch / Tu was du willst, ich will es auch.

Franz geht im Hintergrund vorbei.

MARLIES *ruft* He! Hallo! He, Sie!... Haben Sie eine Frau?

FRANZ Ja. Ich –

JOHANNA Na, die möcht' ich sehn!

Die beiden Mädchen lachen.

FRANZ Ich kam gerade hier vorbei und dachte daran, was ich meiner Frau erzählen soll, wegen des Sohnes, wegen Answald – nun, das wird Sie nicht interessieren.

Er geht ab, wo er hergekommen ist.

MARLIES Übertreiben wir nicht?

JOHANNA Nein.

MARLIES Leiden wir denn wenigstens ein bißchen?

JOHANNA Und ob. Glückstraurig sind wir, glückstraurig.

MARLIES Denn wenn wir nicht litten, so erführen wir nicht, was die Sehnsucht will –

JOHANNA Und wenn wir die Sehnsucht nicht litten –

MARLIES So würden wir überhaupt gar nichts mehr tun.

JOHANNA Den ganzen Sommer nichts als sitzen, gemütlich und lustlos, wie vorm selig bollernden Ölofen.

MARLIES Aber in früheren Zeiten, als die Mittagsruhe noch geachtet wurde –

JOHANNA Ja. Auf der Veranda, angesichts von Pfirsichbäumen –

MARLIES In der Mittagshitze.

JOHANNA Dampfende Müdigkeit

MARLIES Hitze, in der wir quellen

JOHANNA So daß die Magd von ihrem Stühlchen glitschte –

MARLIES Neben dem Vertiko, worauf eine Schale mit goldenen Früchten

JOHANNA Woran glitzernde Wasserperlen

MARLIES Worüber zarte Fliegen säuseln

JOHANNA Neben alle diesem eine kleine dicke alte Magd,

MARLIES Die knorrigen Hände gottergeben geöffnet im Schoß
JOHANNA Sitzt da und –
MARLIES Sitzt da und –?
Der Wärter steht auf und geht nach links ab.
JOHANNA Sitzt da und –
MARLIES Übertreiben wir nicht?
JOHANNA Nein.
MARLIES Sitzt da und murmelt ihr tausendjähriges Murmeln.
JOHANNA Später kommt Helmut vorbei.
MARLIES Hm. Aber der geht bald wieder.
JOHANNA Ja. Leider.

Blende

JOHANNA So wie du in mein Leben eingedrungen bist –!

Blende

*Wo Marlies und Johanna saßen, sitzt nun Susanne allein. Sie ist
vollständig neu gekleidet, hat ihre Frisur geändert, das Make-
up usw. Moritz geht im Hintergrund eilig von rechts nach links.*
SUSANNE *ohne sich nach ihm umzudrehen* Moritz!
MORITZ Ja... Ach, sieh an: da sind Sie ja wieder...
SUSANNE Bemerken Sie gar nichts?
MORITZ Nein... doch, natürlich... gleich, einen winzigen Au-
genblick, bitte: ich muß geschwind eine Wette gewinnen.
*Er läuft nach links ab. Susanne zündet sich eine Zigarette an.
Von rechts kommt der Wärter. Er bemerkt, daß Susanne raucht
und gerät in Erregung.*
WÄRTER Jesus... Sie... Sie rauchen! Rauchen ist hier völlig ver-
boten. Ich kann Sie hier nicht rauchen lassen. Ich bin doch
heute überhaupt nur hier, damit nicht aus Versehen geraucht
wird. Machen Sie die Zigarette aus, ich bitte sehr.
SUSANNE Haben Sie Kinder?
WÄRTER Ja doch, ja...
SUSANNE Sie können aber nicht richtig zuschlagen.
WÄRTER Nein.
SUSANNE Wie wollen Sie da im Ernstfall etwas verbieten?
WÄRTER *läuft umher.* Frau Susanne!... Machen Sie doch keinen

Hokuspokus!... Frau Susanne... was sind Sie denn auf einmal für ein Mensch?!... Herr im Himmel, das gibt's auf keinem Schiff! Ich muß den Herrn Direktor holen...

Der Wärter läuft nach links ab. Susanne sitzt und raucht. Moritz kommt, hinter ihm der Wärter.

MORITZ Lassen Sie bitte das Rauchen, Susanne. In Räumen, wo Bilder hängen, darf wirklich nicht geraucht werden. Gehn Sie in mein Büro, wenn Sie rauchen möchten.

Susanne wirft die brennende Zigarette nach hinten, Moritz vor die Füße. Der Wärter hebt sie auf. Susanne zündet sich eine neue Zigarette an, inhaliert tief und stößt eine dicke Rauchwolke aus. Moritz setzt sich neben sie.

SUSANNE Schlechte Luft, hm?

MORITZ Ja. Leider.

SUSANNE Könnte aber noch schlechter sein. Hören Sie, Herr Direktor – wenn Sie mich nicht in Ruhe rauchen lassen, wo ich rauchen will, dann dreh ich Ihnen hier den Thermostat auf hundertachtzig und setze Ihre Bilder unter Treibhausluft!

WÄRTER Na, das ist Unsinn. Das geht gar nicht. Keine Sorge.

SUSANNE Dann sollen Sie sehen, wie sich Ihr kapitalistischer Realismus von den Wänden schält, schmilzt und fault und dampft oder weiß der Teufel was...

MORITZ Ich glaube, so richtig verzweifelt, so richtig schmerzergeben kann im Grunde nur ein nicht rauchender Mensch aussehen. Finden Sie nicht? Der rauchende macht noch in seiner tiefsten Not lauter Faxen. Fingert an der Zigarettenschachtel herum, saugt gierig am Mundstück, schlingt den Rauch hinunter und genießt sein triumphierendes Ausströmen durch Nase und Mund. Wie lächerlich! Wie gewandt! Wie lebenstüchtig! Dabei wollten wir doch aller Mitwelt zeigen, wie elend und wie gliederschwer uns zumute ist...

Susanne hat den Kopf an seine Schulter gelehnt, die rechte Hand mit der Zigarette liegt locker über seinem Knie.

SUSANNE Ja.

Moritz nimmt ihr die Zigarette aus der Hand, reicht sie dem Wärter, der sie nimmt und nun beide brennenden Zigaretten hinausträgt. Moritz hebt Susannes Hand und küßt sie.

SUSANNE Wenn Sie möchten,... bitte – küssen Sie auch das Innere der Hand –

Wo Susanne und Moritz saßen, sitzen nun wieder Marlies und Johanna. Der Stuhl des Wärters steht leer.

JOHANNA Was wirst du heute abend tun?

MARLIES Nichts. Ich male ein bißchen. Ich rufe den Kerl an, der mir eben durch die Lappen gegangen ist.

JOHANNA Die Lappen, herrjemineh... die Lippenlappen.

MARLIES Und du?

JOHANNA Ich? Och, weiß nicht. Telefoniere auch mal ein bißchen, vielleicht.

MARLIES Na gut.

JOHANNA Gut, gut, gut... Ich glaube fast, unsere brave Zeit hat schlapp gemacht. Der Sommer dauert und dauert, nichts rührt sich. Helmut schreibt mir ewiglange Briefe, und ich beiße mir auf den Lippen herum, weil ich nichts zum Küssen habe. Die brennen vielleicht!... Ich bekomme Pickel auf der Brust!

MARLIES Kopfgrint, Körpergeruch.

JOHANNA Die Haut bricht und spaltet sich, fühl mal: wie 'ne Muschelkruste am Bootssteg.

MARLIES Einfach weil niemand da ist.

JOHANNA Die Leere im Rücken, dieses Biest... Mein Schatten juckt, mein Schatten sticht... Ich wache nachts mit blutigen Fingernägeln auf.

MARLIES Einfach weil niemand da ist.

JOHANNA Am ganzen Körper bin ich nur noch Rücken, Rücken, kein Gesicht.

MARLIES Rundherum Rücken, Abschied, kein Gesicht.

JOHANNA Der leere Sitz, sieh nur, hinter uns, der Stuhl, der gefährliche Stuhl, der leere, der uns an den fehlenden Judas erinnert –

MARLIES Und an Banquos Geist.

JOHANNA Und an Helmut.

MARLIES Wo niemand sitzt, da ist es unheimlich... Übertreiben wir nicht?

JOHANNA Nein.

MARLIES Als erstes müssen wir nun nicht mehr so viele Süßigkeiten essen, Johanna.

JOHANNA Ja. Das müssen wir. Muß ich eine harte Nuß.

MARLIES Das kannst du laut sagen.

Richard kommt von rechts mit einem Stoß Kataloge.

MARLIES Nun erzählen sie mir endlich, was Sie auf dem Herzen haben, Richard! Seit Wochen schleichen Sie geduckt um mich herum und werfen mir unklare Blicke zu. Sie reden häufig mit Felix über mich. Warum nie mit mir?

RICHARD Ich will nichts –

MARLIES Ich möchte es von Ihnen hören, von Ihnen höchstpersönlich... Ich kann Ihnen schließlich diese Worte nicht selber in den Mund legen.

RICHARD Ich will nichts, als gerade für einen Augenblick meine Kataloge hier abstellen... Frisch aus der Druckerei.

Er stellt den Stapel auf die Bank.

MARLIES Haben Sie nicht andeutungsweise von Ihrem Unglück gesprochen?

Richard setzt sich, halb mit dem Rücken zu den anderen.

RICHARD Unglück... Unglück ist vielleicht ein – zu hochgegriffenes Wort.

MARLIES Sie haben es aber selber benutzt.

JOHANNA Und ich finde, daß Ihr Unglück Sie sehr zu Ihrem Vorteil verändert hat.

RICHARD Offenbar hat Ihnen Ihre Freundin erzählt, daß ich nicht ganz zurechnungsfähig bin –

MARLIES *zu Johanna* Was hast du?

JOHANNA Nichts, Liebe, aber gar nichts –

Blende

Alle außer Richard stehen im Raum verteilt und beobachten den rechten Durchgang. Einige stehen abgewandt zu dieser Richtung und sehen also über die Schulter zurück. Der Wärter auf seinem Stuhl links.

Dunkel

Dasselbe Bild der Erwartung. Richard kommt mit einem neuen großen Stoß Kataloge von rechts. Er setzt ihn auf der Bank ab. Er gibt Kataloge unter den Umstehenden aus. Alle, zuletzt auch Richard, blättern und lesen in ihren Katalogen. Nach einer Weile beginnt Peter aus seinem Aufsatz vorzulesen. Darüber verschwindet sehr allmählich das Licht.

PETER Vielleicht kennen Sie den sowjetischen Spielfilm über den georgischen Maler Pirosmanaschwili. Einen sogenannten Naiven. Vielleicht kennen Sie ihn nicht. Egal. Ich werde Ihnen jedenfalls, ungeachtet ob sie sich dafür interessieren oder nicht, von diesem Film erzählen. Stellen Sie sich vor: ein kleines blitzblankes Lebensmittelgeschäft, vollkommen alleinstehend, fern oben in den Bergen, dort tauscht Pirosmani seine Bilder gegen Brot und Milch. Die Leute lachen über seine Bilder und hängen sie an den Außenwänden ihrer Häuser auf. Eines Tages erfahren alle seine Freunde, bei denen er Bilder tauschte, daß sie Kunstwerke besitzen und wie sie sie verkaufen können. Agenten und Sachverständige kamen ins Dorf und nannten hohe Preise. Nun zwingen die Nachbarn Pirosmani weiterzumalen. Aber er hat keine Lust mehr, er ist alt und entkräftet. Noch ein Bild, los! Noch ein letztes. Sie sperren ihn ein, sie setzen ihn gefangen. Im Gartenhaus, oben in der Tenne. Ganz leer ist es dort. Nur ein Eimer steht in der Ecke. Das Malzeug haben sie ihm hingeschleppt.

Alle, da sie mitlesen, blättern eine Seite im Katalog um. Peter spricht nun mehr und mehr auswendig.

Bis Ostern muß ein Bild fertig sein. Drei Tage hat er Zeit. Obwohl, wie er sagt: er ist zu Ende, es ist aus mit dem Malen. Ostersonntag. Die Dörfler feiern im Wirtshausgarten. Vereinzelt, in kleinen Gruppen, stur, Tische unter den Bäumen. Eine fette bunte Frau, ganz allein, an einem winzigen Tischchen, abseits. Auf einmal sagt einer: Du, wir haben Pirosmani vergessen. Sie gehen hinauf zur Tenne und öffnen den Raum. Pirosmani wartet schon seit langem, mit der Tasche in der Hand. Er wartet, daß aufgeschlossen wird. Weit hinter ihm, am anderen Ende der Tenne, steht das Bild auf dem Boden. D a s Bild. Es ist darauf nichts anderes zu sehen, als was unten im Wirtshausgarten tatsächlich vor sich geht: Osterfeiertag. Der Maler steht weder stolz noch erschöpft neben seinem Werk. Er steht überhaupt nicht neben ihm. Sondern soweit wie möglich von ihm entfernt. Das Meisterwerk erscheint als etwas Liegengebliebenes, Verlorenes, Ausgeschiedenes. Gleichgültige Hinterlassenschaft, Kot. Etwas, das man selbst nicht mehr wegräumen kann.

Pirosmani ist wieder frei und geht müde davon. Er schüttelt den Kopf, da man ihn auffordert, nun am Fest teilzunehmen. Er verzieht sich in seinen Verschlag, sein Zuhause. Er legt sich auf den Boden, Bett und Tisch besitzt er nicht. Da kommt ein Offizieller in einer Kutsche aus der Stadt herbeigefahren. Er öffnet den Verschlag und fragt den Maler: Was machst du da auf dem Boden? Der Maler sagt: Ich sterbe. Der Offizielle sagt: Heute ist Ostern. Christus ist auferstanden. Komm mit. Wir wollen feiern. Der Maler muß fürs erste das Sterben verschieben. Er muß wieder aufstehen, in die Kutsche steigen und mit dem Offiziellen davonfahren. Zum Osterfest...

Dunkel. Vorhang

II
Niemand Bestimmtes

Nachmittags

Derselbe Raum. Lichteinfall von rechts und links aus den Neben-
sälen. Im rechten Durchgang sieht man einen Männerrücken, an-
gelehnt. Der Stuhl des Wärters steht leer. Im linken Nebenraum
klingelt laut ein Telefon. Von rechts stürzen alle (außer dem Wär-
ter) in einem dichtgedrängten, stolpernden Pulk nach links. Aus
dem Pulk fällt Kläuschen heraus mitsamt seiner Kamera. Er wird
liegengelassen. Er steht auf, sucht seinen Apparat, prüft ihn.

Blende

I

Susanne sitzt auf der Bank. Die Hände zwischen die Knie gepreßt,
den Kopf gebeugt und ihn langsam schüttelnd. Von links schleicht
sich Kläuschen mit seiner Kamera an. Er knipst mit Blitzlicht.

SUSANNE *krampfhaft* Freust dich wohl, daß Ferien sind, wie?
KLÄUSCHEN Ja. Skiferien.
SUSANNE Skiferien, na?! Mitten im Sommer. Fährst du mit der
Mami oder mit deinem Vater?
KLÄUSCHEN Mit meinem Vater.
SUSANNE Ist dein bester Freund, der Vati?
KLÄUSCHEN Ja. Geschäftsfreund.
Er dreht sich um und geht pfeifend nach links ab. Felix erscheint
im linken Durchgang, mit einer Flasche Wein und einem Was-
serglas.
FELIX Trinken Sie nicht? Nein? Hm. Samstagnachmittag –!
SUSANNE Kscht!
FELIX Was heißt ›kscht‹? Soll ich gehen? ... Ich hatte mit 'ner Un-

terhaltung gerechnet. Kommt nicht alle Tage vor, daß Sie so zugänglich sind... Waren Sie nicht mal die Winzerkönigin von Traben Trarbach? Ich meine doch, ich kenne Sie als preisgekrönte Jungfrau vom Flaschenetikett... Nein? Täusch ich mich?... Na dann: Prost und Adieu!

Felix verschwindet nach links. Von rechts kommt Kläuschen mit der Kamera wieder.

SUSANNE Verschwinde. Mach, daß du wegkommst. Hau ab!

KLÄUSCHEN *geht nach links ab.* Tiefkühlrapunzel!

Blende

Noch immer ein dämmeriges Licht. Susanne sitzt nun auf der rechten Rundung der Bank, im Profil. In der Nähe des rechten Durchgangs lehnt Answald an der Wand. Auf der linken Seite steht Marlies und drückt die Stirn gegen die Wand. Sie schluchzt leise. Nicht weit von ihr entfernt sitzt Felix auf dem Boden (ohne Flasche und Glas). Im Hintergrund Kläuschen. Aus dem Nebenraum hört man Elfriede rufen. Zur gleichen Zeit beginnen Marlies und Felix...

ELFRIEDE Kläuschen... Kläuschen! *Sie kommt von links.* Los, los, mach dich fertig. Kiepert kommt gleich und holt dich ab. Wisch dir den Mund sauber... Nein, nicht mit dem Ärmel... *Sie nimmt ein Taschentuch und befeuchtet es mit Speichel.* Halt still, Liebling!

KLÄUSCHEN Äääh...!

ELFRIEDE Mach's selbst... Nachher heißt es wieder, ich lasse dich rumlaufen wie ein Proletenkind...

Sie nimmt ihn bei der Hand und sie gehen nach links ab. Der Wärter kommt von links und setzt sich auf seinen Stuhl.

FELIX Es muß nur einer kommen, der dich lobt...

MARLIES *schlägt die Stirn gegen die Wand.* Nein, nein, nein.

FELIX Und einmal wird einer kommen, der dich lobt.

MARLIES Versteh ja nicht, wie mir geschieht. In meinem Kopf ist nicht das Richtige. Ich höre immerzu ›Marlies, liebe, liebe Marlies‹...

FELIX Nun quäl dich doch nicht so.

SUSANNE Answald, ich –; haben Sie bemerkt, daß es mir schwerfällt, Sie bei Ihrem Namen zu nennen?

ANSWALD Ja. Macht ja nichts. Du könntest –, ich meine, ich höre gern auch auf einen anderen Namen, der besser klingt...

SUSANNE *dreht sich um.* Marlies!... Wenn du weiter so kinderbärmlich heulen willst –, kannst du nicht woanders hingehen?!

FELIX Ruhe! Halten Sie den Mund!

SUSANNE *zu Answald* Vielleicht kennen Sie das alte Spiel, wie man Liebe prüft oder Treue, Freundschaft, je nachdem –? Ja? Sehen Sie, ich gebe Ihnen, wenn Sie wollen, für heute nacht diesen elfenbeinernen Ring, den ich da am linken kleinen Finger trage. Sie müssen ihn, bevor Sie einschlafen, auf Ihre Zunge legen und die ganze Nacht über im Mund behalten. Wehe, Sie verschlucken ihn im Schlaf, den Ring, wehe! Wir wollen lieber gar nicht daran denken. Wenn Sie aber morgen früh mit dem Ringlein auf der Zunge aufwachen, dann steht es gut mit uns. Wir werden uns für immer Du sagen... Wollen Sie? Wollen Sie?

ANSWALD *kommt zu ihr und nimmt den Ring entgegen.* Das also ist das Nördlichste auf der Welt.

SUSANNE Wie?

ANSWALD Ihr Herz, Madame, und Ihre Kälte.

FELIX Answald, Menschenskind, laß dich bloß nicht vergackeiern! Schweineromanze! Alle Welt duzt sich, kreuz und quer, ohne jeden Schißlaweng –

ANSWALD Vielleicht hältst du dich besser da raus, Felix.

SUSANNE Das meine ich auch. Bringen Sie erstmal Ihre traurige Casinoballade zu Ende. Das kann man ja nicht mehr mit anhören! Und dann – ab nach Kanada mit Ihnen, ab nach Kanada, nichts wie weg!

MARLIES Bist du verrückt?! Wie kannst du so etwas sagen?! Er soll nicht nach Kanada, er soll hier bleiben... Oh Gott, mir ist schlecht... Verschwindet endlich, los!

SUSANNE Wieso wir? Mir geht es auch schlecht, sehr schlecht geht es mir. Warum verschwindet ihr nicht?... Dir kann man ja sowieso nicht helfen, Marlies, du kommst ja nicht los von diesem Sonderangebot –.

FELIX Jetzt ist aber Schluß... Sie unproduktive Ratte!... Bitte sehr, eine Ratte nenne ich Sie. Eine Ratte, die im untersten Gebälk der Kultur herumnagt, herumstiebizt, an gewissen Bettgestellen nagt, an gewissen Herren nagt, total unproduktiv, ohne jede eigene Schöpfungskraft –

SUSANNE Wissen Sie was?! Wissen Sie was?! Wie Sie mit Frauen umgehen – sehen Sie das nicht?! Ein Häufchen Elend haben Sie aus ihr gemacht, und da wundern Sie sich noch, daß Ihnen der Appetit vergangen ist auf so ein Häufchen Elend!

MARLIES Das geht dich doch gar nichts an!

SUSANNE Wissen Sie was?! Ihnen gehört schon lange einmal kräftig vor den Latz gehauen!

FELIX *nach einer Pause, leise* Bravo. Das hat gesessen. Eigentor.

SUSANNE *zu Answald* Entschuldigen Sie...

ANSWALD Aber, – macht doch nichts.

SUSANNE War ein typisches Männerwort, wie?

ANSWALD Na klar. Macht doch aber nichts.

SUSANNE Selten so geschrien, puh...

FELIX Komm, Marlies, das wird mir hier zu unmenschlich. Laß uns ein Glas Wein zusammen trinken.

MARLIES Ja.

FELIX Wir trinken ein Gläschen und setzen uns vor das Bild von Hopper, die ›Nachtvögel‹.

MARLIES Ja.

FELIX Schließlich, wenn du alles bedenkst, ist und bleibt es unser Bild. Unsere Einsamkeit –

MARLIES Ja.

Sie gehen nach links ab.

SUSANNE So. Nun geben Sie mir bitte den Ring zurück.

ANSWALD Warum?

SUSANNE Ja, ja... Geben sie hier. Es ist mir alles schiefgegangen. Ich bin zu ungeschickt für die kleinen Affären.

Sie hält die Hand auf, er gibt den Ring zurück. Sie stehen zögernd, ein wenig zur Seite gewandt, voreinander.

SUSANNE Im übrigen, wenn Sie mögen, ein kleiner Kuß täte es wohl auch.

ANSWALD Ja. Erfüllt denselben Zweck.

SUSANNE Die Sache wäre abgemacht.

ANSWALD Es ginge ohne Federlesen.

SUSANNE Bequemer als der Ring im Mund.

ANSWALD Bedeutend leichter, sehr viel angenehmer.

SUSANNE Aber –: wozu?

ANSWALD Ja. Wozu?

SUSANNE Oh, Sie wollten gar nicht?

Answald schüttelt den Kopf.

SUSANNE Kein Du?... Kein – *sie deutet auf ihre Lippen.*

ANSWALD Sehen Sie, ich bin auch nicht sehr geschickt für die kleinen Affären.

SUSANNE Aha. Beleidigt bist du. Na, Gott sei Dank. Ich dachte schon, jetzt hat er dich aber auf's Glatteis geführt...

ANSWALD Hab ich auch!

Sie lachen und küssen sich.

Dunkel

2

Answald und Susanne gehen auseinander. Susanne setzt sich auf den Rücksitz der Bank, so daß sie von vorne nicht gesehen wird. Answald geht links ab. Moritz und Johanna kommen von rechts. Der Stuhl des Wärters steht leer.

MORITZ Nein, damals ging ich nicht mehr ins Seminar. Damals habe ich Anzeigen akquiriert für die Rundschau. Und übrigens – der Juwelierladen deines Vaters gehörte zu meinen erfreulichsten Adressen. Jeden Monat hat er für einen anderen Edelstein geworben, nicht mit Abbildungen, nur mit Worten. Sehr exklusiv. Nach der Arbeit bin ich regelmäßig in diese kleine Galerie gegangen, in einer der Nebenstraßen am Domplatz...

JOHANNA Galerie Sander?

MORITZ Ja. Galerie Sander. Dort saß ich nachmittags beim Tee und blätterte in den Katalogen.

Von links kommen Peter, Martin und Answald, in einer Unterhaltung begriffen.

JOHANNA Wie lange hast du dort immer gesessen?

MORITZ Ich weiß nicht. Ganz verschieden. Man konnte sich sehr gut ausruhen dort. Zumal draußen keine Ruhe herrschte und die Passanten vorbeieilten. Sie eilten alle vorbei, hineingekommen ist nie jemand. Gegen Abend klingelte das Telefon und die

Freundin des Galeristen, des Herrn Sander, rief an … Nun, was erzähle ich da.

JOHANNA Ja. Seltsam.

MORITZ Seltsam ist es eigentlich nicht –

JOHANNA Doch. Das war nämlich immer ich, wenn das Telefon klingelte, abends in der Galerie.

MORITZ Ach. Das wußte ich nicht.

JOHANNA Ja. Helmut lebt seit zwei Jahren in London.

Das Licht im Raum wird hell. Sie stehen vor Susanne und trennen sich: Johanna geht zu Martin und den übrigen, Moritz links ab.

MARTIN Wir würden uns freuen, mein Lieber, von Herzen freuen, wenn Sie einmal den Weg zu uns fänden. Ich habe oft gedacht, was uns fehlt, ist ein geselliger literarischer Abend. Sie wissen, meine Frau und ich sind außerordentliche Leseratten. Das datiert noch aus der Zeit kurz nach dem Krieg, als uns die Amerikaner – weiß der Teufel, wie sie ausgerechnet auf mich gekommen sind – nun ja, wir waren nicht in der Partei, beide stramme Antinazis – und mir nichts, dir nichts hatten wir die Lizenz für eine Leihbücherei in der Tasche. I guess, you are a big reader, Mister, sagte der Stadtkommandant zu mir. Sie sehen so aus, als seien Sie ein gewaltiger Leser … Na, keine Rede davon. Ich hatte mich kurz vor dem Zusammenbruch selbständig gemacht, das Geschäft wurde ausgebombt, und ich kam beim besten Willen nicht zum Lesen. Alle Jahre mal ein Buch von Albert Schweitzer. Kurz und gut, meine Frau und ich, wir haben dann zwei Jahre lang in Offenbach eine kleine Leihbibliothek geführt. Ja. Dabei haben wir zwangsläufig selbst das Lesen gelernt, es war ja nun vorübergehend unsere ganze Existenz. Damals sind wir zum ersten Mal auf die Werke von Ortega y Gasset gestoßen – ein großer Stilist, ein unbestechlicher Menschenkenner, den wir auch heute noch gerne lesen. Inzwischen haben wir uns selbstverständlich viele der Bücher, die damals durch unsere Hände gingen, nach und nach selbst angeschafft. Vielleicht haben Sie Lust und werfen mal einen Blick in meine Bibliothek.

PETER Danke. Ich lese nur wenig.

MARTIN Ist das Ihr Ernst?

PETER Ich fürchte, ich bin kein Schriftsteller, der Ihnen Eindruck machen könnte, mein Herr. Obgleich ich unablässig schreibe oder zumindest mir unablässig vorstelle, ich schriebe, bin ich, zu meinem Bedauern, weit entfernt von dem, was Sie einen Stilisten und Menschenkenner nennen.

Elfriede kommt von links und stellt sich zu der Gruppe. Answald nutzt die Gelegenheit, um nach links zu verschwinden. Peter reagiert im folgenden nervös, doch ohne sich zu unterbrechen, auf die Störungen um ihn herum. Er spricht unter Mühen.

Um die Wahrheit zu sagen: ich hasse das Schriftstellerische. Es ekelt mich. Wer so tut, als gebiete er über Sprache, ist ein alberner Suppenkasper. Er verkennt seine Lage. Ich lege Feuer, sofort, an jedes Blatt, auf dem eine literarische Kostbarkeit zu entstehen droht. Das einzige, was mir Sorgen macht: vielleicht bin ich meinen Figuren nicht immer so sterbensnah verbunden gewesen, wie sie es verdient hätten. Ich hoffe, ich kann mich bessern.

MARTIN Sie sind aber trotz alledem zufrieden mit Ihrem Beruf? *Martin hat Lothar und Viviane bemerkt, die von rechts gekommen sind.*

LOTHAR Ich muß Sie bitten, mir zuzuhören – als Ihr Arzt!

VIVIANE *bleibt stehen.* Das sind Sie nicht, Lothar. Sie sind, für mich, nur noch der Freund meines Mannes. Ein guter Freund sind Sie gewiß immer geblieben.

LOTHAR Ist es wieder soweit, daß Sie nicht vergessen können –? *Martin geht, während Peter weiterspricht, zu Viviane. Beide links ab. Lothar zu Johanna, Elfriede und Peter.*

PETER Beruf? Ich starre monatelang auf denselben Fleck. Kein Finger rührt sich. Stille Dünung schöner Tage. Die Unruhe habe ich in die Uhr gesperrt, Flöhehüpfen der Sekunden. Amüsiert mich, geht mich nichts an. Ich brauche botanische Geduld. In jenem Reich, in dem die Freiheit nur als versehentliche Abschweifung des Gedankens existiert, muß man stillhalten können. Und doch sind es einzig die Augenblicke der Schwäche, der Nachlässigkeit, der Geistestrübung, in denen wir hoffen dürfen, die Rufe einer neuen, großen Lockung zu vernehmen. Nur dort, wo der Gedanke abirren kann, wird die Idee entdeckt.

MARLIES *kommt von links, ruft* Johanna! Hannaliebste! Hänn-

chen! Komm bitte, bitte ganz schnell! Felix will mir ein Versprechen geben. Ich brauche einen Zeugen, schnell!
Sie verschwindet wieder.
JOHANNA Oh! *Sie küßt Peter auf die Wange.* Bis gleich...!
Sie läuft nach links ab. Lothar verschwindet ebenfalls.
PETER In einer Gesellschaft wie der unseren scheinen die Ge-
nuß- und Leidensfähigkeit des Menschen mehr und mehr zu
verkümmern. Das Wagnis der großen Erregungen bleibt weit-
gehend ungewagt. Unsere Gesichter stoßen kaum je einmal im
Leben an die Grenze ihrer Ausdruckskraft. Die Erscheinung
des Geistes, der uns mahnt, zeigt das erloschene Antlitz eines
aufgeklärten Fernsehmoderators.
Franz kommt, Elfriede geht.
Wir aber, die wir schreiben, im Schutze der Entlegenheit,
*Ruth kommt von rechts, bleibt einen Augenblick zögernd zu-
hörend stehen, geht dann nach links ab.*
... wir müssen hart arbeiten für die Wiedergewinnung der Tränen, des verschollenen Lachens, der Schmelzflüsse von Lust
und Trauer, die dem menschlichen Leben und auch dem sozialen Leben neue Kräfte, neuen Reichtum verschaffen, die ge-
waltsame Erregung, die Verausgabung der Gefühle, der Trost –
FRANZ Warum ist sie denn weggelaufen? Entschuldigen Sie – ich
komme wieder.
Er geht nach links ab. Peter ist verstummt.
SUSANNE *hinter der Bank verborgen* Warum sprechen Sie nicht
weiter? Ich höre Ihnen gern zu.
PETER *leise* Wir werden zuverlässig sein, wenn Sie uns brauchen. Wir wollen mit Ihnen schreien, wenn Sie niederkommen
und gebären. Wir wollen mit Ihnen schwärmen, wenn Sie ge-
nießen und flüstern mit Ihnen, wenn sie sich fürchten in einem
fremden Haus –

Dunkel

3

Ruth sitzt auf dem Stuhl des Wärters. Lothar geht neben ihr auf und ab.

LOTHAR Was wird bloß aus dem Kind? Ich frage dich... Wenn du – wenn du weiter so dahindämmerst. Whisky schon am frühen Morgen und den ganzen Tag über Puzzlespiele legen im verdunkelten Eßzimmer. Ruth – du wirst schwachsinnig! Entschuldige. Ich mache mir Sorgen. Was soll aus dem Kind werden?

RUTH Das Kind bleibt das Kind.

LOTHAR Hör auf. Eben nicht. Ein Junge wie Fritz, ein Bübchen von sechs Jahren, braucht einen lebendigen Partner. Ich kann es nicht ertragen, wenn er dauernd gähnt. Er gähnt und gähnt, nicht weil er gähnen muß, sondern weil er sich das so angewöhnt hat von dir... Ich will ihn heute abend sehen. Ich muß mit ihm über die Ferien sprechen.

RUTH Er ist aber schon in die Ferien gefahren.

LOTHAR Wa s ist er? Wohin?!

RUTH Nach Dreierlenheim. Ein sozialistisches Kinderlager. Oder wie sich das nennt. Alle seine Freunde sind dort.

LOTHAR Du bist wohl übergeschnappt!? Sozialistisches Kinderlager! So etwas gibt es doch überhaupt nicht –!

RUTH Natürlich. Dreierlenheim. Gibt es.

LOTHAR Ohne mich zu fragen?

RUTH Es mußte ja schnell gehen. Fritz wollte unbedingt. Du bist seit vierzehn Tagen nicht bei uns gewesen. In der Praxis darf man dich nicht anrufen...

LOTHAR Sozialistisches Arbeitslager, mein Gott!

RUTH Ferienlager.

LOTHAR Wie lange ist er weg? Seit wann?

RUTH Zwei, drei Tage.

LOTHAR Und wie geht es ihm?

RUTH Ich weiß nicht.

LOTHAR Wieso? Hast du ihn nicht angerufen?

RUTH Kann man ihn denn dort anrufen?

LOTHAR Oh nein! Nein, nein, so geht das nicht weiter...

RUTH Es ist eigentlich fast, daß man sagen könnte: so ein Kind verträgt letzten Endes besser als wir die Fremde. Es ist frisch am Leben. Es ist widerstandsfähiger gegenüber den Zumutungen, innerlich entschlossener zu leben als wir. Als wir, sein Schutz.

Blende

Ruth und Lothar sind verschwunden. Susanne und Peter stehen sich gegenüber.

PETER Man sieht Ihnen an: Sie haben gerade mit einem Mann geschlafen.

SUSANNE Ha!

PETER Sie haben ja Ihren ganzen Typ verändert. Kleidung, Frisur, Make-up, Schmuck. Jawohl, so gefällt es mir. Für Sie ist das noch ein richtiges Ereignis. Ein kultureller Einschnitt, möchte ich sagen. Sie sind weit zurückgegangen in der Sittengeschichte, tief hinab zu den primitiven Epochen des Glücks, bis Sie möglichst viele, möglichst kostbare Zeichen, Gebräuche und Gaben fanden, um Ihre Erfahrung damit zu schmükken, zu überströmen –

SUSANNE Ich glaube fast, ich kann es nachvollziehen.

PETER Irre ich mich?

SUSANNE Ärger irrt man selten.

PETER Sie können nicht verbergen –

SUSANNE Nein. Ich verberge nichts. Da haben Sie recht.

PETER Aber?

SUSANNE Aber –... Hören Sie, lieber Peter, die Erfahrung ist es nicht; das bißchen Hoffnung ist es, das sich so herausgeputzt hat. Die Erfahrung, leider, ist es nicht... Sie werden immer mehr vereinsamen, in Ihren jungen Jahren!

Blende

Ruth und Lothar. Beide im Vordergrund, wo eben Peter und Susanne waren. Der Wärter sitzt auf seinem Stuhl neben dem linken Durchgang. Rechts und links gehen Answald, Johanna, Franz, Moritz und Elfriede gerade ab.

RUTH Warum hast du mich hierher geschleppt? Was soll ich hier?

Die Leute sind nicht nett zu mir. Die meisten schneiden mich.
Weil ich eben ein abgeschnittenes Stück Mensch bin. Eine
Frau, die von ihrem Mann verlassen wurde, wird hier immer
noch als ein Wesen zweiter Klasse behandelt. Das ist mir vielleicht eine Mischpoke!

LOTHAR Ruhig. Bitte!

RUTH Die teilen inzwischen alle deine Verachtung für mich.
Wie? Das muß dich aber sehr stolz machen –

LOTHAR Weißt du, deine Art, dich ständig selbst zu erniedrigen,
bietet andern Leuten kaum eine Chance, etwas Nettes zu dir
zu sagen.

RUTH Nett, nett! Ich pfeife auf eure Nettigkeit. Ihr nehmt euch
alle selber viel zu wichtig. Was für ein Wind, was für ein Getue
um eure popeligen Affären.

LOTHAR Ich weiß nicht, wovon du sprichst.

RUTH Mit Marlies habe ich doch im letzten Jahr den Italienisch-
Kurs in der Volkshochschule besucht. Meinst du, die findet
heute ein einziges vernünftiges Wort für mich? Völlig hyste-
risch, kaputt! Nur wegen diesem Supermann vom Kaufhof.
Ach, das ist mir alles viel zu niedrig, viel zu lächerlich. Und
euer Dichterfratz, der aussieht wie mein Untermieter, der
dürre Fernmeldetechniker, spricht von grausamer Erregung
und dabei hört man, wie ihm im ganzen Leib die Knochen
klappern...

LOTHAR Hast du auch gelegentlich ein paar Bilder angesehen?

RUTH Ja. Natürlich. Hab ich.

LOTHAR Und?

RUTH Nichts.

LOTHAR Ach ja.

RUTH Interessiert mich nicht.

LOTHAR Vor ein paar Jahren hast du dich doch so begeistert ge-
äußert über diesen Neuen Realismus –

RUTH Ja. Das ist vorbei. Ich verspüre keine Begeisterung mehr.

LOTHAR Glaubst du, Moritz ist die Ausstellung geglückt oder
gelungen oder nicht?

RUTH Weiß nicht. Geglückt? Hm. Schwer zu sagen. Weiß ich
nicht.

LOTHAR Ich selbst fange nicht gerade viel damit an. Ich bin allerdings auch nicht in der Stimmung –

RUTH Findest du auch, daß ich mich völlig unmöglich anziehe?

LOTHAR Nein. Wer sagt das?

RUTH Ich habe in letzter Zeit so oft das Gefühl, daß ich mich unbewußt, ohne es selbst recht zu merken, besonders unvorteilhaft – *Sie lächelt.*

LOTHAR Ich kann es vielleicht kaum beurteilen –

RUTH Laß nur, schon gut. Mit der Bluse habe ich bestimmt keinen glücklichen Griff getan. Soviel sehe ich selber. Der Röschenbesatz macht mich älter als ich bin. Macht mich so knuffelig.

LOTHAR Viviane stirbt.

RUTH Ja.

LOTHAR Was heißt ›ja‹?

RUTH Ich habe das Gefühl.

LOTHAR Ich w e i ß es, Ruth. Ich weiß es.

RUTH Oh!

LOTHAR Die Klinik in Essen, wo sie zur Untersuchung war, hat mich heute morgen angerufen.

RUTH Was werden sie tun?

LOTHAR Beten. Es ist zu spät.

RUTH Keine Bestrahlungen?

LOTHAR Nicht für die Leber.

RUTH Du mußt dir keine Vorwürfe machen, Lothar. Du hast dafür gesorgt, daß sie rechtzeitig operiert wurde.

LOTHAR Rechtzeitig? Jetzt wissen wir wohl, daß es nicht mehr rechtzeitig war. Meine Fehldiagnose anfangs und Vivians Sorglosigkeit –

MARTIN *kommt von rechts.* Ah, da ist er ja –

Er geht in den Durchgang zurück, ruft nach hinten.

Viviane! Hier ist er! Kommst du? *Zu Lothar* Sie will es dir selbst sagen...

Lothar steht erschrocken. Ruth geht einen Schritt auf ihn zu, legt ihre Hand auf seinen Arm. Viviane kommt von rechts.

VIVIANE *geht zu Lothar, nimmt ihn ein wenig beiseite.* Ich möchte Sie etwas fragen, Lothar... Haben Sie nicht Lust, wollen Sie beide nicht mit uns für ein paar Tage in die Berge fahren. In der kommenden Woche. Ich habe einen mörderischen Durst nach Höhenluft –

MARTIN Falls es Ihnen nicht zu langweilig ist, mit uns alten Wakkelköpfen –

LOTHAR Herzlich gern. Ich würde Sie herzlich gern begleiten. Es ist nur –, ich habe meine Urlaubsvertretung noch nicht regeln können. Darum muß ich mich in der nächsten Woche wohl kümmern... Aber Ruth, vielleicht möchtest du mitfahren?

RUTH O ja, sehr gern. Wohin geht die Fahrt? Also, ich bin frisch und frei wie der Fisch im Wasser – mein kleiner Herzensbrecher ist schon in seinem Ferienlager, da bin ich also zu allen Untaten bereit –

VIVIANE So? Na, Sie Glückliche... Ich weiß nicht recht, Martin, nicht wahr, – wir dachten im Grunde mehr an Sie beide. Von Paar zu Paar, dachten wir, das ist so sehr viel amüsanter. Tja. Dann wird es wohl unter Umständen diesmal nichts werden... Martin!

MARTIN Nein, wohl nicht. Aber bestimmt das nächste Mal.
Viviane hängt sich bei ihm ein.
Sie wissen ja: Die Jahre sind kurz, die Stunden verrinnen, Woll'n wir noch reisen, so laßt uns beginnen!
Sie gehen im Gleichschritt nach links ab.

RUTH ›Von Paar zu Paar‹... Warte nur, bald hat's sich ausgepaart!

LOTHAR Ruth!

RUTH Herrje, ist das peinlich! Die mit ihrem senilen Glück, Arm in Arm im gleichen Trippelschritt.

LOTHAR Mach dich nicht lächerlich.

RUTH Na, weißt du...! Dauernd krieg ich mit der verkehrten Hand ins Gesicht geschlagen. Einer nach dem anderen. Und du stehst daneben und machst eine höfliche Verbeugung. Mein Vater, wenn ich mir vorstelle, mein Vater hätte überhaupt je mit einem Drogisten, einem Saure-Drops-Krämer, überhaupt nur ein einziges persönliches Wort gewechselt...

RICHARD *kommt eilig von links.* Kiepert ist gekommen... Jetzt heißt es dastehn wie ein Mann und eine Burg!

RUTH Wer ist Kiepert?

LOTHAR Kläuschens Vater. Der geschiedene Mann von Elfriede.

RICHARD Kiepert ist jener Herr, der unseren Vorstand gegen Moritz aufgehetzt hat. Jetzt wollen die alle die Ausstellung platzen lassen.

RUTH Warum?

RICHARD Weil... ja, warum? Sehr richtig: warum? Genau weiß ich es noch nicht. Ich vermute aber – haben Sie das Bild von Rainer Bracke gesehen? So ein großer Schinken ›Karneval der Direktoren‹... Sehen Sie sich's mal genauer an. Da erkennen Sie ganz deutlich Kiepert, Kiepert und seinen Chef, die sind haargenau porträtiert, gewissermaßen in einer sehr verfänglichen Lage.

Blende

Vor dem großen Tafelbild auf der Rückwand des Raums steht ein untersetzter rundlicher Mann mit dem Rücken zum Zuschauer. Man sieht seinen fast kahlen Hinterkopf. Er hält Kläuschen an der Hand. Außer Elfriede, die allein links neben dem Durchgang steht, haben sich alle anderen auf der rechten Seite versammelt. Der Wärter steht neben seinem Stuhl in der Nähe des rechten Durchgangs.

JOHANNA *nach einer Weile* Schön, nicht?
Pause
Aber das ist doch nun wirklich ganz einfach –: Schön!
Herr Kiepert wendet sich nach links und geht mit Kläuschen langsam ab.
MORITZ Kiepert!... Kiepert!

Dunkel

4

Alle sitzen oder stehen im ganzen Raum verteilt. Moritz liest aus einem Schreiben des Kunstvereinvorstands. Der Wärter sitzt auf seinem Stuhl in der Nähe des rechten Durchgangs.

MORITZ ›Nach einer gründlichen Auswertung der Vorbesichtigung vom 23. Juli dieses Jahres ist der Vorstand einstimmig zu der Auffassung gelangt, daß die Ausstellung ›Kapitalistischer Realismus‹ in der jetzt dargebotenen Form dem kritischen

Kunstverständnis unserer Mitbürger in keiner Weise gerecht wird.‹... Na ja.

MARTIN Kritische Mitbürger? Die möchte ich sehen.

MORITZ *liest in Bruchstücken* Weder im didaktisch-thematischen noch im stilistischen Bereich eine ordnende Hand... keine Richtung, kein Profil, keine Akzente... Sammelsurium diffuser Einzeleindrücke.

JOHANNA Was für ein Quatsch! Die haben sich –, die haben sich ja einen Kritiker gemietet, der ihnen so einen Quatsch schreibt!

RICHARD Nein, das schreibt er schon selber, der Kiepert. Solche Floskeln hat er sich fleißig angelesen.

ELFRIEDE Übertreiben Sie nicht, er ist schließlich kein Hornochse.

MORITZ *liest weiter* ›Kapitalistischer Realismus als Titel ebenso großspurig wie inhaltlich nichtssagend... planlos gehängtes Bildergut... gesichtslose Vielfalt.‹

FRANZ Ich finde den Titel sehr gut, wenn ich das einmal sagen darf. Er spricht ein breites Publikum an.

MORITZ Schließlich hat der Vorstand mit höchster Verwunderung zur Kenntnis genommen, daß in der Ausstellung rund ein Dutzend Exponate wiederkehren, die unseren Mitbürgern inzwischen mehr als vertraut sein dürften. Wir erinnern hier an Stephen Thomas ›Erdbildnis‹, das erst kürzlich in der Ausstellung ›Ort, Land, Auge‹ zu sehen war, während es kaum ein halbes Jahr zuvor in der Sammlung ›Junge Englische Malerei‹ ebenfalls gezeigt wurde. Ähnlich verhält es sich mit den Werken Gerhard Richters... Und so weiter. Er nennt noch ein paar Beispiele... ›Der Verdacht drängt sich auf, daß der Direktor des Kunstvereins jene Bilder, die seine Lieblingsbilder zu sein scheinen, gern und häufig um sich versammelt und stets aufs neue Gelegenheit findet, sie wieder – und wieder zu sehen...‹ Ja. Das sagt er so. Spaßvogel. Also, zum Schluß heißt es:, ›Der Vorstand sieht sich, bis auf weiteres, gezwungen, dem Direktor sein Mißtrauen auszusprechen. Gezeichnet: Boehme, Cisuleit, Eschenbach, Kiepert, Dr. Meinicke, Osswalt, Salzinger, Wachtimwald.

RUTH Lauter Männer, wie?

MARLIES Es ist geradeso wie auf der Richterbank –

JOHANNA Die wahren Fanatiker sind die an sich haltenden Beisitzer.

VIVIANE Osswalt, ausgerechnet, der hat es nötig. Seine Frau hat bei uns in der Rheinstraße gekauft. Als es noch Rabattmarken gab, mußte die Kassiererin alle Streifen für sie aufheben, die andere Kunden liegen gelassen hatten. Wir haben es nämlich hier mit ganz kleinen Leuten zu tun.

MARTIN Liebes –, ruhig Blut.

RICHARD Kein Wort, kein Sterbenswörtchen über das Bild von Bracke. Der eigentliche Stein des Anstoßes wird mit keiner Silbe erwähnt.

FELIX Sie glauben doch nicht im Ernst –

RICHARD Aber ja. Der ›Karneval der Direktoren‹, Kiepert und sein Vorgesetzter, na, man muß schon sagen, in fast unzweideutiger Position –

ELFRIEDE Reden Sie doch nicht diesen Humbug!

RICHARD Das einzelne Bild können sie praktisch nicht ausdrücklich verbieten. Ganz klar, ganz klar. Da müssen sie schon auf dem Schleichweg kommen und die ganze Ausstellung zumachen.

ELFRIEDE Meiner Meinung nach ist jeder der Vorwürfe, die der Vorstand erhoben hat, in jedem einzelnen Punkt absolut zutreffend.

FRANZ Wie? Was hat sie gesagt?

MARLIES Hui!

JOHANNA Hussa!

ELFRIEDE Jawohl. Absolut.

VIVIANE Ich muß auch sagen, daß ein bißchen ein Wirrwarr entstehen könnte, wenn man nicht mit ganz sicherem Instinkt durch die Ausstellung geht.

ELFRIEDE Und was den Titel betrifft, er i s t eine beispiellose Angeberei.

RICHARD Langsam, langsam. Sie stellen sich hier vor uns hin und ergreifen blindlings die Partei Ihres Mannes.

ELFRIEDE Das tue ich nicht. Es ist meine Überzeugung, daß er recht hat.

FRANZ Also, was mich allenfalls ein klein wenig stört, der alte Kokoschka –

MARLIES Nein. Die Zumutung beginnt genau dort, wo ein Kokoschka geradewegs neben einem Klapheck hängt. Wie soll ein normaler Mensch das begreifen? Zwei bunte Bilder, eines naturgetreuer gemalt als das andere? Ja. Aber sonst gibt es nichts aber auch gar nichts Vergleichbares zwischen diesen Bildern.

SUSANNE *geht entschlossen auf Moritz zu, der oben auf der Lehne der Bank sitzt.* Nie habe ich Sie mehr geliebt als jetzt, in diesem, eben in diesem Augenblick... Ich muß es rasch sagen... Ich weiß nicht – erkennen Sie mich? Ich bin so glücklich... *Zu den anderen* Ja, ich habe mich tief verloren in diesen undeutlichen Menschen. Daß Ihr es alle hört: ich liebe ihn...
Sie setzt sich auf die Bank und lehnt sich an seine Knie.

FELIX Also dieses Argument, daß hier einige Bilder mehr oder weniger häufig, zu verschiedenen Anlässen, also, in einigen Fällen schon verdammt häufig zu sehen waren, – daß das mal jemandem auffallen mußte, darüber sollten wir uns nicht wundern.

RICHARD Ich möchte etwas zur Diskussion stellen: Wollen wir nicht gemeinsam noch einmal die ganze Anordnung und die eigentliche Absicht der Ausstellung überdenken und eventuell doch gewisse Orientierungshilfen, eine gewisse Plausibilität...

ELFRIEDE Vor allem sollten wir uns überlegen, ob wir im ganzen nicht etwas bescheidener auftreten.

PETER *wie für sich redend* Gäbe es nicht ein paar wenige Bilder, die wir von Zeit wiedersehen, vor denen wir stillhalten und warten können; gäbe es nicht ein paar wenige Bücher, die wir von Zeit zu Zeit wiederlesen, gäbe es nicht die Wiederkehr der Werke, ihr verzeihendes Lächeln, dann zählte unsere kurze Zeit noch mehr Abschiede, noch mehr Trennungen, noch mehr Verwehung, Vergessen. Es gibt nicht eben viel, an Wichtigem, das wir im Leben mehr als ein Mal tun dürfen.

RICHARD Heißt das nun: ja oder nein? Sind Sie für oder gegen meinen Vorschlag?

FRANZ Es würde mich interessieren, Moritz, was Sie selber zu den Vorwürfen des Vorstands zu sagen haben...

MORITZ Ich?... ja... Was soll ich groß sagen?... Ich glaube eigentlich, ich habe mir einige Mühe gemacht... Meine Ausstellung – es fehlen die Zusammenhänge, heißt es. Mag sein. Wo gibt es schon Zusammenhänge, mein Gott...? Diese Künstler sind doch alle, wie sie da sind, ohne Ausnahme, jeder gegen alle, sind sie verbissene Einzelkämpfer, ein heroisches Ich neben dem anderen. Die haben jeder sein eigenes Weltbild im Kopf und das malen sie dann auch. Ich sehe überhaupt keine Zusammenhänge. Gibt es auch nicht. Ich dachte, das zeige ich jetzt den Leuten in krasser Form, daß keiner irgend etwas mit dem anderen zu tun hat, und damit schaffe ich eine bestimmte Bewußtseins-... Bewußtseins –... Auf der anderen Seite, das ist ganz klar, es sind wieder einige Werke dabei, die mir im Laufe der Jahre besonders lieb geworden sind, und die werde ich auch immer wieder zeigen. Es sind strenge Werke, einem demütigen Überdauern gewidmet. Und ich möchte, daß sie von ihrer großen Dauer eine kleine erste Weile bei mir verbringen. Das ist meine persönliche Antwort auf das Varieté der Kinkerlitzchen, die Marotten und Effekte, die Zwergleidenschaften, die tristen fixen Idee...

SUSANNA Ja.

MARLIES Oh, oh, oh. Ich fürchte, mit solchen Geständnissen können wir den Vorstand nicht beeindrucken.

MORITZ Nein? Können wir nicht? Wollen wir auch gar nicht! Du, Marlies, das will ich doch einmal sagen, du bist mir gerade das beste Beispiel. Die Sachen, die du machst, – da kramt jemand verzweifelt in seiner engen Natur und sucht irgendeinen kleinen unverwechselbaren Tick, mit dem er sich eben noch auf den dichtgedrängten Markt quetschen kann. Und dann, wenn man genau hinsieht, stellt sich heraus, die Meret Oppenheim hat dasselbe Zeug vor dreißig Jahren schon einmal gemacht, und zwar bedeutend besser!

MARLIES Ich – *Sie rennt nach rechts ab.*

JOHANNA *zu Moritz* Verrückt!... Übergeschnappt!... Kaputt! Da oben-kaputt!
Sie läuft hinter Marlies her.

FELIX Was fällt dir ein? Wieso gehst du auf das arme Mädchen los? Nimm dich bloß in acht, du!... Einen Riesen-Bockmist hast du hier veranstaltet, und wir versuchen alle, dir aus der Patsche zu helfen –

RICHARD Keine Hysterie, bitte, keine Hysterie! Wir bringen alles wieder in Ordnung, eins nach dem andern.

SUSANNE Sie haben mir einmal von einem Taubblinden erzählt. Der Taubblinde, dem es eine gewisse Mühe bereitet, morgens beim Frühstück den eigenen Vater wiederzuerkennen. Sie haben vom Transvestiten erzählt, dem es eine gewisse Mühe bereitet, auch bei völliger Nacktheit noch derselbe Transvestit zu sein. Vom Mongoloiden, dem es eine gewisse Mühe bereitet, den Fahrscheinautomaten zu bedienen. Diese Menschen nannten Sie damals Ihre Vorbilder. Ihr Alltag erfordere eine nicht nachlassende Mühe um Alltäglichkeit. Statt der Fülle achtloser Gewohnheiten, eine kleine Auswahl präziser Errungenschaften, Tag für Tag. Ich will damit sagen, so schlossen Sie damals, erst, wenn unsere Gewohnheiten uns schwer zu werden beginnen, erst unter Bedingungen also der erhöhten Lebensmühe wird es sich vielleicht noch einmal lohnen, die Bilder zu sehen und Freunde zu treffen –

MORITZ Ja. Das habe ich einmal gesagt. Oder sogar zweimal. Aber dann eigentliche nie wieder. Wie ich jetzt darüber denke, weiß ich nicht.

SUSANNE Ich wollte es nur – erwähnen.

RICHARD Also!... Wie gehen wir jetzt vor?... Moritz!

MORITZ Ich weiß es nicht.

FRANZ *zu Answald* Warum sagst d u nicht mal was, mein Junge? Keine zündende Idee, nein? Na, ich sehe schon, du bist wieder in Gedanken... Apropos – Elfriede! *Er geht zu ihr.* Ich wollte Sie fragen: es bleibt doch bei unserem Essen heute abend, ich meine: trotz allem –?

Dunkel

5

Ruth und Moritz allein. Moritz sitzt auf der Lehne der Rundbank. Ruth neben ihm auf dem Polster. Der Stuhl des Wärters steht leer. Der Wärter sieht hier und da durch den linken Durchgang, verschwindet wieder.

MORITZ Sie haben alle ihre Meinung geändert. Einer nach dem anderen. Zuerst hat es ihnen gefallen, was ich hier gemacht habe. Jetzt finden sie es schlecht.

RUTH Ich nicht.

MORITZ Sie nicht? Sie haben nichts gesagt.

RUTH Der erste Anblick, wenn man Bilder sieht, wissen Sie, aufgrund eines leichten Herzklopfens, manchmal trügerisch –, ist manchmal trügerisch.

MORITZ Herzklopfen? Bei diesen abgebrühten –?

RUTH Warum haben Sie Ihre Ausstellung ›Kapitalistischer Realismus‹ genannt? Ich finde, es klingt sehr ironisch –

MORITZ Ja, fragen Sie nur. Ja, ja. Es steckt bestimmt eine gewisse Ironie dahinter. Richtig. Der Begriff stammt übrigens nicht etwa von mir. Erinnern Sie sich, in den frühen sechziger Jahren, damals, als wir in Europa die amerikanische Popmalerei, erinnern Sie sich? Diese knatterbunte Haushaltswelt –

RUTH Wie?

MORITZ Gottverflucht. Habe ich euch nicht den Calderara herbeigeschafft? Wieder einmal! Habe ich euch nicht ›La Sposa‹ sehen lassen! Pack! ›La Sposa‹ – die Braut, eben noch gegenständlich, eben noch. Ein Werk, vor dem man den Blick senkt, weil man nicht wagt, es unverhohlen anzugaffen... Das Inbild der Unsichtbaren, wie es Peter einmal genannt hat... Stellen Sie sich vor, so etwas gäbe es in Wirklichkeit: würden Sie nicht gerne Ihre Gestalt, Ihren Körper dafür geben, um nur noch Licht zu sein, ein unsäglich zarter physischer Schimmer. Alle Zeit wären Sie hell, unauslöschlich und niemand Bestimmtes.

RUTH Das brauchen Sie mir nicht zu sagen. Ich wäre die erste –

MORITZ Kaum noch Etwas, doch längst nicht Nichts. Vor diesem Fall kopfüber, vor dem ins Nichts, schützt Sie ja, daß Sie Licht sind und leuchten, flirren, verführen – nicht Nichts, kaum Etwas.

Er rutscht runter aufs Polster.

Hören Sie – wollen wir nicht gemeinsam die Stadt für immer verlassen, Ruth? *Er redet geschwind weiter.* Alle diese individuellen Ansichten, Standpunkte, Rechthabereien, tausend verschiedene Meinungen laufen wie quellfrische Wildbäche aus allen Richtungen zusammen und münden am Ende doch in der stinkenden Kloake einer gigantischen, idiotischen, durch nichts mehr zu erschütternden, mit unzähligen Widersprüchen vollgestopften Meinungslosigkeit...

RUTH Tut es Ihnen weh, daß ich Sie mitunter nicht ganz richtig verstehe?

MORITZ Nein. Es tut mir nicht besonders weh. Sie drücken ja auch viel mit Ihrem Gesicht aus.

RUTH Es gibt immer irgend etwas in mir, das mich daran hindert, richtig zu verstehen. Ja?… Gerade wenn ich Ihnen besonders gut zuhören möchte, werden plötzlich alte Erinnerungen wach, ich verliere den Faden. Ich hoffe nur, daß Sie trotzdem, wenn Sie, wie Sie sagen, an meinem Gesicht nicht vorbeisehen…

Moritz sieht auf die Armbanduhr.

RUTH Wie spät haben wir's denn?

Lothar erscheint hinten im rechten Durchgang und geht wieder.

MORITZ Dafür, daß wir zum ersten Mal miteinander reden, ist es noch sehr früh. Die Zeit läßt angenehm nach.

RUTH Die Uhren stehen aber nicht still. Wenn Sie das meinen…

MORITZ Nein. Wir könnten den Zug nach Brüssel noch erwischen. Oder etwas später den nach München. Wenn ich mich einmal fragen würde: was hat denn nun am meisten in dir Geschichte gemacht? Waren es die Bilder, die Kunstwerke, die du liebst oder war es noch mehr die Liebe selbst –

RUTH Ich habe das Gefühl, Sie wollen mich mit Haut und Haaren in Ihr Vertrauen ziehen. Ich weiß gar nicht, wie ich mich verhalten soll. Für mich sind Sie doch in erster Linie ein Mann von Karriere… Ich frage mich ein bißchen, was Sie wohl an mir finden? Oder ist das schon zuviel gefragt? Ich muß immer daran denken, daß Sie mich heute den ganzen Tag lang quasi gar nicht zur Kenntnis genommen haben…

MORITZ Das ist nicht wahr. Sie täuschen sich. Ich habe Sie oft genug beobachtet, ohne daß Sie es bemerkt hätten.

RUTH Das kann man freilich immer sagen.

MORITZ Merkwürdig. Ich habe mir vorgestellt, wie Sie wohl aussehen, – entschuldigen Sie –, wenn Ihnen etwas zustößt. Nein, nein, nichts richtig Entsetzliches. Nur etwas, worüber Sie die Fassung verlieren und anfangen zu schreien. Ich habe mir das noch nie von einer Frau vorgestellt.

RUTH Es ist ja auch keine schöne Vorstellung.

MORITZ Nein. Es ist die Vorstellung, daß man leichter Zugang findet, sich stärker hingezogen fühlt –

RUTH *steht auf, streift ihren Rock glatt.* Ach so.

MORITZ Zu einem Menschen, der außer sich ist, schreit oder trauert. Ich gebe dann meinerseits Hemmungen auf – gehen Sie nicht, Ruth!

RUTH Wie? Oh, ich bin nicht unbedingt aufgestanden, um Sie zu verlassen. Kommen Sie doch mit...!

Moritz steht auf.

Mein Mann nennt mich oft die Frau der ansteckenden Irrtümer. Verstehen Sie? Ich bekomme erstmal alles in die falsche Kehle... Und dann ist das Gegenüber natürlich meistens perplex... Aber eines muß ich Sie trotzdem noch fragen: ...ich werde mich vielleicht unsterblich blamieren – bestimmt habe ich mich verhört... es war aber, als hätten Sie vorhin ganz ganz rasch zu mir gesagt: ›Wollen wir diese Stadt nicht verlassen, Ruth?‹... Stimmt's?

MORITZ Ich glaube ja... Warum nicht?

RUTH Und... und –?... So etwas dürfen Sie mir nicht zweimal sagen!

MORITZ Nein... ja... warum nicht?

Dunkel

6

Außer Ruth, Moritz und Susanne sind alle im Raum und warten. Martin und Viviane sitzen auf der Bank. Neben ihnen Richard, der unablässig auf einen Papierblock schreibt. Im Hintergrund stehen Marlies und Felix beieinander und küssen sich. Johanna hält Marlies' Hand und kehrt dem Paar den Rücken. Answald lehnt ihr gegenüber an der rechten Wand. Franz sieht sich auf der linken Seite kleinere Bilder an. Elfriede geht in seiner Nähe auf und ab. Peter lehnt an der hinteren Wand. Lothar läuft unruhig hin und her. Der Wärter sitzt in der Nähe des linken Durchgangs auf seinem Stuhl. Nach einer Weile kommt Susanne von links.

LOTHAR Und?

SUSANNE ›Und‹... Nichts ›und‹. Zu Hause ist er nicht und in seinen Kneipen ist er auch nicht.

LOTHAR Und bei Ruth?

SUSANNE Meldet sich niemand. Ich weiß nicht, ich kenne ja die Gewohnheiten Ihrer Frau nicht – wahrscheinlich nimmt sie den Hörer nicht ab, wenn sie gerade mit jemandem im Bett liegt.

LOTHAR Lassen Sie die Frechheiten, Susanne!... Ich mache mir Sorgen. Ich interessiere mich für niemandes Affären, das können Sie mir glauben. Es ist hier allgemein bekannt, daß meine Frau und ich getrennt leben und daß jeder von uns tut, was ihm schmeckt. Wenn aber Ruth und Moritz plötzlich verschwinden, beides Menschen, nach meinem Dafürhalten, labil, in einem äußerst angegriffenen Nervenzustand –

SUSANNE Ach je! Machen Sie Ihre Frau bloß nicht interessanter als sie ist! Wir haben doch alle gesehen, wie quietschfidel sie hier herumgeflattert ist, von einem zum anderen, vergnügungssüchtig, bei jedem hat sie's probiert –

Einwände von verschiedenen Seiten.

Jawohl! Sie ist überhaupt nur hierher gekommen, um sich einen abzuschnapsen! Ja! Ja! Ja! Und Sie haben sie dazu ermuntert, das glaube ich wohl... Bilden Sie sich nur nicht ein, es sei etwas Besonderes an ihr dran – pah!

LOTHAR *geht zu ihr.* Kommen Sie. Beruhigen Sie sich. Setzen wir uns.

Er führt sie zur Bank. Susanne setzt sich. Links ertönt das Telefon. Susanne springt auf, stößt Lothar zur Seite, läuft, stolpert, fällt hin, steht wieder auf, rennt nach links ab.

VIVIANE Hat die einen Vogel!

ELFRIEDE So geht das nun schon seit Jahren mit ihr und Moritz. Es kommt einfach nichts Reelles zustande zwischen den beiden.

Peter kommt nach vorne. Richard gibt ihm seinen Block zu lesen. Susanne kommt zurück, abgespannt.

SUSANNE Elfriede, für dich.

RICHARD Kiepert?

SUSANNE Nein. Kläuschen.

Sie setzt sich wieder. Elfriede geht nach links ab.

FELIX So. Und nun?

SUSANNE Wir warten.

FELIX Aha... Worauf?... Hm? Worauf? – Keine Antwort. Na schön. Laß uns gehen, Marlies.

PETER *gibt Richard den Block zurück.* Nein. Das ist mir zu dumm.

RICHARD Zu dumm... zu dumm. Alles, was ich mache, ist Ihnen zu dumm!

PETER Ich meine doch nicht, was Sie geschrieben haben. Es ist mir einfach zu dumm, mich mit diesen Holzköpfen überhaupt zu befassen.

RICHARD Das ist aber wichtig. Mir liegt an den Bildern. Ich mache das jetzt.

Er schreibt und verbessert auf seinem Block.

Blende

Viviane und Answald allein. Vermindertes Licht. Answald legt sein Jackett ab, zieht seinen Rollkragenpullover aus. Er läuft aufgeregt um Viviane herum.

ANSWALD Nimm's zurück. Kratzt.

VIVIANE Kratzt?

ANSWALD Ja. Kratzt, kratzt, kratzt. Ganze zwei Stunden habe ich mich gequält. Vor den Leuten will man sich in etwa beherrschen... Wo kaufst du diese gemeinen Geschenke für mich? Bei Woolworth. Keine Frage. Ich weiß es. Woolworth. Das Billigste muß es sein, das Gröbste, das Legerste, das Undurchdachteste!... Ein gemeines Geschenk, Viviane, abstoßend, närrisch... Das wirst du zurückbringen. Das bringst du mir zurück... Damit du ein für allemal begreifst, daß man so etwas nicht kauft, du...!

VIVIANE Der ist nicht von Woolworth –

ANSWALD Natürlich. Woolworth. Woher denn sonst?

VIVIANE Das ist doch egal, woher er ist... Ich dachte, ich könnte dir eine Freude machen.

ANSWALD Freude? Nein, nein... Demütigung, hast du gedacht, womit kann ich ihn diesmal demütigen?... Deine preiswerten Geschenke bei jeder Gelegenheit – nur um den anderen sozial zu erniedrigen... böswillige Wohltätigkeiten... klassenbewußt, klassen u n t e r bewußt –

VIVIANE Armer Junge.

Blende

Alle sind wieder im Raum versammelt, in derselben Gruppierung wie vorher. Answald wieder in Pullover und Jackett. Elfriede kommt von links.

ELFRIEDE Kläuschen sagt, er hätte hier irgendwo eine Filmkassette liegen gelassen... Hat jemand von euch vielleicht so eine kleine flache Schachtel gesehen... so ein graues Plastikdings...?

Alle suchen ein wenig um sich herum. Das Licht verschwindet. Dunkel.

III
Gute Beziehung

I

*Derselbe Raum. Dieselbe Wartesituation wie am Ende des Zwei-
ten Teils. Der Wärter steht auf seinem Stuhl und erzählt einen
Witz nach dem anderen.*

WÄRTER Welches ist das dünnste Buch der Welt? – Die Geschichte der italienischen Kriegshelden... Wer hat Mussolini
mit zweiundzwanzig Kugeln vollgepumpt? – Fünftausend ita-
lienische Scharfschützen... Wissen Sie, wer das Puzzlespiel erfunden hat?
FELIX Keine Ahnung.
WÄRTER Ein Schotte, dem aus Versehen eine Pfundnote in eine
Fleischhackmaschine gefallen ist. Oder, wenn Sie wollen, ein
ganz anderer Scherz... Die Kompanie ist angetreten. Der
Hauptmann brüllt: ›Alles stillgestanden! Auch der mit dem roten Helm!‹ Der Spieß, der daneben steht: ›Melde gehorsamst,
der mit dem Helm ist ein Hydrant.‹ Der Hauptmann: ›Egal.
Die Kommandos gelten auch für Akademiker!‹... Oder, wenn
Sie wollen, ein ganz anderer Scherz... Dazu muß ich sagen, im
Jahre 1940 lernte ich in Trier den später auch als Mörder be-
kanntgewordenen Conférencier Herbert Hengstenberg kennen. Ein wirklicher Herr mit sprühendem Witz und beißender
Schlagfertigkeit. Bis sich, kurz nach dem Krieg, sein Stern ver-
dunkelte und er im Anfall einer großen Depression seine Frau
und seine beiden Kinder vergiftete. Ich darf sagen, ich ver-
danke ihm viel, vielleicht das beste von meinem Humor... Entschuldigen Sie, eine kleine Verbeugung vor meinem verstorbe-
nen Freund Herbert Hengstenberg... Also: Hengstenbergs
Spezi, der Berliner Liqueurfabrikant Nierenstein, ist endlich
so reich geworden, daß er sich nun den größten Wunsch seines

Lebens erfüllen kann. Er mietet ein ganzes Orchester, um es zu dirigieren. Doch bei der Probe will keine Harmonie entstehen, der Lärm wird zur Qual. Der Paukist will dem Inferno ein Ende bereiten und wirft seine großen Becken mit einem gewaltigen Donner zu Boden. Alles zu Tode erstarrt. Nierenstein musterte mit zusammengekniffenen Augen die Reihe der Musiker und fragt drohend in die Stille: ›Also gut, wer von euch Kerlen war das?‹... Oder, wenn sie wollen, ein ganz anderer Scherz, Hengstenberg in einem Berliner Nobelrestaurant –

VIVIANE *kommt von links.* Guter Mann, nun beruhigen Sie sich mal wieder! Sie führen sich hier auf... Kaum ist der Herr aus dem Haus, da tanzen die Mäuse auf dem Tisch.

WÄRTER Gnädige Frau... ich bitte um Verzeihung, aber der Herr dort in der beigen Samtjacke *(er meint Felix)* hat mich ausdrücklich aufgefordert –

MARTIN Ja, nun ist es gut. Jedes Ding hat seine Weile.

Der Wärter setzt sich, zieht seine Mütze auf.

VIVIANE Karin ist fertig mit dem Tee, Martin.

MARTIN Gut. Ich hoffe, es wird dir nicht zuviel, mein Herz.

VIVIANE Aber nein, ich freue mich.

MARTIN Meine Herrschaften, ich höre gerade, das Mädchen hat uns den Fünfuhrtee auf der Veranda serviert. Wie wär's, wenn wir alle auf einen Sprung zu uns rüber gehen! Kommen Sie. Und wenn sich das Wetter hält, gibt es anschließend eine Partie Boccia. Lothar! Nicht wahr? Kommen Sie.

Alle bewegen sich langsam zum rechten Durchgang hin. Susanne bleibt auf der Bank sitzen. Johanna läuft mit Answald, den sie an der Hand hinter sich herzieht, nach links ab. Beim Hinausgehen ergibt sich eine Gruppierung: Peter und Lothar; hinter ihnen Viviane, Martin und Franz.

PETER Der Tod ist keineswegs ein allumfassendes Naturgesetz. Denken Sie nur an den Urstoff allen Lebens: die Pflanzenwelt. Dort gibt es die Zellteilung, dort sind Geburt und Vermehrung nicht an den Tod gebunden. Das Alte muß nicht sterben, um dem Neuen Platz zu machen.

VIVIANE Die Pflanzen, ach, die Pflanzen, mein Lieber, die kennen ja auch kein richtiges Sex-Leben. Na, ich danke!

MARTIN Viviane...!

Sie lachen beide.

PETER Aber sie kennen Angst und Schmerz…

FRANZ Ich habe in Bamberg einen Kollegen, der ist kürzlich zweiundneunzig geworden.

VIVIANE Nein, das ist zu alt, viel zu alt.

FRANZ Ja. Eben. Das wollte ich gerade sagen. Er ist durchaus nicht glücklich darüber. Eher ratlos. Neulich hat er zu meiner Frau gesagt: Manchmal denke ich, woran sollst du bloß noch sterben? Der Tod hat dich ja wohl vergessen. Wer holt mich denn bloß hier unten ab, wenn der Tod nun schon vorübergegangen ist…

VIVIANE Wie rührend. Nein, das ist wirklich allerliebst. Lebt der alte Herr allein?

FRANZ Er lebt in einem Heim für alte Künstler, traurig traurig. Meine Frau kümmert sich ein bißchen um ihn.

Alle sind abgegangen. Susanne sitzt allein auf der Bank. Nach einer Weile kommt Martin zurück.

MARTIN Kommen Sie nicht mit uns, Susanne?

SUSANNE Ich möchte lieber nach Hause fahren.

MARTIN Na, nun kommen Sie schon. Ich habe ein wunderschönes Trostpflästerchen… Im Garten stehen die Rosen so – *zeigt es* – und in diesem Jahr haben wir zum ersten Mal die goldgelbe ›Peer Gynt‹, mit ihrem vollen weichen Duft –

SUSANNE Wenn mir einer das zuckende Herz mit dem Rasiermesser aufschneidet – dann ist es eben vorbei. Vorbei. Was soll man machen?

MARTIN Lassen Sie sich nur nicht unterkriegen! Eine Frau mit Ihren Fähigkeiten – eine so schöne, so großartige Frau. Intelligent, lebenserfahren. Die Herzensgeschichten bringen immer ein furchtbares Durcheinander mit sich, ich weiß es wohl, es geht nie ohne Auf und Ab, ohne Ruck und Riß. Aber das ist es ja gerade, was die ganze Persönlichkeit aufleben läßt. Das Leben verliert an Interesse, wenn man nicht den höchsten Einsatz wagt… Na, denken Sie nur, was Sie alles hinter sich haben, wo Sie überall rumgekommen sind. Währenddessen, ich bin eigentlich so richtig nirgendwohin gekommen in meinem Berufsleben. Sie dagegen haben in den Weltstädten gearbeitet, London, Kairo –

SUSANNE Gearbeitet, ich? Oh, was wohl? Ich bin doch überall nur eine Hilfskraft gewesen, eine Begleitperson… Die Menschen haben mich immer irgendwie so mitleben lassen ... Und nun habe ich überhaupt kein Geld mehr!

MARTIN Was? Kein Geld? Ach so. Das wußte ich nicht. Sieht es wirklich so schlecht aus, ja? Du lieber Gott, kein Geld ... Tja. Ich glaube aber, ich muß jetzt gehen ... Ich verliere die anderen.

SUSANNE *steht auf.* Ja. Gehen wir.

MARTIN Sie kommen also doch mit?

SUSANNE Nein.

Martin geht rechts ab.

WÄRTER *steht auf.* Entschuldigen Sie, Frau Susanne, wegen des Zwischenfalls vorhin. Aber der eine Herr und der andere Herr – *er zeigt hinter Martin her* – haben mich so lange gereizt, bis –

Blende

Der Wärter sitzt auf seinem Stuhl. Susanne ist abgegangen. Von links kommen Answald und Johanna und gehen vorüber.

JOHANNA Was würdest du sagen, wenn die Tür aufgeht, und hereingerauscht kommt Elfi?! Sie fällt dir um den Hals und flüstert: Ach, mein lieber Schatz, die blöde Geschichte mit der Reise habe ich doch nur erfunden, damit wir heute, an deinem Geburtstag, ein um so glücklicheres Wiedersehen feiern!

ANSWALD Du mußt mich nicht quälen.

JOHANNA Wenn sich bloß mal wegen mir einer so anstellen würde! Ha! Ich will dir sagen, was ich denke: unser Land hier, das ist einfach kein fruchtbarer Boden für die großen Gefühle. Wir leben hier viel zu nervös und dichtgedrängt. Aber Kanada, das ist ein ruhiges, weites Land ... Ich habe mir nämlich überlegt, ob ich nicht mit Marlies und Felix nach Kanada auswandere ...

ANSWALD Kanada? Ausgerechnet Kanada?

JOHANNA Jawohl. Felix wird in Quebec eine Kette von Waschsalons übernehmen, die sein Bruder kürzlich gekauft hat ...

Sie gehen links ab. Dunkel.

Zurückgenommenes Licht. Der Wärter hat seinen Stuhl in die Nähe des rechten Durchgangs gestellt. Nach einer Weile erscheint links Moritz, mit einem Mantel über die Schulter gehängt.

MORITZ Sind sie weg?

WÄRTER *steht auf.* Herr Direktor...!

MORITZ Alle fort, ja?

WÄRTER Sie sind alle gegangen.

MORITZ Gut so. Um so besser.

Er legt seinen Mantel ab, zieht sein Jackett aus, wirft beides auf die Bank. Er verschwindet nach links und kommt mit einem Transportwagen wieder, der mit Kisten und Containern beladen ist.

MORITZ An die Arbeit, Vogel. Helfen Sie mir! Runter mit den Bildern!

WÄRTER *aufgeregt* Runter mit den Bildern.

Moritz beginnt einige kleinere Bilder auf der linken Seite abzuhängen.

MORITZ Alle Bilder abhängen... Vorsichtig!... Verpacken!... Vorsichtig!... Weg damit.

WÄRTER *hängt ebenfalls Bilder ab.* Weg damit...

MORITZ In den Keller mit der Kunst!

WÄRTER In den Keller mit der Kunst.

MORITZ Kein Mensch braucht Bilder. Firlefanz.

WÄRTER Firlefanz, Firlefanz.

Sie kommen zu dem großen Bild im Hintergrund. Wenn sie es anfassen, ertönt der laute Brummton der Alarmanlage.

MORITZ Stellen sie den Alarm ab.

Der Wärter läuft nach rechts und stellt die Anlage aus. Er kommt zurück. Sie hängen weiter Bilder ab, laufen dabei auch in die anderen Räume. Sie legen die Bilder vorsichtig auf den Boden oder lehnen sie an die Wand.

MORITZ Das ist keine schöne Ausstellung, Vogel.

WÄRTER Nein.

MORITZ Es ist ein Sammelsurium!

WÄRTER Sammelsurium, Sammelsurium, Sammelsurium...

MORITZ Krimskrams, Schwindel, Bluff.

WÄRTER Schwindel, Schwindel.

MORITZ Irreführung der kritischen Öffentlichkeit. Es hat sich ausgeblufft, Vogel.

WÄRTER Bluff, Krimskrams.

MORITZ Aus. Schluß. Gesicht zu.

Draußen beginnt es zu regnen. Es plätschert auf die Glasüberdachung.

WÄRTER *ohne Bilder abzuhängen* Die Bilder sagen uns nichts. Ich habe sie lange genug vor mir gehabt. Keine Wärme, keine Freude, kein Gleichnis, keine Kraft, keine Wärme, kein Inhalt, keine Freude, kein Leben, kein Partner, kein Stolz, keine Antwort, kein Wunder, kein Sinn, kein Kummer, kein Dank, keine Freude, kein Rätsel, keine Freude, keine Freude, keine Freude.

MORITZ *kommt von links mit mehreren Bildern.* Sehen Sie mal – was für ein Meisterwerk!... ›Sessel‹, Domenico Gnoli, Öl und Sand. Ich liebe es. Da, sehen Sie, wenn erst die Farben still erbleichen – fein... aber der Schatten bleibt, der Schatten, den die Lehne wirft, sitzt auf dem Polster zu Gast. Der Schatten ist nicht mehr der Knecht des Lichts, er ist ihm vollkommen ebenbürtig... Dummes Geschwätz! Verstecken, verpacken, unsichtbar machen... vorsichtig, vorsichtig! *Er stellt das Bild ab und nimmt ein anderes.* Und dieses Bild... haben Sie sich dieses Bild einmal angesehen? Lucian Freud. Ein englischer Maler. Es ist nicht schön, nein. Gehört wohl nicht in diese Ausstellung, meinetwegen. Aber ich liebe es. Es heißt ›Weiter Innenraum‹. Aber was Sie sehen, ist ja ein enges Zimmer. Weit ist es nur, weil die beiden Menschen dort, die alte Frau auf dem Sessel und die junge Frau auf dem Bett, mit nacktem Oberkörper, in ihre Gedanken versunken starren, weit ist es nur durch die große Öffnung ihrer Augen... Das Einfache und das Unendliche auf einen Blick!... Mann Gottes, sehen Sie das?... Fort damit, auf die Reise, mein Liebes... Weiter, Vogel, weiter! Es ist noch viel zu räumen.

WÄRTER Nein. Ich mache nicht mehr mit. Es ist gleich fünf Uhr. Mein Arbeitstag geht zu Ende. *Er zieht seine Jacke aus, nimmt seine Mütze ab und legt beides über den Stuhl.* Ich möchte Ihnen sagen, daß ich es nicht recht finde, was Sie hier tun. Sie lieben die Gemälde, ich weiß es. Und man sieht es doch. Sie hängen an ihnen wie andere Menschen an Menschen. Ich schäme mich jetzt, daß ich Ihnen geholfen habe beim Abräumen der Bilder.

Er geht nach links ab und kommt kurz darauf in Hut und Mantel zurück.

Ich muß jetzt gehen. Meine Frau wartet. Ich bin Amateurfunker, Herr Direktor. Um Punkt halb sechs hat sie eine Verabredung mit ihrer Freundin in Hartford / Connecticut. Ich muß die Verbindung herstellen... Ja, also... Hoffentlich betrübt sich unsere gute Beziehung nicht, durch diese schwarzen Minuten... Guten Abend.

Er geht nach rechts ab.

MORITZ Schwätzer!

Er krempelt die Ärmel hoch, läuft nach links und holt wieder ein paar Bilder, legt sie auf den Boden. Dann setzt er sich auf die Bank und zündet sich eine Zigarette an. Dunkel.

3

Dasselbe Licht. Moritz sitzt auf der Bank und raucht. Neben ihm leere Zigarettenschachteln. Auf dem Boden Dutzende halbgerauchter Zigaretten. Noch mehr abgehängte Bilder im ganzen Raum. Susanne kommt von rechts in einem leichten Regenmantel. Das Haar ist naß.

SUSANNE Ruth hat mich angerufen. Es soll Ihnen nicht besonders gut gehen... Störe ich?

MORITZ Nein.

SUSANNE *kommt nach vorn.* Haben Sie nicht zufällig in Ihrem Büro einen Föhn, oder wie?

MORITZ Setzen Sie sich.

SUSANNE Sie sind wohl nicht naß geworden, nein?

MORITZ Nein.

SUSANNE Wo waren Sie?

MORITZ Im Bundesbahnhotel.

SUSANNE Im –? Wollten Sie – davonfahren?

MORITZ Ja. Ursprünglich, ja.

SUSANNE Oh!... Und Ruth?

MORITZ Ruth auch.

SUSANNE Und?

MORITZ Der Mensch zögert, das Schicksal zögert nie.

SUSANNE Hm?

MORITZ *mit einem Blick auf die Uhr* Siebzehnuhrsiebenund-
vierzig. Jetzt ist der Zug nach München auch weg.

SUSANNE Und was ist nun das Bemerkenswerte an dieser Geschichte?

MORITZ Nichts Besonderes, im Grunde; nicht Besonderes. Ich
stand eine Weile am offenen Fenster des Hotelzimmers und
habe mir den Sturm angesehen –

SUSANNE Sie wollen gar nicht mit mir über Ruth sprechen?!

MORITZ Nein, ich wollte lediglich auf etwas anderes hinaus.

SUSANNE Wissen Sie, daß ich keine Kraft mehr habe, ich habe
keine Kraft –

MORITZ Ruth, Ruth, Ruth –!

SUSANNE Seien Sie still! Lügen Sie nicht. Sie lügen!

*Von rechts kommen in Regenkleidung langsam und leise Lothar,
Answald, Martin und Viviane, Elfriede, Franz, Peter, Felix, Johanna und Marlies. Sie bleiben verstreut im Hintergrund.*

Blende

MORITZ Laß uns zusammenbleiben und gute Gesellschaft leisten. Heißt es nicht so?

SUSANNE Ja. Im Märchen.

MORITZ Ach so.

*Dunkel. Während der Dunkelphase hört man von den anderen
Geschwätz und Geflüster, die abgehängten Bilder betreffend.*

4

*Moritz auf dem Weg zum linken Durchgang. Susanne folgt ihm.
Er dreht sich nach ihr um. Sie bleibt stehen und wendet den Kopf
zur Seite, sieht woanders hin. Wenn er weitergeht, folgt sie. So ge-*

hen sie beide ab. Die anderen beschäftigen sich unterdessen mit den herumliegenden Bildern.

RICHARD *von links draußen* Hör mir doch zu!... Moritz! *Richard kommt in durchnäßter Wildlederjacke, zerrt Moritz hinter sich her.* Du... Du sollst mir zuhören... So. Bleib stehen! *Susanne kommt zurück.*

RICHARD Also: Kiepert zieht seinen Protest zurück. Ich war im Zoo und habe ihn schlankweg zur Rede gestellt... Bracke, natürlich, ganz klar, wie ich gesagt habe. Zuerst eine Menge Blablablablabla – und dann plötzlich fängt er an zu kochen: ›Karneval der Direktoren‹... Dreck, Skandal, Unverschämtheit... Das ist der ganze Lack. Na, was soll's? Ich schlage vor, wenn wir die Bilder jetzt wieder aufhängen –

MORITZ Laß mich in Ruhe, Richard. Mach du, was du für richtig hältst, Richard. Mach du es. Mach, was du willst, Richard. Ganz nach deinem Belieben.

RICHARD Spiel mir bloß nicht verrückt! Deiner Ausstellung wird kein Haar gekrümmt. Ich habe das doch alles klargestellt... Moritz!

MORITZ *geht zu Susanne.* So das war's. Nun bin ich ein Verlierer, Susanne.

SUSANNE Ja, ich weiß. Wenn Sie sich mir einmal zuwenden, dann bekomme ich immer nur Ihre Schwächen zu sehen... Ich will mich nicht beklagen. Aber gut tut mir das nicht.

Blende

Moritz ist abgegangen. Susanne, Johanna und Elfriede sitzen vorn auf der Bank. Hinter der Lehne stehen Marlies und Richard auf dem Polster und dirigieren Martin, Franz, Answald, Lothar und Peter, die die Bilder wieder an die Schnüre hängen.

RICHARD Wenn der Moritz sein Museum ausräumen will, seine geliebten Bilder, Bilder, die er braucht zum Sehen, wie andere Leute die Brille, das ist geradeso, als wollte die Zunge im Mund alle Zähne hinauswerfen, weil sie sie plötzlich als Fremdkörper empfindet. Maniak ist das, komplett maniak! Wir werden es nicht zulassen. Ich nicht. Marlies – was wollen wir auf die Rückwand hängen?

MARLIES Ich dachte, etwas Kleineres, Empfindliches. Eine Serie von Zeichnungen vielleicht. Die Hockneys zum Beispiel.

RICHARD Einverstanden. Reservieren wir den ganzen Saal für das Empfindliche. Alles was nicht faustdick realistisch ist.

MARLIES Auch die beiden Janssens gehören dann hierher.

RICHARD Sehr gut. Weiter! Nach links nebenan alle deutschen Realisten: Sorge, Nagel, Richter und Konsorten.

MARTIN Richter nicht, bitte nicht. Den sollten wir in einer Extraabteilung würdigen.

RICHARD Abteilung Naturrealismus?

FELIX Aber woher? Der gehört doch zu den Fotorealisten.

RICHARD Wir haben aber ausschließlich Landschaftsbilder von ihm. Gut. Klären wir später.

PETER Hier ist dieses einsame Bild von Lucian Freud …

RICHARD *zu Marlies* Was meinen Sie?

MARLIES Ich kann überhaupt nichts damit anfangen.

RICHARD Klären wir später.

FELIX Die mythischen Realisten dürfen auf keinen Fall so auseinandergerissen werden, wie Moritz das getan hat.

RICHARD Tja. Was nennen Sie mythisch, mein Lieber?

FELIX Mythisch? Mythisch – bestimmte Tiefenvisionen …

RICHARD Das nennt man Surrealismus.

FELIX Machen Sie keine Witze! Sie wissen genau, was ich meine. Colville, Bailey, Marcomeit.

RICHARD Gut. Stellen Sie die Werke zusammen. Wir machen eine Abteilung daraus. *Zu Marlies* Ich fühle mich sehr wohl neben Ihnen, Marlies. Manchmal tritt man ja erst bei der Arbeit zu jemandem in nähere Beziehung.

MARLIES *steigt von der Bank.* Arbeit dürfen Sie unser Vergnügen aber nicht nennen.

RICHARD Nun, Intelligenz ist aber schon gefordert.
Er steigt von der Bank. Sie gehen beide nach links hinten.

MARLIES Wenn Sie Montag früh in die Druckerei fahren – nehmen Sie mich mit?

RICHARD Wie meinen Sie –? Ja, gerne …

MARLIES Sie brauchen nicht rot zu werden. Es geht um diese neue Offsetmaschine, deren Geräusch Sie so quält –

RICHARD Oh, verdammt, ja. Davon haben Sie gehört, ja.

MARLIES Ich möchte gern wissen, wie gut sie Farben druckt. Ein Verlag will ein paar Fotos von meinen Objekten bringen.

RICHARD *während sie links abgehen* Ich zeige Ihnen die Maschine. Wir drucken gerade einen Textilkatalog. Ich zeig Ihnen alles... Meine Güte – ich wollte schon immer mal morgens mit einer Freundin am Arbeitsplatz erscheinen...!

Währenddessen reden vorne auf der Bank Elfriede, Susanne, Johanna miteinander. Johanna schnappt ab und zu etwas von dem auf, was im Hintergrund gesprochen wird, und wiederholt es bestätigend. ›Die Hockneys‹... ›Fange nichts damit an‹... ›Klären wir später‹ usw.

ELFRIEDE Hast du Kummer?

SUSANNE Ja.

JOHANNA So bis ins Sture hinein betrübt, wie?

SUSANNE Hm.

ELFRIEDE Nicht mitanzusehen.

JOHANNA Nein. Es ist nicht mitanzusehen.

ELFRIEDE Nur wegen Ruth. Ruth, das traurige Vollweib.

JOHANNA Hast du Kummer, wähl die Nummer –

ELFRIEDE Ich möchte wissen, wie die wohl einen Mann in die Arme nimmt.

JOHANNA Ich sage dir, sie faltet über dem Männerrücken die Hände zum Gebet.

ELFRIEDE Oder auch nur zum Däumchendrehen.

JOHANNA An Leib und Seele geformt von Badewannen, Hängematten und Sofas.

ELFRIEDE Wißt ihr eigentlich, daß Viviane Krebs hat?

JOHANNA Nein!?

SUSANNE Ist sie nicht vor ein paar Jahren operiert worden?

ELFRIEDE Ja. Jetzt ist er wieder da.

JOHANNA Woher weißt du?

ELFRIEDE Von Ruth.

SUSANNE Ist sie hier?

ELFRIEDE Sie hat es mir vorhin erzählt.

SUSANNE Typisch Ruth. Klatscht aus der Praxis ihres Mannes.

Viviane kommt von rechts.

VIVIANE Du liebe Güte, mein Mann und der Schriftsteller reden politisch miteinander... Darf ich? *Sie setzt sich dazu.* Was ist dieser Peter für ein Mensch? Ein Radikaler?

ELFRIEDE *sieht die anderen an.* Nein.

JOHANNA Bestimmt nicht.

ELFRIEDE Er ist lediglich sehr arm.

JOHANNA Von uns allen der Ärmste.

SUSANNE Und sehr einsam.

JOHANNA Weil man ihn auch schwer versteht.

SUSANNE Ein Mädchen wie du sollte ihn eigentlich verstehen.

JOHANNA Ach, hör auf.

ELFRIEDE Er könnte uns, so wie wir hier sitzen, nicht mal zum Eiscafé einladen.

VIVIANE Wovon lebt er?

JOHANNA Tja... wovon? *Sie stößt Elfriede an.* Wovon?

ELFRIEDE Weiß es doch nicht... *Zu Susanne* Weißt du's?

SUSANNE Nein.

ELFRIEDE *zu Viviane* Wir wissen es nicht.

JOHANNA Er hat dieses Theaterstück geschrieben –

ELFRIEDE Vor zwei Jahren.

JOHANNA In dem Answald gespielt hat. Wie hieß es?

ELFRIEDE Vergessen.

JOHANNA Irgendwas mit Innereien oder Abfall.

VIVIANE Absurdes Theater?

ELFRIEDE UND JOHANNA Oh nein!

SUSANNE ›Palast der Eingeweide‹. Ein philosophisches Schauspiel.

VIVIANE Ich habe aber doch gesehen, wie er ein ganzes Bündel Geldscheine aus der Hosentasche zog –

JOHANNA Oja –!

ELFRIEDE Oh nein, das hat nichts zu bedeuten.

JOHANNA Er hat kein Geld.

ELFRIEDE Absolut nichts. Glauben Sie mir.

JOHANNA Das macht er immer. Holt so ein Bündel aus der Hosentasche, biegt es wie Spielkarten vor dem Mischen – aber zwischen den paar Geldscheinen stecken lauter Kalenderblätter und Rechnungen.

SUSANNE Das ist wahr. Er hat nichts.

ELFRIEDE Absolut nichts.

VIVIANE Na gut. Um so besser. Mein Mann will ihn nämlich fragen, ob er nicht Vorleser bei uns werden möchte. Mir wäre es recht. Wenn er kein Radikaler ist. Armut an sich ist keine

Schande. Normalerweise haben wir keine Sympathien für die kleinen Leute. Mit der Mehrheit des Volks und mit dem Grund des Volks wollen wir nichts mehr zu schaffen haben. Die sollen alleine sehen, wie sie weiterkommen.

SUSANNE Na, wenn Sie sich da mal nicht in den Finger schneiden, mit der Auffassung!

VIVIANE Ach, meine Liebe, wenn Sie sich in Ihrem Leben mit soviel Personal und kleinen Leuten herumgeärgert hätten wie ich, dann wäre auch Ihnen der Sinn fürs Soziale gründlich vergangen.

SUSANNE Sie sind sehr, sehr eingebildet.

ELFRIEDE Susanne!

SUSANNE Ich bin selbst Personal gewesen. Oft genug. Ich darf mich wohl verteidigen.

VIVIANE Elfriede! Kommen Sie. Lassen Sie uns einen kleinen Rundgang machen. Unsere Ausstellung hat ja ein ganz neues Gesicht bekommen. Gottlob.

Elfriede und Viviane stehen auf, gehen nach links. Von dort kommen Felix und Marlies.

FELIX Was denkst du dir eigentlich?

MARLIES Felix –

FELIX Es reicht, Marlies. Es reicht. Wenn du dir diesen Kerl anlachen willst, bitte –

MARLIES Welchen Kerl? Ich habe niemanden angelacht. Richard ist doch ein Freund von dir.

FELIX Kein Wort mehr. Es kotzt mich an.

Er geht rechts ab. Marlies hinterher.

JOHANNA *ist aufgestanden.* Schon wieder Krach... Oh, Marlies, so kommen wir niemals nach Kanada!

Blende

Susanne ist verschwunden. Johanna und Marlies gehen langsam nebeneinander links ab. Johanna hat den Arm um Marlies' Schulter gelegt.

JOHANNA Nicht?

MARLIES *schüttelt den Kopf.* Nein.

JOHANNA Überhaupt kein bißchen?

MARLIES *zuckt mit den Schultern, schüttelt den Kopf.*

*Sie gehen beide ab. Von rechts kommt Answald, allein. Er sieht
sich Bilder an. Er bekommt einen starken Hustenanfall. Ruth
kommt von rechts, in Regenkleidung. Sie sieht sich verwundert
im Raum um. Sie geht zu Answald.*
RUTH Was ist denn hier passiert? Wo –
Sie wartet, ob der Husten nicht aufhört, nimmt ihren Hut ab.
ANSWALD *unter Husten* Einen Augenblick bitte –
Ruth läuft nach links weg, da der Husten nicht aufhört. Dunkel.

5

Lothar und Moritz kommen von rechts.

LOTHAR *sehr erregt* Senegalesen! Die ärmsten Kreaturen aus
Obervolta und andere Schwarze, die fliehen vor dem nackten
Hungertod aus ihren Ländern. Mit einem Kilo Hirse unter
dem Arm machen sie sich auf den Weg. Letzte Lebensfrist,
zirka vierzehn Tage. Nach Frankreich, nach Paris. Das sagt dieser Staatsbeamte vom Senegal selbst und lächelt dazu! Diese
gottverlassenen Geschöpfe fallen, da sie nicht wissen, wie sie
durch die verschiedenen Länder kommen, ohne Arbeit, ohne
Papiere, fallen sie in die Hände von hochbezahlten Fluchthel-
fern, die sie schleusen. Und wie bezahlen sie die? Unglaublich!
Sie verkaufen die Nieren ihrer sterbenden Eltern oder Geschwister! Die Nieren! Das mußt du dir einmal vorstellen!
Und dann, auf dem Weg vom Senegal nach Paris, durch die Pyrenäen, in der Kälte der Berge, da verlassen sie natürlich die
letzten Kräfte. Da liegen dann in den Pyrenäen diese toten Senegalesen herum. Ein paar kommen durch, sicherlich, kommen durch bis nach Paris und dort kriegen sie auch Arbeit,
wenn sie Glück haben. Und wo? Bei der Müllabfuhr. Jawohl.
Laufen zu Fuß von Obervolta nach Paris, um bei der Städtischen Müllabfuhr zu arbeiten… Das ist einfach unfaßlich…
Das hat mich derart gepackt!
MORITZ Beruhige dich doch. Es war ja nur im Fernsehen… Das
ist ein Fall für die Menschenrechtskommission –

LOTHAR Ja, ja, das nützt gar nichts. Verbrecher! Mörderpack! Diese Herren vom Senegal!... Ich bin froh, daß wir, trotz allem, wieder einmal Zeit gefunden haben für ein Gespräch, Moritz. Ich kann eigentlich nur bei dir richtig aus mir herausgehen.

MORITZ Jederzeit, Lieber, jederzeit. Es ist auch für mich immer sehr wohltuend.

LOTHAR Du wirst zu mir als Arzt kein großes Vertrauen haben –

MORITZ Selbstverständlich. Ein sehr großes Vertrauen. Das weißt du.

LOTHAR Ich bin bekanntlich kein versierter Diagnostiker.

MORITZ Was gibt's? Stimmt etwas nicht mit mir?

LOTHAR Ach, du, es ist nichts, eine Lappalie.

MORITZ Ja?

LOTHAR Oh, bitte, frag mich nicht so!

MORITZ Dann sag endlich, was los ist.

LOTHAR Inzwischen ist es einfach zu lächerlich geworden.

MORITZ Halt mich nicht zum Narren!

LOTHAR Aber wenn ich's dir jetzt sage, glaubst du wirklich, ich halte dich zum Narren.

MORITZ Schluß jetzt!

LOTHAR Gott, ich wollte nur sagen, was jeder sagt: du hast schon mal besser ausgesehen, alter Freund...

MORITZ Hm.

LOTHAR Irgendwelche Beschwerden?

MORITZ Nicht direkt. Mich plagt halt dies und das.

LOTHAR Übermüdung, Erschöpfung?

MORITZ Morgens, neuerdings, kurz vorm Aufwachen, träume ich felsenfest, es sei spät abends und ich hätte mich eben erst zu Bett gelegt.

LOTHAR Übermüdung, Erschöpfung.

MORITZ Demzufolge, wahrscheinlich, tagsüber diese Déjavus. Am laufenden Band, Einbildungen, Sinnestrug. Rechts und links an den Blickfeldrändern tauchen Figuren auf, die es in Wirklichkeit gar nicht gibt. Kommen und gehen und rufen mir zu. Ich bin geneigt, ihnen zu folgen, ich folge ihnen und gehe manchmal die seltsamsten Wege.

LOTHAR Zum Beispiel ins Bahnhofshotel.

MORITZ Wie?... Ach so. Ich verstehe... Ich dachte, du interessierst dich ernsthaft für mein Übel.

LOTHAR Tue ich, tue ich.

MORITZ Statt dessen nutzt du die Gelegenheit und machst frivole Anspielungen.

LOTHAR Moritz, dreh jetzt bloß den Spieß nicht um!... Lächerlich... Du weißt, ich bin nicht der Typ, der sich in einem Donnerwetter entlädt. Und du weißt auch, wie abgenutzt und wie ausgelebt mein Verhältnis zu Ruth ist. Aber ich will dir offen sagen, was ich wirklich empfinde: Ruth ist ein lieber, ein wertvoller Mensch, eine humane Frau. Ja, lach nicht. Ich weiß, was ich damit meine. Daß sie nämlich Vertrauen und Liebe schenken kann wie niemand sonst auf der Welt, und es ist eine Schande, ein infames Verbrechen, sie für ein kurzes Absteigeabenteuer zu gebrauchen und sie ausgeknutscht liegen zu lassen wie... wie eine deiner *leise* Kulturnutten...

Richard kommt von links. Hinter ihm Ruth, im aufgeknöpften Mantel, den Hut in der Hand. Sie bleibt nach wenigen Schritten stehen, als sie Lothar und Moritz bemerkt. Richard geht flott weiter.

RICHARD Moritz! Was sagst du? Die neue Ordnung! Schön, nicht?

MORITZ Langweilig.

RICHARD Langweilig? Bestimmt nicht.

Er geht nach rechts ab.

RUTH *aus ziemlicher Entfernung* Na, ihr beide –

MORITZ Danke. Es geht... Wie?

LOTHAR Hat gar nicht gefragt.

MORITZ Nein?

RUTH Störe ich?

MORITZ Nein.

LOTHAR Ich gehe wohl besser –

RUTH Wie?

MORITZ Ach, komm doch bitte ein bißchen näher.

LOTHAR Geh du doch näher zu ihr.

RUTH *kommt näher.* Es hat sich ja einiges verändert in der Zwischenzeit.

LOTHAR Wie meinst du?

RUTH Die Bilder.

MORITZ Nun ja. Verändert hat sich im Grunde nichts.

RUTH Wie geht es dir jetzt?

MORITZ Danke. Es geht.

LOTHAR Moritz sieht enorm abgespannt aus. Findet du nicht?

MORITZ Nicht der Rede wert.

RUTH Genau wie Lothar.

LOTHAR Wieso?

RUTH Du sagst auch immer ›Nicht der Rede wert‹, wenn es dir schlecht geht. Ihr Männer freßt eben alles in euch hinein.

ELFRIEDE *kommt von links.* Hallo, Ruth!
Sie bleibt stehen.

RUTH Halihallo...
Peter kommt von rechts, stellt sich dazu.

ELFRIEDE Tja. Es gibt noch eine Menge zu tun. Ich muß die Schilder für die neuen Abteilungen malen. *Sie wendet sich zum Gehen.* Kiepert schaut in ein paar Minuten herein, wenn er Kläuschen zurückbringt... Du, Moritz – ist aber zu guter Letzt alles in Ordnung so, oder?

MORITZ Ja. Langweilig.

ELFRIEDE Langweilig? Nein. Bestimmt nicht.
Sie geht nach links ab.

LOTHAR Ruth...!

PETER Was habt ihr gegen die Langeweile? Da kann ich nur mit Nietzsche sagen: Die Langeweile Gottes am Siebten Schöpfungstage – der ideale Vorwurf für einen Dichter... Wie leicht hat es da der Museumsdirektor! In seinen Räumen ist der Sonntag zu Hause. Die Tatenlosigkeit, die Stille, die Erwartung –
Elfriede kommt von links zurück.

LOTHAR Ruth, siehst du mich bitte einmal an?

RUTH Entschuldige, ich war in Gedanken.

ELFRIEDE *zu Peter* Eines muß ich noch wissen: haben Sie nun die Stelle bei Martin angenommen oder nicht?

PETER Ich habe keine Stelle angenommen, keine Stelle.

RUTH Was für eine Stelle?

ELFRIEDE Also, Stelle – wie soll ich es nennen? Eine Art Kulturpfleger, wie?... Er soll Martin und Viviane abends aus Büchern vorlesen.

RUTH Oh, für Viviane wäre es wundervoll.

ELFRIEDE Wundervoll, eben. Ich denke auch vor allem an Viviane dabei.

PETER Die beiden Alten sind mir sympathisch... Was werden wir lesen, fragt er. Von allen Meistern am liebsten das Spätwerk, sage ich und er nickt dazu. Altherrendichtung. *Er lacht.* Auch gefällt es mir, daß er offen zugibt, was er von Wilhelm Raabe hält: nämlich nichts.
Von rechts kommt Johanna und schimpft.
Um die Wahrheit zu sagen, ich bin gerade dabei, aus dieser Stadt wieder fortzuziehen...

JOHANNA Lump, du bekommst auf die Augen gehauen! Schwein! Verbrecher! Abführen, einsperren! Frauenschinder!... Er nimmt sie in die Arme, er küßt sie, er lacht mit ihr. Plötzlich preßt er das eisgekühlte Whiskyglas zwischen ihre nackten Schulterblätter. Sie bäumt sich auf, du denkst: vor Lust, in Wahrheit aber vor Entsetzen. Er selbst innerlich bis zur Gestaltlosigkeit betrunken... Es ist wie: wachgeprügelt werden mitten in der Nacht, aus tiefem Schlaf. Der Geliebte sitzt am Bettrand. Beim ersten Augenaufschlag erscheint er als dein rettender Engel. Bis du merkst, daß er es ist, der dich schlägt... Grausame Verbrechen, sage ich, grausamer als Totschlag an einem hergelaufenen Unbekannten, im Namen der Liebe, Betrug und Nötigung und Folter... Und kein Gericht hört uns an!
Sie geht wieder nach rechts ab.

RICHARD *ruft von draußen* Elfriede! Kommen Sie?

ELFRIEDE Ja –
Sie geht nach rechts ab.

PETER Dadurch, daß wir in unserer Jugend viele Filme gesehen haben, oft Tag für Tag, zuweilen mehrmals am Tag, Filme, Filme, Filme, in frühester Jugend, so ist uns eine größere Unruhe zur zweiten Natur geworden. Die geheimen Reisen der Filme gehen uns nicht aus dem Kopf und lassen uns nicht so schnell seßhaft werden –
Marlies kommt von rechts. Sie geht stockend und wie in Trance. Sie erscheint in Peters Rücken, so daß seine Zuhörer ein wenig von ihm zurückweichen. Marlies stößt Peter an, geht vorbei und kommt zur Bank.
Indem wir keine Wohnung mieten, keinen Besitz anschaffen, keine Versicherung abschließen, in Pensionen oder bei Freunden unterkommen, von einer Trennung zur nächsten leben,

und wenn wir uns hinsetzen und schreiben, sind wir auch wieder unterwegs und schreiben immer weiter... Die Zeilen murmeln und wimmeln wie Vertriebene auf der Flucht... Ein Mensch wird nicht auf einen Fleck gepflanzt wie ein Baum... Ich möchte hier nicht leben, dort nicht leben. Es wird immer ortloser, wohin es mich zieht... Oft weiß ich auch einfach nicht, wie es weitergehen soll...

Dunkel

6

Marlies sitzt auf der rechen Seite der Bank. Peter steht neben ihr und hält ihre Hand. Moritz, Lothar und Ruth gehen langsam nach links. Von rechts kommt Susanne.

MARLIES *leise* Hilfe!... Hilfe!... Hilfe!

PETER Hilfe... Ja, ich möchte ja helfen... aber wie?

SUSANNE *ruft leise* Ruth!

PETER Ich kann nur bei dir stehen bleiben, auf meine Weise. Weißt du, was Rousseau einmal gesagt hat?

MARLIES Nein... Was wird er schon gesagt haben?

Felix und Viviane kommen lachend von rechts und gehen vorüber. Er flüstert ihr etwas ins Ohr. Viviane fragt: ›Was?‹ Er wiederholt. Sie lachen. Er nimmt ihren Arm und versucht neben ihr wie Martin zu gehen. Er fragt mehrmals: ›Verstehen Sie? Verstehen Sie?‹

MARLIES *steht auf.* Ich komme, ich weiß nicht, von wo? / Ich bin, ich weiß nicht, was? / Ich fahre, ich weiß nicht wohin? / Mich wundert, daß ich so fröhlich bin!

Sie setzt sich wieder. Felix und Viviane überholen Moritz, Lothar und Ruth, gehen links ab.

SUSANNE *ruft* Ruth!

Ruth wendet sich um, die beiden Männer gehen ab.

Blende

Auf der Bank. Rechts Peter und Marlies. Links Susanne, vor ihr steht Ruth.

SUSANNE Schlagen Sie mich... Reden Sie schlecht von mir... Beleidigen Sie mich... Aber: lassen Sie ihn – lassen Sie ihn... Bin ein abgekämpftes Mensch, ein abgeschlagener Kopf... ich kann nicht mehr.

RUTH Ein Irrtum, bitte, hören Sie mich –

SUSANNE Sie sind schön. Sie gefallen. Sie sind da und träumen. Ihr Mund, Ihre Wärme, Ihre Stimme –

RUTH Jesus! Das Gleiche könnte ich von Ihnen sagen. Und dann wär's wahr.

SUSANNE Ich bewundere Sie. Ich beneide Sie. Ich hasse Sie.

RUTH Es geht mir ja mit Ihnen nicht anders –

SUSANNE Hätte ich nur Kraft genug, ich würde Sie einsperren, demütigen, aushungern. Sie stehen vor mir, Sie erdrücken mich –

ANSWALD *kommt von rechts gelaufen.* Susanne!... Susanne!... Johanna sagt, du hättest vorhin in der Stadt Elfi gesehen, stimmt das?

SUSANNE Elfi... Sind Sie wahnsinnig?!

ANSWALD Es ist wichtig... meine Freundin –

SUSANNE Gehen Sie! Machen Sie, daß Sie weiterkommen!

ANSWALD Ja, sagen Sie's mir nicht oder –?!

SUSANNE Kscht! Kscht! Verschwinden Sie! Zum Teufel mit Ihrer Pingpongfee!

Answald geht nach rechts. Bleibt einen Augenblick bei Peter stehen.

ANSWALD So etwas habe ich noch nie erlebt... Ich bin doch hier nicht der Hanswurst! Sie wollen mich zum Hanswurst machen. *Im Abgehen, für sich* Mir bleibt wirklich nichts erspart. Aber auch gar nichts... Gerüchteküche... Erniedrigung kennt keine Grenzen. Ich dachte, tiefer als in den Erdboden kannst du nicht sinken... von wegen! *Dreht sich im rechten Durchgang noch einmal um.* Susanne – Sie sind im Herzen Eis und Asche. Ich will nie wieder mit Ihnen sprechen...

Susanne hat längst weitergesprochen und reagiert nicht auf Answald. Er geht ab.

SUSANNE *zu Ruth* Wissen Sie, wovon ich rede? Wissen Sie es? Ich sage Moritz, Moritz, Moritz. Sie wissen nicht, wie oft wir voreinander umgekehrt sind, im letzten Augenblick. Er ist gegangen oder ich bin gegangen. Unsere einzige Hoffnung: der gleiche Lauf der Wiederholung... Am Anfang ist immer der Abschied... dann kommt ein Wiedersehen... Zwischen Kommen und Gehen die Wende, dort treffen wir uns... Seien Sie gütig, Ruth, ich muß alleine bleiben mit ihm, bis wir zu Ende sind.

RUTH Aber ja, aber ja! Sie haben da wirklich umsonst Ihre Fassung verloren. Wie ich schon sagte, ein Irrtum Ihrerseits. Ich stell in seinen Augen nämlich gar nichts dar. Genau genommen, hat er mich nach wenigen Minuten gebeten zu gehen. Ich nehme es ihm nicht übel. War alles nur ein Palaver aus Verzweiflung.

SUSANNE Sagen Sie die Wahrheit?

RUTH Natürlich. Ich hätte es längst tun wollen. Aber Sie waren ja nicht zu bremsen... Auf der anderen Seite, ich gebe zu, es hat mir gutgetan, daß Sie so unentwegt zu mir gesprochen haben... Das ist ja überhaupt das Beste an dem kleinen Zwischenfall, daß einem hinterher doch der eine oder andere ein gewisses Mehr an Beachtung schenkt. Lothar, Sie, auch Moritz, nicht zu vergessen...

Dunkel

7

Martin und Franz sitzen auf der Bank.

MARTIN Sie haben ja nun unsere kleine Gesellschaft kennengelernt. Alberne Leute, nicht wahr? Es ist im Grunde kein Vergnügen, mit immer alberner werdenden Freunden zu verkehren. Mich eingeschlossen. Nur die Albernheit erlaubt uns noch –

FRANZ Wir selbst zu sein.

MARTIN Richtig.

FRANZ Wir verstehen uns nicht, wir beide? Was?

Er holt ein Zigarettenetui hervor und nimmt sich eine Zigarette.

FRANZ Apart...

MARTIN Ja, hübsche Zigaretten, nicht? Orient, rein und feinste Wahl. Nehmen Sie. Die können Sie nirgendwo kaufen. Die laß ich mir spezialanfertigen. Ich bin befreundet mit einem Tabakindustriellen, der macht mir das.

FRANZ Das nenne ich individuell.

MARTIN Ist es. Individuell und durchdacht. Das Stück für elf Mark fünfzig – da werden Sie mal zum Kettenraucher! Rauchen ist Genuß – Massenproduktion verhindert Genuß. Sie essen ja auch keine Kohlrouladen aus der Konservenbüchse.

FRANZ Nein. Wahrhaftig nicht.

Beide rauchen.

MARTIN Wie alt sind Sie, wenn ich fragen darf?

FRANZ Achtundsechzig.

MARTIN Tatsächlich? Ich bin knapp vierundsechzig.

FRANZ Jahrgang elf.

MARTIN Wir müssen uns aber verstehen, verdammt nochmal. Jetzt gibt es kein Zurück mehr. Ich habe die Hosen schon viel zu weit runtergelassen vor Ihnen. Ich dachte, wir liegen auf der gleichen Welle –

FRANZ Was soll ich nur tun? Ich kann Ihnen unmöglich beipflichten, wenn Sie sagen: der Sinn meines Lebens löst sich auf wie die Vitamintablette in einem Glas Wasser –

MARTIN Wenn aber doch in mir alles auseinanderfällt –!

FRANZ Tja. Schlimm. Schlimm. Ich muß trotzdem sagen: mir geht es nicht so. Im Gegenteil. Es scheint, seit einigen Jahren haben sich auch die letzten Widersprüche in mir glücklich miteinander ausgesöhnt... Mit Ihrer Frau möchten Sie nicht darüber sprechen, nein?

MARTIN Ich liebe Viviane. Aber was ich wirklich denke, weiß niemand.

FRANZ Wenn man sie beide so sieht – entschuldigen Sie, wenn ich das sagen darf –, man glaubt doch: hier gehen zwei Hälften ein und desselben Lebewesens.

MARTIN Schön und gut. Franz, wie im Leben eines jeden reifen Mannes, so gibt es auch bei mir eine natürliche Dunkelzone, die der eigenen Frau nicht zugänglich ist und auch gar nicht zugänglich sein darf. Und dort herrscht kein Frieden. Dort brodelt und zischt ein alter ego. Seitdem ich mich nicht mehr ums

Geschäftliche kümmere, ist mir die Sittlichkeit in den Beziehungen der Menschen untereinander mehr und mehr ein Rätsel geworden. Irgend jemand sagt dauernd zu mir: es ist sowieso alles erlaubt. Achte auf die Regeln im Straßenverkehr, im übrigen tu, was dir gefällt. Es ist deine Privatsache. Privatsache! Wenn alles Privatsache wird im Leben, dann ist es nicht mehr interessant. Wir langweilen uns den Rest unserer Jahre zu Tode. Ich frage mich also: wie kann ich meinem Leben noch einmal ein zentrales Interesse abgewinnen? Etwas, das alle meine Kräfte in Anspruch nimmt, volles Risiko... Doch nur, indem ich ein Gewaltverbrechen begehe –

FRANZ In unserem Alter? Ach nein. Ich selbst bin in der Jugend eine Weile auf der schiefen Bahn gelaufen. Bis zu einem gewissen Zeitpunkt habe ich eine ähnliche Biographie –

MARTIN Ich habe mein Verbrechen bereits verübt, Franz... Indem ich nämlich seit diesem Sommer zu einer Geliebten gehe –

Franz schweigt und raucht.

MARTIN Ja.

FRANZ Das tun Sie wirklich?

MARTIN Glauben Sie's mir nicht? Sieh an, er traut es mir nicht mehr zu! Menschenskind, Sie sind doch auch nicht schlechter beieinander als ich!

FRANZ Es geht so.

MARTIN Ich wollte Sie fragen – Sie sehen gleichfalls auf eine glückliche Ehe zurück... vielleicht haben Sie mal eine ähnliche Erfahrung gemacht?

FRANZ Ich möchte nicht darüber sprechen.

MARTIN Ach so... Möchten Sie nicht.

FRANZ Ich kenne Ihre Frau, ich schätze sie sehr –

MARTIN Ich dachte nur: Sie fahren ja morgen wieder...

FRANZ Trotzdem. Ich möchte nicht.

MARTIN Ja... Oh Gott!... Also gut. *Erzündet sich eine Zigarette an.* Sprechen wir über etwas anderes... Was hält Sie denn so am Leben?

FRANZ Ich liebe meinen Sohn, meine Frau und, last not least, ich liebe das Theater.

MARTIN Richtig. Sie sind ja Schauspieler. Kaum zu glauben, wenn man Sie direkt neben sich hat. Sie machen so gar nichts von sich her. Schauspieler haben fast immer diesen gewissen Pfiff. Auch mal ein bißchen Trallala und Hopsassa!

FRANZ Das liegt mir nicht.

MARTIN Nein, liegt nicht in der Familie, wie? Ihr Sohn ist ja auch ein rechter Trauerkloß.

FRANZ Holla!

MARTIN Ein Komödiant der untersten Garnitur! Ein Statist! Ein Statist!

FRANZ Na, was wird denn das?!

MARTIN ›Na, was wird denn das‹! Mann, Ihren Sturkopp möchte ich haben!... Nun gehen Sie doch bloß mal ein bißchen aus sich heraus, Sie alter Langweiler!

FRANZ Ich bin kein Langweiler.

MARTIN Ach, ist doch wahr... Da lassen Sie mich einfach hängen mit meinem Geständnis, ich sitze da und bekomme einen knallroten Schädel!

FRANZ Lieber Herr – was soll ich Ihnen sagen, was soll ich sagen? Ja, ich habe auch mal Freundinnen gehabt, ich habe auch Freundinnen gehabt – aber, verstehen Sie nicht? Das ist vollkommen gleichgültig, völlig bedeutungslos im Vergleich zu Ihnen, zu Ihrem Fall... Sie und Viviane... Sie wissen anscheinend überhaupt nicht Bescheid?!

MARTIN Gut, gut. Sie fahren morgen wieder nach Hause. Vergessen Sie alles. Ich habe mich vergaloppiert. Schwören Sie mir, daß Sie zu niemandem darüber sprechen... Schwören Sie es!

FRANZ Meinetwegen. Ich schwöre es.

Sie stehen auf. Richard kommt von links hereingelaufen.

RICHARD Kiepert ist da!... Helft mir, bitte!... Ich glaube, ich habe richtiges Lampenfieber...!

Er verschwindet wieder nach links.

MARTIN Ich danke Ihnen.

FRANZ Nichts zu danken.

MARTIN Und – seien Sie mir nicht böse!

FRANZ Sie müssen mich verstehen... Man kann oft nicht so, wie man gern möchte.

MARTIN Aber ja, ich verstehe Sie. Brauchen wir kein Wort darüber zu verlieren. Ich verstehe Sie sehr gut, mein Lieber.

Von rechts kommen Susanne, Lothar, Ruth, Johanna.

Alle sind im Raum versammelt. In Erwartung, zum linken Durchgang hin gruppiert. Viviane und Martin stehen eingehakt. Peter steht allein. Lothar und Ruth nebeneinander. Franz in der Nähe von Elfriede. Johanna und Marlies. Felix und Answald. Moritz sitzt im Mantel auf der Bank. Susanne neben ihm.

SUSANNE Nichts fremder als der überstandene Schmerz, der dich beinahe die Identität gekostet hätte. Nichts fremder...

Moritz holt unter der Bank ein Bild hervor, sieht es an und hängt es sich um den Hals.

SUSANNE Was machen Sie, Moritz?

MORITZ Ich muß noch ein Bild aufhängen. Es ist hier nicht gerne gesehen. Mir aber gefällt es...! ›Karneval der Direktoren‹...

Susanne hilft ihm, die Aufhängung unter seinen Mantelkragen zu schieben. Er steht auf.

SUSANNE Auf Wiedersehen, Moritz.

MORITZ Auf Wiedersehen, Susanne.

Er geht nach rechts, lehnt sich in der Nähe des Durchgangs mit dem Bild vor seinem Bauch an die Wand. Franz geht zu Answald, nimmt ihn beiseite.

FRANZ Was ich dich fragen wollte – weißt du eigentlich, daß Viviane –

ANSWALD Ja, Vater, ich weiß.

FRANZ Ach, du weißt es. Alle scheinen es zu wissen. Nur Martin hat keine Ahnung... er... er!

ANSWALD Sei still. Es gibt da nichts zu sagen.

FRANZ Nein. Rasch tritt der Tod den Menschen an, es ist ihm keine Frist gegeben... Plötzlich, mitten im Leben.

Marlies geht schnurstracks auf Felix zu und gibt ihm zwei Ohrfeigen. Sie geht wieder zurück zu Johanna. Felix reagiert nicht. Das Licht nimmt ab. Richard kommt hereingelaufen und macht mit beiden Händen Victory-Zeichen. Er bleibt im linken Durchgang stehen.

RICHARD Und diese Abteilung nennt sich dann: ›Einbildungen der Realität‹. Dachten wir...

Kiepert erscheint mit seinem Sohn an der Hand. Dunkel. Vorhang.

Groß und klein

Szenen

I
Marokko

Lotte, Mitte Dreißig, allein. Auffallend zurechtgemacht, eine Touristin am Abend im Süden. Heller Hosenanzug, sehr bunte Bluse, falsches Haarteil als Knoten im Nacken, großes Ohrgehänge, aufgesteckte Wimpern und Fingernägel. Sie sitzt an einem Tisch im Speisesaal. Hinter ihr eine übergroße Jalousie, nicht ganz geschlossen, so daß Mondlicht hindurchfällt und die Schatten von zwei Männern, die draußen auf der Terrasse spazieren.

LOTTE Hören Sie?
Zwei Männer gehen draußen auf und ab.
Ewig.
Tiefe Stimmen. Hören Sie?
Wahnsinn.
Sie reibt ein Ohr. Sie gibt mit verstellter Stimme einen aufgeschnappten Satz wieder.
›Da wurden wahre Wunder vollbracht...‹
Wahnsinn.
Was haben die Kerle bloß für tiefe Stimmen!
Die sind nicht aus unserer Siesta-Gruppe.
Die kommen von woanders her.
Gott schütze mich, in der Hitze der Nacht.
Das klingt! Vater, Vater...
Die gehören nicht zu uns, die Kerle.
Hab ich mein Lebtag nicht gehört,
solche... solche...
Wohl – laute!
Wäre gesünder, man hörte nicht hin.
Aber was willst du machen?
Du kannst ja nicht schlafen,
wenn draußen diese Superstimmen –
Der eine sagt:
Warum nicht alles noch einmal
von vorne durchdenken, Frieder?
Tja. Frieder. Das ist der andere.

Frieder sagt: So kommen wir
nicht weiter, und weiter
müssen wir aber kommen.
Deshalb schlage ich vor:
denken wir rücksichtslos weiter,
und bloß nicht noch einmal von vorn.

Tja. Ruhe. Jetzt sind sie still.
Gehen wieder auf und ab.
Logiker sind das...!

Marokko, Wahnsinn!
Muß man gesehen haben.
Anfangs waren wir eine gute Reisegesellschaft.
Wir paßten zusammen. Inzwischen aber.
Die Höllenhitze. Wir sind so ziemlich alle gegen jeden inzwi-
schen.

Haben Sie gehört?
Der eine sagt Frieder zum anderen,
Frieder sagt zu ihm aber nichts.
So geht das schon seit Stunden, Wahnsinn.
Frieder nennt Nichtfrieder niemals beim Namen.
Ich warte bloß, daß ich endlich
weiß, wie Nichtfrieder heißt.
Ich warte bloß, daß es Frieder
mal endlich rausrutscht,
wie Nichtfrieder heißt.
Wenigstens ein kleines Ha – oder
Be – oder Wa –, Sie –, Ro –, Gus –, Joch –
Wahnsinn.
Die Ruhe der Logiker möchte ich haben.
Sie trinkt einen Schluck Mineralwasser.

Das ganze Haus voll ungerechter Menschen.
Da sind zwei Fremde draußen
und mit ihren Stimmen ein Labsal.
Solange sie gehen,
besteht immer noch Hoffnung,

daß sie später hier drinnen vorbeischaun.
Sie werden ja sehen: hier im Saal
ist noch Licht, soviel werden sie
vermutlich ja sehen.
Erst wenn ich erst einmal höre,
sie gehen die Terrasse hinunter,
dann weiß ich,
sie gehen durch den Haupteingang
hoch auf ihre Zimmer,
kommen hier drin nicht, wie erwartet, vorbei,
wo sie mich doch, vermutlich, zu guter Letzt,
auf ein Gläschen einlüden,
sehen ja, ich werd auch nicht jünger,
so wie ich hier sitze.
Erst wenn sie wirklich in ihren Betten liegen,
erst dann bin ich sicher,
daß mir auch heute der liebe lange Tag
nichts Neues, rein gar nichts gebracht hat.

Noch elf Tage in Agadir.
Die Zeit vergeht.
Ich habe bis jetzt bloß zugenommen.
Alles ist sehr einfach: nichts klappt.
Die Zeit vergeht, aber nicht richtig.

Mir ist, als wär zu Hause Post in meinem Kasten.
Ich sehe ein großes Kuvert,
ich sehe die Heimatadresse, handgeschrieben:
sechsundsechzig Saarbrücken, Straße des dreizehnten Januar,
Numero acht.
Wahnsinn. Wer schreibt mir da?
Die Buchgemeinschaft schickt ihren Jahresprospekt.
So. Na. Freut mich. Besser als nichts.
Nochmal knapp an keiner Post vorbeigekommen.
Da!
Hören Sie? Der eine...
Chefarztstimme.
Nichtfrieder ist es, der spricht.
Er sagt... Momentchen!... in etwa...

Er sagte eben soviel wie...
Schwierig. Soviel wie ›die elementaren‹,
›das Elementare‹. Wahnsinn.
Durch diese Superstimme versteh ich
fast nichts... diese Stimme!... Musik, Musik!
Eben sagt er: Warnung...
Muß man gehört haben: ›Warnung‹!
Phantast!
Logiker sind das.
Und Deutsche!
Von denen Frieder vermutlich der führende Kopf.
Das zeigt sich schon daran, daß
Frieder von Nichtfrieder häufig,
aber Nichtfrieder von Frieder gar niemals
beim Namen genannt wird, obwohl es ihm
wenigstens einmal herausrutschen könnte, wie gesagt.
Worüber sprachen sie?
Was meinen sie?
Es ging um das Eine.
Das eine Elementare.
Später hieß es ›die elementaren‹...
die elementaren Hm-hm-hm. Wie ›Troubadour‹ betonen.
Was meinen sie?
Sodann... sodann...
Jemand hatte den Rubikon überschritten.
Soundso hatte den Rubikon überschritten.
Ein Name fiel.
Klang aber nach quasi nicht viel.
Wenig Vokabular. Minderes Wörtchen.
So ein Wörtchen, das nicht anschlägt im Brustkorb,
und ohne Brust klingt's bei Frieder
und auch bei Nichtfrieder,
als huschte ein Mäuslein über die Orchesterpauke.

Achtung! Frieder...
Sie lächelt; schnell, staccato ›freudestrahlend‹...
belustigt ›durchausauch‹ ›durchausauch‹.
Nichtfrieder: ›zugegeben‹, ›unumwunden‹...
strenger und schneller werdend

Frieder: ›Unsitten sind ... einquartiert in ... Trunksucht und
Gier nach ...‹
Was? Verstehe nicht ...
Nichtfrieder: ›Gier ... Schachertum, zähnefletschender Ego –
Frieder: ›Unbefriedigend!‹
Nichtfrieder: ›Gier ... Unterschiede zwischen denen, die ...
Gierallein?
und jenen *langsamer werdend*
trotz Gier ... trotzgier‹
Ende. Gier.
Wahnsinn. So schnell!
Die Logiker liegen vorn, sag ich dir.
Jetzt gehen sie erstmal wieder ihre
zwei, drei Ründchen, jetzt denken Sie erstmal
hin und her, was sie da eben so blitzschnell gesagt haben.
Schöne Stimmen.
Herrlicher Wohlklang.
Wie gesagt, Genuß mit Rum.
Und worüber sprachen sie eben, Schwesterchen?
Gott, worüber sprachen sie ...?
Was soll ich sagen?
Über Trunksucht.
Über Habsucht.
Aber frag mich nicht, was.
Ich bin nicht der Typ, der sich alles merkt.
Ich bin kein Erinnerungsmensch. Ich war nie einer.
Hab ich nicht eben ›Gier‹ gesagt?

Solange sie gehen,
ist es ja möglich,
daß sie später doch noch hier drinnen vorbeischaun,
auf ein Gläschen,
und mit mir ins Gespräch kommen,
falls sie sich nicht entschließen,
zum Strand hinunter- und dann durch den Haupteingang
hinaufzugehen.
In dieser Höllenhitze findet
keiner den Schlaf des Gerechten.
Nur die, die heute etwas unternommen haben,

die also mit auf dem Ausflug nach Marrakesch waren
und erst spät am Abend zurückgekommen sind,
die schlafen jetzt fest wie die Ratzen.
Ich war nicht dabei.
Total zerstritten, wie unsere Gruppe ist.
Ich sitze tagsüber gern im lounge,
wo immer ein kühles Lüftchen weht.
Die Frauen schreien die Männer an,
einer nach dem anderen verliert sein Gesicht,
die Männer schreien die Frauen
mitten in der Wüste an.
Ich mache keine Extras mit.
Von Anfang an nicht.
Ich habe ja gar keine Extras gebucht.
Sie trinkt.

Gier, Neid, Desinteresse,
Habsucht und blinder Eifer –
das sind die Hauptleidenschaften,
die unserer Siesta-Gruppe am ärgsten zu schaffen machen.
Und Trunksucht.
Und –
das vergißt du jedesmal,
Frieder,
sobald wir hierauf zu sprechen kommen,
fehlt an dieser Stelle
ein logischer Teil –
und, sage ich, der Unterschied
zwischen den Gutbemittelten,
die sich einfach alles, und jenen
Mindergutbemittelten, die sich in aller Regel
nur das Nötigste vom Besten, was das Veranstaltungsprogramm
zu bieten hat, also keinerlei Extras, leisten können.
So reden sie. Wahnsinn. Genauso.
Das ist in etwa die Art, wie sie reden.
Natürlich mit anderem geistigen Schliff.
Sie reden über ganz andere Probleme.
Ich meine nur, die Art ist in etwa dieselbe.
Aber tiefe Stimmen, Gott schütze mich.

Überall Unordnung, jahrelang
Unordnung und Pech,
Lügen und Seitensprünge –
die von Paul in Saarbrücken
ein Leben in Scheidung,
und dann Männer wie Frieder und Nichtfrieder,
welche Freundschaft!
Welche Logik!
Welche Stimmen!
Schnell wird man klüger...
Hören Sie?
Es geht wieder los.
Frieder:... soviel wie...
›Jammertal‹...
Schön. So schön!
Singt ein wenig.
Ja-a-mmer-tal.
Wahnsinn.
Nichtfrieder: *Spricht schnell nach*
›Die Erde lebt‹ oder ›bebt‹...
›Der Mensch verliert das Bild vom Menschen...‹
Die Erde lebt oder bebt.
›Halt ein‹, sagt Frieder.
›Dies dürfen wir nicht undurchdacht lassen!‹

Unzufrieden
Die Erde lebt oder bebt.
War nicht viel. Sie schweigen schon wieder.
Soviel wie...
hat ein Mensch ein Bild verloren.
Oder Brief?
Brief oder Bild, ich kann mich täuschen.
War nichts Erschütterndes.
Ein Bild, na ja.
Verloren, gutgut.
Aber d a s wars!
D a s wars!
Fast wäre es ihm rausgerutscht,
wie Nichtfrieder heißt, fast!

Halt ein, sagte Frieder, genau!
Er sagte doch: Halt ein. *Sucht durch den Rhythmus den Namen zu finden.* Hmhm... hmhmhm...
Auf der Zunge! Ha-!
Her-! Rolll-! Ber-!
Oder Karrr-?
Es hätte ihm herausrutschen m ü s s e n.
Scheißdreck.

Noch elf Tage in Agadir.
Singt laut
Ja-mmer-tal.
Zwei Männer, Wahnsinn.
Auf und ab, hin und her.
Keine Leichtfüße, würde ich sagen.
Männer im reifen Mannesalter,
auf Ledersohlen, im feinsten Schuhwerk,
gehen ihre Runden, und knirscht es ja deutlich,
draußen auf der Terrasse,
Sand, Leder und Stein –
unter einem gewissen Gewicht,
unter dem Druck von Statur,
keine Sandalenträger, unüberhörbar,
keine Strohschuhtreter.
Wahrscheinlich heller Abendanzug,
cremefarben der eine und fliederweiß der andere,
dazu die burgunderrote Krawatte, wo hinter dem Knoten der
Kragen ein wenig offen steht,
bei der Kehle, bei der Stimme!
Unüberhörbar auch der Tuchstoffschlag der Hosenbeine.
Der eine klimpert in der Jackentasche
mit Feuerzeug und Münzen:
Nichtfrieder, glaub ich, während er denkt.
Frieder, führender Kopf, braucht ja nicht klimpern
zum Denken.
Ach, ich wünschte, ich wäre Frieder
oder Nichtfrieder und ging heut nacht
neben Frieder oder Nichtfrieder
draußen auf und ab, im gleichen Schritt und Tritt...

Nein, nein. Ich will ja nichts.
Wer wär ich denn.
Nur reden möcht ich dich hören,
mein seliges Paar!
Oh, redet, ihr meine unzertrennlichen Stimmen...!
Ein Tag Marrakesch
kostet mich hundertzweiundvierzig Mark
zusätzlich vom Taschengeld.
Hinzukäme Besuch der Märkte,
also Einkäufe, ohne die man Marrakesch nicht zu sehen
braucht.
Hinzukäme zahlloses Bettelgesindel,
Früchte, Getränke und Mittagessen auswärts.
Hinzukäme die Gluthitze
und daß ich Busfahren nicht immer gut vertrage,
also ständig die Furcht,
vertrag ich's heute oder heute gerade wiedermal nicht,
ständig der kalte Schweiß, ob der Bus auch hält,
wenn mir schlecht wird,
wo wir uns sowieso schon
spinnefeind sind, jeder gegen alle.
Da!
Frieder...!
Sie springt auf; lacht freudig; versucht zu verstehen.
Was? – Was? – Was?
Bewegt von der Stimme geht sie ein paar Schritte vor – entge-
gengesetzt zur Hörrichtung.

Ja!... Ja!
Für chte
Für chte chte chte
Sie redet in Begeisterung.

Siehe, der Mensch wird
abgehen von dieser Erde
und aus sein in allen seinen Werken.
Hinter ihm wird der Boden erröten in
Scham und Fruchtbarkeit.
Die Gärten und die Felder werden

in die leeren Städte einziehen,
die Antilopen in den Zimmern äsen, und
in offenen Büchern wird der Wind zärtlich blättern.
Die Erde wird unbemannt sein und aufblühn.
Die gefesselte Hoffnung, befreit von jeglichen Propheten,
wird erlöst sein und in der Stille reichlich wirken.
Frachtlos wiegt sich das Meer,
unbetreten wandert das Land und spielt an hohen Blumen die
Luft.
So wird es sein für tausendzweihundertundsechzig Tage …

Wieder für sich
Tausendzweihundertundsechzig Tage …
Was heißt das? Wie komme ich auf
tausendzweihundertundsechzig Tage?
Das macht umgerechnet vier Jahre.
Vier Jahre, nicht ganz. Vier Jahre was?

Sie hört
Die Männer stehen still!
Die Männer gehen nicht mehr!
Gütiger Himmel, was hab ich gesagt?
Sie stehen still –!
Ich höre: sie stehen, sie schlucken!
Sie hören! Sie horchen mich …
Lieber Gott, mach sie wieder gehen …
sie horchen mich!
Sie hält sich den Mund zu.
Nichtfrieder: ›Mir war,
als hätte jemand im Haus geschrien.‹
Frieder: ›Auch ich glaube, daß es
geschrien hat. Doch gegenwärtig schreit es nicht.
Entweder die Noth ist überstanden –‹
Nichtfrieder: ›oder die Freude‹ –
Frieder: ›oder es kommt zu erneutem Geschrei‹ …
Sie schweigen. Sie sehen auf ihre Schuhspitzen.
Sie heben die Köpfe, unüberhörbar, sie schütteln die
Köpfe.
Wahnsinn.

Sie gehen! Allmächtiger, sie gehen wieder!
Sie läßt sich in den Stuhl fallen.
Oh Gott...
Oh wie lebendig...!
Während der Schlußsätze nimmt sie Stück für Stück
das Haarteil, die Ohrringe, die Wimpern usw. ab und legt alles
vor sich auf den Tisch.

Vermutlich –
vermutlich bin ich etwas zu laut geworden.
Wie dumm von mir.
Wie dumm.
Es fällt mir nicht leicht,
ganz ohne –
ganz ohne Wortwechsel,
manchmal tagelang ohne ein Visavis
meinen Urlaub zu verleben.
Es rutscht mir am Abend
leicht mal ein Wörtchen heraus, und ich merke es gar nicht.
Ich rede wunders was und meine aber fest,
ich denke nur. Was soll man machen?
Man muß sich bloß einmal klar werden darüber,
dann geht es schon wieder.
Sie schweigt und hört.
Schöne Stimmen.
Hören Sie?
Ewig.
Heute lieber als damals.
Sie lächelt.
Wahnsinn.

Dunkel

II
Nachtwache

LOTTE
DER MANN
DIE FRAU

Schlafzimmer der Frau am Morgen. Fenster mit zugezogenen Vor-
hängen. Die Frau schlafend in ihrem Bett. Der Mann sitzt neben
dem Bett auf einem Stuhl. Anzugjacke über der Stuhllehne, offe-
nes Hemd, aufgeknüpfte Schnürsenkel.

FRAU *fährt aus dem Schlaf.* Was ist?
MANN Ruhig. Schlaf nur.
   Nichts ist.
FRAU Hast du nicht eben gerufen?
MANN Nein.
FRAU Was machst du in meinem Zimmer?
MANN Ich sitze hier.
FRAU Seit wann?
MANN Die ganze Nacht.
FRAU Die ganze Nacht?
   Mußt du dich nicht fertig machen?
MANN Ich gehe heute nicht.
FRAU Ist irgend etwas?
MANN Nein.
FRAU Warum liegst du nicht in deinem Bett?
MANN Ich mochte nicht.
FRAU Ich muß heute die Kinder abholen.
   Wie ist das Wetter draußen?
MANN Nebel. Ich glaube, es ist Nebel.
FRAU Mist. Ich fahre nicht gern bei Nebel.
MANN Ich könnte fahren.
FRAU Willst du die Kinder abholen?
MANN Wir könnten gemeinsam fahren.
FRAU Rosa hat keinen Mantel dabei.
   Sie hebt die Decke weg und setzt sich auf.

Wie spät ist es genau?

MANN Acht Uhr und vierzig Minuten.

FRAU Du müßtest längst fort sein.

Habe ich was gesagt?

Habe ich im Schlaf gesprochen?

MANN Nein.

FRAU Wolltest du mich aushorchen oder wie?

MANN Nein.

FRAU Gibt es irgend etwas zu besprechen? Du!

MANN Nein. Wir könnten zusammen die Kinder abholen.

FRAU Weißt du, ich meine, du sitzt hier in meinem Zimmer und horchst, wenn ich schlafe, irgendwie finde ich das nicht so gut oder wie findest du das?

Da er nicht antwortet, dreht sie sich zu ihm um.

Hm? *Er zuckt die Achseln.*

Was heißt –? *Sie macht sein Achselzucken nach.*

Sei doch nicht so dickfellig! Sag mir doch, was das bedeuten soll, warum du die ganze Nacht hier sitzt und horchst?

MANN Ich habe nicht horchen wollen. Es war – so nicht gemeint.

FRAU Jetzt kann ich mir den ganzen Tag den Kopf zerbrechen, was das nun wieder soll, dasitzen und horchen, wenn ich schlafe; dir fällt also auch immer was Neues ein, um alles noch komplizierter zu machen, noch komplizierter!

MANN Ursprünglich –

FRAU Sag mal: was verlangst du eigentlich von mir?!

MANN Ich meine: was ist daran so kompliziert?

FRAU Alles. Du machst alles nur noch komplizierter.

MANN Ursprünglich ist es etwas sehr Einfaches, etwas vollkommen Einfaches, daß jemand neben dir sitzt und jemand wach bleibt neben dir, wenn du schläfst, etwas, im Grunde genommen, etwas Beruhigendes.

FRAU Es k a n n schön sein, wenn jemand s a g t, er wacht bei einem. Das k a n n schön sein, wenn man es w e i ß, beim Einschlafen, da wacht einer. Aber du, du schleichst dich nachts in mein Zimmer, und ich spüre, unbewußt spüre ich ja, da ist einer im Zimmer, da atmet was, dann sage ich dir, dann ist das schlicht und schlecht nur unheimlich, es ist unheimlich!

MANN Wie soll ich dir vorher sagen, ich komme und ich wache?
So etwas sagt kein Mensch vorher.
Du suchst das Mißverständnis.
FRAU Man sagt es nicht, man sagt es nicht und macht mir lieber
die bösen Träume. Wie ich da wieder rauskomme, ist ja nicht
deine Sache. Wie soll ich da wieder rauskommen, hm?!
Die ganze Stadt fiel runter vom Abhang, runter gestürzt in den
Fluß, und ich Kleine drüben im Wohnzimmer des älteren Birk-
holz...
Der Mann ist aufgestanden, geht zum Fenster.
MANN Du hast im großen und ganzen ruhig geschlafen. Bis in
den frühen Morgen, als es draußen hell wurde.
*Er beschäftigt sich ausführlich mit dem Vorhang; die Frau sieht
ihm zu.*
Der Vorhang ist bei weitem auch zu dünn.
Läßt das erste Licht schon durch.
Früher hatten wir diese dicken Stores...
Man müßte vielleicht – entweder draußen ein Rolladen oder
drinnen mehr als bloß Gardinen...
FRAU Schöps.
MANN Du brauchst es morgens lange dunkel.
FRAU Schöps.
MANN Ach, weißt du...
Die Frau versucht aufzustehen, fällt zurück aufs Bett.
FRAU Wie komme ich bloß aus diesem Alptraum raus?
Ich bin sowas von zerschlagen.
Gott, was hast du bloß für einen Mist gebaut!
Da bleibt bestimmt ein Schaden.
*Sie steht auf, geht nebenan ins Bad. Der Mann zieht die Vor-
hänge auf, öffnet das Fenster.*
MANN *für sich* Das kann sie sagen, das m u ß sie sagen, weil sie
eben eine so wunderschöne Frau ist.
Schlechte Nächte kann sie sich nicht leisten, ich mache das nie
wieder.
Er setzt sich auf seinen Stuhl.
Nun kommt sogar die Sonne durch den Nebel.
Sie wird sich freuen.
Ich weiß ja, daß sie vor allem fröhlich sein möchte und wie ver-
sessen ist auf gute Laune, schöne Aussicht.

Sie sucht die Lebensfreude jetzt mit jedem Schritt und Gruß und ist inzwischen doch so bitterlich nervös geworden, daß sie den Lärm, den Freude nun einmal schlägt, kaum noch ertragen kann.

Mitunter, in guter Gesellschaft, es läßt sich nie vermeiden, ein Ausbruch unverschämten Lachens, rückwärts aus der andern Ecke – da stöhnt sie auf, kniet und springt davon, entsetzt wie eine Katze. Weil sie nicht weiß, worüber ihre guten Freunde lachen nebenan, hört sie sich ausgelacht und hört nur, wie Raubvögel kreischen über ihr. So sagt sie selbst.

Dann habe ich sie anzuhalten. Ich führe sie in größter Ruhe auf ihr Zimmer und lasse an mir niedergehen, was sie in Angst und Flüchen, ordinär und blind, sich von der Seele schreit.

Dann schreit sie. Ich sitze da und sie kommt außer sich. Ich brauche nichts zu sagen und kann ihr trotzdem helfen. Das gibt sie selber zu. Manchmal geht sie später wieder zu den Gästen, manchmal nicht. Manchmal nicht.

Lotte lehnt von der Straße her im offenen Fenster. Sie trägt ein etwas aus der Mode gekommenes zweiteiliges Kostüm.

Seit ich die Sorge kenne, brauche ich weder Freude noch Sehnsucht. Die Sorge füllt einen Mann ganz aus, die Freude wird das niemals können.

LOTTE Mit wem sprechen Sie so schön?

MANN Ich dachte an meine Frau.

LOTTE Ich kenne sie vom Sehen.

Reden Sie nur weiter.

MANN Nichts wird mich je von diesem Menschen abbringen, nicht einmal die Kinder und nicht die Liebe zu den Kindern. Sie will ich sehen, auf meinem letzten Blick, und ihre Hände halten, wenn eines Tages das Fest zu Ende geht.

Die Frau kommt zurück aus dem Bad.

FRAU *zu Lotte* Wer sind Sie?

LOTTE Ich kenne Sie vom Sehen.

FRAU Sie sind?

LOTTE Ich bin Lotte.

FRAU Und?

LOTTE Und nichts.

FRAU Sie lehnen in unserem Fenster, weil?

LOTTE Weil ich Ihren Mann hier reden hörte, und das klang gut.

FRAU Geredet hast du? Was?

MANN Nur so.

FRAU Übernächtigt, wie du bist.

LOTTE Übernächtigt ist er?

Die Frau nimmt Kleider aus dem Schrank, legt sie über das Bett, um unter ihnen auszuwählen.

FRAU Sind Sie nicht etwa Schwester in der Klinik von Professor Tischner?

LOTTE Nein. Grafikerin bin ich. Aber selbständig.

Früher war ich Krankengymnastin, insofern haben Sie nicht ganz danebengetippt. Aber im Bürgerhospital und damals Angestellte.

FRAU Da war ich auch schon mal.

LOTTE Mein Mann ist der Publizist Paul Liga.

Ist bekannt?

FRAU Nein.

LOTTE Schreibt auch unter den Namen Smoky.

Kein Begriff?

FRAU Ich wüßte nicht.

LOTTE Sie sind nicht nur schön.

Sie haben auch noch Wunderschönes zum Anziehen.

FRAU Spaß beiseite.

LOTTE Ohne Spaß.

FRAU Sie mögen's glauben oder nicht: Ich kaufe schon seit Monaten nichts Neues.

LOTTE Im Leben von Saarbrücken sind Sie wie eh und je ein Blickpunkt.

FRAU Ich mag nicht mehr.

Ich habe jahrelang das Meinige versucht, noch einmal einen Reiz in unser ödes Kaff zu setzen.

Ich mag nicht mehr, ich kann nicht mehr.

Es wird ja nicht beachtet.

LOTTE Sie können von Glück sprechen: Sie haben Ihre eigene Note.

FRAU Ich spüre aber: die Leute hassen gerade das.

Die hassen meine eigene Note.

Die hassen mich von oben ab: mein Gesicht, mein Rouge, mein Weiß. Ich steh doch heute vor keinem Schaufenster mehr, ohne ständig die Angst, daß einer mir von hinten den Schädel in die Scheibe drückt.

MANN Es ist vermutlich nur die Spitze des Eisbergs der allgemeinen Erregung in der Heutzeit –

LOTTE Die Spitze des Eisbergs? Hoho!

FRAU Eine anspruchsvolle Aussage, Egbert!

LOTTE Die Spitze des Eisbergs! Hoho!

Ein geglückter Vergleich, Egbert!

FRAU Vorsicht!

LOTTE Ja.

Ich sähe Sie gern mal wieder in dem stillen Ton, in dem Sie vor zwei Jahren beim Tennisländerkampf gesessen sind.

FRAU Den stillen Ton?

Sie meinen: dreiviertellang und beige?

LOTTE Ja.

FRAU Von Chanel.

Sie geht zum Schrank, zieht ein Kleid hervor.

Das?

LOTTE Nein. Das war es nicht.

FRAU *sucht.* Den stillen Ton von vor zwei Jahren...

Das?

LOTTE Nein. Auch nicht.

Sehen Sie, dort neben dem moosgrünen Plissée...

FRAU Das?

LOTTE Nein. Davor.

FRAU Das?

LOTTE Eins weiter.

FRAU Das?

LOTTE Ja! Das war's! Das war's!

FRAU Doch nicht beige!

LOTTE Ziehen Sie es, bitte, kurz eben über, nur für mich...

FRAU Das Düstere von Misoni!

Nie im Himmel bin ich in dem beim Länderkampf gewesen.

LOTTE Doch doch, ich schwör's.

Der stille Ton...

FRAU Ich könnte es Ihnen aus dem Tagebuch beweisen: das habe ich seit Martinas Geburt nicht mehr getragen.

LOTTE Egal. Ich möchte es erleben. Bitte!

Die Frau zieht das Kleid an.

Ich dachte noch: die sitzt ja da wie einst die wunderschöne Frau, um die die Ritter in Turnieren kämpften...

Herrlich. Es ist herrlich. Klasse!

Ein so stiller Ton, ganz von innen her, und weich und fließt!

FRAU Crêpe de Chine.

Changiert. Ein bißchen düster.

Sie zieht sich Strümpfe an.

LOTTE Im Mittelpunkt des Mittelalters stand felsenfest das Bild der wunderschönen Frau.

Denn sie war damals dem Manne der erste Schritt zu Gott.

FRAU Und ist es noch. Und ist es heute wie damals!

LOTTE Nur: niemand will mehr zu Gott.

Wer will noch über die schöne Frau hinaus?

Sie ist dem Manne zum Selbstzweck geworden.

FRAU *bürstet ihre Haare.* Machen Sie was.

Sie sind nicht etwa eine von der Kirche?

LOTTE Nein.

FRAU Na!

LOTTE Ich möchte bloß wissen, wie Sie sich mit Saarbrücken zufriedengeben können.

FRAU Ich bin nicht zufrieden mit Saarbrücken.

So etwas dürfen Sie nicht von mir denken.

LOTTE Sie müssen gesehen werden. Auch mal in Weltstädten.

Der Mann, der zwischen Lotte und seiner Frau hin und her guckt wie ein Tennisschiedsrichter, kichert leise und schüttelt den Kopf.

FRAU W i e? Mit den Kindern im Gepäck?

LOTTE Wer sich nicht zeigt, verfällt.

Gehen Sie für mich einmal quer durchs Zimmer.

Ich bitte Sie.

FRAU Ich werde lieber still von vorne angesehen.

LOTTE Haben Sie etwas nicht so Schönes zu verbergen?

FRAU Nein. Nichts.

Es fehlen so früh noch die passenden Schuhe.

Ich weiß nicht welche.

Welche sind heute die einzig richtigen?

Egbert, was ziehst du denn heute an, außerhalb der Firma?

MANN Ich?... Ich dachte lediglich an den Blaßgestreiften.

FRAU Den ollen Blaßgestreiften?

Dazu paßt... dazu paßt... Nein. Scheiße.

Also, dazu müßte ich glatt das alte Pucci-Kleid vom Speicher holen.

MANN Nein, nein. Bitte, ich richte mich ganz nach dir.

Ich nehme dann vielleicht...

FRAU Vielleicht den tintenblauen Fresco?

MANN Nolens volens.

FRAU *klatscht in die Hände.* Oh ja! Fein! Sehr fein!

Dazu probier ich endlich mal den lieben Seidenblazer von Brosoli.

LOTTE Nun gehen Sie doch ein bißchen.

Treten Sie für mich ruhig gern in Strümpfen auf.

Ich bitte Sie.

Die Frau steht zögernd auf.

Ja! Gehen! Nur los! Jetzt sind die Füße dran!

Die Frau geht hin und her, mit zunehmender Allüre.

LOTTE Nicht wandeln, nichts verschleppen und noch schneller!

Tipp-topp... Tipp-topp... Tipp-topp!

Ja, so gehen Sie schön. Klasse!

Ach, wenn ich die Augen ein bißchen blinzeln lasse, da sind Sie fern und ein Idol...

Gut für die Erinnerung, danke sag ich.

Wie geschaffen für Erinnerung.

Gehen Sie! Gehen Sie! Und umgebogen!

Was Ihnen fehlt, sind Tausende, die Sie beneiden.

Was Ihnen fehlt, sind Laufsteg, Galadiner und Tête-à-têtes auf höchster Ebene!

FRAU Das ist meine Welt!

LOTTE Und sonst gar nichts!

FRAU Und sonst gar nichts.

MANN *laut* Quatsch!

FRAU Sehr liebenswürdig von Ihnen heute morgen.

Ich fühl mich wieder wohl.

Ein guter Zuspruch aus offenem Fenster tut ja besser als Gymnastik.

Sie setzt sich in ihren Ankleidestuhl.

LOTTE Nun wollen wir die richtigen Schuhe suchen.

FRAU Egbert bockt.

In seiner Firma arbeiten nur drei Angestellte. Vier Mann der ganze Export. Wir alle kommen durch. Aber Land und Leute hat er keine mehr studiert in den letzten fuffzehn Jahren.

LOTTE Schuhe suchen. Schmuck betrachten. Erscheinung bleiben!

Hüte, Mäntel, Capes und Tücher!

FRAU Jetzt möchte ich Sie bitten, den Hokuspokus einzustellen.

LOTTE Aber ein Stückchen näher sind wir uns hoffentlich gerückt.

FRAU Man hat nun eine weitere Person in Saarbrücken, die man grüßen muß.

LOTTE Wie?

Ja, was glaubst denn du?

Ich hätte dir was vorgemacht? Blauen Dunst?

FRAU Na, so lala.

LOTTE Aber nein! Es ist nur meine Art... es ist so meine Art!

Man ist sich fremd, man windet sich, man redet leicht drauflos.

Glaub mir doch, ich möchte dich kennenlernen!

FRAU Wer weiß ich denn, daß du bist?

Möchte auf niemanden hereinfallen.

Deine Art, ja. Deine Art ist nett.

Aber so eine Art verfliegt so schnell.

LOTTE Ich bin einfach frei genug, daß ich irgendwie innerlich auf dich anspreche...

FRAU Und ich bin eine Familie.

Ich suche keinen Anschluß bei fremden Leuten.

LOTTE Das soll ich verstehen?

FRAU Das m u ß t du auch verstehen.

LOTTE Trotzdem. Man hat sich eine Menge zu erzählen in einer neuen Bekanntschaft.

FRAU Wir sind keine Bekanntschaft.

Sie steht auf, geht zum Fenster, will es schließen.

LOTTE Du!... Nicht!

Meine Interessengebiete sind: Zeichnen, Lesen, Sprachen, Zeitgeschehen!

Nicht!

Laß uns spazierengehen!

Laß mich dein Kind einmal reden hören!

FRAU Meine Kind e r! Es sind zwei. Rosa und Martina.

Die Frau schließt das Fenster, zieht den Vorhang zu. Der Mann beginnt unruhig zu reden.

MANN Es ist doch sonderbar, daß niemand aus der Firma anruft, wo ich bleibe. Ich wünschte, Schönborn, Körner und Berkenrath täten wie ich und blieben zu Hause bei ihren Frauen am

Vormittag. Wir müssen nicht so viele Magnetventile verkaufen, müssen es nicht. Die Elektronik auf dem Vormarsch, wie du häufig, aus der Illustrierten heraus, sagst, macht uns ja bis heute keine Sorgen. Im Gegenteil, der Umsatz ließ sich minimal noch etwas steigern. Das Magnetventil. Oder das Dingsda, wie du sagst.

Er holt ein Magnetventil in Gold aus der Jackentasche.

So ein Dingsda schmiedet eine ganze Existenz. Mein Spezial, ohne das man in Basel und in Bogota noch keine Lüftung in Aquarien bauen kann. Das geht nun ab durch mich aus Deutschland in die ganze Welt. Unter all den prächtigen Gütern, mit denen die Menschheit Handel treibt, biete ich dies kleine häßliche Dingsda an. Ja, das ist zum Lachen. Und doch hast du's mir zum Vierzigsten in Gold geschenkt, denn Gold hat es uns gebracht bis dato. Ja, ich bin der erste, der ein Gelächter anstimmt über mich. Aber, siehst du, bei dir beginnt meine Selbstachtung. Meine Selbstachtung bist du. Laß das Materielle nur ein Lustspiel sein, laß es da unten nur kichern und kreischen. Hier oben soll es ernst bleiben und still. Hier oben wir.

FRAU Was denkst du dir? Was?

Schläfst nicht die Nacht.

Redest morgens laut mit dir selbst, daß es Passanten anzieht.

Fantasierst!

Gehst nicht in den Export.

Was soll denn aus uns werden?

MANN *leise* Mit ein bißchen Herzenstakt, bitte schön, wird es schon gehen.

Dunkel

III
Zehn Zimmer

I

Das Zimmer. Leerer Raum. In der Rückwand rechts eine Tür, links ein Fenster. Helles Licht. Fenster, Tür, die Raumproportion insgesamt so vergrößert, daß erwachsene Menschen darin überraschend klein erscheinen. In der Mitte des Zimmers liegt ein zusammengekrümmter, verschmutzter Gummimantel auf dem Boden. Man hört Lotte durch ein Treppenhaus laufen, einen Flur entlang. Es klopft an der Tür. Lotte drückt die Klinke herunter. Ein großer, im Schloß lose hängender Schlüssel fällt ins Zimmer. Die Tür bleibt ungeöffnet.

LOTTE *von draußen* He, Alter!
  Mach auf!
  Sie hört.
  Ich bin's: Lotte...
  Sie klopft schwächer; leise.
  Liebling...?
  Das Licht nimmt ab.
  Liebling?

Langsam, dann schneller sich entfernende Schritte im Treppen-
haus.

Dunkel

2

Ein anderes / dasselbe Zimmer. Leerer Raum. Hell. Eine dicke
Frau. Ihr linker nackter Arm abgebunden mit einem Abbinde-
tuch, das mit Blumen bestickt ist. Sie sucht eine bequeme Stellung,
um sich Morphium zu spritzen. Sie beugt sich, lehnt sich an die
Wand, hockt, kniet und setzt sich schließlich auf den Boden. Lotte
öffnet die Tür und bleibt im Anblick der Frau stehen. Sie trägt ei-
nen offenen Mantel über dem graublauen Kostüm. In der linken
Hand ein kleines Fernsehportable, unter dem rechten Arm eine
Zeichenmappe.

DICKE FRAU Raus oder rein.
   Lotte schließt sehr langsam die Tür. Die Frau spritzt sich.

Dunkel

3

Das Zimmer. Offenes Fenster. Ein kleines Einmannzelt, an dessen
vorderem Hering ein Fäustling aufgehängt ist. Die Plane um-
schließt eng wie ein Kleidungsstück einen Körper, der heftig at-
met. Lotte kommt zur Tür herein. Das Zelt ruckt erschrocken zur
Seite. Lotte schlägt die Tür zu und läuft davon.

4

Das Zimmer. Ein älteres Ehepaar. Der Mann massiert vor dem of-
fenen Fenster den vorgebeugten, nackten Rücken seiner Frau.
Lotte klopft leise, tritt ohne Aufforderung ein. Die beiden Alten
richten sich zu ihr auf.

DIE ALTE *leise* Die Rosel...!
  Gütiger Herr im Himmel, das Kind!
LOTTE Entschuldigung...
DER ALTE Bitte, gehen Sie, nur für einen kleinen Augenblick,
  grad vor die Tür, bitte.
  Lotte weicht zurück, schließt die Tür.
DER ALTE Es war nicht die Rosel, Muttchen.
  Hörst du mich?
DIE ALTE Jetzt kommt die Rosel in unsere Tür.
  Nein, hab ich eine Freude!
DER ALTE Ruhig, ruhig.
DIE ALTE Jetzt dacht ich, das Kind steht in der Tür.
  Er streichelt sie im Nacken.
DER ALTE Ja. Es war nicht die Rosel.
DIE ALTE Nein. Wer weiß?
DER ALTE Gut. Jetzt geh ich zum Fräulein und hol es wieder
  rein.
DIE ALTE Auf den ersten Blick, wie die aussah!
  Herr im Himmel, habe ich eine Freude gehabt!
DER ALTE *öffnet die Tür.* Sie ist nicht mehr da. Fortgegangen.
DIE ALTE Fort?
  Du hättest sie nicht rausschicken dürfen, den Moment.
DER ALTE *schließt die Tür, kommt zurück.*
  Nein. Vielleicht.
  Andererseits wird sie nicht viel gewollt haben von uns.
DIE ALTE So einfach fort...
  Das ist beinah, als wär's doch die Rosel gewesen.
DER ALTE Denk mal nach, wie unmöglich das ist.
  Sie beugt sich wieder vor, der Alte massiert ihre Schultern.
DIE ALTE Bei den Vermißten ist gar nichts unmöglich.
DER ALTE Aber die Rosel, wenn die Rosel hier eines Tages in der

Tür steht, die sieht jetzt doch viel, viel älter aus als damals. Die sieht jetzt vielleicht genauso alt aus wie die Frau im ersten Stock.

DIE ALTE Wie die Inge?
Das glaube ich nicht.

Dunkel

5

Das Zimmer. Auf dem Boden ein junger Mann, an die Wand gelehnt, spielt leise auf der Gitarre. Lotte öffnet die Tür, hört ein wenig zu. Schließt dann sehr langsam die Tür.

GITARRENSPIELER Bleib.
Lotte öffnet die Tür wieder, nur einen Spalt.
LOTTE Wie?
GITARRENSPIELER Bleib doch.
LOTTE Schön. Sie spielen schön.
GITARRENSPIELER Wohnst du hier?
LOTTE Ich suche jemanden.
Der Gitarrenspieler nickt den Kopf nach hinten, verstärkt sein Spiel. Lotte schließt die Tür und geht.

Dunkel

6

Das Zimmer. Eine Frau in einem hellen, einteiligen, bis unters Kinn geschlossenen Kleid, das am Oberkörper fest wie eine weiße Uniform anliegt. Sie steht hinter der Tür und horcht auf Schritte, die sich nähern. Noch bevor Lotte anklopfen kann, reißt sie die Tür auf.

FRAU IM HOCHGESCHLOSSENEN KLEID
Was wollen Sie?

LOTTE Zu Herrn –, Herrn –

FRAU Manfred, ja? Mani, ja?

LOTTE *schüttelt den Kopf.*

FRAU Der wohnt nicht mehr hier.

Sie schlägt die Tür zu, geht ans Fenster, öffnet es, steht mit auf dem Rücken gekreuzten Armen im Fenster.

LOTTE *öffnet vorsichtig die Tür.* Herrn Paul Maria Undank…

FRAU *sieht sich Lotte an.* Treten Sie ein.

LOTTE *im Zimmer* Oder auch Sebastian Lügenfreund…

Sie stellt sich neben die Frau ans Fenster.

Ist bekannt?

FRAU *nickt.* Oder Manfred Diebstahl.

Lotte nickt. Sie stehen eine Weile nebeneinander am offenen Fenster.

Dunkel

7

Das Zimmer. Der wissenschaftliche Assistent und die wissenschaftliche Assistentin kommen herein. Beide in Trainingsanzügen und Turnschuhen. Sie hat eine Brille auf. Trägt mehrere Plastiktaschen vom Supermarkt, überfüllt mit Büchern aus der Bibliothek. Er schließt das Fenster.

AISSISTENT Müde?

ASSISTENTIN *schüttelt den Kopf.* Du kennst mich.

ASSISTENT Setz ab.

ASSISTENTIN Warum trag ich deine Bücher?

ASSISTENT Gudrun, du m u ß t meine Bücher nicht tragen.

ASSISTENTIN Na gut. Ich trag sie aber. Darum geht's.

ASSISTENT Nun sag, mein Herz, was bringst du mir heute in deinen prallen Wundertüten?

Sie kniet am Boden, packt Bücher aus, liest die Titel.

ASSISTENTIN Bismarcks... Bis-marckssche.

ASSISTENT Lies ordentlich. Bismarckische –

ASSISTENTIN Das.

ASSISTENT Wie?

ASSISTENTIN Das Bismarcksche. Kennst du?

ASSISTENT Weiter! Hab ich nicht bestellt. Kann ich nicht gebrauchen. Weiter!

ASSISTENTIN Wart's doch ab. *Liest* Storia degli –

ASSISTENT Storia degli salutationi cordiali alla corte die Federigo secondo! Endlich! Endlich! Großer Gott, danke!

ASSISTENTIN Endlich! Danke!

Er läuft zu ihr und reißt ihr die Brille vom Gesicht, das Buch aus den Händen und geht damit zum Fenster.

ASSISTENT Die Geschichte der herzlichen Begrüßung... Endlich!

ASSISTENTIN *ruhig* Jetzt reiß mir doch nicht die Brille vom Gesicht.

Jetzt reiß mir doch nicht die Storia aus den Händen.

Sie nimmt weitere Bücher, hält sie dicht unter die Augen, liest die Titel vor.

The Psychoanalysis of Rin tin tin. So frag mich doch. Oder warte ein bißchen. Katharina Medusa. Ich habe mich ganz genauso gefreut auf die Storia. Ansichten und Absichten. Walden. Witiko. Waidmanns Taschenkalender. *Sie weint leise.* Du, ich mein, was soll's. Der Winzer... Der Winzling von Bebra. Alles W. Scheiß W.

ASSISTENT Gudrun: wozu diese Bücher?

ASSISTENTIN Du, ich finde das ganz einfach Scheiße von dir.

ASSISTENT Wieso?

ASSISTENTIN Weil ich das sowas von beschissen finde.

Lotte kommt halb in die Tür. Die beiden sehen sich um, beachten sie aber nicht weiter. Nach einer Weile schließt sie die Tür wieder.

ASSISTENTIN *liest weiter, zieht die Nase.* Notker, Preußen, Bericht.

ASSISTENT Gudrun: wozu diese Bücher?

Deine Ausleihe ist mir heute unheimlich.

ASSISTENTIN Überall Spuren vom Thema, überall Spuren. Begrüßungsmaterial.

Der Assistent geht zu ihr, reicht ihr die Brille und das Buch. Sie setzt die Brille auf, schlägt das Buch auf. Sie setzt die Brille wieder ab, wischt Tränen aus den Augen.

ASSISTENTIN Scheiß Brille. Lies du.

Assistent nimmt Brille und Buch zurück, geht wieder zum Fenster.

ASSISTENTIN *blättert in einer Broschüre.* Wir müssen viel systematischer suchen. Die ganze Bibliothek, alles absuchen, überall Spuren vom Thema...

ASSISTENT Wenn die Storia bloß keine Enttäuschung wird.

ASSISTENTIN Was sagst du, was?!

ASSISTENT Im Vorwort faselt es.

ASSISTENTIN Die Storia? Das fehlte noch. Ja, das fehlte noch. Gebe Gott, daß das Werk sich rappelt.

Sonst werden wir aber lange Gesichter machen, wir beide, hm?

Dunkel

8

Das Zimmer. Geschlossenes Fenster. Ein alter kräftiger Mann geht in seinem offenen Regenmantel hin und her. Lotte kommt mit Zeichenmappe und Portable zur Tür herein.

LOTTE Hier bist du!... Ufff!

Da kann man ja lange suchen.

Sie stellt Portable und Zeichenmappe ab. Zieht ihren Mantel aus, legt ihn sorgfältig über den Arm. Der Alte geht ohne Unterbrechung seine Bahn.

Arbeitest du hier?

Hast du meine Grüße im Radio gehört?

Ich habe dir den Fackeltanz von Meyerbeer bestellt und Glückwünsche. Er wurde auch

gesandt. Gesendet.

Nein?

Kommst du zurecht, Paul?

Und wie sieht es beruflich aus?
Ärger?
PAUL *bleibt plötzlich stehen.* Was willst du?
LOTTE Geld.
PAUL Mach, daß du rauskommst.
LOTTE Dann will ich geschieden werden.
PAUL Wir brauchen keine Scheidung.
LOTTE Ich brauche sie.
Ich kriege ein Stipendium vom Staat, wenn ich was Neues ler-
nen will.
Von dir krieg ich ja nix.
Paul geht wieder.
Ich möchte Sprachen studieren.

Was macht die Politik?
Keine Zeitungen hier oben, nein?
Ich höre dich noch sagen: ›Kriegsgefahr... Kriegsgefahr!‹
Erinnerst du dich?
Es ist nun aber doch Frieden geblieben.
Ich höre dich noch oft etwas sagen, weißt du.

Geh nicht so.

Warum läufst du so unbändig in deinem Zimmer?
Was denkst du?
Steh still!
Du bist ein Tier, Undank.
Man steht ja wie im Käfig, wo du gehst.
Still!... Steh still!... Still!
Sehr laut
Wann gehst du denn abends zu Bett, du?!
Paul bleibt stehen, sieht sie starr an; leise
Du hast mir ja gar nicht geschrieben.
Du hast mir ja gar nicht geschrieben, ob ich kommen soll oder
nicht.

Dunkel

9

Das Zimmer mit dem kleinen Zelt. Lotte wird von Paul hineinge-
stoßen. Die Tür wird zugeschlagen und von außen verschlossen.
Lotte erschrickt vor dem Zelt, das auf sie zukriecht.
Sie flüchtet an eine Wand, Kopf gegen den Arm gedrückt. Das Zelt
folgt ihr. Nach einer Weile...

LOTTE Bernd?
Das Zelt kommt bis zu ihren Füßen; sie dreht sich um.
Der Bernd, mein Bruder, hatte nämlich auch so ein Zelt wie
du... Bist du ein Junge oder ein Mädchen?

Bei uns zu Hause –
oder war es später bei Rots auf dem Eck? –
wo er sein Zelt aufschlagen durfte, unter dem Eßzimmertisch.
Ich sagte damals: Bernd, da geh ich aber nicht mit hinein.
Doch, sagte er, du mußt! Das ist eine Expedition. Da drinnen
sind wir auf dem Nanga Parbat, und du erfrierst, wenn du drau-
ßen bleibst.
Gut, sage ich –
aber was dann kommt, kann ich dir nur erzählen,
wenn du ein Mädchen bist.
Bist du nicht, wie?
Sie läuft zur Tür, versucht sie zu öffnen; das Zelt langsam hinter
ihr her.
Laß mich in Ruhe! Geh weg!
Du gehörst ja in die Wehrmacht, du!
Hau ab!
Sie tritt gegen das Zelt, es weicht zurück. Lotte kniet auf dem
Boden, betastet den Leib im Zelt.
Kriegst doch gar keine Luft dadrin...
Na, du bist ja gar nicht mehr so klein.
So klein bist du ja gar nicht mehr.
Die Tür wird geöffnet. Inge, die Frau im hochgeschlossenen
Kleid, erscheint.
INGE Sie können einziehen, wann Sie wollen.
Der Alte ist gestern gestorben.

LOTTE Wer?

INGE Der Alte parterre, der nie wußte, ob er grüßen soll.

Ich glaube, der wollte hier nichts, als bloß seinen letzten Dreck bei uns liegen lassen. Der ist bloß eingezogen, um uns seinen letzten Dreck ins Zimmer zu pflanzen.

LOTTE Sie reden über einen Toten!

INGE Ein alter Stinker bleibt ein alter Stinker.

Den macht der Tod nicht interessanter.

Kommen Sie. Ich zeige Ihnen das Zimmer.

Ich heiße Inge.

LOTTE Inge... sagen Sie mir: wer steckt da im Zelt?

INGE Im Zelt wohnt die Tochter von Clarissa.

LOTTE Ein Mädchen!

INGE Clarissa ist mit Jürgen Scheuer nach Holland.

Hat sich abgesetzt, pffft...

Das Kind läßt sie hier, weil sie natürlich weiß, wir kümmern uns drum.

Aber die verkriecht sich. Die ist unwahrscheinlich traurig.

LOTTE *will zum Zelt gehen.* Die Kleine!

INGE Nicht. Laß sie.

Klein ist die nicht.

Mit siebzehn ist sie ja nicht mehr so klein.

Im Rausgehen Jetzt hat sie sich einen dicken Kummerspeck angefressen und traut sich schon deshalb nicht mehr raus aus dem Bau...

Dunkel

10

Das Zimmer mit dem verschmutzten Gummimantel auf dem Boden. Die Tür steht weit offen. Lotte (mit Mantel, Portable und Zeichenmappe) und Inge kommen herein.

INGE So. Sie haben das Fenster zur Straße.

Im Sommer wächst die Hecke zu.

Zufrieden?

LOTTE Danke.

Inge nimmt den Gummimantel, schleift ihn hinter sich her. Sie geht hinaus, schließt die Tür. Lotte öffnet das Fenster, sieht hinaus. Sie setzt sich auf den Boden, den Rücken an die Wand gelehnt. Rechts neben ihr läuft der Fernsehapparat ohne Ton. Nach einer Weile öffnet sich die Tür. Die dicke Frau, die sich Morphium spritzte, kommt herein, bleibt an der Wand stehen.

LOTTE Was ist?

DICKE FRAU Angst vorm Sonntag.

LOTTE Setzen Sie sich.

Die dicke Frau läßt sich mit einem Stöhnen neben Lotte nieder. Sie beginnt zu zittern. Lotte nimmt sie in den Arm. In der Ferne hört man ein Tennisspiel.

LOTTE Hören Sie?

Tennis!

Plopp. Plopp. Plopp. Plopp. Ruhige Partie. Klasse!

Können Sie Tennis?

DICKE FRAU Es ist zum sich im Spülstein ertränken.

In die Tür tritt zögernd der Gitarrenspieler mit seinem Instrument. Er grüßt linkisch.

LOTTE Ja. Herein!

Würden Sie bitte das Fenster schließen?

GITARRENSPIELER *tut es.* Du brauchst nicht Sie zu mir sagen.

LOTTE Ich wohne jetzt hier.

Und du spielst wohl den ganzen Tag auf der Gitarre, wie?

GITTARRENSPIELER Nein. Ich gehe jeden Morgen ins Institut. Stört es dich...?

LOTTE Nein.

Was machst du im Institut?

GITARRENSPIELER Ich bin Kristallograph.

LOTTE Kristallograph? Na!

GITARRENSPIELER Kristallograph, ja. Klar. Physiker.

LOTTE Erklär mal.

GITARRENSPIELER Grobgesprochen, wir bestimmen den atomaren Aufbau von Festkörpern, wir machen die feinsten Messungen, weißt du.

LOTTE Ah!

GITARRENSPIELER Also Mineralien und auch künstliche Kristalle, die untersuchen wir unter den verschiedenen Druck- und Temperaturverhältnissen.

LOTTE Ein Beispiel!

GITARRENSPIELER *zieht sich zurück.* Der Laie kommt heute am ehesten mit der Kristallphysik in Berührung, wenn er sich mal klarmacht, wie zum Beispiel seine Quarzuhr funktioniert.

LOTTE Gehst du schon wieder?

GITARRENSPIELER Ja. Muß.

LOTTE Komm wieder!

Er geht hinaus.

DICKE FRAU *steht auf.* Ich muß auch.

Verpasserkanone wie ich eine.

Bin ich irgendwo auf Besuch, verpasse ich garantiert Besuch bei mir nebenan. Ich hab schon 'ne Menge verpaßt.

Sie geht hinaus. Lotte allein. Sie rückt sich den Fernseher zurecht, beginnt mit einem Bleistift, der an der Mappe befestigt ist, zu zeichnen. Sie zeichnet etwas vom Fernsehschirm ab. Von oben, aus seinem Zimmer, hört man den Gitarrenspieler. Nach einer Weile.

Wie?

LOTTE *zum Portable* Soll ich gehen?

Soll ich gehen?

Sie legt die Mappe ab, verläßt das Zimmer.

Dunkel

I I

Das Zimmer, fast im Dunkeln. In der linken Ecke liegen Inge, die Frau im hochgeschlossenen Kleid, und Paul, der Alte, in einer Umarmung nebeneinander. Es klopft. Lotte tritt ein.

LOTTE Ich kann nicht schlafen.

INGE Jetzt nicht, Lotte.

Ein andermal. Später.

Es ist jemand bei mir.
Lotte weicht zurück, schließt die Tür.

Dunkel

12

Das Zimmer. Der Gitarrenspieler bei der Assistentin und dem Assistenten.

ASSISTENTIN So, Jürgen, das war es also. Das war also alles. Die Kindeskinder. Beiträge zur Sozialgeschichte der Enkelgeneration in oberdeutschen Kaufmannsgeschlechtern des 14. Jahrhunderts. Quellenlage. Forschungsstand. Dokumente. Herausgegeben von Jürgen Binder unter Mitarbeit von Gudrun Lebede ... Das war also alles, drei Jahre lang! Was war es eigentlich, weißt du noch? Köln und Opladen 1976. Ca. 250 Seiten. 30 Faksimiles. Broschiert 44 Mark 80. Aber das war doch unser Ein und Alles in den letzten drei Jahren, oder?
Gott zum Teufel, was haben wir bloß gemacht!?
ASSISTENT So. Ja. Es läßt sich kein furchtbarer –
kein furchtbarerer Gedanke denken. Das war er.
Nach einer Weile.
GITARRENSPIELER Die Nasa hat uns seinerzeit einen kleinen Packen Mondgestein geschickt, und wir haben uns darüber hergemacht wie die Piraten über den Schatz von Käpt'n Flint. Aber nichts da. Nichts Neues. Keine Spur. Die alte Optik, die alten Strukturen, alles bekannt im Mondgestein. Anfangs aber diese Gier, diese fliegenden Hände ...! Ihr wart ja nicht dabei, ihr wißt nicht, wie es war.
ASSISTENTIN Warum haben wir das Buch gemacht, warum?
ASSISTENT Das Buch sollte gemacht werden.
Da haben wir das Buch gemacht.
ASSISTENTIN Du, ich finde dich sowas von bekloppt!
Warum haben wir beide ein Buch zusammen gemacht: ich frage dich!

ASSISTENT Gudrun, das ist doch keine vernünftige Frage.

ASSISTENTIN Ja, merkst du denn überhaupt nicht, was zwischen uns los ist?!

ASSISTENT Und du meinst, das liegt am Buch?

ASSISTENTIN Ach, Buch, Scheiß Buch.

Das Buch bedeutet überhaupt nichts.

Das ist es ja gerade, daß man das Gefühl hat, das Buch haben zwei Leute gemacht, Mann und Frau, zwei Leute, die auch zusammen passen!

ASSISTENT Ich glaube, ich sehe das etwas anders.

ASSISTENTIN Wie? – Wie? – Wie?!

ASSISTENT Ich glaube, wir stehen erst ganz am Anfang einer langen, gemeinsamen Arbeit, eine lange wissenschaftliche Reise, die sich vielleicht über Jahrzehnte erstreckt.

Gegenwärtig, in einer etwas kritischeren Phase –

ASSISTENTIN Und wie soll diese Liebe wohl aussehen, hm?!

ASSISTENT Gudrun – *Er verstummt.*

ASSISTENTIN *nickt, als wisse sie Bescheid.* Hmhm... Hmhm. *Schweigen.*

GITARRENSPIELER Braucht ihr mich noch?

ASSISTENTIN Sören, bitte, bleib.

Spiel was. Warum spielst du nicht längst etwas? *Der Gitarrenspieler spielt. Alle drei singen augenblicklich gemeinsam ein, zwei Strophen Countrymusic. Mittendrin bricht das Mädchen aus und wendet sich wieder dem Streit zu.*

ASSISTENTIN Eins will ich dir sagen, Jürgen: du bist und bleibst das Mustersöhnchen der Familie. Ein Mensch aus Hannover-Vahrenheide. Eine menschliche Einöde. Ein Markenerzeugnis aus der mittleren Mitte der Mittelklasse...

ASSISTENT Wie einfallsreich.

ASSISTENTIN Einfallsreich? Na, du, ich mein, das muß man sich mal vorstellen: du frisierst dich –! Du kämmst dir buchstäblich die Haare, bevor du mit deiner Mutter telefonierst am Samstagnachmittag. Das mußt du dir mal vorstellen! Soweit geht der Schaden.

ASSISTENT Idiotie.

ASSISTENTIN Jawohl, tust du. Unbewußt. Unbewußt tust du das. Du traust dich nicht, ungekämmt, so wie du bist, mit deiner Mutter zu sprechen. Ich schwör's dir! Klar, du weißt davon nichts. Ganz klar. Da liegt ja gerade der Schaden. Unbewußt!

ASSISTENT Jetzt hältst du aber mal die Klappe, ja?!
Nach einer Weile.

GITARRENSPIELER Okay? Fertig?

ASSISTENT Warte noch einen Augenblick, Sören.

GITARRENSPIELER Die wirklichen Asse in der Physik, die Kerle mit dem großen Durchblick, das sind ganz wenige Leute, verschwindend wenige, nach wie vor, vielleicht nur so ein kleiner Gefängnishof voll, wo sie ruhelos herumlaufen und gegen die dunklen Mauern des Schweigens der Massen stoßen. Du kannst natürlich auch Pech haben und kriegst einen Institutsleiter vorgesetzt wie wir, einen Japaner, der seit fünfundzwanzig Jahren einsam in die falsche Richtung forscht. Und wir alle im Institut müssen mit ihm, unter seiner Fuchtel, mit in die falsche Richtung, während neunzig Prozent seiner Kollegen die Theorie des Japaners ablehnen und ihm oft genug bewiesen haben, daß er in die falsche Richtung forscht und sich, seit Jahrzehnten, im Irrtum um und um wälzt...
Das Yakische Überstrukturmodell... auch so ein verlassener Brennpunkt der Weltgeschichte.

ASSISTENTIN Du, Sören, was du tust, das ist halt ein Job!
Nur ein Job! Aber ich, ich bin eine ganze Existenz!... Ich bin der 24-Stunden-Kopf... ich bin das Buch... Ich bin unser Ein und Alles... Ich bin Jürgen und ich!
Sie wird ruhiger.
Ich möchte bloß wissen, warum ihr dauernd so schmunzeln müßt? Ich möchte wissen, aus welchem kühlen Grunde, ihr Arschlöcher...
Sie steht an die Wand gelehnt, atmet erschöpft.

ASSISTENT Wenn du dich jetzt ein bißchen hinlegen möchtest...
Weil wir dann auch bald ins Seminar müssen.
Er gibt ihr die Brille, führt sie zur Tür.

ASSISTENTIN *dreht sich um ins Zimmer.* Es war der Teufel... diesmal war es der Teufel.
Er kam und ging und kam wieder und ging wieder und kam wieder und ging wieder.

ASSISTENT Ach, normal, ganz normal, mein Herz.
Jeder muß mal aus sich heraus.

Wir haben es gut in den Griff bekommen.

ASSISTENTIN Nein. Der Teufel.

Weißt du denn, was der Teufel überhaupt für ein mächtiger
Kerl ist?

Sie gehen alle drei hinaus.

Dunkel

13

*Das Zimmer. Lotte allein. Sie lehnt im Türrahmen, geht hinaus
auf den Flur. Sie kommt zurück, sieht auf ihre Armbanduhr, blättert in ihrer Zeichenmappe, öffnet das Fenster, schließt es wieder.
Sie übt für eine bevorstehende Unterhaltung.*

LOTTE Es gibt keinen Grund zu spaßen...

Sie brauchen über Ihre Verspätung keinen Scherz zu machen...
zu verlieren?

Wir wollen nicht spaßen, nein?

Machen Sie jetzt bloß keinen Scherz!

Soll das ein Witz sein?

Ach, Flötentöne. Er macht keine Witze.

Ich glaube doch, er wird keine Witze machen.

Woher stammen Sie?

Stammen? Iiii.

Wo sind Sie geboren, wenn ich fragen darf?

Nein, andersrum. Er fragt zuerst.

Wo ich geboren bin?

Ich komme vom Rheinland... aus dem Rheinischen.

Lennep. Und Sie?

Remscheid-Lennep. Und Sie?

Sie spielen die Gitarre und ich zeichne eben gern.

Gefällt es Ihnen?

Es gefällt Ihnen wohl nicht?

Nein: Vielleicht gefällt Ihnen ein Blatt...?

Ich kann stundenlang nichts tun.

Nichtstun will gelernt sein.

Die Freizeit ist d a s Problem in der Heutzeit...

in unserer Gesellschaft. D a s Problem der Stunde... der Zukunft?

Au, das geht daneben.

Aber ›Nichtstun will gelernt sein‹ merk ich mir.

Sie geht zum Fenster, sieht einen Augenblick hinaus, wendet sich dann mit Allüre um, als stünde jemand vor ihr.

Also ich bin fast gestorben vor... vor...

Vor was? Hm?

Vor Angst? Vor ›banger Erwartung‹?

Mumpitz.

Sie dreht sich wieder zum Fenster und gleich wieder zurück.

Nein. Ich lebe in Scheidung.

Also ich bin fast gestorben vor... vor...

Scheiße.

Der Gitarrenspieler ist eingetreten, ohne sein Instrument.

GITARRENSPIELER Mit wem redest du?

LOTTE Nur so.

Sie stehen sich gegenüber.

Wie heißt du?

GITARRENSPIELER Sören. Sören wie Kierkegaard.

LOTTE Sie brauchen darüber nicht scherzen.

D u brauchst...

GITARRENSPIELER Du, ich wollte dir nur sagen, ich glaube, du machst hier manchmal noch so'n paar typische Fehler.

LOTTE Ja?

GITARRENSPIELER Offenbar meinst du, es muß immer jemand für dich da sein, wenn es dir gerade mal nicht besonders gut geht, wenn du nicht schlafen kannst oder so.

LOTTE *nickt den Kopf nach unten; unruhig verständig* Hm, hm.

GITARRENSPIELER Andererseits bist du selbst ungeheuer schnell auf dem Dreh und kümmerst dich vielleicht ein bißchen zuviel um die anderen.

LOTTE Hm, hm.

GITARRENSPIELER Also zum Beispiel das Zelt im ersten Stock. Da hast du bestimmt einen Fehler gemacht.

LOTTE Hm, hm.

GITARRENSPIELER Weißt du, das Zelt, da kümmert sich jeder von uns drum. Ich meine, es ist wahrscheinlich nicht gut, wenn du mehr tust als die anderen.

Du solltest wahrscheinlich nicht öfter hingehen als die anderen.

LOTTE Hm, hm.

GITARRENSPIELER Im Prinzip kommt hier jedes Zimmer alleine zurecht. Das ist so'ne Art stillschweigende Hausordnung.

LOTTE Klar, du, klar.

GITARRENSPIELER Ich will mal sagen, es gibt natürlich den Fall, wenn irgendwas also überhaupt nicht klappt, daß du dann jemanden um Hilfe rufst.

Nur: nicht soviel Getue. Kein Getue.

LOTTE Nein, nein.

GITARRENSPIELER Verstehst du, ich muß dir das sagen, sonst –

LOTTE Klar, Sören. Gut, daß du's mir gesagt hast.

GITARRENSPIELER Du malst?

LOTTE Zeichne.

Er sieht sich die Mappe an.

GITARRENSPIELER Malst sogar vom Fernsehen ab, was?

LOTTE Du spielst die Gitarre und ich zeichne eben gern.

GITARRENSPIELER Ich wollte dir das nur sagen. Aber sonst – ich find's prima, daß du hier bist.

LOTTE Ja?

Er nickt mehrmals und geht hinaus.

14

Lotte steht im offenen Fenster. Die Tür öffnet sich einen Spaltbreit. Jemand lauscht.

LOTTE Vier Stock über der Esso-Tankstelle aus ihrer kleinen Wohnung tritt eine Frau mittags im Schlafrock heraus...

Ein Mann führt sie achtsam bis an das Geländer des Balkons. Mit steifem Hals beugt sie sich vor und will die Tiefe sehen, über der sie wohnt.

Nun hast du es gesehen, sagt der Mann.

Ja.

Hier ist es ungefähr elf Meter tief.

Ja.

Sie drehen sich um und gehen zurück in ihre Wohnung. Unten in der Wagenwäsche laufen die Musikkassetten. Melodien voller Stolz und voll gebrochenem Stolz.

Am Himmel ist es farbig und hell.

Am Himmel ist heute schon Sommer.

Die Tür öffnet sich. Die alte Frau kommt zum Vorschein.

DIE ALTE Jemand ist ausgezogen.

LOTTE Wer?

DIE ALTE Weiß nicht.

Wollte nur mal sehen, ob – *Sie lauscht.*

LOTTE Ob?

DIE ALTE Pssst!

Wollte mal sehen, bei wem das Zimmer leer ist.

Es fehlt ein bekanntes Geräusch im ganzen Haus.

Ihr Mann ist der Alte von oben, stimmt's?

LOTTE Hm.

DIE ALTE *zieht sich in die halboffene Tür zurück.* So eine junge Frau wie Sie…

Die Tür zu bis auf einen Spalt.

LOTTE Haben Sie etwas gegen den älteren Mann mit junger Frau?

DIE ALTE Er lügt.

LOTTE Ja. Das tut er.

DIE ALTE *aus dem Türspalt* Rosel…?

Rosel…?

LOTTE Was gibt es?

DIE ALTE Du kriegst doch allzeit einen besseren Kerl als den Alten von oben, mein Liebchen.

LOTTE Flüstern Sie nicht, Frau…

Kommen Sie herein. Hier ist gutes Licht. Der Fernseher strahlt. Es ist frisch gelüftet. Die Wände stehen still…

Ich wußte ja, er wird bald lügen und lügen.

Und dann muß ich ihm trauen und trauen.

Paul, Lottes Mann, tritt plötzlich ins Zimmer. Lotte, an der Wand sitzend, wendet den Kopf hin und her.

LOTTE Oh nein... Oh nein...

PAUL Verschwinde, Lotte.

LOTTE Ich will nicht.

PAUL Steh auf, sage ich. Drück dich nicht auf dem Boden herum.

LOTTE *rutscht mit dem Rücken die Wand hoch.* Ja... Muß ja immer stehen.

PAUL Du verschwindest!

Was erlaubst du dir?

Einziehen hier – oben steht meine Arbeit still.

Ich schaff es nicht, ich komme nicht vorwärts.

LOTTE Ich will dir helfen...

PAUL Kein Wort!

LOTTE Ich –

PAUL Kein Wort!

Pause.

LOTTE Ich muß es einfach loswerden –

PAUL Hältst du den Mund, du!

LOTTE *fast schreiend* Soll ich dir nicht die Zeitungen wieder ausschneiden?!

PAUL Du gehst!

Lotte nimmt Zeichenmappe und Portable in beide Hände, steht mit dem Rücken gegen die Wand.

Zeitungen ausschneiden, ja!

Damit's ein Fehlschlag wird, Unglücksbraut!

Bringst mir wieder deine Zeitungsausschnitte,

Sagst in deinem Deutsch: ›Wär das nicht etwas für eine kleine Geschichte?‹

So? Ja? Ich hör's noch, Krankenschwester.

Dein Deutsch – Gift für meine Ohren.

Der Publizist, denkst du, das ist einer, der arbeitet mehr so auf Zuruf, ja?, wie der Gedächtniskünstler im Varieté. Sagt einer ›Seilbahnabsturz‹, schwupp's, schreib ich die rührende Skizze. Sagt einer ›Kaufkraftschwund‹, schwuppdiwupp! In den siebziger Jahren finde sich einer zurecht.

LOTTE Du bist ein so weicher Mensch, so viel weicher, als du glaubst...

PAUL Schreib mal diese heutigen Betrachtungen!
›Immer teurere Spielzeuge werden für immer weniger Kinder hergestellt. Hier macht sich der Pillenknick deutlich bemerkbar…‹ Schreib das mal!
LOTTE Ich könnte dir helfen. Die kleinen Blätter nehmen auch mal deine Humoresken gern.
Die Alte erscheint in der halboffenen Tür.
DIE ALTE Wir geben einen Lichtbildervortrag.
Kommen Sie bitte pünktlich.
Sie bleibt in der Tür stehen.
LOTTE Oh, wie ich mich erinnern muß!
Bitte, Paul, weitermachen, zusammenbleiben.
Sonst sterb ich an zuviel Gedächtnis!
PAUL Keinen Ton mehr.
Quälgeist…
Schluß mit dem Mundwerk.
Ich habe dir beigebracht, wie man anständig deutsch spricht.
Gibt ihr einen Klaps auf den Hinterkopf.
Glaub nur nicht, daß ich mich geniere vor den anderen Leuten.
Er hebt die Kostümjacke auf, die ihr heruntergerutscht ist.
Willst du nicht dein Jäckchen anziehen?
Er legt es ihr über die Schultern. Die Alte kommt herbei und pflückt und säubert ebenfalls an Lotte herum.
DIE ALTE Na nun… na nun… so kannst du aber nicht herumlaufen, nicht gar so liederlich. Zippelfransen aus dem Gesicht!
Zu Paul Ist aber doch kein schlechtes Ding, nein?
PAUL *streicht Lotte die Haare aus der Stirn.* Nein. Natürlich nicht. Ist kein schlechtes Ding. Nur manchmal mit dem Mundwerk ein bißchen vornean, gelt?
Paul führt Lotte zur Tür. Die Alte nimmt Lottes Regenmantel, geht hinterher.
LOTTE Noch eins: vergiß mich nicht!

Dunkel

15

*Das Zimmer. Bei Inge, der Frau im hochgeschlossenen Kleid. Paul
steht ihr gegenüber, hält locker ihre Hand. Lotte im Mantel, mit
Zeichenmappe und Portable die Tür aufstoßend, kommt herein.
Sie sieht die beiden, bleibt stehen. Paul geht ans Fenster, blickt hinaus.*

LOTTE Ich wollte dir nur eben Adieu sagen.
  Ich... ich muß hier weg.
INGE Ja.
  Weißt du schon wohin?
  Wohin du gehst?
  *Lotte sieht Inge lange an, schüttelt langsam den Kopf. Sie reicht
  Inge den Fernsehapparat.*
LOTTE Nimmst du den?
INGE Ja, nehme ich, danke, du, danke.
  Nehme ich gern.
LOTTE Kann ihn ja nicht überall mit herumschleppen.
INGE Nein, brauchst du auch nicht.
  Ich verwahr ihn dir.
  Fährst nicht mit dem Wagen, wie?
LOTTE Du kannst ihn behalten.
INGE Ja?
  Na gut, behalt ich ihn eben.
  Sie stellt das Gerät ab, es läuft die ganze Zeit ohne Ton.
  Der ist ja noch ganz prima. Sieht man ja was.
  Fährst nicht mit dem Wagen, wie?
LOTTE Hab ja keinen. Kann aber autofahren. Hab aber keins.
  Sie blickt zu Paul am Fenster.
  Was macht er?
  Paul!
INGE Nicht. Laß ihn.
  Er kann nicht arbeiten, kommt nicht vorwärts.
  *Paul geht langsam, unter den Blicken beider Frauen, aus dem
  Zimmer.*
LOTTE So. Arbeitet nicht. Hm.
  Ja, weißt du auch, warum?

Deshalb gehe ich nämlich. Die Klügere gibt nach.
Und weißt du auch warum?
Paul und ich, das ist einfach zu stark für ihn,
etwas zu Einmaliges, zu unvergeßlich –
da kann er sich leider auf gar nichts anderes konzentrieren, wo
ich in der Nähe bin, ja!

*Inge zieht plötzlich, seltsam aufgebracht, den Reißverschluß
ihres Kleides vom Kinn bis an den Nabel herunter und öffnet es
weit. Sie zeigt ein T-shirt mit einem großen, auf den Stoff abge-
zogenen Porträtfoto von Paul.*

LOTTE Na ja.
Mach wieder zu, Inge.
Ich muß gehen. Leb wohl.
INGE Ich bring dich noch an die Haustür.

Dunkel

16

*Das Zimmer im Halbdunkel. Das alte Ehepaar. Ein Bildwerfer
strahlt weißes Licht auf einen Projektionsschirm an der Rückwand. Acht Stühle. Auf einem sitzt ein Mann.*

DER ALTE Niemand kommt.
Hast du allen Bescheid gesagt?
DIE ALTE Allen Bescheid gesagt.
Außer dem Zelt.
Das Zelt kommt ja sowieso nicht.
DER ALTE Das Zelt braucht gar nicht erst wissen, daß hier etwas
los ist.
DIE ALTE Nur der Türke ist schon da.
DER ALTE Ich möchte anfangen.
Ich bin neugierig.
DIE ALTE Und einer ist ausgezogen.
DER ALTE Ja. Ich weiß. Der Publizist.
DIE ALTE Nein! Woher? Der doch nicht.

Ein Stock tiefer. Der nie zu uns kam.
Der Publizist wird gerade ausziehen!

DER ALTE Und die Kleine von nebenan?

DIE ALTE Welche Kleine?

DER ALTE Na, die Kleine von nebenan.

DIE ALTE Weiß nicht.

DER ALTE Kommt sie?

DIE ALTE Kommt, ja.
Pause
Nein, Vater. Die kommt nicht mehr.

DER ALTE Ist mir egal.
Wenn keiner kommt, zeigen wir halt dem Türken die Bilder.
Ich fange jetzt an.
Er läuft zur Tür, ruft ins Treppenhaus.
Wir fangen an!
Los, erstes Bild!

Es folgt nun eine Serie von Dias, auf denen zu sehen ist, was der alte Mann und seine Frau in ihrem wie gewöhnlich leeren und hellen Zimmer tun und wie sie ihren Tag verbringen. Die beiden stehen rechts und links neben dem Projektor und sprechen zu den Fotos einen vorbereiteten Text. Nach und nach kommen die Bewohner der zehn Zimmer – der Gitarrenspieler, die wissenschaftliche Assistentin und ihr Freund, die dicke Frau, Inge und Paul. Sie setzen sich auf die Stühle, einer bleibt leer. Es dauert nicht lange und jemand steht auf, geht wieder, kommt später zurück, lehnt sich an eine Wand usw., so daß immer eine leichte Bewegung unter den Leuten ist.

Das 1. Foto zeigt den Alten, der seine Frau an sich drückt und ihr eine Hand auf den Scheitel legt...

DER ALTE Guten Morgen.

DIE ALTE Guten Morgen.

2. Foto: beide in einiger Entfernung. Frau hält den Kopf gesenkt, Mann die linke Hand offen darbietend.

DER ALTE Komm her.

3. Foto: beide zusammen; halbnah; Mann zeigt in die Kamera.

DER ALTE Erinnerst du dich?

4. Foto: Mann hat den Arm um die Schulter der Frau gelegt, sieht sie an.

DER ALTE Erinnerst du dich?
Unsere berühmten Zeitgenossen.
Carraciola?
DIE ALTE Oh ja, Carraciola.
  5. Foto: beide nah, derselbe Blick.
DER ALTE Maria Meneghini-Callas.
DIE ALTE Oh ja, die Callas.
DER ALTE Rudolf Steiner.
DIE ALTE Oh ja, der Doktor Steiner.
  6. und 7. Foto: ähnlich wie 5.
DER ALTE Hanussen.
DIE ALTE Oh ja, Hanussen.
  8. Foto: ähnlich den vorigen.
DER ALTE Emmeline Pankhurst.
DIE ALTE *schweigt.*
DER ALTE Emmeline Pankhurst!
DIE ALTE Oh ja...
  9. Foto: beide knien vor einer großen Einkaufstasche und stellen die eingekauften Waren um sich herum.
DER ALTE Wir haben eingekauft am Morgen.
DIE ALTE Wir können einkaufen, wo wir wollen –
überall bekommen wir Treuerabatt.
GITARRENSPIELER Wer hat diese Fotos von euch gemacht?
DER ALTE Der zeigt sich noch! Der zeigt sich noch!
  10. Foto: halbnah: Mann läßt einen Strahl Öl aus einer Liviobüchse in seinen Mund laufen.
DER ALTE Oh du mein liebes Öl,
ave sanctum oleum!
  11. Foto: beide. Frau öffnet eine Tüte Würfelzucker.
DIE ALTE Weitgereister Zucker!
Sei mir willkommen! Laß dich anschaun!
DICKE FRAU Gute Fotos. Lebendig.
  12. Foto: Mann, der sich mit Öl das Gesicht wäscht.
DER ALTE Öl, wasche mich rein und bringe mir Frieden.
Erbarme dich meiner.
  13. Foto: Mann, der der Frau eine Packung mit bunten Trinkhalmen übergibt.
DER ALTE Man muß die Dinge besser achten.
Man muß sich die Dinge geneigt machen.

Die Dinge werden uns überleben.

Mit so vielen Trinkhalmen reichen wir bis weit über Ultimo.

14. Foto: Mann läßt Reis durch seine Hand zurück in die Tüte rinnen.

DER ALTE Reis.

15. Foto: Frau nimmt eine Scheibe Vollkornbrot aus der Pakkung.

DIE ALTE Brot.

16. Foto: Mann zeigt einen Apfel.

DER ALTE Apfel.

Hier siehst du ein Ding, das es weit gebracht hat.

Es ist ein Symbol. Fast schon mehr Symbol als Ding.

17. bis 19. Foto: Mann und Frau packen die Waren wieder in die Tasche. Einmal sehen sie beide schüchtern zur Kamera hoch, als würden sie von dorther angerufen.

DIE ALTE Wie lange habe ich mich nicht mehr satt gegessen!

DER ALTE Du sollst dich auch gar nicht satt essen.

DIE ALTE Gestern zum Beispiel: zwei kleine Scheiben Vollkornbrot, zwei Mandarinen, ein Joghurt und des Abends ein Teller Kaiserschmarrn. Und das auf der schmalen Grundlage von vorgestern –

DER ALTE Pssst!

DIE ALTE ... zwei Scheiben Vollkornbrot, ein Apfel, ein Hasenfilet ohne Beilage...

DER ALTE Hörst du nicht?

Der Herr spricht...

Rede ihm doch nicht dauernd dazwischen!

DIE ALTE Ja, ja. Er spricht.

Jedes Jahr fällt es mir schwerer, an ihn zu glauben.

DER ALTE Still!

DIE ALTE Hab sowieso den Faden verloren.

20. Foto: Christusgestalt im Vordergrund, Rückenansicht. Blutende Wunde zwischen den Schulterblättern. Dornenkrone, die segnende Recht. Mann und Frau kniend, gesenkte Gesichter.

ASSISTENTIN Wer ist das?

DER TÜRKE Bin ich, bin ich!

Habe wir Selbsauslöse gemakt.

DER ALTE Herr, im Grunde von allem, was wir tun, herrscht dein Schlummer...

451

DIE ALTE Herr, im Grunde von allem, was wir tun und sagen, herrscht es und wacht es, dein geschlossenes Auge.

DER TÜRKE Habe ich gut gespielt.

Also wirklich, sag ma, gut gespielt.

21. Foto: Mann und Frau im halben Profil am Fenster.

DIE ALTE *summt ein Lied.*

DER ALTE Wer singt da in unserem Haus und hat doch dem Herrn keine Freude bereitet?

22. Foto: Frau blickt zu Boden, Mann macht ihr einen Vorwurf.

DER ALTE Geht bei Rot über die Straße!

Hast dich noch bekreuzigt und bist bei Rot über die Straße.

Das war nicht recht heut morgen, Muttchen.

DIE ALTE Nein.

Auf der anderen Seite stand eine Frau unter den Leuten, die machte mir heimlich Zeichen.

DER ALTE Hast du dir eingebildet.

DIE ALTE Ja, aber ganz deutlich.

23. Foto: Mann und Frau an der Rückwand des Zimmers. Sie sieht seitwärts zu ihm auf.

DIE ALTE Und was ich momentan auch gar nicht weiß: hatte Jesus eigentlich Geschwister oder – und wenn ja, was ist aus ihnen geworden?

DER ALTE *rezitiert* Ist er nicht der Zimmermann, Marias Sohn, und der Bruder des Jakobus und Joses und Judas und Simon? Sind nicht auch seine Schwestern allhier bei uns?

DIE ALTE Ach so.

DER ALTE Das kommt, weil du mal katholisch warst.

Die Katholen glauben nicht an die Geschwister Jesu.

24. Foto: Beide blicken vor sich hin.

25. Foto: Frau blickt wieder seitwärts zum Mann auf.

26. Foto: Frau steht an der Wand, Mann geht vor ihr von links nach rechts.

DIE ALTE Und wann bin ich eigentlich evangelisch geworden? Neunzehnhundertundwann?

Fragen über Fragen.

GITARRENSPIELER Wo ist denn die Lotte?

Er geht hinaus, kommt später zurück.

27. Foto: Mann wird von der Frau im Nacken massiert.

DER ALTE Wie gut, daß wir zu zweit sind.

28. Foto: Das lachende Gesicht der Frau.

DER ALTE Warum lachst du!

Lach mal nicht so.

29. Foto: Beide. Frau lacht, Mann mit Rücken zur Kamera, sieht sich über die linke Schulter zur Kamera um.

DIE ALTE Dir ist etwas Unanständiges passiert.

DER ALTE Ach was. Alberne Gans.

30. Foto: Beide lehnen im offenen Fenster.

DER ALTE Nochmal möchte ich heute nicht aus dem Haus.

31. Foto: Frau greift in die Haare am Hinterkopf des Mannes.

DIE ALTE Morgen gehst du zum Frisör.

DER ALTE Ich denke nicht daran.

DIE ALTE Du hast es bitter nötig.

Der Publizist trägt die Haare auch ganz kurz.

DER ALTE Der ist für mich kein Maßstab.

DIE ALTE So laufe ich nicht länger mit dir rum.

32. Foto: Frau an der Tür, will unbemerkt rausgehen. Mann noch im Fenster.

DER ALTE Wohin?

DIE ALTE Ich guck mal, was die Kleine macht.

DER ALTE Du bleibst bitte hier.

33. Foto: Frau kehrt von der Tür zurück. Mann, Hände auf dem Rücken, kommt ihr entgegen.

DIE ALTE Na gut. Bleibe ich eben hier.

34. Foto: Frau starrt entsetzt in die Kamera. Mann steht seitlich neben ihr, versucht sie an den Schultern umzudrehen.

DER ALTE Sieh nicht dorthin!

35. Foto: Mann und Frau gehen nebeneinander die Längsseite des Zimmers entlang.

DIE ALTE Ich möchte die Straßenschuhe ausziehen.

36. Foto: Mann kniet und zieht ihr die Schuhe aus.

37. Foto: Mann kniet, zeigt in der flach ausgestreckten Hand eine Münze.

DER ALTE Du bist die ganze Zeit auf fünfzig Pfennigen herumgelaufen!

DIE ALTE Das bringt Glück.

Das bringt nun wirklich Glück!

38. Foto: Mann und Frau, Hände auf dem Rücken, lehnen

an der Rückwand. Mitten im Zimmer die umgekippten
Schuhe.

DIE ALTE Du redest wohl nicht mehr mit mir, wie?

DER ALTE Unsinn.

DICKE FRAU Schöne Fotos. Lebendig.

Dunkel

IV
Groß und klein

LOTTE
MEGGY
DER TÜRKE
SEINE FRAU
EIN JUNGER MANN
DER JUNGE
DAS MÄDCHEN
HAUSBEWOHNER

Vor der Glastür eines Mietshauses. Eine Sprechanlage über der Klingeltabelle. Lotte im Regenmantel mit der Zeichenmappe unter dem Arm.

LOTTE *sucht nach einem Namen auf der Klingeltabelle.*
Niedschläger...
Steht gar nicht drauf. Muß aber draufstehen.
Virchowstraße 85. Stimmt.
Tillmann, Karnap, Kutnewski, von Roel...
Von Roel!... Könnte sein, von Roel.
Der Sohn vom Kinopächter. Umstrittenes Kind.
Niedschläger wird von Roel durch späte Heirat erster Liebe.
Die hat ja für nur einmal Quo vadis umsonst Zungenkuß gemacht mit dem und der hatte weißgott einen wäßrigen Mund...
Victor Mature hat auch einen wäßrigen Mund!... Ach, Meggy, du kannst mir viel erzählen...
Sie drückt einen Klingelknopf. Ein Knacken im Lautsprecher der Sprechanlage.
LOTTE *spricht in die Anlage.* Ja, hier die Lotte-Kotte aus Lennep...
Keine Antwort. Erneutes Knacken in der Anlage.
Hallo?
Irrtum.

Irrtum sagte der Igel und sprang von der Kleiderbürste.
Sie drückt einen anderen Klingelknopf.
ANLAGE *männliche Stimme* Wer spricht?
LOTTE Lotte.
ANLAGE *freudig* Lotti?!
LOTTE Nein. Lotte.
ANLAGE Lotti? Ja, gibt's dich noch?
LOTTE Nein, nein. Ich bin jemand anderes.
Sie verwechseln mich. Ich suche die Mechthild Niedschläger...
ANLAGE Ach...
Knacken in der Anlage. Lotte drückt einen anderen Klingelknopf. Niemand antwortet. Sie drückt den nächsten...
ANLAGE *Stimme einer alten Frau* Ja?
LOTTE Entschuldigen Sie bitte,
ich suche ein Fräulein Niedschläger –
ANLAGE Nein.
LOTTE Oder Frau –, Frau!
ANLAGE Nein.
Wie heißt die?
LOTTE Ich weiß nicht genau, es könnte sein –
falls inzwischen verheiratet.
ANLAGE Wissen Sie, mein Mann und ich, wir kommen von drüben.
Wir kennen hier praktisch kaum jemanden.
Unsere Tochter ist Amtsgerichtsrätin,
aber sie ist leider gerade nicht da.
Fragen Sie mal bei Hein.
Die wissen allgemein gut Bescheid.
LOTTE Danke... Hein, danke.
Sie sucht den Namen und drückt die Klingel.
ANLAGE *Frauenstimme* Bitte!
LOTTE Frau Hein?
ANLAGE Ja. Welche?
LOTTE Bitte entschuldigen Sie die Störung –
kennen Sie Niedschläger, Meggy? Mechthild.
ANLAGE *die Frau ruft in die Wohnung nach ihrer Schwester.*
Gunilla!
Zu Lotte Warten Sie.

LOTTE Danke.

ANLAGE *andere Frauenstimme* Ja?

LOTTE Bitte... hier muß eine Frau wohnen im Haus mit dem
Mädchennamen Niedschläger.
Aber es scheint, vielleicht hat sie plötzlich doch geheiratet und
ich kann sie nicht finden. Weiß aber, daß sie hier wohnt, durch
Brief des Vaters!
Sie hält das Ohr an die Anlage.
Man sagte mir bei Brauns, Sie wüßten gut Bescheid.

ANLAGE Einen kleinen Augenblick, bitte.
Sie ruft in die Wohnung. Lore! Lore!
Nach einer Weile.
Haben wir richtig verstanden: Tannsieder, ja?

LOTTE Nied-schläger. Nied wie niedlich.

ANLAGE Oh, das ist ein ganz anderer Name.
Warten Sie bitte.
Nach einer Weile die Stimme der ersten Frau.
Hören Sie?

LOTTE Ja...

ANLAGE Wir wissen es nicht.
Wir wissen es beim besten Willen nicht.
Wenn wir auch fast alle Frauen im Haus gut kennen, so
kennen wir doch die allerwenigsten bei ihren Mädchenna-
men.
Glauben Sie uns!

LOTTE Ja. Ich danke Ihnen. Vielen Dank.
Ich versuche es auf gut Glück.
Sie drückt einen Klingelknopf, liest den zugehörigen Namen.

ANLAGE *aufgeräumte Männerstimme* Jabitte?

LOTTE Herr Schröder?

ANLAGE Hmm.

LOTTE Entschuldigen Sie die Störung...
Ich bin Lotti, äh, Lotte –

ANLAGE Macht nichts, macht nichts.

LOTTE Wissen Sie zufällig etwas von einer geborenen Niedschläger in diesem Haus?

ANLAGE Na, wo brennt's denn, Mädchen?
Wollen Sie nicht einen Sprung raufkommen?
Der Türöffner surrt mehrmals. Lotte öffnet zögernd die Tür. Sie

tritt ein, kommt aber gleich wieder heraus. Die Tür fällt hinter ihr zu. Sie drückt auf einen anderen Klingelknopf.

ANLAGE *Stimme eines kleinen Mädchens* Wer ist da?

LOTTE *schreit* Meggy!

Pause.

Meggy?

ANLAGE Wen möchten Sie sprechen?

LOTTE Bist du nicht die Meggy?

ANLAGE Nö. *Kichern.*

Lotte wartet mit dem Rücken an die Tür gelehnt.

ANLAGE *Stimme des aufgeräumten Mannes* Hallo, Lotte!

LOTTE *geht zur Anlage.* Ja?

ANLAGE Nun kommen Sie doch rauf!

Beißt Sie ja keiner. Mein Puma hat eben sein Schappi gefressen.

Der Türöffner surrt.

LOTTE Sie waren... wer waren Sie gleich?

ANLAGE Schröder.

LOTTE Ach, Herr Schröder.

Nein, Herr Schröder.

ANLAGE Jetzt seien Sie aber mal kein Frosch, Mädchen.

Mehrmaliges Surren des Türöffners.

LOTTE *drückt mit ausgestrecktem Zeigefinger auf einen Klingel-knopf.* Nein!

ANLAGE *träge Stimme einer Frau* Ja?

LOTTE *müde* Guten Abend. Entschuldigen Sie die Störung.

Ich suche Niedschläger, Frau, jetzt aber
eventuell nicht mehr Niedschlä–ger...

ANLAGE Ja.

Und?

LOTTE Und... und...

Wohnt in Numero 85, aber wo?

ANLAGE Ja, ja.

Ich bin das.

LOTTE *freudig* Meggy! Meggy!

Na, Meggy, also weißt du – da heißt du jetzt glücklich... wie?

Sie sieht auf die Klingeltabelle.

Also was?... Wittich. Wittich!

ANLAGE Wer sind Sie?

LOTTE Ich bin die Lotte-Kotte...

Sie schweigt, horcht, keine Antwort. Sie spricht im rheinischen Dialekt.

Dä Griffelklau... dat Düftgen... die hätt dat Dingens folle laasse in uns 200-Meter-Staffel... die Jute!

Die Gute, die Gute!

ANLAGE Ah – ja.

LOTTE Oh Meggy...

ANLAGE Die Lotte-Kotte.

LOTTE Na klar! Wie geht's, wie geht's?

ANLAGE *eintönig träge* Es geht so.

Bist du auf Besuch hier?

LOTTE Ja. Nein. Ich kam gerade durch Essen und ich dachte, sieh mal nach, wie's der Meggy so geht.

ANLAGE Hm.

LOTTE Also, komm ich eben mal rauf, ja?

ANLAGE Mir geht's nicht besonders.

LOTTE Bist du krank?

ANLAGE Weiß auch nicht.

LOTTE Nur auf ein Wörtchen, auf ein Wörtchen nur.

ANLAGE Ich weiß nicht...

LOTTE Was gibt es nicht alles zu erzählen!

Meggy! Überleg doch mal!

ANLAGE Erzählen... hm.

Viel?

LOTTE Na klar, du. Was nicht alles.

Ein älteres Ehepaar kommt. Lotte grüßt freundlich. Der Mann schließt die Tür auf, beide verschwinden im Haus.

ANLAGE Lotte-Kotte?

LOTTE Ja.

ANLAGE Was ist da unten los?

LOTTE Nichts. Leute gingen ins Haus.

ANLAGE Ausländer?

LOTTE Nein, Deutsche, glaube ich.

ANLAGE Sag mal genau.

LOTTE Zwei ältere Leute, so mittelgroß, Mann und Frau im durchsichtigen Regencape.

ANLAGE Regencape alle beide? Okay, okay.

LOTTE Ich dachte, die kennst du doch und sag Guten Abend. Die sahen mal wieder genauso aus wie Leute, die ich kenne. Ich bin so hundemüde, ich seh schon überall Bekannte.

ANLAGE Wenn du müde bist,
mußt du dich erst einmal ausschlafen.

LOTTE Na, weißt du! Ich dachte, du freust dich,
wir erzählen uns was, du freust dich.

ANLAGE Erzählen, erzählen.

Und hinterher?

Hinterher schläfst du mir ein hier oben, was?

LOTTE Meggy, hör zu!

ANLAGE Ich krieg kein Auge zu,
wenn wer schläft in meinen Zimmern.

LOTTE Meggy, hör mal: dann eben nicht!

ANLAGE Wittich schläft auch nicht mehr̄ hier.

LOTTE Dann eben nicht.

Tschüss, tschüss.

ANLAGE Nein. Warte.

Pause.

Komm rauf.

*Der Türöffner surrt. Lotte verschwindet im Haus. Kurz danach
tritt ein junger Mann aus der Tür in festlicher Knappenuniform,
mit einer Klarinette in der Hand. Er geht eilig nach rechts in
den Bühnenhintergrund. Nach einer Weile kommt von links ein
Junge mit seiner Freundin. Das Mädchen folgt ihm in einiger
Entfernung, es kann vor Blasenschmerzen nur langsam gehen.*

MÄDCHEN Au... Auatsch.

*Der Junge bleibt stehen, dreht sich um. Das Mädchen bleibt ste-
hen.*

JUNGE Wat is! Solln we wieder na Hause?

Dat mit der Blase, dat machße bloß, weiße mir den Umzuch
versauen wills.

Solln we wieder na Hause?

MÄDCHEN Näh.

JUNGE Wat hasse denn?

Kannße aum Klo nich richtich strüllen oder wat is?

MÄDCHEN Ich kann nich.

JUNGE Dat gibt et nich, dat gibt et nich.

Is da irgenßwat zu in der Blase, son Verschluß oder hasse Steine
inner Blase oder wat nich allet.

Solln we wieder na Hause?

MÄDCHEN Näh.

JUNGE Aber so kannße im Umzuch nich anständich mitmar-
schieren. Da bleibße mir ewich zurück un hintendran.

MÄDCHEN Ich komm schon mit.

Sie gehen weiter, nach rechts in den Bühnenhintergrund ab.
Lotte kommt wieder aus dem Haus, lehnt sich an die Tür. Sie
sieht verheult aus.

ANLAGE *Meggys Stimme* Lotte-Kotte!
Hörst du mich?
Lotte-Kotte?
Lotte geht zur Anlage.

LOTTE Was...?

ANLAGE Du bist so –

LOTTE Was machst du mit mir? Was?

ANLAGE Du bist so –
unruhig.

LOTTE Ich, Mensch, ich paß auf –

ANLAGE So unruhig.
Du gehst so unruhig und
kommst schon so unruhig rein
und setzt dich unruhig und
sitzt unruhig auf meinem Fußbänkchen...

LOTTE Ich erzähl dir was und du sagst,
ich bin unruhig. Ich paß auf,
daß ich nicht einschlafe da oben,
und du sagst, ich bin unruhig.
Wie wenig Freundschaft, Meggy!
Ich paß auf und erzähl dir was,
setz mich auf das unbequeme Fußbänkchen,
wo kein Arsch Schlaf finden kann,
denn es wackelt ja auch noch nach allen Seiten,
und erzähl dir was, ohne ein einziges Mal zu stocken,
wie ein Perser so ruhig und ohne zu schlafen.

ANLAGE Es sah aber so aus,
als ob du lieber schlafen gehen würdest.

LOTTE Wohin? Wohin?

Musik vom Umzug der Bergmannskapelle leise im Hinter-
grund.

ANLAGE Deine Zeichnungen sind aber schön.

LOTTE Ja.

Sie sieht in die Zeichenmappe.

ANLAGE Das Bild von Paul ist schön.

LOTTE Ja.

ANLAGE In der Schule warst du die Nummer Eins im Werken.

LOTTE Ich bin geschickt in den Händen.

ANLAGE Ja. Sehr.

LOTTE Ich will jetzt Sprachen studieren.

ANLAGE Oh Sprachen, puh!

LOTTE Wenn ich geschieden bin, krieg ich Geld vom Staat.

ANLAGE Stipendium...

LOTTE Ja. Ein Stipendium...
 Kann ich hochkommen, Meggy?

ANLAGE *nach einer Pause* Mir geht's nicht besonders.

LOTTE Na klar du, versteh ich gut.

ANLAGE Bleibst du länger in Essen?

LOTTE Ich bin unterwegs nach Sylt.

ANLAGE Nach Sylt? Machst du Ferien?

LOTTE Nein. Ich besuch in Hörnum meinen Bruder.
 Den Bernd.

ANLAGE Ah Bernd. Der Kleine.

LOTTE Na du, der ist längst Zahnarzt und hat in Hörnum längst
 eine Zahnarzttochter geheiratet.

ANLAGE Wie klein mußt du gewesen sein,
 mit deinen sieben Jahren, als ich dir
 ewige Freundschaft schwur, wie klein
 meine Hand auf deinem Herzen,
 wie klein ich!

LOTTE Oh Meggy, winzig, winzig!

ANLAGE Wandertag auf Schloß Burg... ewige Freundschaft!

LOTTE Ja! Ja!
 Wandertag, mein ich ja. Genau!
 Endlich weißt du's wieder, endlich.
 Weiter, weiter, nichts vergessen!

ANLAGE Heute hast du eine fette Brust
 am selben Fleck, wo einst mein Schwurhändchen lag.

LOTTE Hab ich nicht.

ANLAGE Doch, hast du.

LOTTE Du auch.

ANLAGE Nicht ganz, du.

LOTTE Meggy...

ANLAGE Fette Brüste, schwerer Schlaf.

LOTTE Lange Arme –

ANLAGE Ach wie wirst du keuchen, wenn du schläftst!

LOTTE Lange Arme –
ich keuch gar nicht!

ANLAGE Lange Arme: und?
Nicht leicht über mich zu spotten, was?
Lange Arme! Gottchen...
Traust dich wohl nicht ran an den Speck, hm?
Traust dich nicht sagen,
was du wirklich gesehen hast, hier oben,
was für eine, in meinem Stuhl?
*Im Hintergrund fliegen Hüte, Jacken, Luftschlangen usw. vom
Umzug in die Luft.*
Ist auch nicht leicht, über mich zu spotten, was?

LOTTE Nein.

ANLAGE Versuch es.

LOTTE Nein.

ANLAGE Mach einen Spott über mich, und ich laß dich rauf.

LOTTE Ich kann nicht.

ANLAGE Mach den Spott, streng dich an.
Und wenn er gut war, dann kriegst du mein eigenes Bett zum
Ausschlafen.

LOTTE *nach einer Pause* Kein Gesicht wie deines spricht
spricht es auch wie kein Gesicht.

ANLAGE Das war kein Spott.

LOTTE Doch, war einer.

ANLAGE Wüßte nicht, was mir fehlt am Gesicht.
Am G e s i c h t?

LOTTE Ich bin eben zu müde für einen guten Spott.

ANLAGE Schade. Ist auch gar nicht leicht.

LOTTE *letzter Versuch* Wer ist das?
Hat ne Fratze wie ne Glatze
Schnürt die Schuhe an die Knie
Und ihr ganzer Rumpf steckt in einem Strumpf.
Wer ist das?

ANLAGE Ich?

LOTTE Ja.

ANLAGE Ich glaube, du hast sie nicht alle!

Ein alter Mann kommt mit drei aus der Reinigung abgeholten Hemden. Er schließt die Tür auf. Lotte geht hinter ihm ins Haus. Sie drückt von innen das Gesicht gegen die Glastür, schielt zur Sprechanlage.

ANLAGE Sau.

Mitleidlose.

Viech.

Dreck.

Kaputte.

Unmensch.

Giftspritze.

Abschaum.

Pause

Lotte-Kotte?

Lotte?

Die Sprechanlage schweigt. Von links kommt eine Frau mit ihrem Mann, einem Türken. Sie hakt bei ihm unter. Nachdem sie an der Haustür vorbeigegangen sind, bleibt der Türke abrupt stehen, wendet sich in den Bühnenhintergrund und beginnt einzelne Schreie auszustoßen. Er brüllt einsilbige deutsche Wörter. ›Beiß.‹ Dann nach einer Pause: ›Tür.‹ Es klingt wie militärische Befehle. Lotte sieht hinter der Glastür zu den beiden hin. Der Türke brüllt, jeweils von längeren Pausen unterbrochen: ›Scheiß.‹ ›Mach.‹ ›Bier.‹

Da löst sich die Frau von ihrem Mann, weicht zur Seite und betrachtet ihn wie einen Fremden. Lotte kommt aus dem Haus, drückt einen Klingelknopf, sieht unablässig zu den beiden hin...

ANLAGE Ja?

LOTTE Ich bin's.

ANLAGE Oh Lotte, ich dachte schon, du seist fortgegangen...

LOTTE Nein. Ich bin hier.

ANLAGE Komm rauf!

Der Türöffner surrt lange. Der Türke schreit weiterhin: ›Eins.‹ ›Wichs.‹ ›Noch.‹ ›Wann.‹ Lotte geht zu den beiden.

LOTTE Was ist los?

FRAU Weiß nicht.

LOTTE Ihr Mann?

FRAU Fürchte mich, ne.

Sie hat sich ›ne‹ nur angewöhnt, spricht im übrigen kein richtiges Essener Deutsch.

LOTTE Aber Sie brauchen sich doch vor Ihrem Mann nicht fürchten.

FRAU Sowas hat er noch nie gehabt. Brüllt wie am Spieß. Kenn ihn nicht so.

LOTTE Er ist ja nur betrunken.

FRAU Verträgt nix, ne. Haben ihn die Säcke voll gemacht. Schluck mal mit, los, schluck mal. Ich schick ihn unten ans Büdchen für zwei Päckchen Zigaretten und der kommt nicht wieder nach Haus. Verträgt ja nix, ne.

Die Frauen betrachten den Betrunkenen, der in Abständen ruft: ›Scheiß.‹ ›Fritz.‹ ›Futt.‹ ›Hos.‹ ›Nix.‹ ›Komm.‹ Aus der Sprechanlage ruft es ab und zu noch: ›Lotte‹, ›Lotte-Kotte...‹

FRAU Aber steht noch wie ne Eins. Fällt nicht um, der Kerl. Können Sie selber sehen, ne, steht wie nix.

LOTTE Ja. Klasse!

Hält die Balance bis zuletzt. Wie ein Korporal!

Betrunkene sind sich nicht alle gleich.

Der Türke tritt mit dem rechten Bein so kräftig aus, daß der Schuh hoch durch die Luft fliegt.

FRAU Nur im Kopf geht's rund.

LOTTE Was ist er? Türke?

FRAU Ja. Türke.

LOTTE Ich werd ihn fragen, was er will.

FRAU Er kann nicht reden, ne.

Lotte holt den Schuh, der auf die Straße gefallen ist. Sie geht zu dem Betrunkenen, bückt sich und zieht ihm den Schuh an.

LOTTE Seien Sie ruhig. Ihre Frau fürchtet sich ja.

Erzählen Sie mir, was Sie eigentlich wollen.

Brüllen Sie nicht mehr. Kommen Sie.

Sie hakt bei ihm unter.

Meinetwegen sprechen Sie auf türkisch. Ich werd's schon verstehen.

Der Betrunkene löst sich aus seinem festen Stand und geht mit Lotte.

FRAU Wohin? He! Wohin?

LOTTE Warten Sie hier.

Ich gehe einmal um den Häuserblock mit ihm.

Warten Sie hier.

Lotte und der Türke gehen nach rechts ab. Die Frau geht zum Hauseingang, drückt sich in die Ecke gegenüber der Sprechanlage. Nach einer Weile kommt von rechts ein junger Mann, schäbig gekleidet. Er bleibt in der Nähe der Tür stehen, pfeift ›Dreh dich nicht um...‹. Die Frau wendet sich ab, verbirgt ihr Gesicht im Ellenbogen, den sie gegen die Türfassung stützt.

DER MANN Was gibt's Böses, sprach Herr Schnöses...

Hör mal, Gaby, wir kennen uns jetzt lange genug.

Du weißt genau, daß ich keine fremden Frauen auf der Straße anspreche, ich bin viel zu schüchtern...

FRAU *guckt aus ihrem Versteck.* Ich kenne Sie überhaupt nicht.

DER MANN Siehst du,

ich brauch nur mal kräftig Gaby sagen,

und schon zeigt's sich, wer du wirklich bist.

Es zeigt sich nämlich, daß du letzten Endes

niemand anderes bist als die gute alte

Ingeborg vom –

FRAU Oh Mann!

MANN ... vom Leopold.

FRAU Quatschkopp! Hau ab!

Mach daß du weiterkommst!

MANN O –! *Hand vorm Mund.*

Na –! *Mahnender Zeigefinger.*

Nie! *Flache zurückweisende Hand.*

O-na-nie.

FRAU Ha. Ha. Ha.

MANN Ja, so ist es in Essen.

Leider, leider, easy rider.

FRAU Und ein Ei außem Konsum, ne.

MANN Komm mit mir ans Büdchen, Regine,

drüben am Büdchen, Regine,

zeig ich dir gerne den Trick,

wie man aus einem kühlen Wicküler einen warmen Händedruck macht.

FRAU Am Büdchen! Noch was!

Am Büdchen da stehen ja lauter die Säcke herum,

die den Türken verrückt gemacht haben, ne.

MANN Welchen Türken?

FRAU Den Türken, meinen Mann.

MANN Verstehe nur Reibekuchen.

FRAU Mein Mann, Mensch. Der geht nur mal mit einer Soundso eben einmal um den Häuserblock.

MANN Siehe, ich bin nur ein einfacher Zeitungsleser.
Türke und Soundso sind mir Pferdmenges und Süsterhenn. Schon mal davon gehört, aber frag mich nicht, was.

FRAU Ein Spinner! Tullitulli, ne.
Mann, was machst du beruflich mit dem Quatschkopp obenauf?

MANN Ich? Reisebegleiter.

FRAU Reisebegleiter...

MANN Und selbst?

FRAU Wir haben zwei Läden. Einer wir und einer Arslans Bruder.
Einer Mevissenstraße am Parkhaus und einer am Erlenbruch.

MANN Läden mit allem?

FRAU Läden mit Frischobst, Frischgemüse.
Solltest du eigentlich wissen, ne.
In Essen wissen das die Leute.
Pause
Reisebegleiter. Von wem?
Von links kommt der Türke, allein.

MANN Kommt drauf an. Rennpferde, Wahlkämpfer, Kunstwerke, alte Damen, blinde Herrn. Alles was nicht gern allein verreist, vom Wickelkind bis zur Leiche.

FRAU Arslan!
Komm her!
Wo ist die Frau, Arslan?

TÜRKE Bilmem, gitti.

MANN Was hat er gesagt?

FRAU Er weiß es nicht. Sie ist fortgegangen.

TÜRKE Kim bu adam?

FRAU Niemand. Wir stehen hier nur so.

MANN Was sagt er?

FRAU Wer du bist.

TÜRKE Defolsun, gitsin.

FRAU Nein, Arslan.

MANN Was?

FRAU Er sagt, ich soll dich fortschicken.

MANN Ja. Tu das.

FRAU Nein. Warte, ne.

TÜRKE Gitsin istemiyormusun, Karin?

FRAU Nein, Arslan.

MANN Na?

TÜRKE Iyi, kalsin, öyleyse.

FRAU Du kannst stehenbleiben.

TÜRKE Ismi ne?

FRAU Wie du heißt.

MANN Jürgen.

FRAU Jürgen was?

MANN Jürgen Jürgen.

FRAU *lacht.* Scherzkeks. Vorne wie hinten, ne.

MANN Ja. Scheint so.

FRAU Jürgen – heißt das was?

MANN Heißen? Weiß nicht.
   Was heißt Hitler? Hitler heißt ja auch nix.

FRAU Ich heiße aber nach was: Damla.
   Damla heißt soviel wie Wassertropfen, Wassertröpfchen.

MANN Karin Wassertröpfchen.

FRAU Ja. Karin Damla.

TÜRKE Sen benim karımsın, bir tanem…

MANN Was sagt er?

FRAU Du bist meine Frau und mein Liebling.

TÜRKE Bir tanem!

FRAU Mein Liebstes.

TÜRKE Hayat merdiveninin binlerce taş basamaklarından
   aşağı benimle beraber in.

FRAU Du folgst mir… die Treppe runter, oder wie war das?

TÜRKE Binlerce taş basamaktan…

FRAU Die tausend steinernen Stufen…

TÜRKE Hayat merdiveninin basanaklarından aşağı.

FRAU … hinunter auf der Treppe des Lebens.

MANN Drum prüfe, wer sich ewig bindet,
   ob er nicht noch was Besseres findet.

FRAU Du hältst besser den Mund, ne.
   Die drücken das eben so aus, ausgesprochen schön.

TÜRKE Haydi gidelim.

MANN Was?

FRAU Gehen wir.

MANN Ja. ich gehe.

FRAU Nein. Wir gehen zusammen. Du bleibst.

TÜRKE *geht einen Schritt auf seine Frau zu.* Sen benim karımsın, bir tanem.

MANN Was ist los?

FRAU *schnell* Du bist meine Frau und meines Liebstes.
Sie greift die Hand des jungen Mannes.
Bleib!

TÜRKE Sus, tercüme etne.

FRAU Schweig. Übersetze nicht.

TÜRKE Tercüme etne.

FRAU Übersetze nicht.

TÜRKE Ağzını kapa!

FRAU Halt's Maul.

TÜRKE Orospu.

FRAU Du bist eine Straßendirne, leichtes Mädchen, unkompliziertes Geschöpf.

TÜRKE Sus! Sus! Sus!

FRAU Schweig, schweig, schweig.
Der Türke dreht sich auf der Stelle um und beginnt wieder einsilbige Wörter wie Befehle zu brüllen.

TÜRKE Scheiß!...Tür!...Wichs!...Komm!
Der Mann reißt sich los und läuft nach rechts hinten ab.

FRAU Bleib hier! Bleib doch hier!
Oh nein!...Oh nein...!
Sie setzt sich auf die Stufe vor dem Hauseingang. Von rechts kommen der Junge und seine Freundin. Er ist angetrunken.

TÜRKE Eins!...Eins!

JUNGE *bleibt stehen.* Äi?! Voll, wa, Kanake?

MÄDCHEN Laß ne.

JUNGE *zur Frau* Is der voll, der Kanake, oder wat?
Krissen nich mehr am brennen, den feuchten Docht, oder wat machter da?

FRAU Zählt ne.

JUNGE Zählt. Wat zählter?
Zählt sich selber, Kanake.

De ganze Stadt, du…

Geh bloß na Hause…

Malisberg und Siebert, kennße dat?

Chemotechnische Versuchsanlage… Großdepot… ich, du, ich hab da malocht, Giftgas, sonne Kessel, sonne Kawanzmänner.

Einet Tages, du, de ganze Stadt, du… Peng! Peng!

MÄDCHEN *unbeteiligt* Klappe zu, Affe tot.

JUNGE Komm, du, geh bloß na Hause…

De ganze Stadt, du, runter inne Bunker…

Peng!

MÄDCHEN Komm.

TÜRKE Eins!

JUNGE Peng!

Die beiden nach links ab. Der Türke und seine Frau allein. Stille.

Dunkel

V
Station

Eine beleuchtete Telefonzelle am Rande einer Landstraße. Darin Lotte, wohnlich eingerichtet aus aufgesammelten Stücken: eine Taschentuchgardine an der Vorderseite, eine Art Barhocker, auf dem sie sitzt, neben einem Gummibaum. Ein Glas Milch auf dem Telefonkasten, ein zerbrochener Rasierspiegel. Von der Decke hängt ein Fliegenfangstreifen, eine Zeichnung von Paul an der Rückwand. Lotte wirft ab und zu ein Markstück in den Apparat, wählt immer dieselbe Nummer, hängt nach einer Weile ein. Währenddessen hört man ihre Stimme über die elektroakustische Anlage.

LOTTE Lieber Paul,

diese Zeilen mögen dich gesund und schaffensfroh antreffen. Nun bin ich schon weit weg von dir. (Aber nur äußerlich gesehen!) Per Autostopp gelangte ich problemlos bis über Lüneburg hinaus, von wo ich zunächst einmal in Richtung Lüneburg zurückmarschierte.

Die Erinnerungen an unsere ersten Jahre in Saarbrücken werden für mich immer die schönsten meines Lebens bleiben. Manchmal wähle ich jetzt am Telefon unsere Nummer in der Straße des 13. Januar und lasse es lange ins Leere tüten.

Wir hätten doch über alles in Ruhe reden können. Ich möchte Sprachen studieren.

Auch habe ich in Essen Station gemacht, um meine beste Schulfreundin, Mechthild Niedschläger (verheiratete Wittich) zu besuchen, die jedoch leider körperlich und geistig ein wahrer Trauerkloß geworden ist und sich fast gänzlich für nichts mehr interessiert.

Morgen sehe ich zu, ob ich in den alten Autos nicht ein Kissen oder ein Polster finde. Mein Hintern tut mir weh. Nebenan im Wäldchen liegen nämlich zwei Autowracks herum, die schon fast gänzlich zugewachsen sind.

Wieder einmal. Genau wie nach dem letzten Krieg. Manchmal denke ich: vielleicht ist etwas passiert, wovon ich nichts weiß.

Die Menschen aus dieser Gegend sind alle auf und davon, es läßt sich ja keiner mehr blicken. Die Grenzen haben sich verschoben und ich sitze hier längst in einem anderen Land. Entschuldige meine zeitweise Angst. Im Grunde bin ich stark und es wird mir schon einfallen, wie ich wieder etwas glücklicher werde.

Nun zu dir, lieber Paul.

Ich wollte dir nur sagen, daß ich weiß, daß du die Frau im hochgeschlossenen Kleid liebst und daß sie auch dich liebt. Da ich es nun weiß, fühle ich mich dir gegenüber etwas erleichtert. So ist es nun und ich muß mich damit abfinden. Ich hoffe aber, auch du wirst jetzt einmal erfahren, daß man sehr viel glücklicher ist und etwas sehr viel Stärkeres spürt, wenn man selber richtig liebt, als wenn man sich immer nur lieben läßt.

Bitte wirf diesen Brief nicht gleich nach dem ersten Überfliegen weg oder sogar schon beim Anblick meiner Handschrift! Das täte mir sehr weh.

Lieber Paul, ich werde dich immer suchen. (Ich meine: bildlich gesprochen – keine Angst!)

Gott ist einfach. Gott verwandelt sich nicht und betrügt niemanden. Deine Lotte.

P. S. Bitte grüße alle von mir. Besonders das Mädchen im Zelt. Sorgt ihr auch gut für es?

Dunkel

VI
Familie im Garten

LOTTE
BERND, ihr Bruder
WILHELM
JOSEFINE, seine Tochter
ALBERT, sein Sohn

Ein Grillplatz im Garten. Vorne ein niedriger Tisch mit fünf Gartenstühlen. Rechts der Grill, daneben ein Wagen mit Getränken. Eine Säule mit einer Madonnenfigur. Stühle, Tisch, Grill sind an den Fußenden in den Boden einbetoniert. Alles bewegliche Gut liegt an schmalen Ketten. Am leeren Tisch sitzen: Albert, Wilhelm, sein Vater, Josefine, seine Schwester; ihnen gegenüber: Lotte neben ihrem Bruder Bernd. Die Personen wechseln häufig ihre Sitzhaltungen, da ihnen sonst jede Ablenkung voneinander, etwa durch Essen oder Trinken, fehlt. Lotte trägt ihr zweiteiliges Kostüm, das von Mal zu Mal farbloser, ausgeblichener erscheint. Sie macht eine Skizze von Albert, dem jungen Mann.

LOTTE Erkennst mich nicht, Albert?
ALBERT Doch.
LOTTE Ich kenn dich. Aber du kennst mich nicht mehr.
  Groß, wie du geworden bist.
ALBERT Doch.
  Pause.
WILHELM *vorgebeugt, die zusammengefalteten Hände hin und her reibend.* Sie wollen sich also ein wenig um meinen einzigen Sohn kümmern?
LOTTE Na ja.
  Duz mich.
WILHELM Was meinst du dazu, Schwiegersohn?
BERND *zieht nervös seine Armbanduhr auf.* Ich meine: Was liegt vor?
  Du bist doch verheiratet, Schwester?

LOTTE Wir leben in Scheidung.

BERND Liebe? Güte? Erziehungsdrang?

WILHELM Sehen Sie, mein Söhnchen braucht eher einen Halt als eine weitere Zerstreuung.

LOTTE *zu Bernd* Nestler. Nestle doch nicht dauernd an deiner Uhr herum.

WILHELM Drei volle Jahre wartet der Junge nun auf seinen Studienplatz in Zahnmedizin. Drei Jahre Aufschub. Zwei Jahre Militär vorneweg. Dienst am S o z i a l-staat! Macht, daß er jetzt schon Mitte Zwanig ist. Und parkt noch immer in Theologie.

Seine beste Zeit vergeht, sein Werdegang bleibt dahingestellt. Es wird aus ihm nichts. Sitzt zu Haus auf Hörnum und hält uns verrücktes Kolleg.

BERND Die Kriegsgeneration hatte es auch nicht leichter.

WILHELM Kriegsgeneration? Bist du Kriegsgeneration? Menschenskind, Bernd! Euch ist doch in den sechziger Jahren alles in den Schoß gefallen. Gleich von der Penne ab ins Praktikum, mit ein klein wenig Beziehung –

LOTTE Also Beziehungen hatten wir überhaupt keine. Unser Vater war nicht so reich! Er war ja nur ein kleiner Mann im Gaswerk und mein Bruder hat sich beim Studieren immer dazu verdienen müssen. Das ist ungerecht, so etwas zu sagen. Und mein Bruder hatte keine Praxis vor der Nase, in die er bloß hineinwachsen brauchte, früher oder später, wie Albert. Sonst hätte mein Bruder ja heute auch seine eigene Praxis und wäre nicht dein Assistent!

WILHELM *gleichzeitig mit Bernd* Er ist nicht mein Assistent.

BERND Ich bin kein Assistent.

LOTTE Oder sowas Ähnliches. Eingeheirateter Unselbständiger.

WILHELM Ja, ja. Düsternis, Düsternis.

Ein Staat, ein S o z i a l-staat... aber darüber kann man ja nicht reden mit euch.

Pause. Lotte zeichnet.

JOSEFINE Achtundzwanzigtausend Mark.

LOTTE *beugt sich zu Albert, versucht mit ihrem Stuhl vorzurükken.* Bevor ich dir begegnet bin, Albert –

was sitz ich denn hier so fest, verdammt nochmal!?

Alles angemauert, alles angekettet!

WILHELM Was glaubst du wohl, was morgen noch in unserem
Garten stünde, wenn wir nicht alles angemauert, alles angekettet hätten?

LOTTE Bevor ich dir begegnet bin, Albert,
da war ich in ebensolchem Schmerz erstarrt
wie die Figur dort auf der kleinen Säule...

WILHELM *beifällig* Ja, ja – richtig, richtig.
Keine Reaktion von Albert. Lotte lehnt sich wieder zurück.
Beim nächsten Satz rutscht sie bis an den Rand des Sitzes.

LOTTE Tausend Gedanken
fliegen durch meinen Kopf,
tausend Gedankenlosigkeiten...

WILHELM Ja, ja – richtig, richtig.
Sie lehnt sich wieder zurück usw.

LOTTE Sag mir doch mal eine kleine Klugheit auf französisch.
Also, wenn man französisch kann wie du...!

WILHELM Ja, richtig!

ALBERT Aber ich kann es kaum...

LOTTE Ach, komm, du kannst bestimmt französisch und italienisch kannst du auch...

ALBERT *lacht.* Italienisch kann ich überhaupt nicht...
Beide lachen. Nein, wirklich!
Josefine versucht aufzustehen, knickt aber in den Beinen ab,
setzt sich wieder.

JOSEFINE *spricht zu ihrem Bein* Wenn Bein das tut –!,
wird es vielleicht nie wieder wie früher sein.

BERND Wir haben gerade erst zwei Uhr fünfzig, Finchen. Noch
nicht einmal drei Uhr, Finchen. Vielleicht solltest du wenigstens noch ein halbes Stündchen warten.

JOSEFINE *steht auf.* Du, Bernd, schweige!
Wo sind meine Achtundzwanzigtausend?
Sie geht zum Getränkewagen, sieht sich die Flaschen der Reihe
nach an. Der Vater folgt ihr, steht besorgt an ihrer Seite.

WILHELM Nichts Scharfes, Josefine. Nichts Scharfes!!

JOSEFINE Was soll ich nehmen...?

WILHELM Laß dich bitten, mein Kind...

JOSEFINE Wo fange ich an...?

WILHELM Der Tag ist noch lang...
Sie nimmt schließlich eine Flasche Wodka oder Gin, gießt sich

ein großes Glas voll. Der Vater versucht ihr einerseits behilflich, andererseits hinderlich zu sein. Er reicht ihr das Glas, um es bald wieder von den Lippen abzuheben. Er streicht ihr, während sie trinkt, über den Scheitel. Er geleitet sie zurück zu ihrem Platz.

ALBERT Was du da an hast, Lotte, dies Kostüm –
ist das jetzt der neueste Omalook auf dem Festland?
Siehst ja aus wie der letzte Ostermarschierer.

LOTTE Ich dachte, ich hätte mich einigermaßen angezogen, einigermaßen.

ALBERT Ich hoffe, du hast nicht vergessen, dir 'ne Mottenkugel in den Zwickel zu stecken.

LOTTE Du bist ein Flaps, ein Flaps!

ALBERT Ich würde gern mal sehen, wie du aussiehst, wenn man sexuell mit dir spricht.

WILHELM Kehr um, Albert!
Kehr um!

ALBERT Ich glaube, du bekommst ein ganz anderes Gesicht, wenn man mit dir über gewisse sexuelle Dinge spricht.

LOTTE Red doch nicht soviel darüber!

ALBERT Willst wohl nicht sexuell mit mir reden, nein?

LOTTE Schon. Aber –

ALBERT Aber?
Weißt du, Lotte, es gibt zärtliche Mütter, die ihre Kindchen masturbieren, wenn sie weinen...

LOTTE Nicht mehr sexuell, bitte!

ALBERT Seht mal, was für ein schönes Gesicht sie bekommt! Mit wenigen Worten! Punkt-Punkt-Strich, fertig ist das Sexgesicht.

WILHELM Denn hören Sie, Lotte,
dahinten spült das Meer, spült es und rauscht,
und hier mein Sohn redet bei Flut sein schlimmstes Genuschel.
Schweigt aber das Meer, die Ebbe kommt, dann –
Er muß aufstehen, denn Josefine hat sich zum Getränketisch davongestohlen. Er holt sie ein und führt sie behutsam zurück.

ALBERT Und es gibt andere Mütter, oder gab sie,
weniger zärtliche, die banden ihrem Sohn
ein Gerät auf den Leib, das jede Erektion des Kindes vermittels einer elektrischen Klingel im elterlichen Schlafzimmer anzeigte. Eine solche Mutter hatte mein Vater.

WILHELM Ich pack mir meine beiden Kinder
  unter die Arme,
  ich nehm den Albert links und die Josefine rechts,
  und sodann stürz ich mich runter vom Norden,
  wo ich nicht geboren wurde,
  wo meine Kinder nicht geboren wurden,
  runter von der Nordsee und raus aus der Nordseeluft,
  die uns alle jodvergiftet hat,
  ich laß hier das Unsere stehen und liegen,
  pack euch beide, ihr zitternden Vögelchen,
  wenn ihr nicht endlich euch eure Übel verkneift!
  Du deinen Stumpfsinn.
  Du deinen Wahnsinn.
  Du dein Schweigen.
  Du dein Schwätzen.
  Du dein Starren.
  Du dein Stechen im Auge...
JOSEFINE Hör mal, er mopst sich über uns Kinder!
LOTTE Er mopst sich? Aber nein. Er macht sich Sorgen. Ihr
  quält ihn.
JOSEFINE Jetzt sag ich dir was: Dein Bruder Bernd hat mich be-
  klaut.
LOTTE Beklaut?
  Zu Bernd Nestle doch nicht dauernd an dir herum. Laß das!
JOSEFINE Beklaut, ja.
  Achtundzwanzigtausend Mark in Gold und Papieren.
  Hinter der Wandtäfelung im Schlafzimmer.
  Mein ganz Privates, du!
WILHELM Niemals hättest du soviel Geld an einem Fleck ver-
  stecken dürfen.
JOSEFINE Aber ein Geld, das vor dem eigenen Mann nicht sicher
  ist, wer denkt denn an sowas.
  Ich hätte ihm doch nie im Leben das Versteck gezeigt.
LOTTE Bernd, rede du.
BERND Ich habe vor cirka einem Jahr achtundzwanzigtausend
  Mark hinter der Wandtäfelung im Schlafzimmer hervorgeholt
  und an mich genommen.
WILHELM Nun ja.
  Wir debattieren seit Wochen über nichts anderes.

Muß denn das ausgerechnet heute wieder auf den Tisch?

JOSEFINE Sie ist die Schwester. Sie gehört zur Familie.
Sie soll es wissen.

LOTTE Warum stiehlst du?

JOSEFINE Niemand kannte das Versteck. Nur er.
Sogar ich hatte es fast schon vergessen.

WILHELM Er gibt es ja zu, er gibt es ja zu.

JOSEFINE Wahrscheinlich hat er gedacht: die guckt ja doch nie
hinter die Wandtäfelung; wer weiß, wann die mal wieder dahinter guckt...

LOTTE Warum stiehlst du?
Du hast doch früher nie gestohlen.
Warum? Hier gehört dir doch sowieso,
mehr oder weniger, früher oder später – alles.

BERND Nicht ganz mir.

LOTTE Hast du das Geld zurückgegeben?

BERND Nein.

LOTTE Nein?!

BERND Bin momentan gar nicht in der Lage...

LOTTE Was hast du gemacht mit achtundzwanzigtausend Mark?

BERND Darüber möchte ich nicht sprechen.

LOTTE Ach so.

JOSEFINE Darüber spricht der Herr nicht mit uns.

WILHELM Leider. Wir haben es leider bis heute nicht herausbe-
kommen. *Zu Bernd* Weißt du, eine Spur Auskunft könnte
uns inzwischen bestimmt nicht schaden, ein Fünkchen Aufklärung!

LOTTE Hast du spekuliert? Gespielt?
Hast du Spielschulden gemacht?

BERND Nein...
Er überlegt.
Ich möchte nicht darüber sprechen.

LOTTE Die eigne Frau bestohlen...
Mein Gott! Bernd! Wahnsinn!
Sag doch wenigstens, warum?!
Und hör endlich auf, am Hosenbein zu zupfen!

WILHELM Was soll ich tun? Was soll ich tun?
Das greift aber mächtig in die Tiefenschichten, was? Oder?
Er steht plötzlich auf.

Verlasse meinen Garten und verlaß
mein Haus und meine Praxis.
Geh weg von uns.

JOSEFINE He! Heeeeeh!

WILHELM *setzt sich wieder.* Siehst du.

JOSEFINE Überleg dir, was du sagst, Vater,
und furz hier nicht beliebig in die Gegend!

WILHELM Siehst du.
Auf welchem Forum willst du da Gerichtstag halten?
Die Familie? Die Familie fordert tausend Rücksichten, die Familie ist dem Täter ein schützend Dickicht, in dem er unter-
taucht und sich nicht fassen läßt.

Bernd steht auf.

JOSEFINE } Wohin?
LOTTE

BERND Ich gehe nicht weg.

*Er geht zu einem Stapel Zeitungen, der in der Nähe des Grills
steht, und breitet langsam Zeitungsblätter auf dem Boden aus,
um darauf später Teile des Grills zu säubern.*

LOTTE Ich möchte sagen, daß ich meinen Bruder liebe und daß
ich mich verantwortlich fühle für ihn, denn ich bin seine ältere
Schwester, die früher immer gut auf ihn aufgepaßt hat.

JOSEFINE Na ja. Nun ist es eben so gelaufen.
Voriges Jahr hatte ich in Keitum ein Lädchen im Kunsthand-
werk. Dieses Jahr hab ich mir mal nichts vorgenommen...
Ich hätte ja auch ein Kind bekommen können.

LOTTE Josefine, was denkst du?
Denkst du an Scheidung?

JOSEFINE Ich weiß nicht.
Ich liebe ihn auch noch.
Er soll sich schämen.

WILHELM Er schämt sich ja aber nicht. Nun hör auf!

LOTTE Nein! Gerecht sein!
Hier, bitte, was er da tut am Boden,
das ist sich schämen. Gerecht sein!
Albert, sieh du auch mal her!

ALBERT Mach dich bloß nicht naß, du.
Mir ist das vollkommen egal.

JOSEFINE Apathie, typisch!

Apathie ist eben Apathie in allem.

Aktivanad, du!

ALBERT Ich werd mich in deinen Sex einmischen, Fine! Diebstahl und sich schämen? Ach du heilige Waschmaus! Der Raub, das ist etwas ganz Tiefes, du, etwas ungeheuer Sexuelles, ganz was Seltenes, ein irrer Schrei, ein irrer Aufstieg! Und du quatschst hier dauernd rum, kalt und schwül wie 'ne Messehostess. Du redest doch sonst nicht über Sex. Du redest hier die ganze Zeit über deinen Sex und merkst es gar nicht!

JOSEFINE Sex!... Was soll daran wohl sexuell sein?

Vielleicht wenn er mich betrogen hätte, ja.

Aber eine Bestohlene empfindet da doch anders.

ALBERT Weil du sexuell nicht bis zehn zählen kannst.

JOSEFINE Albert, ich bin nicht firm in deiner Philosophie. Laß es.

LOTTE *zu Bernd* Willst du dich nicht wieder zu uns setzen?

BERND Ich werd grad mal den Grill putzen.

LOTTE *fast heiter* Was hast du denn bloß gemacht mit dem vielen Geld?

Keine Antwort. Bernd legt weiterhin Zeitungen aus.

LOTTE *ernst* Bernd, du bist ein Mensch, der sich sehr verändert hat.

BERND Tja.

Ich bin Pessimist.

LOTTE Pessimist? Ein Dieb bist du!

Red dich bloß nicht raus.

JOSEFINE Ich bin sicher, er hatte heimlich Schulden...

LOTTE Hattest du heimlich Schulden?

BERND Pessimist zu sein...

LOTTE *zu Josefine* Offenbar.

BERND ... ist gar nicht so leicht, heutzutage.

Der Glaube an das Gute im Menschen hält überall die Menschen zusammen. Er verbindet.

Aber bist du nun einmal skeptisch und siehst für den Menschen schwarz, ganz allgemein, dann wirst du bald erleben, wie deine besten Freunde sich nach und nach von dir zurückziehen. Obwohl du doch niemanden persönlich beleidigt hast. Sie fürchten die pessimistische Idee an sich, die Wahrheit letzten Endes. Da kannst du persönlich noch so ein prima Kerl sein, den Pessimisten lassen sie alleine stehen. Schade. Dabei wäre es doch denkbar, Pessimist zu sein, ohne gleich ein Menschenverächter. Man müßte doch Pessimist sein dürfen und dabei gerade besonders gesellig.

Josefine ist aufgestanden und auf dem Weg zum Getränkewagen abgebogen, um sich neben Bernd zu stellen. Wilhelm folgt ihr.

JOSEFINE Vielleicht war es nur so ein plötzlicher Anfall aus der Lebensmitte heraus...
Die Nerven machen ja, was sie wollen.
Ein Mann stiehlt bei seiner Frau.
Sowas kommt nicht mal im Krieg vor.
Statt Krieg haben wir das.
Haben wir Pech. *Sie geht zu den Getränken.*

WILHELM *flüstert Bernd zu* Du bist übrigens noch mit der Jahresmiete für den Illustriertenring im Rückstand... Ich erwähn es nur schon mal.
Er geht hinter Josefine her.
Lotte beugt sich über die Stuhllehne zu Bernd.

LOTTE Wohin jetzt?

BERND Wie meinst du?

LOTTE Hier können wir nicht bleiben, Bruder.

BERND Warum nicht.

LOTTE Ich dachte, hier könnte ich endlich mal ein bißchen bleiben.

BERND Abwarten und Tee trinken.

LOTTE Als Kind hast du nie gestohlen...
Aber die Bizeps spielen lassen beim Beten, das warst du! Tu's nicht, sagt die Mutter, tu's nicht, sonst wird dir der Engel kein Grübchen ins Kinn drücken, wie du es dir so sehr wünschst. Du wolltest als Mann unbedingt so ein Dingens unten im Kinn.

BERND Na ja. Hab ich jetzt auch eins.

LOTTE Ich seh nix.

ALBERT Es ist ohne das Dunkel viel schlimmer sich zu fürchten...

LOTTE Ich möchte wieder an einem Fluß wohnen.
Die schönsten Jahre habe ich vis-à-vis von einem Fluß gelebt.
Die olle Saar in Saarbrücken. Aber sie floß.

BERND Hier haben wir das Meer.

Das Meer hat viel zu bieten.

LOTTE Hier können wir aber nicht bleiben.

BERND Warum nicht.

Josefine und Wilhelm kommen zurück zum Tisch. Diesmal hat Josefine ein hohes volles Glas mitgenomen.

ALBERT Hört mir doch zu!

Was macht ihr mit mir?!

WILHELM Schweigt aber das Meer, die Ebbe kommt, dann –!

LOTTE Mußt nicht immer Mittelpunkt sein, Albert.

WILHELM Die Ebbe kommt, er fürchtet sich.

Er hält Alberts Hand.

Die Natur ist ein rachsüchtiges Etwas.

Geht gleich vorüber, mein Junge.

Diese kleine Familie... diese kleinste Familie... sich bloß nicht kränken, Obacht!... sich bloß nicht kränken gegenseitig...

JOSEFINE Das muß doch in etwa dasselbe sein wie früher seine Mondsucht.

WILHELM Pünktlich beim Kentern der Gezeiten...

JOSEFINE Verschleppte Mondsucht, gibt es sowas?

Gott, ich weiß es letztlich auch nicht.

Sie trinkt.

LOTTE Du trinkst gern mal was, ja?

Das brauchst du sicher, um nachts gut schlafen zu können?

JOSEFINE *lächelt.* Auch.

LOTTE Kannst du denn auch ohne schlafen?

JOSEFINE *lacht freundlich.* Mit etwas geht es schon besser.

Dunkel

VII
Falsch verbunden

Leere Bühne. Lotte auf einem Stuhl. Sehr blasses Gesicht, verschmierte Wimperntusche unter den Augen. Ein riesengroßes Buch liegt aufgeschlagen vor ihr auf dem Boden.

LOTTE Wo-
hin?

Keine Antwort.

So wie ich hier sitze,
müßte ich längst gegangen sein.
Ich darf nicht vergessen,
daß es mich zum Gehen drängt,
so wie ich hier sitze.

Frieder ist gegangen
und Nichtfrieder ist gegangen.
Egbert ist gegangen
und Inge ist gegangen.
Sören und der Türke sind gegangen.
Wilhelm, Meggy, Pechstein
und Karin sind es.
Zuletzt ging Paul.

Norden Süden
Osten Westen
Hülle Fülle
Nordost
Nordnordost
undurchdachte Ferne.
Ein Grad ein Strich
Wenn dort niemand
dann ein Grad zwei Strich
falls verstorben

dann Himmel oder Hölle
Buch oder Meer –
ich wüßte nicht,
wo sie sonst noch stecken könnten.
Die Windrose
und die Rose der Windesstille noch dazu:
mehr gibt es ja nicht.
Das ist das ganze Daseinsrund.
Oder Oval.

Paul blieb nicht.
Das Zimmer blieb nicht.
Bernd und Schwester Annegret
blieben nicht.
Borgward, Vater und Clown Grock
blieben nicht.
Ja, hier im Buch
blieb nicht einmal die Schrift der Gäste.
Die Schrift blieb nicht.
Ich sitze gründlich äußerst im Freien!
So weiß wie das Buch
darf ich aber nicht werden.
Ich aber nicht!
Wenn erst die blinden Seiten weiter um sich greifen –
dann aber gottbefohlen, mein Mißliebchen.

Wo-
h i n ?
Jeder Schritt kann der falsche sein.
Wohin in dieses Überall?
Äußerst frei, äußerst frei.
Gründlich.
Gesetzt, ich ginge Paul zu suchen.
Gesetzt, ich wüßte, wo beginnen…
Nein. So gedacht, komm ich nicht hoch.
So gedacht, kommt keine Sterbliche
vom Sitzen ins Gehen.
Vorsicht, Mißliebchen, Vorsicht!
Gedacht ist gedacht.

Sowas läßt sich nicht schwärzen
wie eine verbotene Zeile im Buch.
Solang aber ich es bin, die denkt,
kann es nur falsch sein.
Oder mit Pauls Worten:
Bleibe still hier sitzen,
rede niemals vor dich hin.
Wir alle kommen bald zurück.
Gut, gut.
So sag ich denn zu allem, was ich denke,
nein!

Früher, wenn ich einmal
so gar nicht vergessen konnte,
war mir Emilie eine gute Stütze.
Emilie ging vor Karl.
Karl ging vor Dorothee.
Dorothee ging vor Johann.
Zuletzt aber ging Paul.

Dich liebe ich.
Dich liebe ich!

Könnte er mich hören?
Je nach dem.
Im Westen vielleicht.
Im Westen sind es,
von mir aus gesehen,
nicht mehr als rund achttausend Kilometer
bis ans Ende des Westens,
wo Amerika aufhört und der Osten beginnt.
Im Westen könnte ein Paul mich hören,
könnte! Wenn auch leise, wenn auch kaum.
Vielleicht ein Wispelpispel würd er merken
und es dann für seine innere Stimme halten.
Sein Piepsstimmchen,
auf das er sowieso nicht achtet.
Tja, das sagt sich so.
Wie es wirklich ist
weiß niemand.

Natürlich kommt keiner zurück.
Redensart.
Bis heute nicht.
Nicht einer.
Woher?
Gehen ist Gehen und Gehen.
Die Dinge lösen sich.
Soviel weiß die Forschung.
Oder, bitte, das Gästebuch.
Buch verliert Schrift!
Oder der Mund.
Mund verliert Rouge.
Die Dinge lösen sich.

Der Acker verliert seine Saat.
Der Tod verliert seine Toten.
Die Dinge, die zusammenpassen,
haben sich satt und fliegen auseinander.
So wie das All ganz allgemein.
Es explodiert unendlich langsam vor sich hin.
Wir fallen nicht, wie oft geträumt,
wir fliegen aufwärts auseinander.
So gesehen, bekommen die Dinge jetzt
erst ihr eigentliches Gewicht.
All und Überall, aufwärts
auseinander!
Weshalb sich gegen die allgemeine Entwicklung stemmen?

Hörst du? Stuhl!
Wach auf! Alter! Fauler!
Nur du und ich, wir sitzen hier noch fest.
Du auf Erden, ich auf dir.
Die Entwicklung hat uns überrollt, sagst du?
Noch lange kein Grund sich gehenzulassen, Alter!
Irgend etwas muß der Mensch doch immer wollen!
Irgend etwas hat die Stunde doch immer geschlagen!
Sie steht auf.
Kling Klang Gloria
Oh du schöner Himmel, immer wieder einmalig!

Und Wolken, nasse Bäuche, Luftfahrtschau!
Kling Klang Gloria
Der Himmel heute liegt als eine Höhle rund um uns,
ein Schoß, ein Garten,
und wir, die kleine Erde, kommen morgen erst zur Welt.
Kling Klang Gloria

Weiß Lotte nicht,
was Lotte sagt?
Zum Stuhl
Nein, gnädiger Herr, ach...
Eure Braut, die Mißliebige, weiß es nicht mehr.

Du nennst dich meine Braut?

Ich sagte es nur aus Höflichkeit,
allmächtiger Vater.
Ich wußte nicht, daß Ihr schon so in der Nähe seid.
Plötzlich, als wäre sie in ihrer Wohnung
Achgott, bei mir sieht es chaotisch aus...
Nein, bitte, laßt mich!
Ich bin nicht die, für die Ihr mich haltet.
Hab mich eben nur verplappert.
Na und? Und mir nichts gedacht dabei.
Ich schwör's, nichts davor und nichts dahinter.
Näher dürft Ihr mir aber nicht kommen,
Ehrwürdiger Schöpfer, ich bitte Euch.
Ich kann Euch weder Schale noch Kelch sein,
und auch kein anderes Gefäß,
Ihr wünschtet denn, ich zerspränge
und ich platzte aus all meinen Nähten.
Euch kann ich nicht auch noch aushalten!
Dazu bin ich nicht stark genug...
Oh nicht dieses Gelb!
Gelb ist meine Schreckensfarbe!
Nicht diese gelbe Erleuchtung!
Nehmt die Josefine oder die Meggy,
die kann in Händen lesen,
aber ich doch nicht!

Ich bin unwürdig!
Oh Herr, das soll meine Strafe sein?
Nur weil ich ein bißchen vor mich hingeredet habe?
Was soll ich denn tun?
Warum habt Ihr alle die anderen fortgeschickt?
Warum?
Was?!... Versteh nix.
Laßt mich! Fort! Irrtum! Falsch verbunden!
Nein!... Hilfe, Hilfe!
Sie hebt das Buch auf.
Das Buch, das Buch...
So leer es ist, so schwer es blieb.
Faß mich nicht an! Geh weg!
Sie hält das Buch über ihren Kopf.
Faß mich nicht an!
Sie schlägt mit dem Buch auf den Stuhl, zertrümmert ihn und fällt dabei selbst zu Boden. Sie stellt das Buch aufrecht, so daß es sie gegen die Trümmer des Stuhls abschirmt. Sie hockt mit dem Rücken im Bund des aufgeschlagenen Buchs.

Ich glaube nicht,
daß ich ihn abschütteln konnte.
Er dringt hin, wo er will.
Wahrscheinlich ist er schon da, wo er hin wollte.
Sie kratzt sich am Rücken, sieht auf eine blutbefleckte Hand.
Blut!... Was blute ich am Rücken?
Am Rücken war doch nichts...
Sie versucht auf ihren Rücken zu sehen, dreht sich um, hockt vor dem Buch. Auf der rechten Seite rinnt aus einem schmalen Schlitz Blut herunter. Sie liest, als entziffere sie eine eben entstehende Schrift.
Glaube Liebe Hoffnung
Glaubeliebehoffnung: Nein!
Sie schlägt das Buch zu. Am Schnitt läuft weiterhin Blut aus. Sie reißt Fetzen von ihrer Kleidung, versucht das Buch zu säubern.
Er kriegt mich klein...!
Ich sehe es kommen, er kriegt mich noch klein.
Oh wie habe ich nicht aufgepaßt!
Erst alle fortschicken

und dann auf mich losgehen...
Erst alle fortschicken
und dann an mir sein Wirkwerk langsam beginnen...
Sie putzt und umarmt das Buch.
Oh nein... Oh nein.

Dunkel

VIII
Diktat

LOTTE

ALF

*Alf, ein junger Verwaltungsangestellter, an seinem Arbeitstisch.
Er rechnet mit seinem Taschenrechner. Aus einem Nebenzimmer
im Hintergrund hört man das Geräusch einer elektrischen
Schreibmaschine.*

ALF *spricht ins Diktaphon.* Liebes Fräulein Dommermuth, bin
montag früh bis eins beim Planungsbevollmächtigten. Bitte
Notiz für öffentliche Ausschreibung City live vorbereiten. Er-
warte Anruf, Sitzungspause gegen zehn Uhr dreißig. Brief an
Wollenhagen folgt im Diktat.
*Er rechnet wieder. Steht auf, geht nach hinten, kommt zurück,
spricht ins Diktaphon.*
Liebes Fräulein Dommermuth, bitte nicht erschrecken: mon-
tag früh eventuell fremde Dame im Büro. Bekannte von mir.
Möchte unsern Betrieb ein bißchen kennenlernen. Stellen Sie
sie vor die eine oder andere Aufgabe. Sie ist – *er räuspert sich*
– sehr guten Willens...
*Lotte kommt mit einem Packen Blätter aus dem Hintergrund.
Sie trägt ein langes, leichtes Kleid, fast sommerlich.*
LOTTE Nun lies doch mal, was ich da den ganzen Tag über ge-
schrieben habe.
Alf blickt geradeaus, beachtet die Blätter nicht.
Es interessiert dich nicht?
ALF Du hast es ja nicht selbst geschrieben, Lotte.
Sondern du hast es nur abgeschrieben.
LOTTE Abgeschrieben?... Hm.
Ja – ist denn das nichts?
Solange ich das abschreibe, stecke ich doch voll und ganz drin
in der Sache, ich, deine Freundin!
ALF Ja, du hast es sauber abgeschrieben.
Eine gute Leistung.

LOTTE Lies es!

ALF Nein. *Lotte stöhnt verärgert.*

ALF Wenn du willst, üben wir uns nächstens im korrekten Briefdiktat mit allem Drum und Dran.

LOTTE Ja. Ich will. Jetzt. Fang an.
Sie nimmt Papier und Bleistift, setzt sich auf den Tischrand.
Es soll mein Ehrgeiz sein, mich von der alten Dommermuth in Steno nicht zu unterscheiden.

ALF Du weißt, die Dommermuth ist keine Tippse. In drei Jahrzehnten städtischer Verwaltung ist sie zu einer vollwertigen Assistentin ausgereift.

LOTTE Das schaffe ich auch noch.

ALF Manchmal, Lotte –
bei aller Liebe –
manchmal scheint mir doch,
du krallst dich allzu überstürzt
in meinem Alltag fest –

LOTTE Ich will dir helfen, Alf.

ALF In meinem Alltag fest,
also schon mit Bärentatzen!
Wenn man bedenkt, daß wir uns erst seit vierzehn Tagen kennen und über ein erstes Kennenlernen kaum hinaus sind.

LOTTE Nein, nein, Alf. Keine Angst. Ich will dir helfen.

ALF Vergiß nicht, bitte, auf eigenen Füßen stehenzubleiben. Eine Frau, heute, gewinnt beachtlich durch erhöhte innere Selbständigkeit. Ja, sogar durch Kühle. Ein wenig Kühle.

LOTTE Klar du, weiß ich. Dafür lern ich jetzt Büroarbeit. Diktier!

ALF Schreib... Herrn Doktor Neuffer. Verehrter Herr Doktor Neuffer...

LOTTE Links oben voller Name, genaue Anschrift.

ALF Verehrter Doktor Neuffer...

LOTTE Voller Name, genaue Anschrift!

ALF Du findest sie in der Ablage, Lotte...
Lieber Herr Doktor, was lange währt, wird endlich gut. Nach zähen Verhandlungen mit den Kollegen vom Gartenbauamt sehe ich mich heute in der glücklichen Lage, Ihnen und Ihren Freunden die Genehmigung zur Inbetriebnahme eines Hundedressurfeldes auf Ihrem Grundstück am Deutschmühlenweiher zu erteilen. Die Ihnen hierfür vom Stadtbauamt –

Bitte, rede nicht immer den Text mit!

Die Ihnen diesbezüglich von seiten des Stadtbauamtes bereits bekanntgegebenen Auflagen – in Klammer: Sicherheitsbezaunung, Parkplatzerstellung etcetera – werden Ihnen in einem zusammenfassenden Schreiben des Herrn Stadtdirektors Bels – B e l s – in Kürze zugehen.

LOTTE Parkplatzerstellung undsoweiter?

ALF Ja. Undsoweiter.

LOTTE Nein: undsoweiter statt etcetera?

ALF Liebes – frag mich nicht...

Was die von Ihnen erwähnten Lärmschutzbestimmungen betrifft, so sehe ich nicht, was Sie von dorther zu befürchten hätten. Wir befinden uns ja nicht in unmittelbarer Nähe eines Wohngebiets. Freilich sollte man, vor allem wochenends, mit den Dressuren nicht in aller Herrgottsfrühe beginnen. Ich verbleibe für heute mit allen guten Wünschen...

LOTTE Wochenends? Sagt man das?

ALF Warum nicht.

LOTTE ›Wochenends‹, huuh!

ALF Schreib was du willst.

LOTTE Wochenends, da sträubt sich mir alles...

War das nun ernst? Oder war das nur ein Übungsbrief?

ALF Ernst, ja, ernst.

LOTTE Schön. Ich schreib ihn sofort.

Sie geht nach hinten ab, schreibt im Nebenzimmer auf der Maschine.

ALF *ins Diktaphon* Dommermuth. Fürchterlich. Was soll werden...

Diese Bekannte von mir, wie gesagt. Kenne sie kaum, erst zwei Wochen. Man trifft sich bei Waltherchen, man lacht sich zu, die kommt mit zu einem nach Hause und zu Hause setzt sie sich fest. Geht nicht wieder. Belastung. Was soll werden. Angst.

Lotte tritt auf in Motorradhelm und Motorradjacke und zieht einen kleinen Schlitten hinter sich her. Darauf liegt ein Brief. Alf steht auf, starrt sie an, tritt neben den Schreibtisch.

LOTTE Ich bringe den Brief zur Post.

ALF Es liegt kein Schnee.

LOTTE Ich fahre mit meiner Honda.

ALF Du kannst also motorradfahren, Lotte?

LOTTE Ja.

ALF Und wo ist dein Motorrad?

LOTTE *zieht kurz an der Schlittenleine.* Da. Ich habe es immer
bei mir.

ALF Du kannst n i c h t motorradfahren.

LOTTE Ja. Kann ich.

ALF Woher hast du die Kluft und den Schlitten?

LOTTE Na, die Sachen habe ich immer bei mir.

ALF Nicht wahr. Du lügst.
Hast es mitgehen lassen. Wo? Beim Hausmeister?

LOTTE Ja. Ich hab's immer bei mir.

ALF Zeig mir den Brief, Lotte.

LOTTE *übergibt den Brief.* Hier ist der Brief.

ALF Lieber Paul... der Mai ist gekommen. Die Bäume schlagen
aus. Ich liebige den Bürgermeister. Ich liebige ihn von ganzem
Herzen. Dieses Jahr ist nur ein weiteres Jahr. Und so bleibt nun
mein Werdegang dahingestellt. Bin ich schuld am Entleben des
Grünzeugs in unserem Wohnzimmer? Ja. Ich selbst bin ein
wieder runterkletternder Kletterstrauch. Ich selbst bin immer
deine Lotte Philodendron...

LOTTE Für Herz kann man auch sagen Einhorn.
Von ganzem Einhorn.

ALF *blickt auf den Brief, nickt.* Hm, hm...

LOTTE Das Herz ist ja immer das Einhorn gewesen, das noch nie
jemand gesehen hat.

ALF Und wer ist der Bürgermeister?

LOTTE Du bist es.

ALF Weshalb nennst du mich Bürgermeister?

LOTTE Du regierst die Bürger.

ALF Das tue ich doch gar nicht.

LOTTE Oh ja, das habe ich schon herausgefunden, daß du der
Bürgermeister bist.

ALF Und wie hast du es herausgefunden?

LOTTE Dies hier ist Saarbrücken, und man hört es auch an deiner
Stimme.

ALF Ich bin nicht der Bürgermeister.
Hier bist du im Stadtbauamt.
Ich bin Angestellter im Stadtbauamt.
Ich bin kein Stadtbaurat, verstehst du?

LOTTE Ja.

ALF K e i n Stadtbaurat!

LOTTE Ja.

ALF Sind wir jetzt wieder vernünftig?

LOTTE Ja.

ALF Der Brief ... Der Brief ist fürcherlich.
So geht es nicht. Fürchterlich.
Du wirst das alles noch einmal schreiben.
Überleg dir vorher genau, was du sagen willst.
Was willst du sagen?

LOTTE Ich will meine Scheidung.

ALF Das steht aber nicht drin im Brief.

LOTTE Paul weiß es.

ALF Was heißt denn ›liebigen‹!?
Was ist das für ein Wort?
Liebigen – gibt es nicht, gibt es nicht in deutscher Sprache.
Gottverdammter Mist! Hörst du?
Entweder du sagst: liebe ihn von ganzem Herzen,
oder du sagst: billige ihn von ganzem Herzen ...
Vielleicht meist du billigen?

LOTTE Nein. Liebigen. Paul weiß Bescheid.

ALF Und dann muß es doch heißen: am E r-leben des Grünzeugs!

LOTTE Am Entleben des Grünzeugs.

ALF Entleben! Entleben! Gibt es nicht, gibt es nicht. Fürchterlich. Nicht mit dem deutschen Wort umgehen können, gleichwohl flehende Briefe schreiben wollen! Das wirst du jetzt alles noch einmal schreiben. Und überleg dir vorher genau, was du sagen willst.

LOTTE *nimmt den Brief zurück.* Ja.
Ich weiß meine Briefe nicht mehr zu schreiben ...

ALF Nun ziehst du auch die alberne Montur wieder aus.
Komm her ...
Während er ihr behilflich sein will, stößt Lotte plötzlich in einer ungeschickten Bewegung mit dem Helm an sein Kinn. Er schreit ›Au!‹ und schlägt in einem Wutanfall auf den Helm ein. Lotte bleibt starr stehen. Er greift ein Lineal vom Tisch und schlägt es auf den Helm, bis es zerbricht. Lotte dreht sich um, geht, ihren Schlitten nach sich ziehend, nach hinten.

ALF So gehe ich nicht mir dir –
So kann ich mich nicht mir dir sehen lassen!
LOTTE Das brauchst du auch nicht.
Schlagen lasse ich mich von niemand.
Sie geht in das Nebenzimmer, schreibt sogleich wieder auf der
Maschine. Alf stürzt ans Diktaphon.
ALF Dommermuth. Lotte eben geschlagen. Mein Gott. Fürch-
terlich. Raptus. Lotte plötzlich geistig verändert. Muß ihr hel-
fen. Verlor aber Fassung. Bin zu störanfällig. Müßte mit mehr
Humor an sie ran. Letztlich eine reiche Begabung. Zeichnet
herrlich. Tritt ans Fenster. Spricht zu den Topfpflanzen. Fürch-
terlich.
Pause.
Dommermuth. Ich kann unmöglich in unserem Winkel hier
mit einer geistig so labilen Frau herumlaufen. Wir müssen ihr
helfen. Aber gütig sein, gütig!
Lotte kommt zurück, ohne Jacke und Helm, wieder normal ge-
hend. Mit verschlossenem Gesicht. Sie übergibt Alf eine Brief-
seite.
ALF *liest* Lieber Herr Doktor...
Auf der Suche nach einem Witz.
Ah! Der Brief an den Herrn Köterpräsidenten, den Herrn
Doktor Hund... an den Hundeeintänzer, den Vier-Beine-Ge-
neral *immer verbohrter* den Abrichter und Scharfmacher,
den Rassisten und Landeszuchtwart, den Hundesturmband-
führer mit seiner Faß-und-Beiß-Schutz-Staffel!
LOTTE *reagiert nicht.* Lies.
ALF *überfliegt den Brief.* Lieber Herr Doktor, was lange währt,
wird endlich gut... Ja. Das hast du aber ausgezeichnet ge-
schrieben, Lotte.
LOTTE Fehlerfrei.
ALF Ja.
Sie nimmt den Brief und will wieder nach hinten gehen.
LOTTE Frankieren und abschicken.
ALF Laß. Hat Zeit bis Montag.
LOTTE *übellaunig* Besser als fehlerfrei macht's dir auch keine
Dommermuth.
ALF Bleib hier.
Sie bleibt stehen, ohne sich umzuwenden.

495

Was hast du? Warum siehst du mir nicht ins Gesicht?

Was denkst du, hm?

Lottekind, wir sind nicht Mann und Frau. Wir sind kein Ehepaar, keine Schicksalsgemeinschaft. Wir schmollen jetzt nicht. Wir finden immer ein klärendes Wort –

Was war das eben für ein böser Patzer: Schlitten, Paul und Sturzhelm? Wie versteh ich das? Erklär's mir!

Ich muß es wissen. Andernfalls bleibt ein Verdacht...

Hast du diesen Brief einer Verrückten verbessern können?

LOTTE Also – ich hab's versucht...

ALF Versucht, Lotte? Was heißt da versucht?

LOTTE Na ja... wenn du meinst.

Sie will gehen.

ALF Nein, nein, ich meine gar nichts. Ich frage nur...

Lohnt sich überhaupt der Brief? Lohnt sich Scheidung überhaupt und in Saarbrücken bleiben?

Für mein Gefühl bist du, vom ganzen Typ her, eher freier Zugvogel, der jetzt schon wieder neue Horizonte sucht...

Ich müßte umdenken, wenn es anders wäre.

LOTTE *sieht ihn offen an.* Du wirst mir fremd, Alf.

Sie geht rasch nach hinten ab. Man hört sie wieder auf der Maschine schreiben.

Dunkel

IX
Der eklige Engel

LOTTE
MANN IM PARKA

Eine Bushaltestelle, ein voller Abfallkorb. Ein juner Mann im Parka wartet. Im Hintergrund läuft Lotte mehrmals vorbei: kurzes helles Haar, sehr blasses Gesicht, wieder im alten noch stärker ausgeblichenen Kostüm, Turnschuhe an den Füßen, eine große Einkaufstasche am Arm. Sie läuft in hastigen Trippelschritten, bleibt manchmal abrupt stehen, sieht auf ihre Füße, als traue sie ihnen nicht, rückt sie gerade nebeneinander. Es sieht aus, als störe sie der Takt der eigenen Schritte. Sie tritt schließlich von hinten an den jungen Mann heran.

LOTTE Fürchte dich nicht!
Ich will nur einen Augenblick neben dir stehen.
Sie stellt sich neben ihn.
So.
MANN Na, und jetzt?
LOTTE Besser. Ich fühle mich besser.
Nur ein Augenblickchen noch.
Sie atmet plötzlich mit breit aufklappendem Mund, luftschlingend.
MANN Was machst du?
Was soll das mit dem Maul?
LOTTE Weiß nicht.
MANN Kriegst du nicht Luft genug?
LOTTE Doch, doch...
Nun ist es wieder vorbei.
Ich bin schon die ganze Zeit um dich herumgeschlichen.
MANN Hab ich gemerkt.
Hast du nichts Besseres zu tun?
LOTTE Ich bin froh, daß ich hier bin.
MANN Tss! Und ich trinke Jägermeister,

weil mein Computer heute sein Abitur bestanden hat.

LOTTE Ah, Scherze, Scherze!
Kein Mann ohne Scherze, wie?
Ich wette, du gehörst zu den Typen,
die den Gurt anlegen, wenn sie sich im Autokino
einen Film ansehen. Das war ein amerikanischer Scherz.

MANN Dir möchte man nicht am Frühstückstisch begegnen.
Mit d e m Gesicht...

LOTTE Das vergißt sich, Junge.

MANN Wahrscheinlich. Schlimm genug.
Pause.

LOTTE Gott ist einfach, ist wahr in Tat und Wort.
Er verwandelt sich nicht und betrügt niemanden.

MANN Hau bloß ab.

LOTTE Möchte ich nicht.

MANN Zeugin Jehovas, hm?

LOTTE *schüttelt den Kopf.* Ich bliebe gern, bis daß du in den Bus
einsteigst.

MANN Was bist du? Was für eine?
Nicht alt, nicht jung.
Kreidebleich von Kopf bis Fuß.
Fällst unterm Mond nicht weiter auf,
weiß, wie du dastehst.
Schlohweiß oder schlehweiß?

LOTTE Sieht man's nicht, was ich bin?
Hab ich den Scheitel nicht gerade gezogen?
Gefalle ich dir kein bißchen?

MANN Noch was, hm?

LOTTE *flüstert ihm ins Ohr* Ich bin eine Gerechte...

MANN Schlohweiß oder schlehweiß?

LOTTE Ich bin eine Gerechte.

MANN Zeugin Jehovas, ach, fuck, Scheißdreck.

LOTTE Nein. Eine Gerechte ist –
Sieh: es gibt auf der ganzen Welt nur sechsunddreißig Gerechte. Nur sechsunddreißig auf der ganzen Welt! Die Zahl
liegt fest. Sie steht geschrieben bei den alten Juden. Jedes
Menschenalter erhält von Gott sechsunddreißig Gerechte, die
die Welt zusammenhalten und die aber im Verborgenen leben.
Niemand kennt sie, jeder weiß, daß es sie gibt.

Es kann deine Nachbarin sein!
Sechsunddreißig Gerechte, die niemand kennt,
und auf denen steht die Welt.

MANN Und davon eine du.

LOTTE Ja. Zufall. Ich kann gar nichts dafür. Zufall.

MANN Und was tut eine Gerechte?

LOTTE Gehet ihrer Wege. Lernt die Menschen kennen, hilft, wo
sie nur kann. Hilft eben immer.
Macht dem Antichrist das Leben schwer.

MANN Macht ihr das ganztags, oder -?

LOTTE Ganztags, ja.

MANN Und sonst beruflich nichts?

LOTTE Auch im Beruf. Auch am Arbeitsplatz. Überall.
Ich war ja schon Krankengymnastin, Grafikerin und bald Dol-
metscherin. Werde ich noch. Und selbst?

MANN Ich heiße Bob Fechter
und bin beim Rundfunk beschäftigt.

LOTTE Beim Rundfunk...
Was speziell beim Rundfunk?

MANN Datentechniker.

LOTTE Was wird das sein im einzelnen? Erzähl mal!

MANN Na, du kannst dir vielleicht vorstellen, daß so ein Riesen-
betrieb seine zigtausend Informationen laufend auf der Bank
haben muß!

LOTTE Ja.

MANN Also.

Pause

LOTTE Evangelisch oder katholisch?

MANN Gar nichts.

LOTTE A-the-i s t?

MANN Nicht mal.

LOTTE Nicht mal... Atheist –

Plötzlich im Zorn

Und was glaubst du denn, von wem da oben
das Licht zu uns herunterschillert?!
Mann, Bob! Achtung, Achtung...
Du weißt ja nicht, was läuft...

MANN Du kannst mir viel erzählen.

Lotte bekommt wieder das Luftverschlingen.

Laß das!

Hör auf, das Maul zu klappen.

Hast du eine Krankheit?

Willst du neben mir hier deine Krankheit ausdünsten?

LOTTE Wird schon besser.

Es geschieht mir so.

Husten ist es nicht.

Du weißt ja nicht, was läuft...

MANN Seit wann hast du das?

LOTTE Erst hier.

MANN Du bist nicht gesund.

LOTTE Es ist alles noch so neu für mich...

MANN Stirb mir bloß nicht hier.

LOTTE Nein. Ich sterb nicht.

Er holt aus seiner Jackentasche einen Streifen Dragées, hält ihn ihr hin.

LOTTE Was ist das?

MANN Multivitamin.

LOTTE Das taugt doch nichts, das Zeug.

MANN Wenn die Vicky es nimmt, wird es nicht schlecht sein.

LOTTE Nimmt sie es?

MANN Ja. Bekanntlich.

LOTTE Bloß im Fernsehen.

MANN Das wird sie auch sonst nehmen.

Das ist ja nicht schlecht, das Zeug.

Lotte geht langsam zum Abfallkorb, der am Haltestellenpfahl befestigt ist.

MANN Wohin?

LOTTE Ich muß dahinten mal eben was sehen.

Dreh dich um!

Sie wühlt im Abfall, sammelt Papier in ihre Tasche.

MANN *für sich* Eine Frau...

Nicht alt, nicht jung.

Eine Frau... Noch was, hm?

Wenn man zu Hause mal eine Frage hat,

antwortet sie einem.

Was verstehst du unter ›Fragen‹?

Tja. Stimmt auch wieder.

Zu zweit lacht man besser vorm Tiwi
als einer allein.
Er hebt und senkt im Zweifel die Schultern.
Sie kann Schach spielen...
Genau das kannst du besser im Club.
Sie kann Schach nicht spielen...
Handicap.
Er sieht nach Lotte.
Was machst du denn da?!
Du Ferkel...!
Pfui Teufel!... Bah!
Finger raus aus der Scheiße! Bah!
LOTTE Gleich, gleich...
Dreh dich um! Komme gleich...
MANN Bah!... Fies! Fies!
LOTTE Nichts sagen. Still. Komme gleich.
Sie kommt zurück und stellt sich wieder neben ihn.
MANN Wie kann man sich nur so gehenlassen! Pfui Teufel!
LOTTE Tue ich nicht.
MANN Hab's ja gesehen. Du faßt in die Scheiße von anderen Leuten.
LOTTE Ich such nur nach den Zeitungen.
Ob was drin steht von Paul.
Nur Papier. Trockenes...
MANN Bei uns braucht keiner die Scheiße
von anderen Leute fressen.
LOTTE Nein.
MANN Du könntest anständig aussehen.
Beruf hast du, helfen kannst du.
Es gibt keinen Grund, sich gehenzulassen.
LOTTE Tue ich nicht. Ich habe bloß schnell nach Gedrucktem geguckt.
MANN Nur Geisteskranke greifen da rein. Nichtseßhafte greifen
da rein. Gierig, gierig wie die Hyäne...
LOTTE *leise* Ich bin eine Gerechte... Gott ist wieder da.
MANN Du bist eine Frau. Nicht alt, nicht jung.
Du könntest anständig aussehen.
Such dir einen passenden Freundeskreis,
packt eure Probleme gemeinsam an.

Du könntest aussehen wie eine Frau, die jeder gern hat.

LOTTE Ich? Na. Weiß nicht.

Mach mir eine Vision davon.

MANN Vielleicht schon morgen, vielleicht erst übermorgen –
was machst du, wenn die große Freizeit kommt? Die große
Freizeit kommt, so sicher wie das Amen in der Kirche.

LOTTE Stimmt. Weiter!

MANN Wer sich dann nicht fest in
der Hand hat, wer sich dann nicht zu beschäftigen weiß, wer
sich also gehen läßt –!

LOTTE Tue ich nicht, tue ich nicht!

MANN Ein Beispiel: ich gehe in einen Schachclub.
Zweimal die Woche. Immer dieselben anständigen Gesichter.
Erstens: die Ruhe. Die an sich gibt schon einen Halt. Dann die
Spiele auswärts. Die vergnüglichen Reisen –
Er verstummt.

LOTTE Schön. Weiter.

MANN Was machst du, wenn der Bus kommt
und ich einsteigen muß?

LOTTE Ich gehe nicht wieder an den Korb, Bob!

MANN Aber w a s machst du?

LOTTE Tja. Was mache ich…?
Was mache ich, was mache ich,
wenn die Musik einmal zu Ende ist…

MANN Spielst du Schach?

LOTTE Nein.

MANN Willst du es lernen?
Sie sieht ihn an, wendet langsam den Kopf hin und her.

LOTTE Nein… Nein.
Pause.

MANN Die Spieler gehen an ihre Plätze.
Man gibt sich die Hand, aber man schüttelt sie nicht… Die
Männer nennen sich untereinander Kortschnoj und Poluga-
jewsky. Karpow und Portisch. Oder Spaski und Fisher. Oder –

Dunkel

X
In Gesellschaft

LOTTE
ARZT
PATIENTEN

Wartezimmer eines Internisten. An den Wänden schockierende Antiraucher-Plakate. Lotte wartet mit sechs weiteren Patienten. Sie blättern in Illustrierten, lösen Kreuzworträtsel, starren vor sich hin. Eine dicke Frau strickt, ein Türke bewegt sich unruhig auf seinem Stuhl. Über der mit weißem Leder bespannten Tür zum Sprechzimmer ruft ein Lautsprecher die Namen der Patienten auf. Es ist Sommer. Lotte (in ihrem ausgeblichenen Kostüm) sitzt in der Nähe eines halbgeöffneten Fensters. Straßenlärm und Kindergeschrei von einem Schulhof. Für jeden Patienten nimmt sich der Arzt ein bis zwei Minuten. Manchmal, wenn nur ein Rezept zu erneuern ist, geht es noch schneller. Es werden, in Abständen, aufgerufen: ›Fräulein Quadt, bitte‹ ... ›Herr Werner Schmid, bitte‹ ... ›Frau Doktor Melchior, bitte‹. Die abgefertigten Patienten kommen nur dann ins Wartezimmer zurück, wenn sie dort noch ein Kleidungsstück oder eine Tasche abzuholen haben. Sie können auch vom Sprechzimmer aus die Praxis verlassen. Nach dem dritten Aufruf – Frau Doktor Melchior, bei der es etwas länger dauert – betritt eine alte Frau den Raum und grüßt höflich. Die Wartenden antworten mit undeutlichem Gemurmel. Auf einmal spricht Lotte laut in die Runde der schweigenden Leute ...

LOTTE Vielleicht interessiert es Sie, daß mein Mann vor kurzem eine hohe Auszeichnung erhielt ...
Mein Mann ist der Publizist Paul Liga.
Schreibt auch unter dem Namen Smoky.
Er –
Alle Patienten sehen Lotte verwundert an. Sie verstummt und starrt auf den Boden. Frau Doktor Melchior kommt aus der Ordination zurück und holt einen Sommermantel von der

Garderobe. Sie sagt laut und deutlich ›Auf Wiedersehen‹ beim Rausgehen. Alle erwidern. Der Name ›Herr Üranüz, bitte‹ wird aufgerufen. Der Türke steht eilig auf und geht ins Sprechzimmer. Eine junge Frau kommt herein, sagt so leise ›Guten Tag‹, daß niemand antwortet. Alle mustern sie. Der Name ›Frau Pentowski, bitte‹ wird aufgerufen. Die dicke Frau steht auf, läßt ihr Strickzeug auf dem Stuhl liegen, geht zur Tür, kehrt um, nimmt ihre Handtasche mit, geht ins Sprechzimmer...

Es wird dunkel und gleich darauf wieder hell. Lotte sitzt allein im Wartezimmer. Der Arzt kommt herein, wirft die neueste Ausgabe des ›Spiegel‹ auf den Lesetisch. Er sieht Lotte...

ARZT Sind Sie nicht aufgerufen worden?

LOTTE Nein.

Ich bin hier nur so.

ARZT Sie waren angemeldet für heut vormittag?

LOTTE Nein. Ich bin hier nur so.

Mir fehlt ja nichts.

ARZT Gehen Sie bitte.

LOTTE Ja.

Lotte geht langsam hinaus. Der Arzt schließt hinter ihr die Tür. Geht ins Sprechzimmer, schließt die Tür.

Dunkel